Bruno Kreisky

Im Strom der Politik

Bruno Kreisky

Im Strom der Politik

Der Memoiren zweiter Teil

Kremayr & Scheriau

1. Kapitel

Berlin - eine vertane Chance?

Das mir am wichtigsten erscheinende Ereignis in der letzten Phase meiner Tätigkeit als Staatssekretär war der gescheiterte Versuch, eine Begegnung zwischen Chruschtschow und dem Regierenden Bürgermeister von Berlin, Willy Brandt, herbeizuführen. Zwei Episoden aus dem Jahre 1959 habe ich im ersten Band meiner Erinnerungen erwähnt; die Ereignisse, mit denen ich diesen zweiten Band eröffnen will, verdeutlichen das Berlin-Problem in seiner ganzen Schärfe. Sie gehören in das denkwürdige, hier nur zum Teil behandelte Kapitel »Verpaßte Gelegenheiten in der Weltpolitik«, deren es ja so viele gibt.

Berlin hatte bereits in den zwanziger Jahren eine große Anziehungskraft auf mich ausgeübt, aber nur einmal, im Sommer 1930, war ich für einige Tage dort gewesen - sieht man ab von jenem 21. September 1938, als ich auf dem Flug von Wien nach Kopenhagen in Berlin umsteigen mußte. Beim Gang über den Kurfürstendamm und die Tauentzienstraße wurde mir klar, daß ich Österreich im letzten Augenblick hatte verlassen können. Erst sechzehn Jahre später, 1954, während der Außenministerkonferenz, auf der auch der österreichische Staatsvertrag behandelt wurde, habe ich die Stadt wiedergesehen. Sie hatte sich noch nicht erholt, weder von den Folgen des Krieges noch von den Strapazen der Stalinschen Blockade; der Kalte Krieg dauerte mit unverminderter Heftigkeit an, und in Berlin war er fast täglich greifbar.

Die Begegnung mit dieser todwunden Stadt weckte in mir den Wunsch, im österreichischen Rundfunk meine unmittelbaren Eindrücke zu schildern. In der Umgebung des Außenministers Figl war man immer sehr bemüht, mein öffentliches Auftreten als Staatssekretär möglichst zu verhindern, ja zu verschleiern, daß es mich überhaupt gab. Das gelang in diesem Fall deshalb nicht, weil der Chefredakteur der APA (Austria Presse Agentur), ein alter Sozialdemokrat und guter Freund, Ludwig Klein, diese Pläne durchkreuzte. In der Rede, die ich schließlich doch halten konnte, schilderte ich, innerlich sehr bewegt, die Situation Berlins. Angesichts des Schicksals dieser Stadt sei der Abschluß des Staatsvertrages für uns um so wichtiger. Die Deutschen, vor allem Herbert Blankenhorn, der spätere Botschafter bei der NATO, bemühten sich damals, die bevorstehenden Verhandlungen über den Staatsvertrag zu sabotieren. Angesichts der österreichischen Neutralität befürchtete man Auswirkungen auf die deutsche Frage, die den wichtigsten Tagesordnungspunkt der Berliner Konferenz darstellte. Der Staatsvertrag paßte Adenauer nicht ins Konzept.

In den folgenden Jahren kam ich sehr häufig nach Berlin, meist um Vorträge zu halten; einmal hatte mich der Regierende Bürgermeister Otto Suhr eingeladen. Immer wurde ich in der freundschaftlichsten Weise empfangen, vor allem natürlich von Brandt, der im Oktober 1957 die Nachfolge Otto Suhrs antrat. Als ich ihn etwa ein Jahr später besuchte und wir in vertrautem Gespräch Möglichkeiten erwogen, die Lage Berlins wenigstens einigermaßen abzusichern, meinte Brandt, er würde diese Fragen eigentlich gern einmal mit einem der maßgeblichen Leute der Sowjetunion sondieren. Ob ich ein solches Gespräch in die Wege leiten könnte? Auf dem Rückflug habe ich mir das durch den Kopf gehen lassen, und in Wien habe ich dann den sowjetischen Botschafter, Sergei Georgijewitsch Lapin, zu mir gerufen. »Ich glaube, daß die Russen Willy Brandt falsch einschätzen«, sagte ich. »Ich kenne ihn ja lange, und meiner Meinung nach sollte Moskau versuchen, ihn anders zu sehen.« Brandt war damals zu einem antisowjetischen Gespenst gemacht worden; man hatte ihn geradezu als den bösen Geist des westlichen Deutschlands geschildert, und bisweilen konnte man glauben, die Russen hielten ihn für einen schlimmeren Gegner als den Bundeskanzler. Adenauer war schließlich ein bürgerlicher, für die Russen also klar einzuordnender Politiker; Willy Brandt aber, der von der Linken kam und in der Emigration auch Kontakte mit von Kommunisten geführten Emigrantenorganisationen hatte, war in besonderem Maße zur Zielscheibe kommunistischer Angriffe geworden, ähnlich wie übrigens auch Ernst Reuter, der ebenfalls eine radikale Vergangenheit hinter sich hatte.

Um so besser habe ich Willy Brandts Wunsch verstanden und war bestrebt, von mir aus etwas für Berlin zu tun – natürlich in Kenntnis meiner begrenzten Möglichkeiten, oder wie die Angelsachsen sagen, »limited in scope«. Das ist einer meiner Lieblingsausdrücke geworden, der zeigen soll, wie sehr ich bemüht war, meinem Optimismus und meiner Neigung zu Aktivitäten von vornherein selbst Grenzen zu setzen. Ich wollte mir – aus welchen psychologischen Motiven auch immer – bei meinen Vorschlägen, die zugegebenermaßen manchmal phantasievoll zu sein schienen, nicht von anderen Fesseln anlegen lassen, sondern das möglichst selber tun. Es war ein schmerzhafter Prozeß der Selbsterziehung, mir anzugewöhnen, auf die Vorschläge anderer zu hören, aber allmählich bin ich dahintergekommen, daß das vielleicht sogar die erfolgreichste Methode des politischen Dialogs ist und daß die Fähigkeit, auf das Denken anderer einzugehen, die Überzeugungskraft meiner eigenen Argumente gestärkt hat.

In dem Gespräch mit Lapin meinte ich, ob nicht eine der prominenten Persönlichkeiten der Sowjetunion einmal zu einem längeren Gespräch mit Brandt zusammenkommen könne. Ein solches Treffen müsse wohl in Deutschland stattfinden, denn wenn Brandt nach Österreich käme, würde man mit Recht sagen, er überschreite nicht nur die Grenzen, sondern auch seine Kompetenz. Das Gespräch müsse er aber auf jeden Fall in seiner Eigenschaft als Regierender Bürgermeister führen. Zu meinem großen Erstaunen kam kurze Zeit später eine Reaktion der Russen - die ja nicht immer so rasch zu reagieren pflegten: Chruschtschow selber stünde für ein solches Gespräch zur Verfügung. In einem Aide-mémoire vom 6. März 1959 schrieb ich: »Anläßlich einer Zusammenkunft mit den Russen nach meiner Rückkehr aus Berlin wurde mir in einem Gespräch erklärt, daß man Willy Brandt für einen ausgesprochen westlich orientierten Politiker halte, was übrigens aus seinem Reiseprogramm hervorgehe. Ich habe damals gemeint, daß ich das Gefühl hätte, daß Brandt, wenn man von russischer Seite das Bedürfnis habe, mit ihm ein Gespräch zu führen, ein solches nicht ablehnen werde.

Anfang voriger Woche fragte mich der hiesige sowjetische Botschafter Lapin mit Bezug auf dieses seinerzeitige Gespräch, ob ich bereit wäre, Herrn Brandt mitzuteilen, daß Chruschtschow gerne mit ihm zusammentreffen wolle. Es käme hierfür Leipzig in Frage. Sollte aber dies aus begreiflichen Gründen nicht gehen, dann bestünde in Berlin die Möglichkeit zu einem zwanglosen Meinungsaustausch.«

Mit Leipzig war die Leipziger Messe gemeint, wo alljährlich die wirtschaftliche Heerschau des Kommunismus abgehalten wird. Ich habe dem sowjetischen Botschafter gesagt, daß ich dies Brandt nicht zumuten könne. Damals war eine Reise nach Leipzig noch etwas Unerhörtes und nicht so leicht durchzuführen wie die von Franz Josef Strauß im März 1984. Sie wäre sozusagen eine

»Reise nach Damaskus« gewesen und hätte wahrscheinlich den politischen Tod Willy Brandts bedeutet. Was ich mir denn selber vorstelle, wollte Botschafter Lapin wissen. Ich nannte als geeignetsten Ort die sowjetische Botschaft in Ost-Berlin, denn der Berliner Regierende Bürgermeister müsse den vier Besatzungsmächten Rechnung tragen. Deshalb wäre es ein vollkommen legaler Vorgang, wenn er einmal auch auf der sowjetischen Botschaft erschiene; das biete sich geradezu an. Kurze Zeit später kam die erstaunliche Mitteilung Chruschtschows - der bei seinen manchmal sonderbaren Reaktionen ein wirklich bemerkenswerter Mann war -, daß er seinerseits das Schöneberger Rathaus in West-Berlin vorschlage. Das wäre nach meiner Auffassung eine gute Lösung gewesen, aber für die damalige deutsche Politik war es unvorstellbar, ein fast horribler Gedanke.

Ich habe Willy Brandt sozusagen auf der ganzen Welt gesucht und ihn schließlich in Indien ausfindig gemacht; ich bat ihn, auf dem Rückweg über Wien zu kommen, denn ich hätte eine sehr wichtige Mitteilung für ihn. Wir trafen uns am Flugplatz. Brandt hatte seinerzeit an einen Mann aus der zweiten Reihe des Kremls gedacht, und nun waren alle unsere Erwartungen durch die Spontaneität Chruschtschows übertroffen worden: Brandt war überrascht und sichtlich beeindruckt. Sein damaliger, mir wenig sympathischer Berater, Senator Günter Klein, hingegen trug deutlich sein Mißbehagen zur Schau. Ich war nicht begeistert, daß ein untergeordneter Berater - und sei er noch so bedeutend - an diesem Gespräch teilnahm. Wie recht ich damit hatte, sollte ich erst sehr viel später erfahren.

Ich habe mich in diesen Tagen und Wochen sehr intensiv mit allen Aspekten der Berlinfrage beschäftigt und unter anderem am 7. Februar 1959 einen Leitartikel in der »Arbeiter-Zeitung« publiziert. Das war übrigens gar nicht so leicht, weil der Chefredakteur des Blattes, Oscar Pollak, sehr strenge Maßstäbe anlegte. Unter anderem befaßte ich mich mit der Frage der Wiedervereinigung Deutschlands und stellte dazu fest: »Bisher wurde vom Westen die Forderung erhoben, daß die Wiedervereinigung Deutschlands auf Grund freier Wahlen erfolgen soll. Nun scheint man aber in manchen Kreisen des Westens zu der Auffassung gekommen zu sein, daß das Beharren auf dieser Forderung die gesamte Weltpolitik blockiert und auch die Lösung anderer Fragen als der deutschen verhindert [...] Ob es andere Wege zu

Am 6. März 1959 machte der Regierende Bürgermeister von Berlin, Willy Brandt, auf dem Rückflug von Indien Station in Wien. Kreisky teilte ihm mit, daß Chruschtschow bereit sei, sich mit Brandt zu treffen, um mit ihm über die Berlinfrage zu sprechen.

einer Wiedervereinigung in Freiheit gibt als durch freie Wahlen, wird sich bald zeigen. Es ist aber keine Frage, daß es sich hier um eines der entscheidenden Probleme des europäischen Friedens handelt.

Was Berlin anlangt, hängt das Problem dieser Stadt, das gleichfalls weltpolitische Bedeutung besitzt, eng mit der Lösung der deutschen Frage zusammen. West-Berlin ist heute eine demokratische Enklave im kommunistischen Ostdeutschland. Die Idee der Russen ist nun, West-Berlin einen Status zu geben, wie ihn in der Zwischenkriegszeit etwa Danzig besaß [...] Er wäre praktisch nur für ganz Berlin denkbar und auch dann nur, wenn dieses ganze Berlin über einen in jeder Beziehung garantierten Verbindungsweg in die Bundesrepublik Deutschland verfügen würde [...]

Damit ist aber noch nicht die Frage beantwortet, wieweit die Bevölkerung Berlins ihrer Freiheit auch sicher sein könnte. Wir leben schließlich in einer Welt, in der West und Ost einander mißtrauisch beobachten [...] Auf russischer Seite ist man sich dieses Mißtrauens offenbar bewußt und hat daher eine Garantie der Vereinten Nationen für Berlin in Betracht gezogen. Vielleicht ist das ein brauchbarer Gedanke [...] Ich will damit nicht sagen, daß eine solche Lösung der Berliner Frage endgültig sein müßte, aber wir dürfen in der Weltpolitik nicht erwarten, daß von einem Tag auf den anderen endgültige und allseits befriedigende Lösungen gefunden werden. Wir müssen uns um gute Kompromisse bemühen, die um so brauchbarer sein werden, wenn sie neue und bessere Kompromisse vorbereiten helfen.«

Der Leitartikel der »Arbeiter-Zeitung« konnte im ersten Moment den Eindruck erwecken, jetzt war der Kreisky ein paarmal in Berlin und schon glaubt er, in der Deutschlandpolitik mitreden zu können. In Wirklichkeit hatte ich in dem Artikel, ohne dies zu erkennen zu geben, gewisse sowjetische Signale aufgegriffen, unter anderem Äußerungen des sowjetischen Botschafters in Jugoslawien gegenüber unserem dortigen Botschafter Walter Wodak. Aus einem Bericht Wodaks vom Dezember 1958 geht hervor, daß meine Überlegungen hinsichtlich einer transitorischen Lösung der Berlinfrage nicht reine Phantasie gewesen sind. Unser Spitzendiplomat hatte in fünf Punkten über den russischen Berlinplan nach Wien berichtet:

»1.) Freie Stadt Berlin soll nicht nur westliche, sondern auch östliche Besatzungszone umfassen und unter Schutz der VN gestellt werden.

2.) Zugang zu Berlin von Westen soll durch Schaffung eines freien Land- und Luftkorridors wie seinerzeit im Fall Danzig und unter Garantie der VN gewährleistet werden.

3.) Russen hätten ostdeutsche Regierung zur Zusage bewogen, Hauptstadt der DDR von Berlin nach anderem Ort zu verlegen.

4.) Russen beabsichtigen durch Aufrollung der Berliner Frage das deutsche Problem im Sinne einer Neutralisierung Deutschlands zu lösen.

5.) Russen hätten geheime Verhandlungen vorgezogen, doch seien Westmächte hierzu angeblich nicht bereit gewesen, was die Russen zur Veröffentlichung ihres Planes veranlaßt hätte.

Mitteilungen meines Gesprächspartners gehen, soweit mir bekannt, über veröffentlichten Inhalt russischer Note hinaus. Ob sie Versuchsballon – ähnliche Gespräche sind wahrscheinlich auch an anderen Orten geführt worden – oder ernste russische Absichten darstellen?«

In diesem Zusammenhang scheint mir ein ausführlicher Brief

Wodaks vom 10. April 1959 von besonderer Bedeutung zu sein. Er schildert darin ein Gespräch mit dem Herausgeber der »Times«, Sir William Haley, der mit Billigung des britischen Ministerpräsidenten Harold Macmillan eine Informationsreise durch zehn Länder Mittel- und Osteuropas unternommen hatte. Gegenüber Wodak erklärte Haley, »daß man eine Lösung für ganz Berlin und nicht nur für den westlichen Sektor finden müsse. Ganz Berlin müsse unter den Schutz der Vereinten Nationen gestellt werden, ein Korridor etc. müsse geschaffen werden. Eventuell könne man sich mit einer internationalen Polizeitruppe, an der auch die Großmächte teilnehmen (die Vier im Jeep), abfinden. Berlin müsse ein eigenes Parlament und eine eigene Regierung haben, die in freien Wahlen gewählt würde. Der schwedische Botschafter, der bei dem Abendessen anwesend war, hat mir zugeflüstert, daß Sir William anscheinend den ›Kreisky-Plan für Berlin‹ kennen müsse. Er hat vom schwedischen Botschafter in Wien davon gehört.«

Meine Vorschläge schienen mir durchsetzbar und hätten das Leben in Berlin, jedenfalls für die damalige Zeit, freundlicher gestaltet. Mir ging es vor allem um einen direkten Korridor zwischen der Bundesrepublik und Berlin, der von der Stadt selbst hätte verwaltet werden müssen. Von sowjetischer Seite wurde dem entgegengehalten, daß es sich hier um Territorium der DDR handle, über das die Sowjets nicht verfügen könnten, aber vielleicht bestehe die Möglichkeit zu einem Pachtvertrag. Mir schien es wichtig, eine Zufahrtsstraße nach Berlin zu schaffen, die nicht bei jeder Gelegenheit unter allen möglichen Vorwänden unterbrochen werden konnte. Ich erinnere mich noch, wie Anfang der sechziger Jahre jeder kleine Zwischenfall auf den Zufahrtswegen nach Berlin entsetzliche Aufregung in den Vereinigten Staaten hervorgerufen hat.

Vor allem beim stellvertretenden Bürgermeister von Berlin, Franz Amrehn (CDU), stieß ich immer wieder auf eine renitente Ablehnung jeglicher Verhandlungen. Ich erinnere mich, daß er mir sagte, alles, was ich vorschlüge, würde zwangsläufig dazu führen, daß das Schlupfloch Berlin, das damals sehr weitmaschig war, zugestopft werde. Das war sicher ein Argument, denn bis zum Mauerbau am 13. August 1961 gelangten immerhin über 2,7 Millionen DDR-Bürger über die Fluchtbrücke Berlin in den Westen. Mir hingegen schien es wahrscheinlich, daß die Sowjetunion den Ring um die Stadt schließen, ja selbst den »Wahnsinn«

Im Juni 1961 sprach Kreisky auf Einladung der Ernst-Reuter-Gesellschaft in der Freien Universität Berlin über die ideellen Grundlagen der Außenpolitik. Im Anschluß informierte Kreisky den Regierenden Bürgermeister von Berlin über seine Eindrücke von den Wiener Gesprächen zwischen Kennedy und Chruschtschow.

des Mauerbaus in Betracht ziehen könnte, und ich hielt eine Entwicklung, wie wir sie an den Grenzen Österreichs erlebt hatten, für möglich. Amrehn meinte, eine solche Abriegelung der Stadt sei völlig unrealistisch, die Russen könnten damit nicht einmal drohen. »Na, Sie werden sich noch wundern, was die Russen alles können«, erwiderte ich. Im entscheidenden Augenblick sei ihnen das Leben der Stadt gleichgültig. Jedenfalls solle man alles daransetzen, einer derartigen Entwicklung entgegenzuwirken. Vielleicht hätte der Bau der Berliner Mauer damals tatsächlich verhindert werden können.

Diskutiert wurde auch eine einheitliche Organisation der städtischen Versorgungsbetriebe, also der S- und U-Bahn, der Buslinien, der Wasser- und Stromversorgung und was sonst für das Leben einer Millionenstadt wichtig ist. Es ist sogar überlegt worden, ob man nicht eine Art gemeinsamer Kommunalverwaltung finden könnte, die sich strikt nur an die Erledigung der technischen Angelegenheiten hielte, indem man etwa die besondere Funktion eines gemeinsamen Berliner Bürgermeisters anerkenne, aber gleichzeitig den Stadtteilbürgermeistern mehr politische Rechte einräume. Der damals sehr bekannte Friedrich Ebert, Sohn des ehemaligen Reichspräsidenten, der seit 1948 Oberbürgermeister von Ost-Berlin war, wäre somit eine Art Teilbürgermeister geworden. Ich möchte in Parenthese bemerken, daß solche Überlegungen auf eine ähnliche Lösung zielten, wie sie heute fortschrittliche israelische Politiker wie Teddy Kollek angeblich auch für Jerusalem im Auge haben: Man teilt die Stadt in verschiedene Distrikte, einen Ost- und einen Westteil, beide erhalten ihr eigenes politisches System, finden sich aber zu Verwaltungsfragen, die für die Bürger beider Seiten von großer Bedeutung sind, zusammen und bemühen sich um eine Verständigung. Das ist ja nichts Außergewöhnliches, so halten es auch viele Staaten, die gemeinsame Interessen haben.

Die Begegnung zwischen Brandt und Chruschtschow kam nie zustande. Ich hatte das Gefühl, Chruschtschow genarrt zu haben, und war in diesen Tagen auf Willy Brandt nicht gut zu sprechen. In einem Brief an ihn habe ich dies zum Ausdruck gebracht; die Veröffentlichung dieses Briefes erfolgt in Übereinstimmung mit Willy Brandt:

»Lieber Freund!

Ein paar Bemerkungen in aller Hast zu der Ablehnung der Einladung. Natürlich kann man sich auf den Standpunkt stellen, daß die Art, wie Ihr Eure Probleme zu lösen versucht, allein Eure Sache bleiben muß. Dieser Standpunkt scheint mir aber nur so lange möglich zu sein, als man für alles, was geschieht, die Konsequenzen allein zu tragen hat. Nun haben wir für eine unrichtige Politik im Falle Berlin alle Konsequenzen mitzutragen, und außerdem habt ja gerade Ihr immer mit vollem Recht betont, daß Berlin ein weltpolitisches Problem wäre. Daraus leite ich auch für mich das Recht ab, meine Meinung dazu zu sagen. Vor allem in Anbetracht unserer langen Freundschaft es mit eindeutiger Offenheit zu tun.

Ich halte die Ablehnung der Einladung für eine krasse Brüskierung, die nicht so leicht genommen werden sollte. Schließlich und endlich bist Du der freigewählte Erste Mann Deiner Stadt, und es wäre meiner Ansicht nach nur richtig gewesen, wenn Du vor Chruschtschow hingetreten wärst, um ihm als dem auf der anderen Seite Hauptverantwortlichen alles das zu sagen, was die Berliner zu sagen haben. Niemand hätte erwartet, daß Deinerseits irgendwelche Zusagen gemacht oder Detailverhandlungen geführt werden.

Dazu kommt auch noch ein anderer Aspekt: Ihr selber seid es, die immer wieder offiziell betonen, daß es einen Viermächtestatus für Berlin gibt, und die ganze westliche Welt baut auf diesem, meiner Ansicht nach auf die Dauer nicht haltbaren, weil anachronistischen Status auf. Und dann lehnst Du es als erster Funktionär dieser Stadt ab, mit dem höchsten Funktionär einer Macht zu reden, die für den Viermächtestatus mitverantwortlich ist. Ein Grund mehr, warum mir Deine Haltung unverständlich ist.

Es kann nicht verborgen bleiben, wer Dich gehindert hat, diesen Schritt zu tun - Du hast eine so große Autorität, und wozu hättest Du sie, wenn nicht zur Durchsetzung Deiner Standpunkte.

Die politische Verantwortung wird Dir letzten Endes niemand abnehmen. Ich fürchte auch, daß formalistische Prestigestandpunkte nur zu einer Verkrampfung führen, die die Menschen dann nicht verstehen werden, wenn es um ihre Existenz geht.

Ich habe niemals eine Entrevue zwischen Dir und Chruschtschow vorbereitet, sondern lediglich gesprächsweise die Andeutung gemacht, daß man Dich nicht, wie ich Dir bereits mitgeteilt habe, als williges Vollzugsorgan des Westens betrachten kann, sondern daß Du meiner Ansicht nach auch bereit wärst, mit sowjetischen Vertretern zu reden und Deinen Standpunkt ihnen klarzumachen. Daraufhin hat die ganze Angelegenheit *die* Entwicklung genommen, die Du kennst.

Ich habe es dann nach unserer Zusammenkunft am Flugplatz übernommen, daß eine Einladung, wie Du sie gewünscht hast, Dir übermittelt wird. Und dann kommt dieser Refus!

Ich muß Dir schließlich noch sagen, daß ich diesen Schritt nicht nur sachlich für falsch halte, sondern daß mich diese Haltung auch persönlich in eine sehr unerfreuliche Lage gebracht hat, deren Konsequenzen ich im Moment gar nicht abschätzen kann. Die Lage ist erst schwierig geworden von dem Moment an, da ich den Russen mitgeteilt habe, daß Du auf eine Einladung Wert legen würdest. Bis dahin war alles selbstverständlich vollkommen unverbindlich. In dem Augenblick aber, in dem ich die Russen ersucht habe, eine solche Einladung ergehen zu lassen, ist die Sache zu einer der peinlichsten meiner ganzen bisherigen öffentlichen Tätigkeit geworden.

Das alles nur ganz unter uns!«

Wer das Treffen eigentlich verhindert hat, ist mir niemals recht klargeworden. Adenauer steckte meinem Gefühl nach nicht dahinter; wenn er es tatsächlich hätte verhindern wollen, wovon ich nicht überzeugt bin, wäre er doch taktisch klug genug gewesen, dies den Intriganten in Brandts eigener Partei zu überlassen. Bei aller Wertschätzung, die ich für die politische Haltung Herbert Wehners immer empfand: aufgrund meiner Informationen kann ich nicht von dem Gedanken wegkommen, daß er es war, der ein solches Treffen aus durchaus verständlichen Gründen nicht wollte. Er war nie ein wirklicher Freund Willy Brandts, schon damals nicht. Die Begegnung Chruschtschows mit Ollenhauer Anfang des Jahres 1959 in Ost-Berlin wollte er nicht durch eine ähnliche Begegnung mit dem sehr viel populäreren Willy Brandt überschatten lassen. Wenn er tatsächlich so argumentiert hat, wäre ihm entgangen, daß Ollenhauer Oppositionsführer war und die Sowjets an Oppositionsführern nie besonderes Interesse hatten. Willy Brandt aber war, im Unterschied zu Ollenhauer, als ein Regierender legitimiert, wenn auch nur als Regierender Bürgermeister, aber immerhin von Berlin. Und er hatte eine Zukunft. Über Ollenhauers Zukunftschancen hingegen haben sich die Russen nicht die geringsten Illusionen gemacht.

Aber Brandt hatte noch einen weiteren Gegner. Das war der amerikanische Gesandte in Berlin, Bernard Gufler, eine sehr durchschnittliche Figur, wie sie zu Hunderten in der Welt tätig sind, nicht immer zum Vorteil der amerikanischen Administration. Er soll zu Willy Brandt gesagt haben, er könne ihn zwar nicht daran hindern, den amerikanischen Teil der Stadt zu verlassen, aber er könne ihm nicht die Gewähr dafür bieten, aus dem so-

Daß die Begegnung zwischen Brandt und Chruschtschow nie zustande kam, führte zu einer Trübung im Verhältnis Brandt/Kreisky, konnte der langjährigen Freundschaft aber nichts anhaben. Die Aufnahme zeigt die beiden Kanzler beim Staatsbesuch Brandts in Österreich im Mai 1972; links Vera Kreisky, rechts Rut Brandt.

wjetischen Sektor wieder zurückkehren zu dürfen. Eine solche Drohung erscheint heute geradezu unfaßbar.

Das Treffen Brandts mit Chruschtschow mußte also in letzter Minute abgesagt werden. Für mich, den unmittelbar Betroffenen, stellte sich das so dar, daß mein Freund Willy Brandt abermals ein Opfer seiner Bereitwilligkeit geworden war, auf die Ratschläge vieler zu hören, um am Schluß selber ratlos zu erscheinen. Wenn man das Abwägen aller Meinungen bis zum Exzeß treibt, erweckt dies mitunter den Eindruck, daß man zu keiner eigenen Entscheidung fähig sei. Es kann das als eine durchaus demokratische Tugend angesehen werden, aber sie führt den zur Entscheidung Berufenen bisweilen in die Irre. Ich gebe zu, daß ich meine Ablehnung sogenannter Ratgeber immer gern demonstrativ zur Schau getragen habe. Wenn die Ratgeber wirklich so gescheit sind und sich oft sogar damit brüsten, immer recht zu haben, dann stellt man sich die Frage, warum eigentlich nicht die Ratgeber regieren. Gewiß, man braucht Fachleute, man braucht auch deren fundierte Meinungen, man braucht vor allem fähige Mitarbeiter, aber schon das Wort »Ratgeber« schafft Assoziationen mit dem Ausdruck Ratlosigkeit, und diesen Eindruck sollten zur Entscheidung Berufene vermeiden.

In Österreich hat das erst in jüngster Zeit sehr ernste Folgen gehabt: das ununterbrochene Klagen, wie kompliziert die Probleme seien, führte nur dazu, daß die Kompetenz der Regierenden in der Öffentlichkeit in Frage gestellt wurde. Natürlich soll man nicht den Eindruck erwecken, daß man Entscheidungen sozusagen aus dem Ärmel schüttelt oder mit der linken Hand trifft, aber Entscheidungsscheu führt zu einer Lähmung der Geschäfte und kann geradezu krankhafte Züge annehmen.

Nach der Absage Brandts habe ich mich in einer peinlichen Situation befunden. Ich ließ den sowjetischen Botschafter rufen und sagte ihm, ich übernähme die volle Verantwortung und sei zu jeder Erklärung bereit. Schließlich war Chruschtschow durch mich in eine unangenehme Situation geraten; er hatte auf meine Vermittlung hin eine Einladung an Willy Brandt ergehen lassen und war nun desavouiert. Am nächsten Tag kam Lapin zu mir und teilte mir mit, daß man keine Erklärung meinerseits wünsche, denn ich hätte der Sowjetunion doch lediglich einen Dienst erwiesen. Man sei einzig und allein selber schuld, da man Herrn Brandt mehr Entscheidungsfreiheit zugetraut habe, als er offenbar tatsächlich besitze. Das war gewiß eine noble Haltung, die mich, wie ich gestehe, für Chruschtschow sehr einnahm.

Daß die so wichtige Begegnung zwischen Brandt und Chruschtschow nicht stattfand, empfand ich nicht zuletzt auch als eine schwere persönliche Niederlage, deren Folgen nicht ausbleiben konnten. Die Indiskretion, daß ich derjenige gewesen war, der diese gescheiterte Zusammenkunft eingefädelt hatte, kam höchstwahrscheinlich aus Ost-Berlin, wo man keinerlei Interesse an einer solchen Begegnung hatte. Jedenfalls wurde dem Korrespondenten von AP in einem anonymen Telefonanruf die Mitteilung gemacht, der österreichische Staatssekretär Kreisky habe das Ganze organisiert. Diese Meldung wurde innenpolitisch ausgeschlachtet, und beinahe hätte mich das Scheitern meines Vermittlungsversuchs für lange Zeit, wenn nicht für immer, disqualifiziert und vielleicht sogar zum Rückzug aus der Politik gezwungen. Zum Glück war Bundespräsident Schärf über alles informiert. Ich habe Schärf in wichtigen Angelegenheiten immer unterrichtet, und wenn er keine Einwände erhob, konnte man sich darauf verlassen, daß er zu einem stand, wenn es hart auf hart ging.

Im Oktober 1959, bei meiner dritten Reise in die Sowjetunion, habe ich mich bei Chruschtschow noch einmal persönlich entschuldigt und ihm gedankt für das hohe Maß an Takt. Chruschtschow wiederholte, was er mir schon durch seinen Botschafter hatte sagen lassen, daß ich den Russen ja nur einen Dienst hätte erweisen wollen. Seine Antwort lautete im wesentlichen: »Daß Sie damit gescheitert sind, ist ja nicht Ihr Fehler. Der Fehler lag auf meiner Seite, weil ich mich einer Illusion hingegeben habe. Ich habe die Freizügigkeit Herrn Brandts überschätzt. Ich hätte das nicht tun sollen. Aber es ist ja kein Malheur geschehen, jedenfalls nicht für uns. Ein Malheur ist das nur für die, die zu Gesprächen oder Verhandlungen nicht bereit sind.« Chruschtschow war damals auf dem Zenit seiner Popularität angelangt, er konnte sich vieles leisten.

Einer der Gründe für die Sympathie, die mir Chruschtschow entgegenbrachte, lag wohl in meiner Risikobereitschaft. Er hat das immer wieder auf seine Art zum Ausdruck gebracht. Als ich 1962 mit Bundeskanzler Gorbach in der Sowjetunion war, eröffnete Chruschtschow die Sitzung mit den Worten: »Merkwürdig, Herr Raab war hier, Herr Schärf war hier, Herr Kreisky war mit Herrn Raab mit, Herr Kreisky war mit Herrn Schärf mit; jetzt ist Herr Kreisky mit Herrn Gorbach hier. Es ändern sich die Kanzler, nur Herr Kreisky ist immer da.« Das war durchaus freundlich, wenn auch leicht ironisch gemeint.

Die Russen waren 1962 schon der Meinung, daß die Teilung Deutschlands unwiderruflich sei; dies hat mir Chruschtschow auch deutlich gesagt. Man solle jedoch versuchen, die Teilung so schmerzlos wie möglich zu gestalten. Als Ersatz dafür, daß es zwei Deutschland gab, wollte man *ein* Berlin. Jedenfalls hatte ich diesen Eindruck. Es war meine immer wieder als richtig sich erweisende Erfahrung, daß man möglichst alles ausprobieren muß, ehe man definitiv weiß, was machbar ist. Aus falscher Prestigesucht Gespräche von vornherein abzulehnen oder gar aus dem Umstand, daß ein Gespräch überhaupt stattfindet, an sich schon eine große Affäre zu machen, kann sich in der Politik verhängnisvoll auswirken. Man denke nur an das Hin und Her bei den Gipfelkonferenzen! Viele unserer Erfolge in der Außen- und Innenpolitik sind darauf zurückzuführen, daß wir immer die

Bereitschaft zur Wiederaufnahme von Gesprächen zeigten, auch wenn sie wenig aussichtsreich zu sein schienen.

Nun, die Chance war vertan, und viele meinen, es sei müßig, darüber zu sinnieren, was alles hätte geschehen können, wenn. Aber dadurch, daß man nicht versuchte, die Berlinfrage einer Lösung zuzuführen, beschäftigt uns dieses Problem bis in die Gegenwart - wie ein Dutzend anderer ungelöster Probleme auch. In der Politik gilt das Gesetz des Minimums: Die kleinsten Veränderungen im Zentrum eines Kreises haben einen beträchtlichen Ausschlag an der Peripherie zur Folge. Ich bin zutiefst davon überzeugt, daß, wäre es damals zu einer Begegnung Brandt-Chruschtschow gekommen, Chruschtschow ein eminentes Interesse daran gehabt hätte, den Deutschen oder, genauer gesagt, den Berlinern zu zeigen, daß er die Stalinsche Blockadepolitik hinter sich gelassen hatte.

Aufgrund dieser Überzeugung habe ich nach einem Besuch Außenminister Gromykos im Juli 1960 in Wien einen weiteren Vermittlungsversuch unternommen. Gromyko wollte mit mir als Privatmann und nicht in meiner Funktion als österreichischer Außenminister über die Berlinfrage sprechen; so vereinbarten wir ein privates Treffen, bei dem er mich bat, einen Kontakt mit Brandt herzustellen. Er übergab mir ein Papier »über den Standpunkt der Sowjetunion in der Frage des deutschen Friedensvertrages und über die Lösung der Frage über West-Berlin, auf der Grundlage seines Abschlusses«. Dieses »non-paper«, das auf dem typisch gelben Papier der Russen geschrieben war, enthielt wenig Neues, außer der Feststellung, daß »Informationen über den sowjetischen Standpunkt aus erster Hand zu bekommen waren«. In einer vertraulichen Mitteilung an den mir befreundeten britischen Außenminister Selwyn Lloyd vertrat ich die Ansicht, daß man in dieser Angelegenheit Fortschritte erzielen könnte, ohne irgendeine Seite zu einer endgültigen Stellungnahme zu verpflichten. Während die Sowjets zu meiner Überraschung auf Gespräche mit Brandt drängten, ließ mir dieser über unseren damaligen Generalkonsul in Berlin, Hans Thalberg, mitteilen, daß die russische Note »möglicherweise dafür stünde, zu einzelnen Punkten von Moskau nähere Erläuterungen zu erhalten, dies aber unter den gegebenen Umständen nicht möglich sei«. Ich sei jedoch bevollmächtigt, den Sowjets zu übermitteln, daß Berlin von sich aus keine derartige Initiative entfalten könne. Dies war meiner Meinung nach unbefriedigend, denn die Sowjets wollten ja über dieses Papier verhandeln, und aufgrund unserer Erfahrungen mit dem Staatsvertrag wußte ich, wie weit man bei Verhandlungen über den ersten Entwurf hinausgelangen konnte.

Wenn ich in diesem Kapitel eine nicht ganz unkritische Haltung Brandt gegenüber eingenommen habe, so möchte ich am Ende doch betonen, daß alles, was damals vielleicht unterblieb, durch die Ostpolitik Willy Brandts Ende der sechziger, Anfang der siebziger Jahre längst wettgemacht wurde. Wären wir 1955 vielen sogenannten Ratgebern gefolgt, die immer wieder betonten, wie wenig man den Russen vertrauen dürfe und daß man hart bleiben möge, wer weiß, ob es je zu einem Staatsvertrag gekommen wäre. Jedenfalls ist es töricht, einem Menschen Entscheidungsschwäche vorzuwerfen, der in der Geschichte einen bleibenden Sieg errungen hat. Und noch etwas soll in diesem Zusammenhang nicht unerwähnt bleiben: Es hat keinen deutschen Kanzler gegeben, dem die Menschen in aller Welt so viel Sympathie entgegenbrachten, der ein solches Maß an menschlicher Wärme ausstrahlte. Deshalb könnte kein anderer Deutscher die Funktion des Präsidenten der Sozialistischen Internationale der Form und dem Inhalt nach besser wahrnehmen als Willy Brandt.

2. Kapitel

Begegnungen mit Deutschland

Das Verhältnis Österreichs zur Bundesrepublik hat sich in den fünfziger Jahren rasch normalisiert, wenn wir auch aus den verschiedensten Gründen Wert auf eine gewisse Distanz legen mußten. Was die sogenannte Vergangenheitsbewältigung betraf, so nahm ich eine andere Haltung ein als »echte« Österreicher, für die es bis in die späten sechziger Jahre zum guten Ton gehörte, ihre Abneigung gegen Deutschland zu demonstrieren. Ich glaubte mir ein weniger ressentimentbeladenes Verhältnis erlauben zu dürfen. In Diskussionen, in denen von der angeblichen Wahlverwandtschaft Österreichs mit Süddeutschland, insbesondere Bayern, die Rede war, führte ich immer wieder zwei Argumente ins Feld. Zum einen war ich beim besten Willen nicht in der Lage, zwischen dem Norden und dem Süden Deutschlands politisch-moralische Unterscheidungsmerkmale zu erkennen; die ausschließliche österreichische Sympathie für den Süden vermochte ich nicht zu teilen. Auch gibt es genügend Beweise dafür, daß sich der Nationalsozialismus nicht im Norden Deutschlands entwikkelt hat, sondern in Bayern, und so habe ich jeglichen Versuch, den Norden Deutschlands als Heim-und Brutstätte des Nationalsozialismus abzustempeln, für absurd gehalten. Zum anderen war mir stets bewußt, daß zahlreiche große Persönlichkeiten gerade im Norden Deutschlands zu Hause waren; der Norden gehört ebenso zur deutschen Sprach- und Kulturgemeinschaft wie Österreich.

Als Staatssekretär war mein erster unmittelbarer Gesprächspartner in Bonn der Staatssekretär im Auswärtigen Amt, Walter Hallstein. Er war für mich der Inbegriff eines deutschen Professors; er bediente sich einer sehr gepflegten Sprache, die einem Österreicher schon deshalb auffallen mußte, weil bei uns niemand einem derartigen »Vorwurf« ausgesetzt ist. Hallstein war Feuer und Flamme für die sich anbahnende Idee der europäischen Integration, gleichzeitig aber vertrat er, nachdem er 1958 Präsident der EWG-Kommission geworden war, sehr selbstbewußt »protokollarische« Interessen, was vielen im Westen damals übertrieben schien. Im nachhinein kann ich Hallstein nur recht geben, denn eine Organisation wie die EWG mußte, um sich allmählich Respekt zu verschaffen, in solchen Fragen sehr empfindlich sein. Formale Fragen wurden natürlich auch in Österreich von alten, bürokratischen Aristokraten sehr ernst genommen; mein zeitweiliger Chef, Kabinettsdirektor Wilhelm Klastersky, hat um den Bundespräsidenten ein fast habsburgisches Zeremoniell entwickelt, das unter anderem in der Errichtung einer prachtvollen Präsidentschaftskanzlei gipfelte. Es bleibt das Verdienst Klasterskys, daß er sich, obwohl er für die Sozialdemokratie nichts übrig hatte, ohne Rücksicht auf seine politischen Sympathien um solche Fragen kümmerte; Renner und Körner haben objektiv davon profitiert, denn ihrem Ansehen diente es.

Hallstein war auch in grundsätzlichen politischen Fragen nicht eben zurückhaltend. Die europäische Integration sollte seiner Meinung nach vorerst nicht über die sechs Staaten der Montanunion von 1951 hinausgehen, weil dies die Idee verwässern würde. Dennoch bin ich nicht der Ansicht, daß man Hallsteins Rolle herunterspielen sollte, was seit längerer Zeit geschieht.

Hallstein war kein Freund der Sozialdemokraten, aber er war sich des Umstandes bewußt, daß ihm – sowenig Bedeutung er der *deutschen* Sozialdemokratie damals beimessen mußte – die Sozialdemokraten Belgiens, Hollands und Luxemburgs Respekt entgegenbrachten. Sie vor allem waren es, die Deutschland gegenüber eine Geste der Versöhnung suchten. Der neuerwachte Internationalismus fand 1951 in Frankfurt am Main mit der Frankfurter Deklaration über »Ziele und Aufgaben des demokratischen Sozialismus« seinen weithin sichtbaren Ausdruck: »Der Sozialismus kann nur durch die Demokratie verwirklicht, die Demokratie nur durch den Sozialismus vollendet werden [...] Der Sozialismus erstrebt die Befreiung der Völker aus ihrer Abhängigkeit von einer Minderheit, die die Produktionsmittel besitzt oder beherrscht. Es ist sein Ziel, dem ganzen Volk das Bestimmungsrecht über die Wirtschaft zu sichern. Er erstrebt ein Gemeinwesen, in dem freie Menschen als Gleiche zusammenwirken.«

Daß ich im Laufe der Zeit ein gewisses Nahverhältnis zu Adenauer fand, war wohl die Folge meiner häufigen Besuche in der Bundesrepublik, bei denen mich Adenauer immer wieder zu sprechen wünschte. Vor allem war er an meiner Beurteilung »Herrn Chruschews« interessiert – so nannte er Chruschtschow, wie er auch beharrlich von »Herrn Duiles« sprach, wenn er Dulles

Bundeskanzler Adenauer besichtigt bei seinem Staatsbesuch im Juni 1957 die Schatzkammer in der Wiener Hofburg.

meinte. Nach einer Begegnung mit Chruschtschow in Wien 1961 stellte er mir zum Beispiel die Frage, was denn »Herr Chruschew« eigentlich gesagt habe. Ich gab eine Diskussion wieder, in der ich den Parteichef darauf aufmerksam gemacht hatte, daß so viele qualifizierte Arbeiter Ostdeutschland fluchtartig verließen. Chruschtschow antwortete, daß ihn das überhaupt nicht störe, weil ja die Krise des Westens bevorstehe; dann werde es in Ostdeutschland, dank der russischen Freundschaft, Arbeit in Hülle und Fülle geben, und im kapitalistischen Westdeutschland werde es zu einer gewaltigen Arbeitslosigkeit kommen. Zehntausende würden dann wieder in die DDR zurückkehren. Daraufhin meinte Adenauer: »Wollte Herr Chruschew damit sagen, daß die Deutschen, wenn sie die Wahl zwischen Arbeit und Freiheit haben, sich für die Arbeit entscheiden?« Ich brauchte ihm diese wohl rhetorisch gemeinte Frage allerdings nicht zu beantworten.

Adenauer äußerte sich bisweilen sehr freimütig und war ein hervorragender Exponent der sogenannten double-talks in der Politik. Er bediente sich der Sprache nicht, um seine Gedanken zu verhüllen, sondern um den Gesprächspartner aus der Reserve zu locken. Es wird erzählt, daß de Gaulle und Adenauer manches kurze Gespräch unter vier Augen geführt haben - nicht einmal Dolmetscher sollen dabei gewesen sein. Adenauer habe den Eindruck vermitteln wollen, daß er Französisch verstehe, und der General habe so getan, als ob er des Deutschen mächtig sei. In Wirklichkeit hat keiner den anderen verstanden. Und doch verstanden sie sich auf ihre Art.

Adenauers Zynismus schien in der Natur seiner Persönlichkeit zu liegen. Der bekannte deutsche Journalist Immanuel Birnbaum - der ein wandelndes politisches Lexikon war und in übersprudelnder Weise von seinem einzigartigen Erinnerungsvermögen Gebrauch machte - hat mir einmal von einem Gespräch erzählt, das er mit Adenauer in den Tagen des rheinischen Separatismus führte. Damals, Mitte der zwanziger Jahre, habe er ihm gesagt: »Merken Sie sich, Herr Birnbaum, es wird keinen Kölner Dom mehr geben, und die Leute werden noch von Konrad Adenauer sprechen.« Und in der Tat: Es gab keinen Kölner Dom mehr, als Adenauers große Zeit erst begann.

Es ist mir beim besten Willen nicht möglich, von der Vergangenheit Adenauers als Kölner Oberbürgermeister abzusehen; er war damals Separatist, und diese Feststellung erscheint mir um so wichtiger, als de Gaulle ähnlichen Ideen huldigte. Ein Erlebnis hat mir das lebendig vor Augen geführt. De Gaulle sprach bei einem meiner Besuche bei ihm vom Status quo als Voraussetzung der EWG. Ich blickte ihn sehr erstaunt an und fragte, ob er damit auch die Teilung Deutschlands meine. Frankreich biete ja dafür eine großzügige Kompensation, sagte de Gaulle: das Bündnis Frankreichs mit Deutschland.

Adenauer war seiner Gesinnung nach ein militanter Katholik, und auch in dieser Hinsicht mangelte es ihm nicht an Selbstvertrauen. In einer der seltenen Auseinandersetzungen mit Kardinal Frings äußerte er, die Kirche möge ihn in Ruhe sein Werk vollenden lassen, denn seine Politik werde schließlich zu einem mehrheitlich katholischen Deutschland führen. Er wisse wirklich besser, was zu tun sei. Nach außen hin sieht es wie ein Paradoxon aus, daß bedeutende katholische Politiker dem Klerus Widerstand leisten. Dahinter steckt die Überzeugung, daß sie als katholische Politiker vieles »besser wissen« als andersgläubige Politiker und vieles auch besser als die Kleriker.

Ein gutes Beispiel für die unterschiedlichen Positionen innerhalb des Katholizismus ist der österreichische Prälat Ignaz Seipel, der in der Politik der zwanziger Jahre eine große Rolle spielte. Vom sozialdemokratischen Abgeordneten Dr. Ellenbogen auf den Unterschied seiner Haltung zu der eines streng katholischen Abgeordneten aufmerksam gemacht, meinte Seipel, er sei eben ein Kleriker, der Abgeordnete Jerzabek aber nur ein Klerikaler.

Gegenüber uns Österreichern nahm Adenauer kein Blatt vor den Mund. So erklärte er in kleinem Kreis – wie unser Botschafter in Bonn, Josef Schöner, in einem streng vertraulichen Bericht an mich vom November 1960 schrieb –, »die Österreicher seien eigentlich unmögliche Leute, was besonders ihre Haltung nach dem Kriege beweise. Schließlich seien sie am Nationalsozialismus nicht weniger schuld als die Deutschen und hätten 1938 mit mehr Begeisterung mitgemacht, als dies damals in Deutschland noch üblich war. Schließlich liege Mauthausen in Österreich, und österreichische Divisionen hätten die Dämme in Holland gesprengt. Die Österreicher seien ein unbelehrbares Volk, wie ihre Haltung in der Frage der Wiedergutmachung beweise, die man als indiskutabel bezeichnen müsse. Die Bundesrepublik habe bisher mehr als vier Milliarden an Wiedergutmachung bezahlt, Herr Raab aber bisher keinen Groschen. Seine Haltung beim Chruschtschow-Besuch sei ihm noch immer unverständlich.«

Was Adenauers Einschätzung meiner Person betrifft, möchte ich ebenfalls aus dem Bericht Schöners zitieren. Adenauer, der ja in vielen Fragen sehr andere Auffassungen als ich vertrat, sagte: »›Ich weiß nicht, ob ich Sie als Botschafter eigentlich so was fragen darf – aber wie geht es denn mit Herrn Kreisky als Außenminister? Ist man zufrieden mit ihm?‹ Ich erwiderte, daß man wirklich durchaus zufrieden sei und daß die Beamten des Außenamtes, die Dich ja schon seit Jahren als Kollegen und Staatssekretär gut kennengelernt hätten, Dich als Bundesminister ehrlich und aufrichtig begrüßt hätten. Außerdem sei endlich ein alter Wunsch aller Beamten des österreichischen Außendienstes, nämlich die Schaffung eines selbständigen Außenministeriums, unter Dir in Erfüllung gegangen. Adenauer nahm meine Worte mit sichtlicher Befriedigung zur Kenntnis und sagte: ›Ja, Ihr Kreisky ist ein guter Mann – das habe ich seit jeher gesagt.‹«

In den Jahren des häufigen Umgangs mit Adenauer bin ich natürlich auch mit zahlreichen seiner Mitarbeiter und Vertrauten zusammengekommen. Ein besonders treuer Diener seines Herrn war Heinrich Krone, der Fraktionsvorsitzende der CDU/CSU. Krone, ein tiefgläubiger Katholik, besaß meinem Gefühl nach das fast unbegrenzte Vetrauen Adenauers; jedenfalls wurde

Mit Bundeskanzler Adenauer und Staatssekretär Gschnitzer in Bonn.

er oft von Adenauer geholt und in vertrauliche Gespräche einbezogen. Adenauer hielt ja außerhalb der Familie auf einen gewissen Abstand.

Herr Krone, kein Freund Willy Brandts, war aus mir nicht verständlichen Gründen Herbert Wehner besonders zugetan, mehr als allen anderen Sozialdemokraten. Möglicherweise gehörte er zu den deutschen Politikern aus dem konservativen Lager, die den Umgang mit Herbert Wehner schätzten, weil sie sich sagten: Wenn wir schon mit einem Sozialdemokraten verkehren müssen, dann mit dem, der der Einflußreichste zu sein scheint. Das galt auch für deutsche Aristokraten, die sich in der Politik betätigten, allen voran Freiherr von Guttenberg. Herbert Wehner ließ sich diese Bevorzugung gern gefallen, und vielleicht waren diese besonderen Beziehungen einer der Gründe, daß Wehner 1966 die Große Koalition gegen den Willen Brandts durchboxte. Als Brandt drei Jahre später mit einem Überraschungscoup in der Wahlnacht die sozialliberale Koalition einläutete, war es Herbert Wehner, der diese Koalition nicht wollte.

Krone wurde oft in besonderen Missionen nach Wien geschickt. Dann besuchte er mich regelmäßig »im Vorbeigehen«, weil er seine Besuche bei mir mit Besuchen im Hauptquartier der Volkspartei in der Kärntnerstraße kombinieren mußte; daraus wurden meist lange Gespräche. Krone war mir von einem der merkwürdigsten Vermittler, die mir in meinem Leben begegnet sind, ans Herz gelegt worden, von Klaus Dohrn, auf den ich noch zurückkommen werde. Ich traf Krone überdies bei jedem offiziellen und inoffiziellen Besuch in Bonn oder Berlin, und darunter gab es einige sehr dramatische Begegnungen.

So erinnere ich mich, daß ich Krone am 22. März 1959 in einem Restaurant in Bad Godesberg traf, nur vier Tage nachdem die SPD den sogenannten »Deutschland-Plan« veröffentlicht hatte, der eine »Entspannungszone« in Mitteleuropa vorsah, aus der NATO und Warschauer Pakt ihre Truppen abziehen sollten; ergänzt wurde dieser Vorschlag durch Rüstungsbeschränkungen und ein Kernwaffenverbot in dieser Zone sowie durch ein kollektives Sicherheitsabkommen unter Beteiligung der USA und der UdSSR. Krone war vollkommen entsetzt über diese sozialdemokratische Initiative. Mir schien sie nicht so sensationell zu sein, weil das, was mir kurz zuvor über die Pläne des deutschen Außenministers von Brentano erzählt worden war, gar nicht so weit von den Vorstellungen der SPD entfernt lag. Die Schilderung von Botschafter Duckwitz, der den Auftrag gehabt hatte, mich über Brentanos Vorstellungen im einzelnen zu informieren, mußte bei mir den Eindruck erwecken, daß Wehners Plan - er war meiner Erinnerung nach der Schöpfer dieser sehr mutigen Idee - damit unterlaufen werden sollte. Brentano wollte die Schiffsreise in die Vereinigten Staaten benützen, um seinen Plan zu redigieren - sicherlich nicht ohne Wissen Adenauers. Seine Überlegungen ließen, ähnlich wie der Wehner-Plan, die Absicht erkennen, aus der Sackgasse herauszukommen, in die sich die deutsche Politik selber hineinmanövriert hatte.

Krones Reaktion erstaunte mich, weil ich davon ausging, daß es sich um offizielle deutsche Überlegungen handelte. Aber der grundehrliche Krone, dem ich keine Komödie zutraute, war in völliger Unkenntnis der Brentanoschen Vorstellungen. In diplomatischen Kreisen war bereits durchgesickert, daß von Brentano und seinen Mitarbeitern, vor allem von dem in außenpolitischen Fragen sehr fortschrittlichen Botschafter Duckwitz, manches Neue zu erwarten sei. Noch während meines Bonner Aufenthalts erfuhr ich, daß Brentano von Adenauer zurückgepfiffen worden war. Der Kanzler hatte es wieder einmal verstanden, sich geschickt aus der Affäre zu ziehen und einen seiner Mitarbeiter »die Suppe auslöffeln« zu lassen; sein Ansehen wurde nicht im geringsten angekratzt. Der Deutschland-Plan Wehners und Ollenhauers aber wurde zur Zielscheibe der deutschen Konservativen; die Sozialdemokraten waren endgültig als Appeasement-Politiker abgestempelt. Ich bin davon überzeugt, und manche Indizien sprechen dafür, daß sich der loyale deutsche Außenminister Brentano niemals mit einem solchen Plan herausgewagt hätte ohne vorherige Rücksprache mit Adenauer. Auch erinnere ich mich, daß mich Adenauer persönlich aufgefordert hat, Brentano um ergänzende Informationen zu bitten. Die Erinnerung daran ist mir deshalb so gegenwärtig, weil Adenauer eine sehr zynische Bemerkung machte, die mir gar nicht gefiel: Er verwies darauf, daß Brentano Hesse war, und stellte mir beiläufig die Frage, ob ich schon einmal den Ausdruck »blinder Hesse« gehört hätte. Ich überhörte diese nicht sehr schmeichelhaft gemeinte Frage.

Heinrich Krone war sehr stolz darauf, daß er Adenauer rechtzeitig vor einem Streich Brentanos und seiner »Kamarilla« hatte warnen können. Diese und ähnliche Ereignisse ließen mich vorsichtiger werden. Dennoch informierte ich Adenauers Vertrauensleute weiterhin über die sowjetischen Absichten gegenüber Deutschland. So notierte Dr. Krone am 21. Oktober 1959 in seinem Tagebuch, das er mir in Auszügen dankenswerter Weise zur Publikation überlassen hat: »Klaus Dohrn hat in Wien den österreichischen Außenminister Kreisky gesprochen. Dieser unterrichtete Dohrn über sein Gespräch mit Chruschtschow aus den Tagen des Moskaubesuches des österreichischen Bundespräsidenten. Was Dohrn mir sagte, bestätigt unser Urteil über die sowjetische Deutschlandpolitik. Kein Gedanke im Kreml an eine deutsche Wiedervereinigung, auch nicht um den Preis eines neutralisierten Deutschland. Zu einem Friedensvertrag mit Pankow könne es kommen; die Zone gehöre als eigener Staat in den Bereich des Kommunismus und Moskaus. Über eine neue Regelung für Westberlin ließe sich reden. Chruschtschow habe auch das Thema China angeschnitten. Man müsse damit rechnen, daß eines Tages China Sowjetrußland überflügele und dann auch die Führung im Weltkommunismus beanspruche; doch dabei dürfe man nicht übersehen, daß Moskau und Peking sich im kommunistischen Grundanliegen einig seien. Kreisky glaubt, daß der Kreml jetzt Ruhe wahren will. Wir sollten mit Kreisky, der Adenauer schätzt und zur Opposition in Bonn kritische Anmerkungen macht, in Verbindung bleiben.«

Adenauer sprach mir für meine Vermittlungen seine »Anerkennung« aus und versuchte mich zu weiteren Aktivitäten zu motivieren; bei der UNO-Vollversammlung im September 1960 sollte ich Chruschtschow ansprechen. Aufgrund mißlicher Erfahrungen lehnte ich derartige Kontaktversuche ab, solange ich nicht etwas Schriftliches in der Hand hatte. Den deutschen Botschafter in Moskau, Hans Kroll, dem diese Aufgabe offenbar gleichfalls übertragen worden war und der vielleicht ein bißchen zu eilfertig handelte, ließ Adenauer prompt im Regen stehen. Es würde eines gründlichen Aktenstudiums bedürfen, um die genaue Zeitabfolge zu rekonstruieren; ich möchte mich darauf beschränken, noch einmal aus den Tagebüchern Krones zu zitieren. So notierte er am 25. September 1960: »Gestern auch noch ein Gespräch mit Klaus Dohrn. Globke hatte ihn gerufen und wollte von ihm Auskunft über sein Gespräch mit Kreisky haben. Gromyko hatte Kreisky seinerzeit in Wien gesagt, daß er ihm jederzeit für Auskünfte zur Verfügung stehe. Darum ging es Globke, der unter Berufung auf diese Zusage Kreisky zu Sondierungen ermuntern möchte.« Ein dreiviertel Jahr später erinnert sich Krone an einen Wien-Besuch (7. bis 9. Juni 1961) und vermerkt, daß »Kreisky und Gorbach mit dem Kreml-Chef auch über Berlin gesprochen hatten. Um die Jahreswende werde er, wenn sich keine andere Lösung zeige, auf den Separatfrieden mit Pankow zugehen. Es lohnt sich schon, nach Wien zu kommen. Einiges erfährt man mehr und besser von dem, was auf dem Balkan, hinter dem Vorhang vor sich geht. Wien trägt noch immer an seinem alten, großen und reichen Mantel. Doch ist er viel zu weit. Es fehlt eben, was einst Österreich war. Ich bin gern in diesem Land, in dieser Stadt.«

Der in diesem Kapitel mehrfach erwähnte Klaus Dohrn war einer der farbigsten und intelligentesten Leute, die mir jemals begegnet sind. Er war ein Mann von gewaltiger Körperfülle – gleichermaßen ein Gourmet wie ein Gourmand. Als liberaler deutscher Protestant wollte er eines Tages katholischer Priester werden, entschlüpfte aber rechtzeitig den Klostertoren. Sein Leben lang unterhielt er gute Beziehungen zu einigen bedeutenden französischen und vor allem deutschen Priestern im Vatikan. Ich verdanke ihm manche wichtige Information, die auch in unserer Einstellung zum Konkordat ihren Niederschlag fand.

Klaus Dohrn arbeitete als deutscher Emigrant in Amerika und legte keinen Wert auf Öffentlichkeit. Es genügte ihm, mit wichtigen amerikanischen Persönlichkeiten zusammenzutreffen, von ihnen Hintergrundinformationen zu erhalten und sich gleichzeitig als versierter und diskreter Vermittler auszuweisen. Er war ein enger Freund Friedrich Torbergs aus dessen amerikanischer Zeit, besaß eine profunde Bildung und war überall ein gerngesehener Gast. Hatte er sich anfangs als schlechtbezahlter Journalist - vor allem für Time-Life - durchgeschlagen, so gelang es ihm später, die nähere Bekanntschaft Adenauers zu machen und mit vielen Persönlichkeiten in Europa gewisse Kontakte herzustellen. Er heiratete eine sehr wohlhabende Frau und genoß den neugewonnenen Reichtum in sichtbarster Weise, indem er täglich als erstes die Börsenberichte las; dabei handelte es sich natürlich nicht um ein akademisches Interesse.

Ich möchte in meinen Erinnerungen an Klaus Dohrn nicht unerwähnt lassen, daß ich zu Gesprächen mit ihm immer Zeit fand, auch wenn sie stundenlang und bis tief in die Nacht hinein dauerten. Sie waren inhaltsreich und anregend, und wir lernten viel voneinander. Während seiner Emigration hatte er viele Amerikaner zu der Frage provoziert, womit er eigentlich das Geld verdiene, um seine beträchtliche Körperfülle zu erhalten; die diesbezüglichen »Betriebskosten« müßten doch sehr hoch sein. Die charakteristische Antwort lautete: »He is doing a Catholic job.« - Ich denke gerne an die Stunden mit Klaus Dohrn zurück, und der Umstand, daß er schon vor vielen Jahren gestorben ist, erinnert mich heilsam an mein eigenes Alter.

In der Ersten Republik hatte ein besonderes Nahverhältnis zwischen österreichischer und deutscher Sozialdemokratie bestanden. Fast jeder der führenden österreichischen Sozialdemokraten hatte seinen besonderen Freund in der deutschen Sozialdemokratie, und niemand fand etwas daran, daß bei Wahlen österreichische und deutsche Redner einander Wahlhilfe leisteten. Natürlich waren deutsche Redner bei uns, je nach der politischen Schattierung, beliebter oder weniger beliebt. Die Jungen in der österreichischen Sozialdemokratie neigten generell den Radikaleren zu; unter den sozialistischen Intellektuellen etwa gab es große Sympathien für Paul Levi, der 1922 vom Kommunismus zur Sozialdemokratie übergewechselt war.

Die Beziehungen zu Deutschland waren damals sehr eng gewesen; einzig und allein Otto Bauer stand, auch infolge seiner Sprachkenntnisse, mit französischen und britischen Sozialisten in regelmäßigem Kontakt. Manche Länder lagen außerhalb der Reichweite unseres Interesses. Ich selber gehörte zu den wenigen Jungen, die eine besondere Neigung zu Großbritannien und Skandinavien verspürten, vor allem zu den sehr starken skandinavischen Jugendorganisationen. Sie faszinierten mich von Anfang an, allein schon deshalb, weil sie ein entscheidendes Wort mitzureden hatten. Zwischen einem fünfzehnjährigen jungen Sozialisten, wie es damals viele gab, und einem zwanzigjährigen liegt eine Welt; wie groß aber ist erst der Unterschied zu den fünfundzwanzig- bis dreißigjährigen. Bei uns dominierten diese älteren Jugendlichen, für die wir eine eigene Bezeichnung hatten; wir nannten diese Gruppe die »Jugendbewegten«, also die ewig Jugendlichen. Sie konnten sich in den Parteiorganisationen der Älteren nur sehr schwer durchsetzen, weil es die erbeingesessenen Funktionäre nicht anders wollten, und so blieben sie weit über ihr Alter hinaus »jugendbewegt«. In dieser Hinsicht hat sich heute vieles verändert, gerade auch unter den führenden Persönlichkeiten der Sozialdemokratie.

Die herzlichen Beziehungen zu Deutschland entfalteten sich im Schatten des verhinderten Anschlusses von 1918/19. Das von den Alliierten in Saint-Germain diktierte Anschlußverbot gab den Beziehungen einen geradezu legitimen Charakter: Man wollte unterstreichen, daß es sich um zwei Parteien handelte, die in Wirklichkeit zueinander gehörten; man wollte so viel als möglich vom Anschlußgedanken auf Parteiebene verwirklichen. Aber je definitiver das Schicksal der Republik Österreich wurde, desto weniger wollte man von der alten Reichsidee wissen. Andererseits hatte man kein besonderes Interesse daran, die Idee des Bundesstaates zu unterstreichen, weil man sie lange Zeit für den konservativen Ausfluß der neuen Realität hielt. Dem wollte die »Sozialdemokratische Arbeiterpartei Deutsch-Österreichs« dadurch entgegenwirken, daß sie bis zum Ende der Ersten Republik die Bezeichnung »Reichspartei« beibehielt.

Die Beziehungen, wie sie sich in der Ersten Republik entfaltet hatten, fanden ihren scheinbaren Höhepunkt im Exil, als es zu einer Art Pseudo-Vereinigung der deutschsprachigen Emigrationsgruppen kam. Ich persönlich verhielt mich in Schweden von Anfang an sehr hinhaltend, vor allem, was die sogenannten Einigungsgespräche mit Willy Brandt betraf, der damals noch in Norwegen war. Trotz unserer engen Freundschaft, die 1940 begann, scheint Willy Brandt noch heute zu mehr nicht bereit zu sein

Am 11. September 1962 wurden im Wiener Außenministerium die Ratifikationsurkunden des Vertrages zur Regelung von Schäden der Vertriebenen, Umsiedler und Verfolgten sowie finanz- und sozialrechtlicher Ansprüche zwischen der Republik Österreich und der Bundesrepublik Deutschland ausgetauscht. Der Vertrag war am 12. Juli 1961 in Bad Kreuznach unterzeichnet worden. An der Zeremonie nahmen Bundeskanzler Gorbach, der deutsche Botschafter Janz, Außenminister Kreisky und Finanzminister Klaus teil.

als zur Anerkennung meiner österreichischen Gesinnung. Wenn man das Kapitel »Von Bauer zu Kreisky« in seinen Erinnerungen *Links und frei* liest, spürt man so etwas wie einen leisen Vorwurf - in sehr nobler Weise, wie das anders bei Brandt nicht zu erwarten ist -, daß ich den gesamtdeutschen Vorstellungen meines großen und verehrten Vorbilds und Vordenkers Otto Bauer nicht gefolgt sei. Es ist das sicher akademisch gemeint, denn die praktische Politik hat ja längst anders entschieden.

Nach dem Krieg waren die Beziehungen zwischen österreichischen und deutschen Sozialdemokraten zunächst relativ kühl. Nur die alten Sozialdemokraten in der neuen Partei haben sich den Deutschen immer noch als sehr nahestehend empfunden, und in schwachen Augenblicken konnte der eine oder andere in die gesamtdeutschen Visionen der zwanziger Jahre zurückfallen. So meinte einmal der zweite Mann der Partei, Oskar Helmer, nach Genuß einiger Viertel: »Bruno, glaub' mir, alle Versuche, Österreich von Deutschland loszulösen, werden scheitern, wir gehören nun einmal dazu, und auch unsere wirtschaftliche Lebensfähigkeit wird davon abhängen.«

Es kam zu lockeren Kontakten mit Kurt Schumacher, in dem sich uns das Schicksal Deutschlands zu personifizieren schien; man empfand ungeheures Mitleid mit ihm. Sein fast inbrünstiger Nationalismus ließ uns allerdings bald auf Distanz gehen. Ich begegnete ihm Ende 1946 auf der zweiten Nachkriegssitzung der Sozialistischen Internationale in einem englischen Wochenendhotel in Bournemouth. Es war eine unglückselige Reise. Ich arbeitete damals noch bei der österreichischen Gesandtschaft in Stockholm und war von Vizekanzler Schärf zu Gesprächen nach London geholt worden. Anschließend fuhr ich zu dem Treffen der Sozialistischen Internationale und traf dort einen verhärmten und verhärteten Schumacher, der es im Unterschied zu Erich Ollenhauer nicht der Mühe wert fand, uns auch nur ein freundliches Wort zu sagen. Schumacher war der Überzeugung, daß es niemals wieder bessere Deutsche als deutsche Sozialdemokraten geben dürfe: Große Popularität in der Sozialistischen Internationale war damit nicht zu erringen.

Meine Bezugspersonen in der deutschen Sozialdemokratie waren vor allen anderen natürlich Willy Brandt und Erich Ollenhauer, der 1952, nach dem Tod Schumachers, den Parteivorsitz übernahm. Ich war mit ihm seit dem Internationalen Jugendtreffen der Sozialistischen Arbeiterjugend 1929 in Wien bekannt, habe ihn menschlich geschätzt und mich später mit ihm befreundet - trotz mancher Reserven, die vor allem junge österreichische Sozialdemokraten gegenüber deutschen Sozialdemokraten nie ganz ablegten. Ollenhauer war für mich, nicht unähnlich der heutigen Situation in der Sozialdemokratie, der einigende Name; er war es, der die Partei zusammenhielt und der in dem Maße, wie er von Adenauer angegriffen wurde, auch mit der Loyalität der Partei rechnen konnte. Die Propaganda der CDU gegen Ollenhauer, der ein integrer Mann war, ließ sich in ihrer Gehässigkeit und in ihrem Spott kaum überbieten. Ich erinnere mich an Plakate, auf denen es hieß, wer Adenauer wählt, wählt CDU, und auf korrespondierenden CDU-Plakaten hieß es dann, wer SPD wählt, wählt Ollenhauer.

Zu Herbert Wehner fand ich nie ein sehr herzliches Verhältnis, wenngleich wir uns einige Male begegnet sind. Der gescheite österreichische Botschafter in Bonn, Josef Schöner, machte zwar immer wieder Versuche, mich mit Wehner zusammenzubringen, den er für den intelligentesten und taktisch geschicktesten unter den deutschen Sozialdemokraten hielt. Dennoch haben wir uns relativ selten getroffen. Und das, obwohl Wehner, ähnlich wie ich, ein inniges Verhältnis zu Schweden hatte. Ich bin ihm dort freilich nie begegnet, wohl deshalb, weil Wehner damals ja kein Sozialdemokrat und sein Name uns unbekannt war. Wenn ich erfahren hätte, daß er als Mitglied des Politbüros mit Ernst Wollweber zusammengekommen war, der als der fürchterlichste Terrorist in Schweden galt, hätte ich ihm auch nicht über den Weg getraut. Aus den Büchern Herbert Wehners, die ich später gelesen habe und die ihn mir in sympathischerem Licht erscheinen ließen, erfuhr ich von den Angriffen des Advokaten Georg Branting. Der Sohn des großen Führers der schwedischen Sozialdemokraten charakterisierte Wehner sehr unfreundlich. Wenn ich auch kein eingeschworener Freund Georg Brantings war, dessen unbestimmter Radikalismus mir zu weit ging - er teilte das Schicksal der Söhne großer Väter und litt sichtbar darunter -, so hätte ich mich doch zumindest von Brantings bestem Freund Hjalmar Mehr, der damals auch zu meinen Freunden zählte, beeinflussen lassen. Herbert Wehner jedenfalls wäre, wie man so sagt, »kein Umgang für mich« gewesen, da man ihn nicht einzuordnen wußte. Die gemeinsame Vergangenheit in Schweden lag also eher als Hindernis im Wege und erzeugte - wohl auf beiden Seiten - unbewußte Aversionen.

Das Gegenteil von Herbert Wehner war der großartige Carlo Schmid, eine der faszinierendsten Figuren, denen ich je begegnet bin - der letzte große Polyhistor unter den Politikern. Wir luden ihn gern zu Reden nach Österreich ein, weil es einfach eine Lust war, zuzuhören und mit ihm zu lachen; er war eine unerschöpfliche Quelle seltener, völlig unbekannter Zitate. Ein Mann, der gleichermaßen des Französischen wie des Deutschen mächtig war; ein Mann, der über einen - fast möchte man sagen - prätentiösen Wortschatz verfügte; ein Redner, der auf jede Spur eines falschen Pathos verzichtete. Er war von beträchtlichem Körperumfang, und seine Korpulenz ließ den kleinen Kopf mit dem charakteristischen Gesicht direkt in den Körper übergehen. Aber wenn er am Rednerpult stand - und infolge seiner Körperfülle schwitzte er natürlich stark –, hing man an seinen Lippen. Er sprach immer mindestens eine Stunde lang, und wenn man den Saal verließ, wirkte das, was er gesagt hatte, noch lange nach. Die Deutschen besaßen in Carlo Schmid einen begabten Politiker, einen Mann von seltenem Format.

Wir fanden einander sehr sympathisch und brachten dies in Gesten auch zum Ausdruck, etwa wenn mir Carlo Schmid bei Kongressen zuwinkte. Im Dezember 1979, beim letzten SPD-Parteitag wenige Tage vor seinem Tod, stand er auf, um mich zu begrüßen: Er war vom Tod gezeichnet, aber trotz des großen Gewichtsverlustes durch die Krankheit noch immer ein Renaissancemensch im wahrsten Sinne des Wortes. Sein freies, ungebundenes Leben, auch seine Beziehungen zu Frauen, schienen ihm immer wichtiger zu sein als die Karriere, denn er mußte ja wissen, daß man den Reportern der deutschen Regenbogenpresse auf Dauer nicht entgehen kann.

Der Tod Carlo Schmids hat eine Lücke gerissen, die nicht wieder geschlossen werden kann. Da die Politik jedoch immer mehr verflacht und an intellektueller Farbigkeit verliert, ist sein Verlust eigentlich nur wenigen bewußt geworden. Den älteren und denen, die ihn kannten, fehlt er, weil es zu den Glücksfällen des Lebens gehört, Menschen wie ihm zu begegnen, die einen über die Düsternis der Alltagspolitik hinwegheben: Ein Treffen mit Carlo Schmid war immer ein kleines Weltereignis.

Zu Hans-Jochen Vogel bestand in dessen Zeit als Münchner Oberbürgermeister allein schon aufgrund der geographischen Nähe ein besonderes Verhältnis. Ich habe ihn damals oft getroffen. In meinen Augen war es ein großer Fehler der Jungen in der Münchner SPD, sich Vogels zu entledigen; allerdings schien mir Vogel schon sehr bald zu »schad'« für den Posten des Oberbürgermeisters von München, und in Anbetracht der Entwicklung in Bonn bin ich früh zu der Meinung gelangt, er habe dort seinen Platz. Besonders beeindruckte an Hans-Jochen Vogel seine Wandelbarkeit im besten Sinne des Wortes, die immerhin dazu führte, daß er allmählich zur einzigen einigenden Persönlichkeit der SPD nach Brandt geworden ist. Unbegreiflich war für mich, daß Vogel 1981 als Nachfolger Stobbes nach Berlin ging: Der Mann, der von den Jungen in München gestürzt worden war, übernahm es, die sehr viel unruhigeren Jungen in Berlin zu zähmen. Daß Vogel eine Niederlage erlitt, hatte jedoch, wie ich glaube, andere Ursachen: Nur die wenigsten Großstädte akzeptieren es, wenn ihnen von außen jemand oktroyiert wird. Ich kann mir nicht vorstellen, daß wir in Österreich jemals auch nur den Versuch hätten wagen können, einem Bundesland einen Mann von außen aufzuzwingen.

Eine Sonderstellung unter den deutschen Sozialdemokraten nahm Waldemar von Knoeringen ein, 1958 bis 1962 einer der stellvertretenden Bundesvorsitzenden der SPD unter Ollenhauer, ein Mann, der in meinen Augen zu den kühnsten Hoffnungen berechtigte. Eines Tages, es war im Jahre 1933, wenige Wochen nach der »Machtergreifung«, erschien in meinem kleinen Arbeitszimmer an der Rechten Wienzeile, wo in einem Ausweichquartier die Bildungszentrale der Sozialistischen Jugend untergebracht war, ein rotblonder, hochgewachsener, gutaussehender Mann in schwarzen Hosen, schwarzem Hemd und Stiefeln. Einen Augenblick lang hatte ich das Gefühl, es mit einem SS-Mann zu tun zu haben. Nach kurzer Zeit stellte sich heraus, daß es sich um einen bayerischen Emigranten handelte, der im demokratischen Reichsbanner Schwarz-Rot-Gold offenbar eine sehr aktive Rolle gespielt hatte. Dies alles verursachte große Aufregung in unserem kleinen Büro. Der Fremde wurde mit einem ebenfalls emigrierten bayerischen Sozialdemokraten aus der Jugendbewegung zusammengebracht, der seine Angaben bestätigte. An sich schien er uns glaubwürdig, nur sein Name, Waldemar Freiherr von Knoeringen, ein bayerischer Adelsname, machte uns stutzig. In der kurzen Zeit bis Februar 1934, in der wir noch eine einigermaßen legale Existenz führen konnten, haben wir Waldemar von Knoeringen zu zahlreichen Vorträgen vor Jugendgruppen verpflichtet; glaubwürdige deutsche Emigranten waren uns als Referenten sehr willkommen, denn sie sprachen aus eigener Erfahrung und erwiesen sich als die überzeugendsten Warner vor dem Nationalsozialismus. Nach dem Februar 1934 waren sie in Österreich nicht mehr sicher und begannen sich in die Tschechoslowakei abzusetzen. Ich bin Waldemar von Knoeringen bei einem meiner Besuche in der Tschechoslowakei noch einmal begegnet und war später sehr froh, als ich von seinem Exil in London erfuhr.

Als ich ihn in den fünfziger Jahren in München wiedertraf, sah ich in ihm einen kommenden Führer der deutschen Sozialdemokratie: er stand mit an der Spitze der Partei und galt mit Recht als einer ihrer Vordenker. Er hatte einen Kreis von Reformern der Sozialdemokratie um sich versammelt, die sehr weit rechts standen.

Helmut Schmidt traf ich zum ersten Mal 1961 in Hamburg bei einem Empfang, den mir die sozialdemokratische Fraktion des Hamburger Senats im Gästehaus gab. Er fiel mir dadurch auf, daß er in diesem Kreis den Standpunkt vertrat, daß Reden zu halten eine Leistung sei, für die man ein Honorar verlangen müsse; andernfalls werte man sich selbst ab. Das war in der Sozialdemokratie niemals üblich gewesen; ich erinnere mich, daß wir vor 1934 unseren Referenten das großartige Honorar von 35 Groschen zahlten - das waren die Spesen für die Straßenbahnfahrt. Indirekt bin ich Schmidt dann während der Hamburger Flutkatastrophe von 1962 verbunden gewesen: Ähnlich wie schon während der Hungerzeiten nach dem Ersten Weltkrieg, als wir einen Berliner Jungen zu Gast hatten, haben wir damals ein Hamburger Mädchen nach Wien eingeladen, sie hieß Margit Trotz.

Ich gehöre nicht zu den uneingeschränkten Bewunderern von Schmidt, obwohl ich mich in den letzten Jahren gut mit ihm vertragen habe. Ich kann mich nur an zwei Konflikte mit ihm erinnern. Da er schon immer ein Mann großer Offenheit war, hat er kurz nach seiner Ernennung zum Verteidigungsminister 1969 die österreichischen Verteidigungsbestrebungen scharf kritisiert. Manche von uns wollten einen gewissen Hochmut aus seiner Kritik heraushören und sprachen von »schurigeln«. Österreich liege gleichsam vor der Tür Deutschlands, meinte er, und die mangelhafte Bereitschaft Österreichs, mehr für seine Verteidigung zu tun, habe zu einer offenen Flanke geführt. Mir gefiel diese Äußerung nicht, denn Schmidt schien damit andeuten zu wollen, daß Deutschland gewissermaßen an der österreichischen Grenze verteidigt werden müsse. In meiner Antwort habe ich Schmidt klargemacht, daß die Verteidigung Österreichs nicht seine Sache sei, sondern unsere eigene. Wir haben diesen Streit ohne große Versöhnungsgesten beigelegt. Als sich 1980 die Wirtschaftskrise auf dem Höhepunkt befand, habe ich bei einem Abendessen mit führenden deutschen Sozialdemokraten erklärt, wie wir uns die Lösung der Wirtschaftsprobleme vorstellen. Schmidt meinte damals, dem Sinn nach: »Das mag schon sein, aber Du wirst Österreich damit in eine donnernde Inflation hineinführen.« Im Endeffekt hatten wir, jedenfalls bis 1983, etwa die gleiche Inflationsrate wie Deutschland; nur statt der rund 10 Prozent Arbeitslosen hatten wir 3,2 Prozent.

Ein Wort noch zur historischen Würdigung Helmut Schmidts. Es ist sicher richtig, daß Konrad Adenauer das große Verdienst gebührt, Deutschland in den Kreis der westlichen Demokratien geführt zu haben. Es schien ja noch längere Zeit nach dem Kriege so, als ob dies ein vergebliches Bemühen bleiben würde, denn vielen im Westen ging die Integration der Bundesrepublik ein bißchen zu rasch.

Ich habe nie daran gezweifelt, daß die Teilung Deutschlands, so wie sie heute besteht, für lange Zeit bestehen wird, jedenfalls solange es Ost und West als Machtblöcke geben wird. Daher habe ich die Politik Brandts sehr geschätzt, die unter dem mir gar nicht sympathischen Stichwort Ostpolitik den historischen Versuch unternahm, die Teilung Deutschlands zwar nicht anzuerkennen, sie aber dennoch nicht als Hindernis für den Entspannungsprozeß zu sehen. Vielleicht ist die Idee auch deshalb so bedeutungsvoll gewesen, weil sie es den Deutschen auf beiden Seiten erlaubt, sich als Deutsche zu verstehen, ohne deshalb in absehbarer Zeit vereinigt zu werden. Willy Brandt hat diese Vision überzeugend verkörpert, und die jüngste Entwicklung dürfte ihm recht geben.

Helmut Schmidts Bedeutung schien mir auf drei Gebieten zu liegen. Zunächst gelang ihm die Weiterführung der Beziehungen zu Frankreich, wie sie unter de Gaulle und Adenauer eingeleitet worden war. Während Adenauer die Dominanz de Gaulles anerkannte, hat Helmut Schmidt die sehr viel kompliziertere Aufgabe zu lösen verstanden, eine gleichberechtigte Partnerschaft zu etablieren. Helmut Schmidt hat, wie mir schien, manche Schwierigkeiten überwunden und verlieh den deutsch-französischen Beziehungen einige neue Akzente. Die persönliche Freundschaft zwischen ihm und Giscard d'Estaing bildete die Grundlage; mein Eindruck war, daß beide unter dem Sieg Mitterrands zu leiden hatten.

Beide fühlten sich im besonderen Maße wirtschaftlichen Fragen verpflichtet, beide kamen aus der Welt der politischen Ökonomie, und die Probleme der Weltwirtschaft spielten für sie eine besondere Rolle. Für de Gaulle und Adenauer hatten Ökonomen ungefähr die Funktion von Zahlmeistern in der Armee. Daß Schmidt und Giscard das deutsch-französische Verhältnis auf eine neue Ebene hoben, war um so wichtiger angesichts der weltweiten ökonomischen Krise und brachte die europäische Gemeinschaft ein großes Stück weiter. Allerdings dominierten die Beziehungen zwischen Frankreich und Deutschland in dieser Zeit in einem solchen Maße, daß die kleineren Partner in der EG

Bundeskanzler Helmut Schmidt zu inoffiziellen Arbeitsgesprächen in Wien, 22. September 1981.

gelegentlich ein bißchen überstrapaziert wurden. Ich erinnere mich an so manchen Groll der Staatsmänner aus den kleineren Mitgliedsstaaten, die sich im Gespräch mit mir nicht zurückhielten.

Das zweite große Verdienst Helmut Schmidts ist die besondere Festigkeit, mit der er gegenüber den Vereinigten Staaten auftrat. Daß er dabei mit so manchem Präsidenten Probleme hatte, blieb nicht immer verborgen. Auch hat Helmut Schmidt durch seine Fähigkeit, in militärischen Kategorien zu denken, innerhalb der NATO sehr große Bedeutung erlangt.

Zum dritten hat Helmut Schmidt eine überragende Rolle im Bewußtsein des deutschen Volkes gespielt, und hierin ist er nur Adenauer vergleichbar. Es hat keinen Kanzler gegeben, der auch nach seiner Amtszeit ein so hohes Maß an Vertrauen und Popularität genoß wie er, und auch wenn man, so wie ich, nicht immer restlos mit ihm übereinstimmte, muß man diese bedeutende Stellung doch würdigen. Wir sind beide ungefähr zur gleichen Zeit aus unseren Funktionen ausgeschieden: Helmut Schmidt, weil die Koalition zerbrach, ich, weil ich bei den Wahlen 1983 nur 47,65 Prozent erhielt. In Deutschland läutete man 1983 endgültig die Wende ein, nachdem die CDU/CSU 48,8 Prozent erhalten hatte.

Helmut Schmidt hat viele Qualitäten, die den meisten verborgen sind. Er ist ein musischer Mensch, was man nicht unterschätzen soll in der Politik, denn es bedeutet sehr viel für die innere Grundeinstellung zu den Dingen. Er ist zudem, was ich erst sehr spät entdeckt habe, ein offenbar gläubiger Mensch. Allerdings begeht er bisweilen den Fehler, den viele religiöse Menschen begehen, nämlich Religion und Politik so eng miteinander zu verbinden, daß dadurch beides eine Abschwächung erfährt. Ich erinnere mich an einen Artikel in der »Zeit«, den er zu Weihnachten 1983 geschrieben hat. Unter der Überschrift »Fürchtet euch nicht« hat er viele Spalten lang sehr logisch entwickelt, wie die Welt heute aussieht, und am Schluß traf er dann die Feststellung, alles liege mehr oder weniger in Gottes Hand. Vielleicht hat er hier die Religion zu sehr strapaziert, denn wenn alles in Gottes Hand liegt, wozu zerbrechen wir uns dann den Kopf.

Infolge der ungebrochenen Popularität Helmut Schmidts ist im Bewußtsein vieler Deutscher Willy Brandt in den Schatten getreten. Die enge Freundschaft, die mich mit Willy Brandt verbindet, ist tief im Menschlichen verwurzelt, wobei »menschlich« im aphoristischen Sinn gemeint ist: Menschliches, Allzumenschliches. Wie kann ich diese alles überdauernde Freundschaft so darstellen, daß dem Leser das Besondere dieser Beziehung wenigstens andeutungsweise vermittelt wird? Natürlich besteht die Gefahr, daß ich mich von den Erfahrungen einer jahrzehntelangen Freundschaft leiten lasse, auch wenn sie nicht immer ungetrübt war, und mich einer Täuschung aus Sympathie hingebe. Wenn ich dennoch den Versuch unternehme, unsere Freundschaft zu charakterisieren, so muß ich das Urteil darüber dem Leser überlassen.

Die Formulierung Conrad Ferdinand Meyers: »Ich bin kein ausgeklügelt Buch, ich bin ein Mensch mit seinem Widerspruch« hat mich oft das Besondere eines Menschen verstehen lassen, und auch auf Willy Brandt scheint mir dieses Wort zuzutreffen. Seine unprätentiöse Art, sein Schicksal in den Zeiten des deutschen Niedergangs zu meistern, hat bei mir eine besondere Art von Sympathie erzeugt. Nach der Besetzung Norwegens hat er sich auf die Flucht gemacht, ohne daß er dabei das Risiko scheute, in Kämpfe verwickelt zu werden. Beide fühlten wir uns unserem jeweiligen Gastland zutiefst verbunden: er Norwegen, ich Schweden. Es ist gar nicht so leicht, zu verdeutlichen, was das heißt. Einen Deutschen oder einen Österreicher kennzeichnen jeweils besondere Eigenschaften; man kann sich ja das Volk nicht aussuchen, zu dem man gehört. Anders ist das, wenn man durch das Schicksal in eine Gemeinschaft geführt wird, wie man sie sich eigentlich immer gewünscht hat. Die Freiwilligkeit ist hier das entscheidende Kriterium. Aber wir haben uns in Skandinavien nicht nur zu Hause gefühlt, sondern es ist uns beiden auch gelungen, unseren jeweiligen skandinavischen Freunden dieses Zugehörigkeitsgefühl zu vermitteln. Hinzu kam, daß sich das, wofür wir politisch eintraten, mit den Zielen unserer skandinavischen Freunde deckte.

Beide waren wir durch die politischen Umstände Vertriebene, und beide wurden wir später zu den höchsten Ämtern berufen, zu Kanzlern besiegter Länder. Ich sage bewußt »besiegt«, weil diese Feststellung der Realität entspricht. Österreich hat eine tiefgreifende Wandlung durchmachen müssen, ehe das Bewußtsein einer Niederlage sich allgemein durchsetzte. Es war eine gräßliche Lebenslüge gewesen, sich selbst zu den Siegern zu zählen. Spätestens in der Waldheim-Affäre muß deutlich geworden sein, daß hier ein Stück Vergangenheitsbewältigung nachzuholen ist. Diese nationale Mystifizierung, wonach wir Österreicher etwas ganz Besonderes gewesen sind, hat jedenfalls zu einem grausamen Erwachen geführt. Wobei man sich der beiden Seiten der Medaille bewußt sein muß: während die einen, die dem Nazismus zutiefst ablehnend gegenübergestanden waren, 1938 grollend ihre Niederlage eingestanden, empfanden die anderen erstmals ihre wirkliche Niederlage 1945. Alles das gilt natürlich nicht für diejenigen, die es weiterhin vorziehen, sich selbst zu belügen. Tatsache ist, daß wir die Augen vor der Realität verschlossen haben. Ich habe dies nie abgeleugnet, sonst hätte ich die Frage der Bewältigung der Vergangenheit nicht so früh schon problematisiert, indem ich dafür eintrat, den Menschen den Weg zurück in die demokratische Moralität zu öffnen.

Mancher wird sich vielleicht fragen, was diese Gedanken im Kapitel zu Willy Brandt zu suchen haben. Sowohl der Kampf gegen die Selbstverlogenheit nationalkonservativer Kreise als auch der Versuch zur Überwindung der Vergangenheit findet sich in unser beider Schicksal. Willy Brandt ist als Bundeskanzler

Von links nach rechts: der schwedische Außenminister Torsten Nilsson, die Regierungschefs Brandt, Palme, Kreisky sowie Herbert Wehner während eines informellen Treffens im August 1970 in Schweden.

nicht zuletzt daran gescheitert. Natürlich gab es auch sehr subjektive Gründe, Gefühle der Abneigung gegen seine Person, von denen auch einige seiner sogenannten Parteifreunde von Anfang an beseelt waren.

Der Wiener hat in seiner volkstümlichen, nachsichtigen Art eine schlichte Antwort auf die Frage nach menschlichen Schwächen: »Menschen, Menschen san ma olle, Fehler hat a jeder gnua.« 1982, kurz nach dem israelischen Einmarsch im Libanon, gerieten wir sehr heftig aneinander. Brandt zeigte sich bereit, die Definition der israelischen Soldateska, für vierzig Kilometer Krieg zu führen, zu akzeptieren; ich widersetzte mich dem auf einer internen Besprechung der Internationale in Kopenhagen und wollte den Krieg als solchen in das Zentrum der Diskussion rücken. Wir hatten uns zum 60. Geburtstag von Anker Jörgensen getroffen, und Brandt hatte die Gelegenheit benutzt, eine kleine internationale Besprechung zu organisieren; Soares, der Vorsitzende der Nahost-Kommission der Sozialistischen Internationale, hatte einen Bericht vorgelegt. Shimon Peres eröffnete uns, daß die Labour Party einem Krieg gegen den Libanon ihre

Brandt und Palme während eines Arbeitstreffens bei Kreisky in der Armbrustergasse in Wien, 24. Mai 1975.

Zustimmung unter der Bedingung gegeben habe, daß der Krieg nicht weiter als vierzig Kilometer in den Libanon hineingetragen werde; diesen Streifen empfinde man nämlich als eine Bedrohung Israels. Der Likud-Block unter Begin habe statt dessen ein Vorgehen bis Beirut gefordert, aber dies sei durch seine, Peres', Partei verhindert worden. Ich war entsetzt: Eine sozialistische Partei, eine Arbeiterpartei, die Krieg gegen ein wehrloses Land führe, verdiene es meiner Meinung nach nicht, in der Internationale einen solchen Platz zu haben. »Ihr seid für vierzig Kilometer Einmarsch, und Begin geht bis Beirut vor: Ist das der ganze Unterschied, lieber Genosse Peres? Man kann nicht ein bißchen schwanger sein, das geht nicht. Entweder man ist gegen den Krieg und wirkt auch gegen den Krieg – und als Sozialdemokraten habt ihr die Pflicht, gegen den Krieg zu sein, zumal in der Opposition –, oder man ist dafür. Ihr könnt nicht für vierzig Kilometer Krieg sein und euch dann als Pazifisten geben, das geht nicht. Ich sag euch voraus, in diesem Krieg werdet ihr keines der Kriegsziele des Likud erreichen.« In der Tat wurde nichts erreicht, und am Schluß hat dieser Krieg Tausende von Toten gekostet.

Es kam damals zu einer heftigen Auseinandersetzung zwischen Peres und mir; Willy Brandt, verführt durch seine große Freundschaft zu Peres, stellte sich hinter ihn und akzeptierte am Ende eine scheinbar objektive Formulierung von Peres, mit der dieser sehr geschickt lediglich den eigenen Standpunkt durchsetzte. Peres ist ein Meister darin, die gegnerische Position scheinbar zu berücksichtigen, in der Substanz aber die eigene Sache zu behaupten. Willy Brandt ist darauf hereingefallen, wie er überhaupt dem eloquenten Peres gegenüber zu schwach ist. Natürlich hat er, wie jeder Deutsche und wie auch die meisten europäischen Politiker, Israel gegenüber ein Schuldgefühl. Andererseits hatte er immer schon das Bedürfnis, alle Kräfte miteinander zu versöhnen und einen Kompromiß herbeizuführen.

Es gab noch manch andere Kontroverse, und auch bei der letzten ging es um Israel. 1985 machten sich bei mir Zeichen einer schweren Krankheit bemerkbar, und so konnte ich an einer Bürositzung der Internationale in Wien nicht teilnehmen. Abermals triumphierte Peres und fand eine Mehrheit, die ihm zustimmte. Erst neuerdings wird deutlich, was ich schon seit Jahren vertrete, daß die israelische Arbeiterpartei unter der Führung von Shimon Peres und Yitzhak Rabin es nicht verdiente, in den Reihen der Sozialistischen Internationale zu wirken. Ich war mir bewußt, daß dieser sehr harte Standpunkt von der Mehrheit nicht ohne weiteres akzeptiert werden würde. Heute aber scheint der Bann gebrochen: Man muß zur Kenntnis nehmen, daß die Sozialistische Internationale mit der intransigenten israelischen Haltung überfordert war. Man ist, wie ich glaube, viel zu spät zu dieser Auffassung gelangt und hat dem sozialistischen Ideengut dadurch furchtbaren Schaden zugefügt. Willy Brandt hat bis zuletzt versucht, den Bruch zu vermeiden. Aber wenn die israelische Politik unverändert bleiben sollte, werden die Risse tiefer werden und unvermeidlich zur totalen Entfremdung führen. Ich werde auf diese Frage noch ausführlich zu sprechen kommen.

Es war ein Schatten, der beide Male auf meine Beziehung zu Willy Brandt fiel, aber eine echte Freundschaft hält das aus. Eine bloß politische Freundschaft kann über so etwas zu Bruch gehen, nicht aber eine starke persönliche Bindung. Und es ist nun einmal so: ich kann Willy Brandt aufgrund meiner langjährigen Freundschaft zu ihm nie wirklich gram sein. Ich glaube, er mir auch nicht.

Die deutsche Sozialdemokratie hat 1988 den 125. Jahrestag ihrer Gründung gefeiert, und niemand wird behaupten wollen, daß sie sich in diesen 125 Jahren immer gleich geblieben wäre. Was ihre Geschichte so bedeutungsvoll macht, ist eben, daß sie zu verschiedenen Zeiten eine sehr verschiedenartige Politik praktiziert hat. Die Politik des Jahres 1914 etwa war von anderen Gedanken beseelt als die Politik der siebziger und achtziger Jahre; beide waren zwar »realitätsbezogen«, aber während die eine mit der Bestätigung der Kriegskredite einen opportunistischen Realitätsbezug aufwies, war die andere konsequent auf die Vorbereitung der Entspannungspolitik gerichtet. Und doch war es beide Male dieselbe Partei.

Das alles überragende Ereignis dieser 125 Jahre scheint mir zu sein, daß es trotz der Verirrungen der Zeit gelungen ist, eine neue Staatsauffassung durchzusetzen. Aber auch hier muß man unterscheiden: Die einen wollen die Gesellschaft einem sukzessiven Veränderungsprozeß unterwerfen - was dem dialektischen Prinzip des demokratischen Sozialismus entspricht -, andere vertreten die Meinung, daß es lediglich weiterer Retuschen bedarf, um die Gesellschaft zu perfektionieren. Die eine Auffassung führt zu einer permanenten Reform der Gesellschaft, die andere in Wirklichkeit zu einer die gesellschaftliche Instabilität fördernden Gesinnungslosigkeit. Die Forderung, sich von gesellschaftlicher Gesinnung frei zu machen, wurde schon früh erhoben. Vom sogenannten Revisionismusstreit bis hin zur Diskussion um die systemimmanenten oder die systemkonformen Reformen hat diese Frage die Sozialdemokratie immer wieder beschäftigt.

Wenn es eine politische Bewegung gibt, die es zu einer historischen Partei gebracht hat, so ist es die Sozialdemokratie. Der Liberalismus ist zum allgemeinen Gedankengut der Demokratie geworden; gewiß ein Triumph des Liberalismus, aber als politische Bewegung hat er aufgehört zu existieren und damit an Bedeutung verloren. Der Konservativismus, dessen große Renaissance man noch vor zehn Jahren verhieß, ist wieder einmal an einem Endpunkt angelangt. Es werden andere Gedanken die Welt beherrschen, und schon heute deutet sich eine neue Entwicklung an, zu der die Sozialdemokratie beitragen kann. Aber nur wenn sie aus ihrer geistigen Enge ausbricht, wird sie Einfluß auf die Gestaltung der Zukunft nehmen können.

3. Kapitel

Zur Politik Österreichs in den fünfziger Jahren

Nach 1945 haben sich in Österreich zahlreiche sogenannte Wunder ereignet, wenn man darunter Entwicklungen versteht, die so nicht zu erwarten gewesen waren. Eines dieser »Wunder« war sicherlich das Zustandekommen der »Großen Koalition« 1945. Österreich hatte zwei Bürgerkriege hinter sich: den vom Februar 1934 zwischen dem autoritären Regime und der österreichischen Sozialdemokratie und den Putschversuch der Nazis einige Monate später, der - zumindest außerhalb Wiens - beträchtliche Gruppen in Marsch gesetzt hatte. Zwei Bürgerkriege kurz hintereinander hatten das autoritäre System total destabilisiert und belegten ein weiteres Mal, daß mindestens 60 Prozent der Bevölkerung eindeutig im Gegensatz zur Regierung standen. Bei den letzten legalen Nationalratswahlen am 9. November 1930 hatten die Sozialdemokraten 41,15 Prozent der Stimmen erhalten; wenn man die letzten Landtagswahlen als Orientierungshilfe heranzieht, so kommt man, was die Anhänger der Nazis betrifft, auf einen Durchschnitt von rund 20 Prozent. Aus den Zahlen geht deutlich hervor, daß Sozialdemokraten und Nationalsozialisten zusammen über mindestens 60 Prozent verfügten, die Christlich-Sozialen höchstens über 36 Prozent. In dem Maße, wie das Regime unpopulär wurde und die Unzufriedenheit wuchs, hat sich die Zahl der Regimegegner noch erhöht.

Während des Krieges hatten sich zwar zahlreiche Widerstandsgruppen gebildet, aber eine führende Persönlichkeit, wie sie Jugoslawien in Tito besaß, ließ sich für Österreich nicht finden. Deshalb blieb meiner Meinung nach kein anderer Weg für die Politik nach Kriegsende als sich alter, bewährter Politiker zu bedienen. In diesem Sinne äußerte ich mich auch in einem Interview mit der schwedischen Tageszeitung »Dagens Nyheter« am 31. März 1945: »Einigende Spitzenpersönlichkeiten, die mehr oder weniger selbstverständlich die Führung in einem befreiten Österreich übernehmen können, gibt es nicht - wir haben keinen de Gaulle oder Tito, um den wir uns sammeln können, und unsere Hoffnung muß auf den Männern mit bekannten und angesehenen Namen ruhen, die noch von den alten Parteien geblieben sind.«

In den Konzentrationslagern, auf der sogenannten »Lagerstraße«, war es tatsächlich zu Annäherungen gekommen zwischen Exponenten der alten Sozialdemokratie und den illegalen Revolutionären Sozialisten einerseits und Vertretern der Vaterländischen Front und des Heimwehrfaschismus andererseits. Wenn man großzügig sein wollte, konnte man dies dahingehend interpretieren, daß das gleiche Schicksal zu einer gewissen Läuterung geführt hatte; anscheinend hatte man aus der Geschichte gelernt, und es war zu einer Art Solidarität der Opfer des Nazismus gekommen. Als ich von dieser Entwicklung auf Umwegen erfuhr, schien sie mir nicht nur folgerichtig zu sein, sondern auch eine Bestätigung dessen, was ich bereits bei meinem Prozeß 1936 für wünschenswert und notwendig gehalten habe.

Nach der Niederlage Hitlers und der Überwindung des Nationalsozialismus kam es zu einem Phänomen, das Beobachtern der österreichischen Szene vor 1938 in der Tat wie ein Wunder erscheinen mußte. Denjenigen, die noch elf Jahre zuvor, 1934, auf beiden Seiten der Barrikade gestanden hatten - und zwar im wörtlichen Sinn -, gelang die einzig denkbare Überwindung der Gegensätze von einst. Sie hatten erkannt, daß unter den gegebenen Verhältnissen nur eine Zusammenarbeit der beiden großen Parteien die Zustimmung der demokratischen Wählerschaft finden würde - ein Beweis für die Einfühlsamkeit der großen Parteien, die sich um Renner, Kunschak und die jüngeren Parteiführer scharten. Sie setzten alles daran, noch im Jahre 1945 legale Wahlen abzuhalten.

Die oft gestellte Frage, warum denn die Russen eine so frühe Wahl zuließen, ist schwer zu beantworten. Sie beherrschten damals de facto ganz Ostösterreich, wo mehr als die Hälfte der Bevölkerung lebt. Offenbar glaubten die Kommunisten, daß es ihnen gelingen würde, ein Viertel der Wählerstimmen auf sich zu vereinigen, das heißt, die Stimmen für die Linke zu spalten, wobei ihnen der Löwenanteil zufallen sollte. Dann wäre für die Sozialdemokraten der Zwang zur »Einheitsfront« so groß gewesen, daß man Österreich dasselbe Schicksal hätte bereiten können, wie das später in Ostdeutschland und in den osteuropäischen Staaten der Fall war, wo sich die Sozialdemokraten bis auf wenige Ausnahmen zu sogenannten Einheitsparteien zusammengeschlossen haben.

Die Wahlen gingen anders aus, als sich das die Kommunisten erträumt hatten; sie mußten sich mit 5,4 Prozent begnügen. Aber auch die Hoffnungen der Sozialdemokraten wurden nicht erfüllt; sie erreichten 44,6 Prozent. Zur Überraschung der Sozialisten wurde die Österreichische Volkspartei stärkste Fraktion. Die Zahl der 1945 nicht wahlberechtigten rund 536.000 registrierten Nazis hätte ungefähr 16,6 Prozent der Wählerstimmen entsprochen. Die sieben Jahre des Nazismus hatten die politische Lage in Österreich eigentlich konserviert. Damit ist auch die Frage beantwortet, die vor allem im Frühjahr 1988 immer wieder gestellt wurde: Mehr Nazis als die, die sich freiwillig registrieren ließen, gab es nicht, denn jeder, der sich als Nazi fühlte, wollte dabei gewesen sein. Die gewiß großzügige Art der Berechnung könnte nach beiden Seiten hin korrigiert werden, ohne daß dies wesentliche Änderungen nach sich zöge.

Ich verstehe nicht, warum man in der Sozialistischen Partei und in der Volkspartei dazu neigt, sich selbst zu schwächen, indem man die Zahl der Nationalsozialisten höher ansetzt. Bei den Wahlen von 1949 entfielen 11,7 Prozent der gültigen Stimmen auf den Verband der Unabhängigen (VdU), den Vorläufer der Freiheitlichen Partei; das war weniger, als man seinerzeit den Nazis konzedierte, aber in irgendwelchen Stimmenverlusten mußte sich das Erlebnis des Krieges und der Nazidiktatur schließlich niederschlagen. Im großen und ganzen kann man jedoch sagen, daß das politische Lagerdenken in den ersten Jahren nach dem Krieg eigentlich unverändert geblieben war und daß sich ein großer Teil des Bürgertums wie eh und je vor einer Radikalisierung der Sozialistischen Partei fürchtete und sich deshalb der Volkspartei anschloß. Die Wahlpropaganda tat ein übriges. Die Volkspartei bediente sich bedenkenlos der Primitivpropaganda von der »roten Katze« und warnte die Wähler vor dieser »Katz' im Sack«. Die rote Katze trägt die Aufschrift »Volksdemokratie« und hüpft aus einem Sack, der mit drei Pfeilen - dem Symbol der Sozialdemokratie - sowie mit Hammer und Sichel gekennzeichnet ist. Unter Bewältigung der Vergangenheit konnte man sich angesichts solcher Propaganda gar nichts vorstellen - welcher Vergangenheit eigentlich? Der Vergangenheit insgesamt? Dann hätte ein großer Teil der Bevölkerung viel zu bewältigen gehabt.

Allerdings war die Wahlpropaganda der Sozialistischen Partei - zumindest anfangs, als sie vor allem von Erwin Scharf beeinflußt wurde - nicht weniger drastisch, ja katastrophal. So verkündete ein Wahlplakat bei der ersten Wahl 1945, man schlage vor, daß die Sowjetunion uns die Kriegsgefangenen schicke und wir ihr im Austausch dafür die registrierten Nazis überlassen. Scharf behauptete zwar, daß die Idee zu diesem Plakat nicht von ihm stamme, aber er trug die politische Verantwortung. Mit solchen und ähnlichen Sottisen sind viele potentielle Wähler der Sozialistischen Partei zu diesem frühen Zeitpunkt für lange vertrieben worden.

Nun, die Große Koalition kam zustande, und sie sollte trotz aller Gegensätze Bestand haben. In den ersten zehn Jahren, bis zum Abschluß des Staatsvertrages, waren die Gegensätze zwar da, aber keine der beiden Parteien wollte die Verantwortung für die Auflösung des Bündnisses übernehmen, weil jeder Einparteienregierung der Vorwurf gemacht worden wäre, sie repräsentiere nicht die Mehrheit des Volkes. Dieser Gefahr galt es aus dem Wege zu gehen, und daher sind beide Parteien mit dem ständigen Bekenntnis zur Großen Koalition, zur Zusammenarbeit und zum politischen Gleichgewicht vor die Wähler getreten. Zu einer ersten Überraschung kam es nach der Wahl von 1953, bei der die ÖVP eine empfindliche Niederlage erlitt und weniger Stimmen als die Sozialistische Partei erhielt, wenngleich ein Mandat mehr. Der schlaue Taktiker Julius Raab, der in der Zwischenzeit mit Hilfe Alfred Maletas und anderer die ganze Macht in der Volkspartei an sich gerissen hatte, schlug Bundespräsident Körner vor, Leopold Figl mit der Regierungsbildung zu betrauen; erst nachdem Figl an unerfüllbaren Forderungen gescheitert war, empfahl er sich selbst als Nachfolger.

Die Sozialdemokratische Partei setzte in den Koalitionsverhandlungen unter anderem zwei Staatssekretäre durch. Der eine war der Staatssekretär im Handelsministerium, Raimund Gehart, der am 2. August 1954 von Rudolf Fischer, dem Vater Heinz Fischers, einem hohen Beamten und sehr verläßlichen Sozialdemokraten, abgelöst wurde. Der andere war der Staatssekretär im Außenamt, genauer gesagt im Bundeskanzleramt, Sektion Auswärtige Angelegenheiten, ein Posten, der damals neu geschaffen wurde. In dem Augenblick, in dem man von einem Staatssekretär beim Bundesminister für Auswärtige Angelegenheiten sprach, standen vier gleichermaßen qualifizierte Leute zur Diskussion. Zunächst Ernst Lemberger, der sich große Verdienste im französischen Maquis und später beim Neuaufbau der österreichischen Republik erworben hatte. Mit seinem mutigen Überschreiten der Demarkationslinie zwischen den Westmächten und den Sowjets hatte er ein Signal gesetzt, das zur Eile mahnte. Man fürchtete damals, daß ganz Ostösterreich zur russischen Zone werden könnte. Dann Walter Wodak, der sich auf englischer Seite um die Wiederherstellung der österreichischen Demokratie verdient gemacht und bei der Abfassung des 2. Kontrollabkommens mitgearbeitet hatte. Dem Abkommen kam deshalb eine besondere Bedeutung zu, weil die Russen offenbar nicht begriffen hatten, daß alle Gesetze außer Verfassungsgesetzen als angenommen galten, wenn nicht von allen vier Besatzungsmächten gemeinsam binnen 31 Tagen Einspruch erhoben wurde. Der dritte Kandidat war ich, der ich seit 1951 wieder ständig in Österreich lebte und mit der Funktion eines Kabinettvizedirektors der Präsidentschaftskanzlei betraut war. Ernst Koref, der außenpolitische Sprecher der Partei, war zuerst gefragt worden und hatte abgelehnt. Schließlich fiel die Wahl auf mich, sehr zum Unbehagen des damaligen Außenministers Dr. Karl Gruber, der mich aus meiner Zeit in der österreichischen Gesandtschaft in Stockholm und der wirtschaftspolitischen Abteilung des Außenamtes nur oberflächlich kannte. Die beiden anderen schienen Gruber wesentlich sympathischer zu sein. Schärf, der Vorsitzende der SPÖ, nahm Grubers Intervention zur Kenntnis und ließ mich dann rufen, um mir mitzuteilen, daß ich für dieses Amt ausersehen sei. Was den Ausschlag gab, läßt sich heute schwer sagen, jedenfalls haben die Gewerkschaften unter Johann Böhm und Anton Proksch sich in eindeutiger Weise für mich ausgesprochen und damit mein besonderes Nahverhältnis zur Arbeiterbewegung unterstrichen. Zustimmung kam auch aus den Reihen der früheren Revolutionären Sozialisten, mit denen ich in der illegalen Bewegung zusammengearbeitet hatte.

1987 fand mein Freund und Mitarbeiter Dr. Oliver Rathkolb im Nachlaß Schärf ein Dokument, in dem mich Körner mit sehr warmen Worten dem Vizekanzler Schärf für die Regierungsbildung des Jahres 1953 empfahl. Der Brief Körners scheint mir eines der kostbarsten Schriftstücke zu sein, die ich besitze. Zwar wollte ich seinen Inhalt zunächst für mich behalten, aber in der Zwischenzeit habe ich mich anders besonnen:

»Wien, 31.3.1953

Lieber Freund!

Nach 24 h Überlegung: Ich glaube, es wäre für Dich und für die Partei sehr gut, wenn Kreisky Staatssekretär im Außenministerium würde. Er kennt sich glänzend aus im Außenministerium, im diplomatischen Dienst, in der Wirtschaftspolitik.

Besonders wertvoll wird seine Arbeit für und im Ministerrat sein, wo er Einblick in die gesamte Verwaltung erhält. Für Dich kann er eine große Hilfe, Stütze und Entlastung werden, wenn Du ihn entsprechend heranziehst. Ich brauche wohl nicht weiter vorzustellen. Ich halte ihn für einen kommenden Mann für die Partei. Was mich anbelangt, sorge Dich nicht. Er hat sich zweifellos im Amte durchgesetzt und das Getriebe in der Hand gehabt. Er wird mir deshalb als Mensch und Arbeiter fehlen.
Aber wegen Klastersky war ich in der Arbeit stets gehemmt und werde mir die Arbeit mit Toldt schon besser einrichten. Und außerdem bist Du da, dann er, mit Dir arbeitend, und Ihr beide könnt mich eventuell verständigen, wann und wie ich der Partei irgendwie nützen kann! Wegen der diplomatischen Etiquettefragen können wir Kreisky jederzeit fragen.
Was ich Dich aber bitte, besonders zu beachten, ist der Umstand, daß Du keinen Sekretär hast und er Dir diesen in vieler Hinsicht ersetzen könnte. Du bist überlastet und mußt Dich schonen. Du bist Kopf und Seele der Partei.
Er hat mir auch fast zwei Jahre zugesehen in einer Zeit, in der Klastersky und mit ihm das ganze Amt mich eigentlich gehemmt haben. Ich glaube, daß er sogar imstande sein wird, Dich manchmal über mich aufzuklären, denn in so manchem verstehen wir uns nicht ganz, was mich einigermaßen kränkt.
Nochmals ganz ernst: Kreisky als Staatssekretär wäre für Dich und für die Partei sehr vorteilhaft. Auch kennen ihn die Genossen sehr gut, weshalb letztere es als einen politischen Gewinn buchen werden.
In warmer Freundschaft wie stets Dein alter Körner«

Ich war sehr glücklich und empfand meine Bestellung als größte Auszeichnung. Eine ganze Nacht lang lag ich schlaflos und ließ mein Leben Revue passieren; ich dachte nach, ob es in meinem Leben irgend etwas gab, was meiner Partei unter Umständen hätte Schwierigkeiten bereiten können. Zum Glück gab es nichts, und so kam es zur Erfüllung eines wirklichen Traums.

Ich war fest entschlossen, dem Wunsch vieler meiner Freunde aus der illegalen Zeit zu entsprechen und mich der Partei zur Verfügung zu stellen. Schon 1947 in der Krise um Erwin Scharf – nicht zu verwechseln mit Adolf Schärf –, der im Zentralsekretariat die Revolutionären Sozialisten vertrat, dann aber wegen seiner engen Beziehungen zu den Kommunisten die Partei ver-

Im Zug des Bundespräsidenten...

lassen mußte, war man an mich herangetreten. Das Angebot war mir von Heinrich Hackenberg und Fini Muhr übermittelt worden. Ich hatte die Aufforderung mit dem Bemerken abgelehnt, daß eine Partei, die aufgesplittert sei in alte Sozialdemokraten und Revolutionäre Sozialisten, wohl kaum werde bestehen können, ohne daß es früher oder später zu einer wirklichen Spaltung komme. Ich habe diese Spaltung für im höchsten Maße gefährlich gehalten und daraus auch kein Hehl gemacht. Das abschreckende Beispiel war Italien, wo es zwei sozialistische Parteien gab, die eine unter Giuseppe Saragat, der unlängst zu Grabe getragen wurde, die andere unter Pietro Nenni. Zum Glück ist man von diesem parteiinternen Lagerdenken bald abgekommen, nicht zuletzt deshalb, weil am 17. November 1946 Otto Probst, einer meiner Mitangeklagten im Prozeß von 1936, neben Waldbrunner, der für wirtschaftliche Fragen zuständig war, Zentralsekretär der SPÖ wurde.

Ich wurde also Staatssekretär, von meinen ehemaligen Kollegen plötzlich sehr respektiert. Ich bin fest davon überzeugt, daß ich ohne die Jahre bei Bundespräsident Körner wahrscheinlich nie Staatssekretär geworden wäre. Körner war über meine Wahl sehr erfreut, andererseits bedauerte er meinen Abgang, wie das gleichermaßen auch für die konservativ-liberalen Spitzenbeamten der Präsidentschaftskanzlei galt. Im Bundeskanzleramt auf

Unterwegs mit Körner.

der anderen Seite des Ballhausplatzes wurde mir einer der winzigsten und schäbigsten Räume zugeteilt; die Leute um Gruber versuchten mich auf diese und ähnliche Weise an meine Bedeutungslosigkeit zu erinnern. Mit Gruber gab es in den wenigen Monaten, die er noch im Amt blieb, zwar keinerlei Konflikte, aber es kam auch zu keinen besonderen Freundschaftsbezeigungen.

Die kurze Zeit unter Gruber ist nicht sehr inhaltsreich für mich gewesen; der Minister verhielt sich dem ihm aufgezwungenen Staatssekretär gegenüber zwar korrekt, brachte ihm aber nur ein sehr begrenztes Interesse entgegen. Da ich mich nicht aufdrängte, beschränkte sich der Kontakt im wesentlichen darauf, daß wir im gleichen Haus einander begegneten. So manches ist mir eigentlich erst im nachhinein von Gruber mitgeteilt worden. Das wichtigste Ereignis dieser Zeit scheint mir sein Versuch gewesen zu sein, sich bei den Verhandlungen mit der Sowjetunion der Dienste Nehrus zu bedienen. Gruber hat damals, was immer wieder vergessen wird, die Neutralität Österreichs angeboten. So bedingungslos proamerikanisch er war, so hat er doch, offenbar um die Sympathien Raabs zu gewinnen, Moskau diese Bereitschaft signalisiert. Bekanntlich hat Molotow, der damals noch ein mächtiger Mann war, das Angebot der Neutralität als nicht ausreichend betrachtet.

Die »Kammer« des neuen Staatssekretärs; Kreisky im Gespräch mit dem ungarischen Gesandten, März 1955

Wichtiger - und endgültiger für Gruber - war ein innenpolitisches Ereignis. Er hat damals an einem Buch über seine Außenministertätigkeit geschrieben, ohne zu wissen, was er hätte wissen müssen, daß es nämlich ein Erinnerungsbuch werden würde. In diesem Buch schilderte er Figls Annäherungsversuche an die österreichischen Kommunisten unter Ernst Fischer bald nach Kriegsende. Man nannte dies damals in sozialistischen Kreisen »Figlfischerei«. Die Sozialistische Partei hat immer wieder - und ich muß sagen, nicht zu Unrecht - die Zusammenkunft Figls mit Fischer in der Wohnung des ÖVP-Abgeordneten Kristofics-Binder ins Spiel gebracht. Es war ein Akt der ausgleichenden Gerechtigkeit für die ständige Propaganda der Volkspartei mit der bereits erwähnten »roten Katze«. Vieles, was erst später bekannt wurde, kann man nachlesen, und so will ich mich auf das Eigentliche beschränken: Gruber beging mit der Publikation dieser Interna einen Treubruch, nicht zuletzt auch auf Koalitionsebene, weil die Sozialistische Partei vorher nicht informiert worden war. Wären Schärf oder Helmer unterrichtet gewesen, dann hätten sich die Führer der Volkspartei sicher darauf berufen.

Diesen Dienst erwies Gruber lediglich den Vertretern der Westmächte im Alliierten Rat, und dies wurde ihm zum Verhängnis.

Ein Vorabdruck der spektakulären Passagen aus Grubers Buch erschien am 1. November 1953 in der *Presse;* Ernst Molden, der Herausgeber der *Presse,* war ein Freund Grubers. Ich selbst hatte zu dieser Zeitung persönliche Beziehungen besonderer Art. Zum einen war mein Großonkel, Joseph Neuwirth, Mitbegründer der *Neuen Freien Presse* gewesen, vor allem ihres berühmten Wirtschaftsteils, des *Economist.* Zum anderen hatte ich zu dem Sohn des berühmten Herausgebers der *Presse* Moriz Benedikt, Ernst Benedikt, als Emigrant in Stockholm viele Jahre lang regelmäßig Kontakt. Sein etwas komisches Gehabe war vielen Österreichern damals aufgefallen; ich selbst traf ihn zum ersten Mal im Hause meiner Schwiegereltern. Eines Tages kam er zu meinem Schwiegervater und bat ihn, vorübergehend einige Wertpapiere bei ihm hinterlegen zu können; mein Schwiegervater hat ihm seinen Safe zur Verfügung gestellt. Ernst Benedikt kam jeden Tag, um nachzusehen, ob sein Geld noch dort liege, bis mein Schwiegervater, der ohnedies ein bißchen ungeduldig war und leicht aufbrauste, ihn bat, sich seine Wertpapiere wieder mitzunehmen. Dennoch blieb Ernst Benedikt auch weiterhin ein häufiger Gast bei den gesellschaftlichen Veranstaltungen im Haus meiner Schwiegereltern. Obwohl er später ein nicht unbekannter Maler wurde, blieb er doch immer der Sohn eines bedeutenden Vaters. Ernst Benedikt war, in noch höherem Maße als ich, ein Mann zwischen den Zeiten. Er hatte bewußt die Monarchie erlebt und lebte noch lange in die Zweite Republik hinein.

Zurück zu Gruber, mit dem ich auch aus einem anderen Grunde nicht sehr viel zu tun hatte. Ich war für ihn ein eher unbotmäßiger Beamter, hatte ich doch zum Beispiel auf einen Brief, den er an meinen Chef, Gesandten Winterstein, gerichtet hatte, eine Antwort gegeben, die frei von jeder Servilität gewesen ist, und dies galt für einen Beamten des Ballhausplatzes zumindest als ungehörig. Gruber und ich hatten also wissentlich oder nicht ein Hühnchen miteinander zu rupfen, eine Auseinandersetzung, die schließlich auf eine sehr österreichische Art beendet wurde. Die Sache war die: Ein in Schweden lebender, mir ekelhaft zudringlicher, sehr unbedeutender österreichischer Journalist war der Meinung, daß ich ihm gegenüber zu besonderen Auskünften verpflichtet wäre, da wir doch beide im Exil gewesen seien. Er beschwerte sich über mich und behauptete, ich hätte ein unerfreuliches Gespräch mit dem berühmten Götzzitat beendet. Von Winterstein gefragt, ob das stimme, antwortete ich durchaus ehrlich, ich könne mich nicht daran erinnern, hielte es aber für durchaus möglich. Diese Stellungnahme wurde zwar, wie ich hörte, von meinen Kollegen mit Heiterkeit aufgenommen, hat aber nicht ganz der Art entsprochen, wie derartige Anfragen höherenorts beantwortet zu werden wünschen.

Es gab auch sonst kleine persönliche Differenzen, die aber nicht übertrieben werden sollten. Ich hatte lange das Gefühl, daß Gruber von manchen in der ÖVP als Fremdkörper empfunden wurde. Wie dem auch sei, als er im November 1953 wegen der Indiskretion in seinem Buch *Zwischen Befreiung und Freiheit* entlassen wurde, zog er es vor, sich nach einer kurzen Pause als Botschafter zu seinen Freunden in den Vereinigten Staaten entsenden zu lassen. Vielleicht hätte Gruber den Kampf innerhalb der ÖVP um Rückgewinnung seiner Position aufgenommen; er war jedoch sehr jung Minister geworden und ist es so lange gewesen, daß er sich einfach nicht vorstellen konnte, als einfacher Abgeordneter ein bescheidenes Leben führen zu müssen. Botschafter in Amerika zu sein, bedeutete auch für einen Österreicher eine ganz besondere Welt des Luxus.

Mit der Großen Koalition war ich persönlich nicht unzufrieden, vor allem in den ersten Jahren als Staatssekretär, in denen ich unumstritten zum Gehilfen des Bundeskanzlers wurde, was auch aus sehr vielen Aktenvermerken, unter anderem im Zusammenhang mit dem Staatsvertrag, hervorgeht. Unter den Ministern der Volkspartei gab es einige, mit denen ich mich - wie man bei uns zu sagen pflegt - »sehr gut sprach«. Ein Mann, der mir besonders auffiel, war der langjährige Unterrichtsminister Heinrich Drimmel, ein wunderbarer Gesprächspartner trotz seiner tief konservativen Gesinnung. Soweit dies bei Leuten, die einem politisch so fern stehen, überhaupt möglich ist, empfand ich freundschaftlichen Respekt für ihn. Wir trafen uns manchmal sogar zu einem kurzen Lunch in dem einst sagenumwobenen Restaurant Schöner, das nach dem Krieg allerdings nicht mehr den alten Glanz besaß.

Ich erinnere mich noch sehr gut, wie einige meiner Gesprächspartner aus der ÖVP meinten, sie hielten für mich den Platz des Außenministers für den richtigen; ich hätte mich hierfür als Staatssekretär ihrer Auffassung nach meritiert. Das war vor der

Wahl von 1959, die wiederum eine Siegerwahl wurde, diesmal unter Bruno Pittermann. Abermals wurden die Sozialisten zur stimmenstärksten, aber um ein Mandat schwächeren Partei, wieder wurde lange verhandelt, und wieder wurde Figl von Raab preisgegeben. Fast täglich wurde ein anderes Ministerium für mich vorgeschlagen. Raab war in seiner Neigung zur Übertaktik sogar bereit, den sehr beliebten Finanzminister Reinhard Kamitz aufzugeben, und erst durch eine geharnischte Reaktion der Vereinigung Österreichischer Industrieller wurde sein taktisches Spiel durchkreuzt. Ich habe diesen Raab-Vorschlag nie ernst genommen; jedenfalls schlug er das Finanzministerium vor, indem er, wohl nicht ohne Hintergedanken, behauptete, die Sozialdemokraten müßten sich endlich an diese wichtige Verantwortung gewöhnen. Ich hätte nicht ablehnen können. Schon vor der Wahl stand für mich fest, daß ich das Staatssekretariat verlassen würde, weil ich der Meinung war, sechs Jahre seien genug. Ich wollte um keinen Preis ein professioneller Staatssekretär werden und hätte es sogar vorgezogen, eine Zeitlang aus der Regierung auszuscheiden. Als meinen Nachfolger schlug ich Peter Strasser vor, einen der begabtesten Jungen in der Sozialistischen Partei. Peter Strasser starb 1962 im Alter von nur 45 Jahren.

Als in unserer Fraktion das Angebot Raabs diskutiert wurde, war ich zwar nicht sehr begeistert davon, habe mich aber auf Zureden meiner Freunde dazu bereit gefunden. Dies wurde begeistert aufgenommen, auch im Parteivorstand. Es ist hier der Platz, wo ich gegen eine Legende auftreten muß, die von gehässiger bürgerlicher Seite immer wieder gegen mich vorgebracht wurde. Ich habe einmal sehr viel später in einer Pressekonferenz erklärt, daß ich von rein buchhalterischen Fragen im Zusammenhang mit dem Budget nicht viel verstehe, und daraus wurde das Argument geschmiedet, daß ich gesagt hätte, ich verstünde nichts von Wirtschaft. Das ist deshalb grotesk, weil ich mich seit frühester Jugend vor allem mit ökonomischen Fragen beschäftigt und schon zu einer Zeit Handbücher der Volkswirtschaft gelesen habe, wo von meiner künftigen Tätigkeit noch nicht die Rede war.

Während meines Studiums an der Wiener Universität hatte ich eine besondere Beziehung zu Professor Hans Mayer. Nachdem ich mit großer Mühe seinen Beitrag über die »Zurechnung« im *Handwörterbuch der Staatswissenschaften* gelesen hatte, räumte ich ein, daß mir der Aufsatz unverständlich sei, woraufhin

Mayer in seinen roten Vollbart hineinschmunzelnd meinte, das ginge ihm heute nicht anders. Mayer war mir so zugetan, daß er mir versprach, trotz der Machtergreifung der Nazis in Österreich dafür zu sorgen, daß ich meine Promotionsurkunde bekäme. Da ich Österreich unmittelbar nach meiner Haftzeit schleunigst verlassen mußte, hat mein Freund Kurt Scheffenegger die Urkunde für mich in Empfang genommen.

In Schweden habe ich dann regelmäßig Vorlesungen der Stockholmer Schule besucht und schließlich eine Abhandlung geschrieben, inwieweit die professionellen Ökonomen den Ausbruch der Weltwirtschaftskrise vorausgesagt hatten. Ich habe die Arbeiten Myrdals und anderer zur Arbeitslosenproblematik studiert und das Standardwerk zum Verständnis der damals immer moderner werdenden Ökonometrie gelesen, *Mathematics for Economists,* das heute natürlich längst überholt ist.

Einer meiner Freunde aus der Sozialistischen Jugendbewegung, Gerhard Tintner - er war wie ich Obmannstellvertreter einer Bezirksorganisation der SAJ, er in Hernals, ich auf der Wieden -, den ich von fern wegen seiner akademischen Meriten bewunderte, wurde zu einem der bedeutendsten Ökonometriker unserer Zeit. Er veranlaßte mich, die in Pittsburgh erscheinenden *Econometrica* zu abonnieren, aber ich muß zugeben, daß alle meine Versuche, mit den Aufsätzen dieser Zeitschrift zurechtzukommen, gescheitert sind. Ich erinnere mich noch sehr gut an ein Gespräch mit dem Großmeister der Ökonometrie, Harrod, dem ich bei einem Abendessen auf der österreichischen Botschaft in London begegnet bin. Ich hatte sein kleines Buch »Die internationalen Wirtschaftsbeziehungen« gelesen, aber viel zu wenig davon verstanden. Ich sagte ihm, daß ich das Bestreben der Nationalökonomen, ihr Fach zu einer exakten Wissenschaft zu machen, indem sie es immer näher an die höhere Mathematik heranführen, für sehr gefährlich hielte, denn schließlich sollten ja auch Gewerkschaftsvertreter Verständnis für wichtige wirtschaftliche Fragen gewinnen und mit diesen Erkenntnissen und Problemen vertraut sein. Man müsse verhindern, daß sie die Ökonomie als Geheimwissenschaft empfinden. Harrod gab mir vollkommen recht: Er sei sich der Gefahren für die Ökonomie durchaus bewußt. Die Tendenz, alles zu mathematisieren, scheint mir auch heute eine große Gefahr zu sein, weil man damit vielen, auch akademisch gebildeten Menschen die Lust nimmt, sich mit den an sich wesentlichen Problemen der Statistik und Ökonomie zu beschäftigen.

Das Studium der Nationalökonomie war auch in späteren Jahren mehr als ein Hobby. Viele der großen nationalökonomischen Werke schienen mir wichtiger zu sein als historische und ihre Lektüre geradezu eine existentielle Voraussetzung. Ich war deshalb sehr glücklich, daß sich im Österreich der Zweiten Republik nach geraumer Zeit wieder richtige Volkswirtschaftslehre und Volkswirtschaftspolitik entfalten konnten. Unter den jungen Ökonomen beeindruckte mich besonders Professor Erich Streissler, Ordinarius für Volkswirtschaftslehre, Ökonometrie und Wirtschaftsgeschichte an der Universität Wien, den ich als jungen Mann bei einem Vortrag in Freiburg kennengelernt hatte. Daneben entwickelten sich besondere Beziehungen zu dem langjährigen Rektor der London School of Economics, Harold Laski. Ich lernte die Bücher des amerikanisch-kanadischen Nationalökonomen John K. Galbraith kennen, der mir seit vielen Jahren ein naher Freund ist; seine Schriften waren schon kurz nach dem Krieg in Schweden erhältlich. Amerikanische Ökonomen beeindruckten mich vor allem deshalb, weil sie sich unvoreingenommen mit den Lehren von Karl Marx beschäftigten, deren Studium sie für unumgänglich hielten, während in Mitteleuropa die Erwähnung von Karl Marx und anderen Ökonomen noch immer ein arrogant-ironisches Lächeln hervorrief.

Nun, Kamitz blieb Finanzminister, und ich wurde nach sechs Jahren Tätigkeit als Staatssekretär Außenminister. Ich blieb es bis zum Ende der Großen Koalition 1966, war insgesamt also dreizehn Jahre in der Außenpolitik tätig. Meiner Nominierung war ein heißer Kampf vorausgegangen, zumal da ich nur bereit war, dieses Amt zu übernehmen, wenn es mit der Schaffung eines selbständigen Außenministeriums verknüpft war. So entstand, sehr zum Unbehagen vieler, 1959 aus einer Sektion des Bundeskanzleramtes das österreichische Außenministerium. In jüngster Zeit wird wiederholt die Forderung nach Auflösung des Außenministeriums erhoben. Zwar ist nicht zu leugnen, daß das Außenministerium derzeit parteipolitisch in höchstem Maße mißbraucht wird, aber deshalb seine Auflösung zu verlangen, ist mehr als kurzsichtig und zeugt von tiefstem Unverständnis für essentielle Fragen der österreichischen Außenpolitik und der damit zusammenhängenden Probleme. Das alles hat es schon einmal gegeben und würde auch heute wieder zu einem großen Malheur für Österreich werden. Die Beseitigung von einmal geschaffenen Ministerien führt zu einer Verbürokratisierung und weg von der eigentlichen Politik.

Bevor ich versuchen will, das Verhältnis Österreichs zu den Signatarstaaten zu schildern, möchte ich einen Sprung ins Jahr 1965 machen, das Jahr des zehnjährigen Staatsvertragsjubiläums. Die Delegationsführer, diejenigen, die den Staatsvertrag vorbereitet hatten und mit denen ich im April 1955 nach Moskau geflogen war, waren alle tot. Raab war am 8. Januar 1964 gestorben, Schärf am 28. Februar 1965, und am 9. Mai, sechs Tage vor den Feierlichkeiten, starb auch Figl. Wenige Wochen zuvor hatte ich ihn noch in einer großen Rede gewürdigt.

Zehn Jahre nach dem Staatsvertrag sollte mit der Einweihung eines Brunnens in Bad Vöslau an den Abflug nach Moskau erinnert werden. Figl, damals Landeshauptmann von Niederösterreich, war bereits schwer gezeichnet; mit zitternder Stimme hat er seine Rede gehalten. Ich sollte nach ihm reden; bewegt vom Anblick dieses offensichtlich todkranken Mannes, ließ ich die Notizen, die ich mir gemacht hatte, in der Tasche und sprach statt dessen über Figl und seine Verdienste. Es war in der Tat ein Nekrolog zu Lebzeiten. Ich habe oft bedauert, daß das, was es Gutes und Schönes über einen Menschen zu sagen gibt, meist erst dann gesagt wird, wenn er selbst es nicht mehr hören kann. Ich war daher sehr glücklich, es diesmal anders halten zu können.

Am 15. Mai kamen in Wien die Außenminister der Signatarmächte zusammen: Andrej Gromyko, Dean Rusk, Robert Michael Stewart und Maurice Couve de Murville. Die Staatsvertragsfeier sollte zum Anlaß genommen werden, die Entwicklung der Deutschlandfrage mit einem neuerlichen Versuch voranzutreiben. Ich habe die Herren zu mir nach Hause eingeladen und ihnen ein Zimmer zur Verfügung gestellt; sie haben nicht lange gebraucht und sich sehr bald auf einen Termin in Genf geeinigt. Alles sah vielversprechend aus, und es wurde ein sehr harmonischer Abend. Man feierte ein Ereignis, das zehn Jahre zurücklag, das heißt, es gab eine zehnjährige Remissionsperiode; so langsam haben sich die Dinge in der Weltpolitik damals entwickelt, und wer weiß, wieviel nicht versäumt wurde, weil die Westmächte beharrlich an der Einheit Deutschlands festhielten. Wäre damals schon Willy Brandts Ostpolitik eingeleitet gewesen, hätte man wahrscheinlich ganz andere Möglichkeiten gehabt; aber es ist müßig, über vergossene Milch zu klagen. Jedenfalls war es eine

Das Amtszimmer des Außenministers: Von hier aus lenkte Kreisky von 1959–1966 die Geschicke der österreichischen Außenpolitik.

Zur Feier des 10jährigen Staatsvertragsjubiläums erschienen am 15. Mai 1965 in Wien die Außenminister der Signatarmächte. Von links nach rechts: Andrej Gromyko, Robert Michael Stewart, Maurice Couve de Murville und Dean Rusk.

sehr idyllische Zusammenkunft, und es schien ein Zeitalter der Verständigung anzubrechen. Zwei Monate später tagte wieder die Genfer Konferenz der Abrüstungsausschüsse der 18. Dort freilich wurde eine neue Remissionsphase eingeleitet, und es hat fast zehn Jahre gedauert bis Helsinki. Es ist oft erschütternd, wie furchtbar langsam die Mühlen der Außenpolitik mahlen.

Bei der Staatsvertragsfeier stand auf österreichischer Seite also keiner mehr von denen, die in Moskau dabei gewesen waren, außer mir. Der neue Kanzler war Josef Klaus, der nach dem Tode Schärfs im Februar auch die Funktion des Bundespräsidenten ausübte; Vizekanzler war Pittermann. Es gab ziemlich viel Verwirrung damals, und ich habe das zum Anlaß genommen, sehr intensiv die Verfassungsbestimmung zu bekämpfen, nach der der Bundeskanzler bei Vakanz auch Bundespräsident sein sollte; damit politisierte man das Amt des Bundespräsidenten und machte ihn zur Schlüsselfigur im Falle einer politischen Krise, mit der wir jederzeit rechnen mußten. Die Art, wie dilatorisch man diese Frage behandelte, war dazu angetan, im Falle des Todes des Bundespräsidenten eine Krise herbeizuführen. Erst in

Am Abend traf man sich zu informellen Gesprächen in Kreiskys Villa; in der Mitte die Gastgeber mit den Außenministern der Signatarstaaten.

meiner Zeit als Kanzler wurde das Problem, wie ich glaube, auf befriedigende Art gelöst: »Wenn der Bundespräsident verhindert ist, gehen alle seine Funktionen zunächst auf den Bundeskanzler über. Dauert die Verhinderung jedoch länger als 20 Tage, oder ist der Bundespräsident gemäß Art. 60 Abs. 6 an der ferneren Ausübung seines Amtes verhindert, so üben der Präsident, der zweite Präsident und der dritte Präsident des Nationalrates als Kollegium die Funktionen des Bundespräsidenten aus. Das gleiche gilt, wenn die Stelle des Bundespräsidenten dauernd erledigt ist.« Es kostete mich zwar mehr Mühe als vieles andere, diese Regelung durchzusetzen, aber mir schien diese Frage besonders wichtig, weil ich weiß, aus welch nichtigen Anlässen schwere politische Krisen in Österreich entstanden sind.

Sehr eindrucksvoll waren die Gäste, die 1965 nach Wien kamen, nicht. Gromyko hat man immer nur als Vollzugsorgan betrachtet, zumal er 1955 lediglich Kandidat für das Zentralkomitee war, nicht einmal für das Politbüro; Dean Rusk war ein angenehmer amerikanischer Intellektueller, aber wenig auffallend; Robert Michael Stewart war nur Platzhalter, da Harold Wilson einen relativ schwachen Außenminister haben wollte und die Labour Party grundsätzlich der Innenpolitik die Priorität einräumt. Frankreich war durch Couve de Murville vertreten, den ich lange kannte und der der bemerkenswerteste unter den anwesenden Außenministern war - und der einzige, der unsere Osteuropapolitik nicht nur verstanden, sondern auch positiv gewürdigt hat. Es war eine Versammlung an sich nicht unbedeutender Männer, aber es waren nicht Leute, die die Welt hätten bewegen können.

Als wir das 25jährige Jubiläum des Staatsvertrages feierten, war die Zusammensetzung der Gäste eine viel interessantere, auch wenn es sich in erster Linie um vergangene Größen handelte wie Harold Macmillan und Antoine Pinay, die 1955 zu den Unterzeichnern gehört hatten. Molotow hatten wir ebenfalls eingeladen, statt dessen kam wieder Gromyko. Carter schickte seinen mir ungewöhnlich sympathischen Außenminister Edmund Muskie. Auch alle Nachbarstaaten Österreichs in Ost und West waren damals hochrangig vertreten: Es war ein letzter Höhepunkt der Wertschätzung, die man allenthalben für Österreich empfand und die man weithin sichtbar zum Ausdruck bringen wollte. Wer hätte damals geahnt, wie rasch und wie tief unser Fall sein würde.

4. Kapitel

Amerikanische Streiflichter

Vor einigen Jahren gab es ein paar ausgeklügelt psychologisierende Journalisten, die der Meinung waren, meine so kritische Haltung gegenüber der Reagan-Administration sei vielleicht damit zu erklären, daß sich die Amerikaner 1945 einige Monate lang gegen meine Einreise nach Österreich gesperrt hatten. Sie hatten mir nicht nur ein Visum verweigert, obwohl Renner und Schärf sich für mich einsetzten, sondern auch das Flugzeug, das die Vertreter des schwedischen Roten Kreuzes nach Wien bringen sollte, zur Umkehr gezwungen, weil sie irrtümlicherweise annahmen, daß ich mich an Bord befände. Ich habe ohne jegliche Aversion dieses Verhalten der Besatzungsbürokratie zugeschrieben und keine politischen Schlüsse daraus gezogen. Ganz im Gegenteil, wenn ich tiefgreifende, geradezu unüberwindliche Aversionen gegen ein System hatte - wobei schon »Aversion« ein gewaltiges Understatement ist -, so war es das stalinistische, nicht aber das der westlichen Demokratie, wie es von Truman, Acheson, Kennan und anderen verkörpert wurde. Meine Einwände gegen die Reagan-Administration werde ich an anderer Stelle ausführlich darlegen und so jedem, der sich dafür interessiert, die Möglichkeit bieten, meine Argumente zu prüfen.

Ich war mir immer im klaren darüber gewesen, daß ein Sieg über Hitler nur mit Hilfe der Amerikaner und ihrer schier unerschöpflichen Ressourcen möglich war. Hinzu kam, daß ich von allem Anfang an zu den Sympathisanten Roosevelts gehörte, und dies habe ich bei verschiedenen Gelegenheiten schon sehr früh unter Beweis gestellt. Wenn Österreich später, in der Zeit des Kalten Krieges, dem russischen Druck standhalten konnte, dann vor allem dank der Amerikaner, die uns die effektivste Hilfe gewährten.

Aus der Besatzungszeit sind mir einige besonders sympathische Amerikaner in Erinnerung geblieben. Einer von ihnen war ein liberaler Journalist namens William Hale, den ich bei Oscar Pollak traf. Er war hier Presseoffizier, hat sehr gut ausgesehen. Auch ein sehr origineller amerikanischer Besatzungssergeant ist mir in Erinnerung geblieben. Einer meiner Freunde hatte mir einen mühsam instand gesetzten, aber ausgezeichneten Steyr 50 geliehen; der Sergeant rammte mich mit seinem Jeep und zerstörte mir dabei einen der Reifen. Ich solle mit ihm kommen, meinte er, und mir einen Ersatzpneu aussuchen, ein Angebot, das ich sofort annahm, weil ich nicht wußte, wie ich meinem Freund zu einem neuen Pneu verhelfen sollte. Auf der Fahrt in das amerikanische Lager führten wir ein sehr freundschaftliches Gespräch, und dabei erfuhr ich, daß der Sergeant bald »abrüsten«, das heißt, das sympathische Österreich verlassen müsse, weil er in Chicago - so jedenfalls verstand ich ihn - seinen fixen Platz als Bettler einem Freund überlassen habe, der diese Tätigkeit aus irgendwelchen Gründen nun nicht mehr wahrnehmen könne. Mir erschien diese Episode wie ein kleiner Ausschnitt aus der Dreigroschenoper, und auch heute noch fällt es mir schwer, die Geschichte zu glauben; aber warum hätte sie mir der kleine Sergeant erzählen sollen? Ich bekam meinen Pneu, dazu ein amerikanisches Sandwich und machte mich auf den Weg zurück zu meinem ramponierten Leihwagen.

Solche Begegnungen waren natürlich eher kurios; wichtiger und interessanter waren andere, etwa die mit Dr. Karl Heiser. Bei ihm intervenierte ich wegen der Hilfslieferungen aus Schweden; vor allem ging es um den bei der Volkshilfe zu deponierenden Besitz jener österreichischen Kriegsgefangenen, die von Schweden 1945 an die Sowjetunion ausgeliefert worden waren. Die damals gegebenen Versprechen der russischen Botschafterin in Stockholm, Madame Kollontai, die Österreicher würden nicht als Kriegsverbrecher behandelt werden, wurden eingelöst; Beweis sind die noch heute bei der Volkshilfe aufbewahrten Bestätigungen, daß alle ihr Eigentum zurückerhielten. Heiser vermied es, sich als Sozialdemokrat zu deklarieren, weil sich das für einen Offizier der Besatzungsmacht nicht gehörte, aber seinen Sympathien ließ er freien Lauf. Ich bin heute noch mit ihm befreundet. Mehrmals besuchte ich ihn am berühmten Oberlin College, an dem übrigens auch ein Kreisky Scholarship eingerichtet wurde; das College zählt zu den progressivsten Einrichtungen seiner Art und ist deshalb der Erwähnung wert, weil Weiße und Schwarze hier von alters her gemeinsam unterrichten und unterrichtet werden. Ich war dort immer gern, wie ich überhaupt sagen muß, daß ich mich bei meinen Vorträgen in den Vereinigten Staaten nicht von der Höhe des Honorars, sondern von der jeweiligen Atmosphäre bestimmen ließ. Ich war zwar immer bereit, mich auf die Höhe der üblichen Honorarforderungen zu stellen, aber ein geringeres Honorar oder gar keines - außer den Reise-

Am 26. September 1962 erhielt Kreisky den Ehrendoktor der Temple University in Philadelphia. Im Anschluß an die Feierlichkeiten stellte er sich dem Gespräch mit Studenten.

spesen - hat mich nie vom Besuch einer Universität oder eines College abgehalten.

Unter den amerikanischen Diplomaten, mit denen ich als junger Beamter des Bundespräsidenten und als Staatssekretär Gespräche führen konnte, gab es mehrere, die mit der Administration des Marshallplans zu tun hatten, und zu ihnen entwickelte sich ein besonders enger Kontakt. Ich machte sie mit meiner Idee vertraut, daß Europa, wenn es sich im Gefolge des Marshallplans wirtschaftlich erholt haben würde, die zurückzuerstattenden Kredite in Form von Sachlieferungen den Staaten der Dritten Welt zur Verfügung stellen sollte. Dabei ließ ich mich von zwei Überlegungen leiten. Zum einen von der historischen Tatsache, daß der Versailler Vertrag mit seinen Reparationsforderungen, die ja zum Teil in Sachlieferungen an Frankreich beglichen wurden, mit zur industriellen Wiederaufrüstung Deutschlands nach dem Ersten Weltkrieg geführt hatte. Zum anderen sah ich die Notwendigkeit, den Staaten der Dritten Welt - den Entwicklungsländern, wie wir sie damals nannten - zu jener Infrastruktur zu verhelfen, die sie brauchten, um rascher sich selbst helfen zu können und ihre eigene Verwaltung zu entwickeln. Bei vielen Amerikanern aus der Marshallplanverwaltung fand ich lebhafte Zustimmung, vor allem, weil es sich bei ihnen meist um junge Akademiker handelte, die noch von der Idee des »New Deal« beeinflußt waren. Das war auch der Grund, warum ich schon damals, in Abwandlung der Idee des Marshallplanes, von einem Marshallplan für die Dritte Welt sprach.

Die Spitzenbeamten des State Department und natürlich auch ihre jüngeren Kollegen waren großartige und im wesentlichen sehr modern denkende Diplomaten, die unendlich viel zum Ruf der Administration beigetragen haben. Seit jenen Tagen empfinde ich hohen Respekt vor der amerikanischen Diplomatie, deren positiver Einfluß sich auch heute gelegentlich bemerkbar macht. Es fehlte den amerikanischen Beamten zwar jene Geschmeidigkeit und Geschliffenheit, wie sie die englischen und auch die französischen Diplomaten kennzeichneten, aber sie traten mit großem Selbstbewußtsein und Verantwortungsbewußtsein auf, ähnlich beeindruckend wie die neuen Diplomaten in der jungen Sowjetunion. Aus der Zeit nach dem Krieg sind mir einige der bekanntesten von ihnen in Erinnerung geblieben, so vor allem Llewellyn »Tommy« Thompson, Walter Dowling, James Riddleberger und Livingston Merchant. Während der Schlußphase der Staatsvertragsverhandlungen hatten wir auf westlicher Seite unseren stärksten Verbündeten in dem amerikanischen Hochkommissar und Botschafter Llewellyn Thompson. »Milde im Ton und hart in der Sache«, hat er auf der an die Moskauer Verhandlungen anschließenden Wiener Botschafterkonferenz den Russen noch einige sehr wichtige Konzessionen abgerungen. Er kannte die Russen und ihre Verhandlungsmethoden sehr gut und war wahrscheinlich der beste Unterhändler mit Moskau, den der Westen jemals hatte, weil bei all seiner Härte am Schluß immer noch etwas herausgekommen ist. Thompson, der auch in der Triest-Frage 1954 vieles erreicht hat, war sicher der bedeutendste amerikanische Diplomat, dem ich begegnet bin. Seinem Mienenspiel merkte man gar nichts an; er schien mir ein typischer Pokerspieler im besten Sinne des Wortes zu sein. So hat es mich nicht überrascht, als mir ein hoher amerikanischer Diplomat eines Tages anvertraute, Thompson sei der beste Pokerspieler im ganzen State Department und sie würden gerne, so es ihre Zeit erlaubte, mit ihm pokern. Vielleicht gibt es das, daß sich jemand

Mit dem amerikanischen Hochkommissar Llewellyn Thompson, dem »besten Unterhändler mit Moskau, den der Westen jemals hatte«.

instinktiv das Spiel aussucht, das zu seinem Charakter und zu seiner beruflichen Tätigkeit am besten paßt.

Wenn wir zwei Leuten den Staatsvertrag zu verdanken haben, dann ist der eine Chruschtschow, der die Entscheidung getroffen hat, am Beispiel Österreich die neue Politik zu exemplifizieren, und der zweite ist ohne Zweifel der amerikanische Hochkommissar Thompson, der das Beste verkörperte, was die amerikanische Diplomatie nach dem Zweiten Weltkrieg zu bieten hatte: Er war nobel, still und von großer Effizienz.

Viele andere seiner Kollegen waren ebenfalls hervorragende Kenner der Sowjetunion. Es kam einem nicht in den Sinn, nachzufragen, welcher Partei sie jeweils angehörten; jeder war eine Persönlichkeit sui generis, und ich habe viel von ihnen gelernt. Durch ihre grundsätzliche Bereitschaft, unsere Situation zu verstehen, haben sie vielen von uns geholfen und manch einen auch vor Fehlern bewahrt.

Im Hause eines amerikanischen Diplomaten in Wien, Penfield, eines sogenannten »Zugeteilten«, habe ich John Kenneth Galbraith kennengelernt. Der Name war mir natürlich bekannt, und ich hatte, wie gesagt, auch einiges von ihm gelesen, aber infolge meines relativ niedrigen Ranges wurde ich ihm nicht vorgestellt. Im Laufe des Abends unterhielt ich mich mit einem ungewöhnlich großgewachsenen, durch sein leicht ironisches Wesen auffallenden Mann, der mich mit überraschenden Fragen über das Schicksal des Austromarxismus verblüffte. Erst im Laufe des Abends erfuhr ich, daß es sich um Galbraith handelte. Wir sind jetzt mehr als drei Jahrzehnte miteinander befreundet, und ich bewahre dieser großartigen, von jeder falschen Höflichkeit freien Persönlichkeit eine besondere Erinnerung. Die großen Bücher von Galbraith wie »The Affluent Society« gehören zu den lichtvollsten Ausführungen der Nachkriegsökonomie, und die humorvollen, bisweilen fast skurrilen Schilderungen in seiner Autobiographie, »A Life in our Times«, zählen für mich zum Originellsten der amerikanischen Memoirenliteratur.

1957 war ich zum ersten Mal in Amerika. Der markanteste unter den Freunden, die ich besuchte, war Norman M. Thomas, ein typischer amerikanischer Gelehrter, der von sich sagte, er sei der amerikanische Präsidentschaftskandidat, der immer die wenigsten Stimmen, aber die meisten Freundschaftsbezeigungen erhalte. Einen tiefen Eindruck auf mich machten New Yorker Anwälte, die sich in besonderer Weise der in Amerika lebenden arabischen Akademiker und Studenten annahmen, und das, obwohl sie jüdischer Herkunft waren. Das Israelproblem hatte damals noch nicht die Dramatik späterer Jahre. Schließlich machte ich in der Lounge der Vereinten Nationen Bekanntschaft mit der Macht der Gerüchte. Hoch oben thronte Dag Hammarskjöld, den ich flüchtig aus Schweden kannte. Wir wußten aus unserer Stockholmer Zeit mehr voneinander, als durch persönliche Bekanntschaft hätte begründet werden können. Von New York ging es nach Washington, wo Gruber seit einigen Jahren residierte. In Erinnerung blieb mir ein sehr aktiver Beamter an der österreichischen Botschaft, der mir durch sein reges Interesse an der Kreditgewährung für Österreich auffiel und der immer wieder betonte, wir könnten sehr viel Geld sparen, wenn wir nicht die Umwege über österreichische Banken nehmen würden. Es war Edgar Plan. Schon damals merkte ich, in welchem Maße der sogenannten Klein-Korruption durch bürokratische Vorwände Vorschub geleistet wird und wie schwer es ist, ihrer Herr zu werden.

Ich hatte es nicht leicht auf den ersten Reisen, weil ich in der

Gruppe einen erklärten Feind hatte, einen späteren Propagandafunktionär, der gleichzeitig Beamter im Bundeskanzleramt war. Er bediente sich eines Publicity Managers, der noch gegen mich intrigierte, als ich längst Minister war. Andererseits stand mir während meiner ersten Amerikabesuche ein junger Mann zur Seite, Alfred Korn, der mir außerordentlich nützliche Dienste erwiesen hat. Er war eine tragische Persönlichkeit, geprägt von tiefer Trauer, was darauf zurückzuführen war, daß er als kleiner Junge seine Eltern verloren hatte, die ein Opfer des Holocaust wurden. Er war immer adrett gekleidet, sprach das kultivierteste Englisch, und später als Außenminister habe ich ihn in der österreichischen Vertretungsbehörde beschäftigt.

Korn machte mir deutlich, daß man in Amerika »Türöffner« brauche und daß man dieses schwierige Geschäft nicht selber besorgen könne. Ich habe mich überreden lassen und schulde dem mit dieser Aufgabe betrauten Carleton Smith großen Dank. Carleton Smith, dem auch katholische Kreise in Wien sehr verpflichtet waren, kannte Gott und die Welt. Er war mit der Tochter Trumans ebenso bekannt wie mit einigen der Schwestern Kennedys, mit denen er nach Salzburg kam und anschließend Kardinal König besuchte. Es würde Seiten füllen, die Namen derer zu nennen, mit denen er mich bekannt gemacht hat; mit all diesen amerikanischen Persönlichkeiten stand er irgendwie auf gleichem Fuß. Er war keiner der üblichen Publicity Manager, sondern ein nicht unsympathischer Begleiter mit sehr viel Taktgefühl. Kollegen aus der Koalitionsregierung, denen ich ihn empfohlen hatte, schien seine Allgegenwärtigkeit allerdings zu irritieren.

Kontakte wurden natürlich auch über Klaus Dohrn und andere hergestellt, aber es läßt sich heute beim besten Willen nicht sagen, wie es zu der einen oder anderen, später oft sehr engen, freundschaftlichen Beziehung mit amerikanischen Persönlichkeiten kam. Mein Verhältnis zu den Herausgebern der »New York Times« ist - so bilde ich mir wenigstens ein - durch meine besonderen Kenntnisse der europäischen und insbesondere der sowjetischen Politik immer ein herzliches gewesen. Dasselbe gilt auch für andere große Blätter, und einige der führenden amerikanischen Journalisten haben mich geradezu fasziniert.

Erwähnen möchte ich in diesem Zusammenhang meine Bekanntschaft mit Henry Anatole Grunwald, dem früheren Editor von »Time« und jetzigen Botschafter der USA in Wien; sein Vater war der berühmte Librettist Alfred Grünwald, und der Zufall wollte es, daß wir uns 1938 in einem Notgefängnis der Gestapo kennenlernten. Ich blieb dem Vater natürlich nicht so in Erinnerung wie er mir, ich war einer der vielen politischen Gefangenen in diesem Massengefängnis. Da ich seinem Sohn bei späteren Gelegenheiten einiges aus gemeinsamen Gefängnistagen erzählen konnte, entstand zwischen uns eine Beziehung besonderer Art. 1986 wurde Henry A. Grunwald und seinen ehemaligen Mitschülern die Ehrenmatura verliehen, eine Anerkennung, die wahrscheinlich nur ein so unkonventioneller Unterrichtsminister und prächtiger Mann wie Dr. Moritz durchsetzen konnte. Er verstand sofort, wahrscheinlich gegen so manchen Rat, daß es hier um eine Form der Wiedergutmachung ging, denn schließlich hatten all diese inzwischen zum Teil berühmt gewordenen Amerikaner aufgrund der Hitlerschen Gesetze vorzeitig die Schule verlassen müssen. Die Übergabe der Ehrenmatura erfolgte zu einer Zeit, in der Österreich in Ungnade zu fallen drohte, und es war ein geradezu rührendes Beispiel der Anhänglichkeit an die alte Heimat, daß die meisten dennoch kamen und es nicht bereuten.

Bundespräsident Körner und Bundeskanzler Raab schienen gleichermaßen, zumindest im Unterbewußtsein, gewisse Aversionen gegen die USA zu hegen. Als ehemalige Offiziere des Ersten Weltkriegs verübelten sie es den Amerikanern wohl, den Krieg entschieden zu haben, wo doch die Russen von »uns« an der Seite Deutschlands besiegt worden waren. Ich versuchte von Anfang an zu einem anderen Amerikabild zu kommen. In der starken geistigen Isolation, in die wir in Schweden nach 1940 gerieten, ist zwar auch in mir ein »Feindbild« gegen Amerika entstanden, aber es war andersgeartet. Ich hatte schon immer viel amerikanische Literatur gelesen, und die Autoren, die ich liebte, waren heftige Kritiker ihres Landes. Unter den ersten war Upton Sinclair, der weiten Kreisen junger Leser heute unbekannt ist, ein ungeheuer produktiver, vielleicht ein bißchen schematisierender Autor, wenngleich man ihn nicht mit einer arroganten Geste abtun sollte. Literaturkenner hatten schon damals mehr für Sinclair Lewis übrig, der sehr berühmt wurde durch die liebevolle, ironische Darstellung, die er dem amerikanischen Kleinstadtbürger, dem durch ihn sprichwörtlich gewordenen »Babbitt«, zuteil werden ließ. Neben diesen beiden war es vor allem John Dos Passos, der uns die ganze amerikanische Wirklichkeit in einer neuen

Form der Darstellung näherbrachte. Unter den amerikanischen Schriftstellern, die ich in meiner Gefängniszeit las, ist mir besonders Agnes Smedley in Erinnerung, die weiten Kreisen wahrscheinlich unbekannt geblieben war. Ihr Buch trug den bezeichnenden Titel »Eine Frau allein« und schilderte den Kampf einer amerikanischen Frau, die aus der Gesinnung einer echten Sozialistin heraus für die Rechte der Frau eintrat. Übrigens hat auch Upton Sinclair ein heute längst vergessenes Buch über die frühen Anstrengungen der sozialistischen Bewegung geschrieben, in dem er die Figur eines typischen Vertrauensmanns schuf, die Figur des unentwegten, überzeugungstreuen Jimmy Higgins. Viele meiner Freunde schienen Jimmy Higgins in ihrer Überzeugungsfestigkeit zu gleichen. Heute, da die Bewegungen Regierungsverantwortung tragen, gehören solche Persönlichkeiten offenbar einer vergangenen Epoche an, die für immer verschwunden ist. Ob Jack London oder der mysteriöse B. Traven, der deutsche Autor, der uns Mexiko nahebrachte, ob Steinbeck oder Hemingway: von allen bezogen wir ein sehr gesellschaftskritisches Bild. Auch in den Schriften von John Maynard Keynes wurde das Bild unzulänglicher Politiker gezeichnet; Keynes war als Mitglied der Friedensvertragsdelegation in Versailles sehr ernüchtert worden. Wilson mit seinen 14 Punkten galt für manchen Österreicher sehr bald als Heuchler, zumindest als Beispiel der politischen Ignoranz, und der bewußte Rückzug der Amerikaner aus der europäischen Politik wurde scharf kritisiert.

Als Roosevelt mit seinem »New Deal«, dem Kampf gegen die gigantische Arbeitslosigkeit, einen ungeheuren Ideenreichtum entfaltete, haben wir erst langsam begriffen, daß es sich hier um eine wirkliche Revolution handelte. Dann kam der Krieg. Der Einfluß Roosevelts und seiner politischen Freunde reichte offenbar nicht aus, um Amerika zum uneingeschränkten Gegner Hitlers zu machen. Das offizielle Amerika neigte sehr viel stärker zum Kriegseintritt als die amerikanischen Intellektuellen, die glaubten, sich ein direktes Eingreifen ersparen zu können. Die britische Regierung entsandte damals unter anderen den mir in späteren Jahren große Sympathien abringenden Harold Macmillan in die Neue Welt. Eine Episode wurde mir erzählt. Als Macmillan einen der großen Universitätssäle der Ostküste betrat, um dort für England zu werben, erscholl von allen Seiten der Ruf: »What about India?« Macmillans schlagfertige Antwort: »And what about your Indians?«

Eine amerikanische Arbeiterbewegung in unserem Sinn gab es nicht, und bis zu den Zeiten Roosevelts, als sie wie ein Karstsee aus der großen Trockenheit der amerikanischen Gesellschaft an die Oberfläche trat, war auch die Gewerkschaftsbewegung sehr schwach. Trotz meiner frühen kritischen Einstellung zu den Vereinigten Staaten fühlte ich mich immer wieder verpflichtet, auf diesen Bruch in der Empfindungsskala hinzuweisen, der mit dem Machtantritt Roosevelts einherging. Auch seine Person hat unsere Phantasie stark beeinflußt: Der an Kinderlähmung leidende, alle Schwierigkeiten überwindende Mann imponierte uns und erweckte gleichzeitig unser Mitleid. Manchmal kam es mir so vor, als ob er nur einen Kopf hätte und als ob dieser Kopf fortwährend über einen willenlosen, schwachen Körper triumphierte. Hinzu kam, daß dieser Mann aus der amerikanischen Hocharistokratie - seine Familie stammte bekanntlich aus Holland, was ja immer wieder zu der Frage führte, wie man seinen Namen auszusprechen habe - mit dem Tennessee Valley Project ein Musterbeispiel umfassender Planwirtschaft entwickelte. Dieses Projekt, das sich als gewaltiges Energieversorgungsprogramm beschreiben ließe, schien manchen von uns das demokratische Gegengewicht gegen das, was in der Sowjetunion mit der »Neuen Ökonomischen Politik« angestrebt wurde. Bekanntlich war ja Lenins Formel: Kommunismus - das ist Sowjets plus Elektrizität. Über die komplizierten gesellschaftlichen Entwicklungen in der Sowjetunion sagte dies freilich nichts aus.

Daß die Politik Churchills und seiner Mitstreiter realistisch war, geht daraus hervor, daß die Vereinigten Staaten gewaltige Hilfslieferungen versprachen und dieses Versprechen auch gehalten haben. Zwar begannen sie geradezu stümperhaft, aber sie waren damals Meister im Improvisieren. Am 7. Dezember 1941 überfielen die Japaner die amerikanische Flotte in Pearl Harbor, und drei Tage später erklärte Deutschland den USA den Krieg. So saßen sie endlich in einem Boot: Churchill, Roosevelt und Stalin, bei weitem nicht einig, wie sie dieses Boot lenken sollten.

Schon in frühen Publikationen habe ich Roosevelt in Schutz genommen, weil ich ahnte, daß in dem Maße, wie Deutschland und Österreich zur »Normalität« zurückfänden, die Kritik an ihm wachsen würde. Erstaunt war ich nur über die zunehmend kritische Haltung in Amerika. Von den vielen Streitpunkten, die die Alliierten trennten, möchte ich gerne einen herausheben. Roosevelt wird immer wieder Naivität in seinem Verhältnis zu den

Sowjets vorgeworfen. Es mag sein, daß sich Roosevelt über das Rußland Stalins Illusionen hingab, aber Churchill war sich um so mehr im klaren darüber, daß Osteuropa verloren wäre, wenn die Alliierten nicht die zweite Front auf dem Balkan errichteten. Wahrscheinlich wollte Churchill in Erinnerung an die sogenannte Gallipoli-Offensive im Ersten Weltkrieg, für die er seinerzeit als Marineminister die Verantwortung trug, etwas ähnliches wiederholen und damit das gewaltige Desaster von 1915 gutmachen. Es gelang ihm jedoch nicht, Roosevelt für eine solche Strategie zu gewinnen. Die amerikanische Demokratie wäre unter keinen Umständen zu einer zweiten Front auf dem Balkan bereit gewesen; die Invasion in Westeuropa und Kämpfe in anderen Teilen der Welt schienen dagegen einleuchtend zu sein. Aber ohne daß die Alliierten auf dem Balkan standen, war in Jalta und Potsdam nichts zu erreichen. Stalin verwies immer wieder darauf, welchen Blutzoll die Sowjetunion gezahlt hatte, um diese Gebiete vom Hitlerfaschismus zu befreien. Er hat Roosevelt damals die Demokratie für Osteuropa versprochen, auch wenn es mit Ausnahme der Tschechoslowakei in den osteuropäischen Staaten bis dahin gar keine Demokratie gegeben hatte.

Nie zuvor haben die Amerikaner ein so inniges Verhältnis zum demokratischen Europa gehabt wie unmittelbar nach dem Zweiten Weltkrieg und auch nie zuvor ein so gutes Verhältnis zu Österreich. Über allem, was sie taten, lag eine große Wärme. Die Österreicher haben mit der amerikanischen Besatzungsmacht die besten Erfahrungen gemacht. Vor allem, wenn es sich um die hübschen Töchter ehemaliger Größen des Naziregimes handelte, waren amerikanische Offiziere sehr entgegenkommend und wohlwollend. So konnten die ersten Salzburger Festspiele nach dem Krieg nur mit mehrstündiger Verspätung beginnen, weil die Töchter früherer Nazigrößen noch nicht eingetroffen waren.

Es kursierte damals in Österreich ein Witz: An der Enns fischt auf der einen Seite ein russischer Soldat, ihm vis-à-vis ein amerikanischer. Der russische Soldat schlägt die herausgezogenen Fische mit dem Kopf an einen Stein, um sie zu töten, der Amerikaner nimmt sie von der Angel und streichelt sie. Der Russe fragt ihn, ob das nicht unzweckmäßig sei. Daraufhin der Amerikaner: »So sterben sie auch.« Diese Anekdote sollte unterstreichen, daß beide Besatzungsregime zwar das gleiche Ziel verfolgten, aber auf unterschiedliche Weise. Obwohl die Amerikaner das Problem der Entnazifizierung manchmal sehr ernst nahmen, waren sie von besonderem Wohlwollen beseelt und haben das immer wieder bewiesen. Als im Rahmen des Marshallplans gewaltige Maschinenlieferungen anstanden, haben die Amerikaner ohne Rücksicht auf das ihnen heilige Prinzip des »free enterprise« auch der neuen verstaatlichten Industrie ein hohes Maß an Hilfe zuteil werden lassen.

Was nun die politische Entwicklung der Zweiten Republik angeht, so gibt es Leute, die meinen, die Amerikaner hätten mit besonderem Gerechtigkeitsempfinden beide Parteien in der Regierung gleichermaßen gefördert. Ich persönlich bin jedoch der Überzeugung, daß ihnen die Sozialdemokraten um eine Spur lieber waren. Dies hatte einen einfachen Grund: Unter den führenden Sozialdemokraten gab es auch nicht einen, der sich in irgendeiner Weise antidemokratischer Handlungen schuldig gemacht hätte, und so waren die Amerikaner vor bösen Überraschungen sicher. Dasselbe konnte von den ÖVP-Funktionären nicht behauptet werden, die fast alle in der »Vaterländischen Zeit« besondere Funktionen innehatten. Die Amerikaner verstanden daher auch von Anfang an mein Bemühen, die »Bewältigung der Vergangenheit« so auszulegen, daß jedem die Chance eingeräumt werden müsse, am Wiederaufbau der Demokratie in Österreich mitzuwirken. Manchen an diesen Fragen sehr interessierten Leuten in Amerika gilt die Vergangenheit Österreichs heute zum Teil als mühsam übertüncht; ich habe das mit großem Bedauern festgestellt, kann aber eine gewisse Mitschuld konservativer Kräfte nicht leugnen. Sie hat ihre besonderen Gründe, auf die ich noch zurückkommen werde.

Die Persönlichkeiten des politischen, kulturellen und öffentlichen Lebens in Amerika, die ich im Laufe meines Lebens kennengelernt habe, waren grundsätzlich liebenswert, unzynisch, frei von Vorurteilen und unterschieden sich dadurch sehr von vielen Europäern. Dennoch gab es immer wieder Versuche, mich den Amerikanern gegenüber als reserviert zu denunzieren. Wie wenig berechtigt das war, kann man in unserer Wohnung feststellen: Photos und Erinnerungsstücke amerikanischen Ursprungs haben dort einen festen Platz gefunden. Sowenig ich solche Reminiszenzen im allgemeinen liebe, so habe ich doch denen eine besondere Ehre erwiesen, mit denen mich freundschaftliche Erinnerungen verbinden.

Der erste amerikanische Präsident, den ich persönlich kennenlernte, war Truman, allerdings nach seinem Ausscheiden aus dem Amt. Harry S. Truman hatte am 12. April 1945, nach nur drei Monate dauernder Vizepräsidentschaft, die Nachfolge des plötzlich verstorbenen Roosevelt angetreten. Als er sich im November 1948 zur Wahl stellte, schien sein Gegenkandidat, Thomas E. Dewey, den Sieg schon in der Tasche zu haben. Ich erinnere mich noch gut, daß ich um diese Zeit den schwedischen Außenminister Östen Undén besuchte; als ich eintrat, unterbrach er sofort seine Lektüre und sagte lächelnd: »Ich habe da einen Brief von Boheman, einem der begabtesten Beamten des Außenamtes, der mit den Worten beginnt: ›Exzellenz, heute bin ich zum ersten Mal einem Mann begegnet, der unerschütterlich an den Sieg Trumans glaubt - es war der Präsident selber.‹« Truman soll nach Ende der Wahlen frühzeitig zu Bett gegangen sein in der Gewißheit, gewonnen zu haben, obwohl ganz Amerika damals mit einem Sieg Deweys rechnete. Das Ergebnis war relativ knapp, aber Truman blieb Präsident. Vom Standpunkt der Demokratie aus wurde es eine glorreiche Phase, in der die Policy of Containment erfolgreich entwickelt werden konnte. Ich habe im ersten Band versucht, diese Politik der Eindämmung zu beschreiben, und dabei wiederholt von den Niederlagen Stalins im Kalten Krieg gesprochen. Der große politische Sieg des Westens war der überlegenen mutigen Strategie der Amerikaner Dean Acheson und George Kennan zu danken, die Truman für diese Politik gewonnen hatten. Es waren im wesentlichen sechs große Entscheidungen, die damals zugunsten der westlichen Welt gefallen sind; in einem meiner ersten Bücher, »Die Herausforderung«, beschrieb ich sie folgendermaßen: »Der Bürgerkrieg in *Griechenland* konnte beendet werden, und die sowjetische Hoffnung, durch die Umwandlung Griechenlands in eine Volksdemokratie eine weit in das Mittelmeer reichende Bastion zu erlangen, ist nicht in Erfüllung gegangen. Die Blockade von *Berlin* hat die größte Improvisation der militärischen Geschichte, die Luftbrücke der anglo-amerikanischen Streitkräfte, provoziert, und die Aufhebung der Blockade war schließlich ein Erfolg des Zusammenwirkens kühner militärischer Planung und der politischen Entschlossenheit demokratischer Führungspersönlichkeiten. Der *Marshallplan* konnte, obwohl die kommunistische Internationale ihn verhindern sollte, verwirklicht werden. Der Friedensvertrag mit *Japan,* der trotz sowjetischer Stimmenthaltung abgeschlossen wurde, hat Japan zu einem Verbündeten Amerikas und der westlichen Welt gemacht. Die Gründung der *NATO* war die Antwort auf den Untergang der Demokratie in der Tschechoslowakei. Die UNO-Aktion in *Korea* hat gezeigt, daß der Westen – vor allem die USA – zu einem militärischen acte de présence auch auf entferntesten Schauplätzen des Kalten Krieges fähig und bereit ist.«

Im Jahre 1963 war ich auf der Generalversammlung der Vereinten Nationen in New York und habe von dort aus einige Vortragsreisen unternommen. Unter anderem lag eine sehr verlockende Einladung der Kansas City Chamber of Commerce vor; der in der Truman Library arbeitende und wohnende Expräsident hatte sich, wie mir mitgeteilt wurde, bereit erklärt, die Introduktion zu übernehmen. Das ist eine in Amerika übliche Form der Einführung: Man wählt hierfür möglichst eine Persönlichkeit, die den Vortragenden aus eigener Erfahrung kennt, oder aber einen Politologen, Historiker oder Politiker, der sich in dessen Lebenslauf zu vertiefen bereit ist. Ich war mir im klaren darüber, daß Truman, falls er überhaupt käme, das vorlesen würde, was seine Mitarbeiter über mich zusammengetragen hatten. Gewißheit, daß Truman die Präsentation ernst nahm, erlangte ich, als ich in Kansas City das Programm studierte, das einen privaten Besuch in der Library vorsah.

Truman war durch seine Amtsführung zu einem wirklichen Volkspräsidenten geworden, obwohl seine Präsidentschaft sehr umstritten war, zu Unrecht, wie ich meine. Ich begegnete einem liebenswürdigen Amerikaner, der mich vom ersten Augenblick an wie einen alten Freund aufnahm – einen alten jungen Freund. Er führte mich durch die Bibliothek, zeigte mir die Räume, erklärte mir alles und geleitete mich in einen Raum, in dem Photographien aller amerikanischen Generäle aus dem Zweiten Weltkrieg hingen. Nachdem wir sie alle passiert hatten und Truman zu jedem einzelnen einige Bemerkungen gemacht hatte, kamen wir zu MacArthur. Hier verstummte Truman. Und so, als ob wir eine Kirche betreten würden, meinte er nur: »And there is God.« Damit hatte er alles gesagt, was er über den Helden des Pazifik und den Sieger über Japan sagen wollte: Seine ganze Abneigung drückte er auf diese milde Art aus. Anschließend setzte sich Truman an einen offenen Flügel und spielte mir, gar nicht schlecht, Mozartmotive vor. Dann gingen wir zum Bankett. Ich war erstaunt, wie viele Menschen gekommen waren. Sie

Der ehemalige amerikanische Präsident Truman spielt seinem Gast Mozart-Motive vor; im Hintergrund Carleton Smith mit Botschafter Hans Thalberg.

kamen, glaube ich, Trumans und nicht meinetwegen, wenngleich das Thema, wie ich feststellen konnte, sie sehr interessierte; ich sprach über das Image Amerikas in Europa nach dem Zweiten Weltkrieg. Ich bin weniger auf die Stimmungen eingegangen, sondern habe mich auf das konzentriert, was die Europäer Amerika zu verdanken haben.

Am Schluß sollte eigentlich der Vorsitzende, der Herausgeber des »Kansas City Star«, von dem man wußte, daß er ein Feind Trumans war, ein paar Worte sagen. Aber bevor er dazu kam, sprang der alte Truman noch einmal auf das Podium und meinte: »That's the best damned speech I've heard since 1945.«

Wie ich erst später erfuhr, hat Truman im Anschluß an meinen Besuch in Kansas Präsident Kennedy angerufen und ihm mitgeteilt, er müsse mich, wenn ich nach Washington käme, unbedingt sehen. In Washington wurde ich tatsächlich außer Protokoll im Weißen Haus empfangen, denn besuchende Außenminister hat-

Ein lachender Kennedy und ein etwas verlegen wirkender Kreisky: Truman hatte Kennedy über die »best damned speech« des österreichischen Außenministers berichtet.

ten damals nicht von vornherein die Möglichkeit, mit dem Präsidenten der Vereinigten Staaten zu sprechen. Auf dem Bild, das die »New York Times« veröffentlicht hat und das oft wiedergegeben wurde, lacht Kennedy herzlich, und ich wirke etwas betreten. Immer wieder wurde ich gefragt, was Kennedys Lachen hervorgerufen hat. Offenbar Trumans Äußerung über meine Rede in Kansas, die dieser wohl wörtlich wiedergegeben hatte. Kennedy sprach außerordentlich liebevoll über Truman und meinte, daß wir ihm dankbar sein müßten für die natürliche Art, in der er seine Aufgaben als Präsident erfüllt habe.

In Kansas City stand eine Besichtigung des wichtigsten Betriebes der Stadt auf dem Programm, der großen Glückwunschkartenfirma Hallmark, die über ganz Amerika bekannt ist. Dort werden die Weihnachtswunschkarten mindestens drei Jahre im voraus entworfen und produziert, ehe sie dann als Neuheit auf den Markt geworfen werden. Von Amerika scheint die Sitte der Glückwunschkarten auch nach Europa gekommen zu sein, denn in meiner Jugend hat man nur zu ganz besonderen Anlässen solche Karten verschickt; heute ist es eine jährlich wiederkehrende Routine. Bei Hallmark bekam ich ein Buch mit Reproduktionen vieler Gemälde von Winston Churchill geschenkt. Die meisten Landschaften, die Churchill gemalt hat, kenne ich inzwischen. Von einem der Direktoren, die uns herumführten, hörte ich dazu eine kleine Geschichte, deren Wahrheitsgehalt zu überprüfen ich keine Neigung hatte, die mir aber recht bezeichnend schien. Churchill soll sich, wie er auch selbst bekannt hat, sehr oft in finanziellen Schwierigkeiten befunden haben. Das Gehalt des britischen Premierministers ist ja lange Zeit, verglichen mit dem Gehalt seiner Kollegen in anderen Ländern, ein sehr bescheidenes gewesen, und eine stille, aber effektive Art, ihm zu helfen, war, daß man das Recht erwarb, seine Bilder zu publizieren. Ich bin überzeugt, daß die Firma Hallmark Churchill ein Honorar geboten hat, das zu Lebzeiten wahrscheinlich weder Michelangelo noch Rubens erhalten haben.

Trumans erfolgreichster Außenminister war sicherlich Dean Acheson. Aufgrund der Tatsache, daß er zusammen mit George Kennan und einigen anderen zu den Architekten der Policy of Containment gehörte, wird Acheson häufig als »Kalter Krieger« bezeichnet. Ich glaube, daß es sich dabei um ein großes Mißverständnis handelt, denn Acheson machte eine ganz unemotionale Politik. Deutlich in Erinnerung ist mir eine Episode mit ihm während seines Wien-Besuches 1952. Ich war damals noch mit der Funktion des Kabinettvizedirektors bei Körner betraut und habe Acheson nach einem Besuch in der Präsidentschaftskanzlei über den Ballhausplatz hinüber in das Bundeskanzleramt begleitet. Auf der Gasse standen zwei-, dreihundert Leute, die ihm spontan Beifall klatschten. »Sehen Sie«, meinte er lächelnd, »das wäre mir in Amerika nie passiert.« Acheson besaß genügend Selbstkritik, zu wissen, daß er den Amerikanern vom Typ her nie sehr sympathisch war; er war ihnen zu angelsächsisch in seinem Auftreten. Und immer wieder hat er bewiesen, daß er ein großer Freund Österreichs war.

In General Eisenhower hatten wir ebenfalls einen großen Freund. In den Tagen nach dem Krieg war seine Popularität sehr rasch gewachsen, und allmählich hielt man ihn für den selbstverständlichen Präsidentschaftskandidaten. Truman wollte nicht noch einmal kandidieren, sein Erfolg von 1948 genügte ihm. Die Popularität Eisenhowers stellte die Trumans bei weitem in den Schatten. Das Merkwürdige aber war, daß aus einem der erfolgreichsten Generäle ein gütiger Präsident wurde; mit Oscar Wilde könnte man von einer »Sphinx ohne Rätsel« sprechen. Mit außerordentlichem Charme hatte Eisenhower auch die heftigsten persönlichen Gegner im Lager der Alliierten zur Räson gebracht; das war nicht leicht gewesen, denn manche der Weltkriegsgeneräle - Engländer, Amerikaner und Franzosen - waren schwierige Herren, die in ihrer Eitelkeit oft an Primadonnen erinnerten. Persönlicher Charme und die Fähigkeit zur Versöhnung, so wichtig sie für ihn als General waren, spielten für den Präsidenten der beginnenden Friedenszeit eigentlich keine Rolle. Dennoch sind sich Eisenhower und Chruschtschow, wie es schien, persönlich sehr nahegekommen. Man hat mir erzählt, anläßlich Chruschtschows Amerikabesuch hätten sie übereinstimmend festgestellt, daß der Kalte Krieg, also die Rüstungspolitik, beiden ungefähr die gleichen horrenden Kosten verursache.

Auch Eisenhower bin ich erst lange nach seiner Präsidentschaft begegnet. Anläßlich seines 75. Geburtstags konnte ich ihm am 13. Oktober 1965 in der österreichischen UN-Mission das Große Goldene Ehrenzeichen am Bande für Verdienste um die Republik Österreich überreichen. Ich sagte damals: »So schwer die zehnjährige Besatzungszeit für Österreich auch war, wir müssen respektvoll anerkennen, daß die Freiheit unseres Volkes während dieser ersten Nachkriegsjahre nur durch die Standhaftigkeit gewährleistet war, die Sie und Ihre Vorgänger in kritischen Momenten bewiesen.«

Die dominierende Persönlichkeit der fünfziger Jahre war John Foster Dulles. Er träumte von einer Strategie der Befreiung und wollte die Sowjetunion nicht nur »eindämmen«, sondern auch zurückdrängen. Das schien mir, global gesehen, eine Illusion zu sein, im Zusammenhang mit Österreich jedoch eine richtige Auffassung. Der Staatsvertrag werde die Sowjets und die Westalliierten gleichermaßen veranlassen, Österreich zu räumen, und wenn einige zehntausend russische Soldaten aus Österreich abziehen, werde das überall in Osteuropa bemerkt werden. Dulles pflichtete meiner Argumentation bei. Der Staatsvertrag, den er mitunterzeichnete, war freilich das einzige Beispiel, weitere Erfolge konnten nicht erzielt werden. Dulles starb am 24. Mai 1959, nur wenige Wochen nach seinem Ausscheiden aus der Eisenhower-Administration. Ich muß offen gestehen, daß er mir in seiner väterlich gütigen Art, die ganz seinem Ruf zu widersprechen schien, sehr sympathisch war. Er besaß die große Tugend amerikanischer Politiker, frei von Zynismus zu sein.

Am 13. Oktober 1965 überreichte Bruno Kreisky dem früheren amerikanischen Präsidenten Eisenhower das Große Goldene Ehrenzeichen am Bande für Verdienste um die Republik Österreich.

1960 habe ich den Präsidentschaftswahlkampf zwischen Kennedy und Nixon zum Teil miterlebt. Damals ist mir zum ersten Mal bewußt geworden, welche Rolle das Fernsehen in der amerikanischen Politik spielt. In der New Yorker Hotelsuite von Allen Dulles, dem Chef der CIA - der sich während des Krieges von der Schweiz aus große Verdienste um den österreichischen Widerstand erworben hatte -, verfolgten wir die erste Fernsehdiskussion zwischen Nixon und Kennedy. Das Ganze hat mich nicht sehr beeindruckt; das Fernsehen war noch nicht entwickelt, und die beiden Kontrahenten blieben die ganze Zeit über ziemlich im dunkeln. Kennedy machte einen wesentlich sympathischeren Eindruck als Nixon, aber keiner unserer Amerikaspezialisten gab Kennedy eine Chance. Sie waren der Meinung, daß ein Katholik, der überdies aus sehr reichem Hause kam - wobei der Ursprung des Reichtums in der zweiten Generation keine Rolle mehr zu spielen schien -, wenig Chancen hätte. Einer meiner amerikanischen Freunde meinte sogar, daß vielen Amerikanern ein Präsidentschaftskandidat aus sehr reicher Familie verdächtig wäre, weil sie sich die Frage stellten, warum jemand, der reich sei und dadurch ohnedies Einfluß habe, noch zusätzlichen Einfluß durch die Politik zu erlangen wünsche. Andere meinten, wenn es auch viele Minoritäten in Amerika gäbe, so wäre doch der Kandidat der erfolgreiche, der dem damaligen Durchschnittsbürger, dem sogenannten »WASP«, dem »White Anglo-Saxon Protestant«, entspreche. Der Sieg Kennedys war in der Tat ein Erdrutsch. Ein Kandidat, der zu Anfang so weit hinten lag, muß dem amerikanischen Volk im Laufe der Kampagne einen großen Eindruck vermittelt haben, sonst hätte er den Vorsprung Nixons nie aufholen können.

Kennedy hatte ohne Zweifel starke Sympathien für die Sozialdemokraten in Europa, man denke nur an sein Nahverhältnis zu Brandt. Hierin war er durch seine Umgebung geprägt, durch Ratgeber wie Paul Samuelson, McGeorge Bundy, Arthur Schlesinger jun., Theodore Sorensen, Walt W. Rostow und andere. Es waren eigentlich moderne Liberale, und sie bestimmten eine sehr fortschrittliche Epoche in der amerikanischen Politik. Heute, retrospektiv beurteilt, sieht man manches schärfer und akzentuierter. Zu den Amerikanern, mit denen ich damals relativ viel zu tun hatte, zählte der Staatssekretär im State Department, George Ball. Er schien ein sehr versöhnlicher Mann und eher ein Erfüllungsgehilfe Präsident Kennedys zu sein. Als ich mich nach einem Besuch in Washington Ende 1965 von ihm verabschiedete, führte ich mit ihm ein heiteres Gespräch über die Unbeständigkeit der österreichischen Politik in der letzten Phase der Koalition. Die Koalition stehe wieder einmal vor dem Bruch, sagte ich, und ich wisse gar nicht, ob ich bei meiner Rückkehr nach Wien noch Mitglied des Kabinetts sei. Bereits im Zug nach New York erfuhr ich vom Rücktritt der Bundesregierung. Die Reise war dennoch sehr erfolgreich gewesen, nicht zuletzt, weil es zu einer menschlichen Annäherung zwischen dem Präsidenten der Bundeskammer der gewerblichen Wirtschaft, Rudolf Sallinger, ihrem mir seit langem bekannten Generalsekretär, dem tüchtigen und selbstbewußten früheren Finanzminister Franz Korinek, und mir gekommen war.

Auf den Reisen nach Amerika unternahm ich alle Anstrengungen, um das State Department für eine vernünftige Lösung des EWG-EFTA-Problems zu gewinnen. Die Amerikaner, vor allem George Ball, äußerten sich in diesen Fragen sehr dezidiert: Sie strebten offenbar eine Lösung für das demokratische Europa in seiner Gesamtheit an, nämlich die Europäische Wirtschaftsintegration unter Einbeziehung Englands. Ich hingegen vertrat die Vorstellung des »Brückenschlags« zwischen EWG und EFTA: Um die sechs Gründungsmitglieder der EWG (Bundesrepublik Deutschland, Frankreich, Italien, Belgien, Niederlande, Luxemburg) sollte als zweiter Ring eine Art Freihandelszone gebildet werden. George Ball wollte sich mit den Detailfragen gar nicht erst abgeben, sondern meinte, dieses Konzept störe nur die große Lösung. Nach anfänglichen Meinungsunterschieden lernte ich George Ball immer mehr schätzen, und am Ende sind wir gute Freunde geworden.

Kennedy war nach allem, was man über ihn erzählt, ein zur Selbstironie neigender Mann. Das geht auch aus einer kleinen Episode hervor, die ich gehört habe. Nach der Ermordung Kennedys in Dallas war Johnson sehr darum bemüht, das Image des Staates Texas zu verbessern. Nun gibt es in Dallas Amerikas berühmtestes Warenhaus, Neiman-Marcus, und dieses Warenhaus veranstaltete im Oktober 1965 eine österreichische Woche. Präsident Johnson ließ mir mitteilen, daß es ihm eine große Freude wäre, wenn ich nach Dallas fahren, die Eröffnungsrede und einen Vortrag in der Southern Methodist University halten könnte. Dahinter verbarg sich der kaum zu verhehlende Wunsch, einen bekannten Sozialdemokraten nach Texas zu bringen. Während ich beim Rektor der Universität saß und auf meinen Auftritt wartete, erzählte er mir, daß in dem Stuhl, in dem ich jetzt säße, zwei Jahre zuvor Kennedy gesessen sei. Er habe ihn gefragt, warum er denn ohne seine persönliche Leibwache nach Texas gekommen sei, und Kennedy habe lächelnd gemeint, hier in Texas werde ihm gewiß nichts passieren, wo doch jeder wisse, wer sein Nachfolger wäre. Eine Probe für Kennedys Neigung zur Selbstpersiflage.

Von Dallas bin ich seinerzeit weitergefahren nach Houston. An der Rice University gab es damals das bedeutendste Österreich-Forschungsinstitut in den USA, unter dessen Leitung das bekannte »Austrian History Year Book« erschien. Ich habe dort vor vielen Ölmillionären einen Vortrag über die jüngste Entwicklung in Osteuropa gehalten. Zwei unter meinen Zuhörern fielen mir besonders auf. Der eine, ein Mäzen der Universität, nahm auch an dem anschließenden Essen teil, und nachdem er mich noch einmal gefragt hatte, wer ich denn sei, und ich ihm korrekt geantwortet hatte, ich sei der österreichische Außenminister, meinte er: »So, Sie sind also einer dieser Diplomaten, die die Dinge in der Politik so kompliziert machen.« Ich fragte ihn, wie er zu dieser Meinung komme. »Das möchte ich gar nicht näher ausführen«, antwortete er, »aber wissen Sie, wenn ich was zu sagen hätte in Amerika, würde ich eine Politik machen, bei der jeden Morgen jeder wüßte, daß Amerika die führende Macht in der Welt ist.« - »Und dazu wäre Ihnen jedes Mittel recht?« - »Jedes Mittel, auch die Atombombe.« Mir ist ein Schauder über den Rücken gelaufen, und ich bin froh, daß diese Mentalität, die es in Texas und offenbar auch in weiten Kreisen Kaliforniens gibt, in der amerikanischen Administration niemals zum Durchbruch gekommen ist.

Der zweite Texaner war ein Mr. John Mecom, ein sehr bemerkenswerter Outsider der Ölwirtschaft, der in Houston ein wunderbares Hotel besaß. Er lud mich zum Frühstück ein, und dies hatte einen besonderen Grund. Er wollte an der österreichisch-ungarischen Grenze nach Öl bohren; wenn das Öl unter ungarischem Territorium gewesen wäre, hätten es ihm modernste Bohrmaschinen erlaubt, so tief vorzustoßen, bis er für Österreich fündig geworden wäre. Entsprechende Verhandlungen waren mit den Burgenländern bereits geführt worden, und ich hatte den Auftrag, den Mann kennenzulernen. Da er offenherzig und nett war, habe ich ihn gefragt, wie er sich die Ermordung Kennedys erkläre. Für ihn als Texaner gab es keinen Zweifel, daß das Attentat mit dem texanischen Öl zusammenhing. Die Steuergesetze räumten das Recht ein, ein Ölfeld in 15 Jahren abzuschreiben, und dieses Recht habe niemand anzutasten gewagt, auch Roosevelt nicht. Aber als Kennedy im Jahr 1962 die Herren von Bethlehem Steel und anderen Stahlgiganten mitten in der Nacht zu sich gerufen und ihnen den Auftrag gegeben habe, den schwelenden Konflikt mit den Stahlarbeitern umgehend zu beenden, da habe man sich auch in Texas durch diesen jungen Mann in Washington bedroht gefühlt. »Da wußte ich, daß er einen Texas-Besuch nicht überleben würde«, meinte Mecom. Die Geschichte ist insofern bemerkenswert, als er zugegeben hat, daß hinter der Ermordung Kennedys nicht der kleine Oswald oder sonstwer stand, sondern daß es ein Komplott war.

Es war das große Verdienst John F. Kennedys, daß er die jungen Menschen für die Politik mobilisiert hat. Mit seiner Präsidentschaft verbindet sich noch heute überall in der Welt das Gefühl, daß Politik eine Sache ist, die auch die Jungen angeht und in der auch die Jungen eine Chance haben. Seither scheinen in steigendem Maße jüngere Leute in der Politik auf führende Posten kommen zu können.

Der amerikanische Präsident, mit dem ich am häufigsten zusammenkan, war Richard M. Nixon. Kennengelernt habe ich ihn bereits 1956, als er Österreich besuchte, um sich von der Situation der ungarischen Flüchtlinge an Ort und Stelle ein Bild zu verschaffen. Ich war damals Staatssekretär, Nixon war Eisenhowers Vizepräsident, und ich hatte die Aufgabe, ihn zu informieren. Er machte damals keinen sehr starken Eindruck auf mich, aber er war doch wichtig genug, so daß ich bei späterer Gelegenheit die Bekanntschaft auffrischte. In den sechziger Jahren galt er als ein »dark Horse«, und niemand hat an seine Rückkehr geglaubt. Im Präsidentschaftswahlkampf von 1960 war er zwar nur knapp an Kennedy gescheitert, aber die Niederlage schien definitiv zu sein, wie auch sein Mißerfolg bei den kalifornischen Gouverneurswahlen 1962 bewies.

Im Oktober 1963 begegnete ich Nixon im Hause von John McCloy. Es war in diesen Tagen gerade die Nachricht eingetroffen, daß sich die Sowjetunion wegen Weizenlieferungen an Amerika gewandt hatte. Zwei Tage später, am 10. Oktober 1963, vertrat ich Präsident Kennedy und Averell Harriman gegenüber den Standpunkt, daß die Vereinigten Staaten recht daran täten, Weizen in die Sowjetunion zu verkaufen. Die russische Bevölkerung bekäme dank des amerikanischen Getreides besseres Brot. Die russische Bevölkerung würde sich dann fragen, wie es denn möglich sei, daß in einem kommunistischen Land nicht genug Getreide produziert werde, während Amerika einen Überschuß habe. Dies sei eine gute Propaganda für Amerika. Wenn die Vereinigten Staaten hingegen kein Getreide verkauften, dann könnte die sowjetische Führung der Bevölkerung sagen, die Vereinigten Staaten würden eine Hungerblockade ausüben. Kennedy hat sich meiner Meinung angeschlossen; interessant ist, daß unser Gespräch zweimal durch Nachrichten über Zwischenfälle in Berlin unterbrochen wurde. Das war die tägliche Sorge dieser Zeit; es zählt zu den Früchten der Entspannungspolitik, daß heute niemand mehr von Berlin redet.

Meine Auffassung hinsichtlich der Weizenlieferungen an die Sowjetunion schien mir die richtige zu sein; sie hat sich in jüngster Zeit, trotz mancher Diskussionen, auch durchgesetzt und die amerikanische Politik bestimmt, sogar unter Reagan. Die ökonomischen und politischen Interessen sind eben stärker als die reaktionäre Ideologie. Was mich 1963 ein wenig sonderbar berührte, war die Tatsache, daß mir Nixon bei dem Abendessen bei McCloy recht gab – daß man Weizen gegen Gold verkaufe, sei eine normale Transaktion und kein Akt der Wohltätigkeit –, daß er jedoch kurz darauf, nachdem Kennedy eine Entscheidung in diesem Sinne getroffen hatte, dem öffentlich widersprach. Das gefiel mir ehrlich gesagt nicht.

Nach Nixons Niederlage im Präsidentschaftswahlkampf von 1960 hatten viele das Gefühl, daß der Mann jetzt endgültig aus dem Rennen sei. Acht Jahre später war der Sieg über seinen demokratischen Mitbewerber Hubert Humphrey denn auch sehr knapp, aber einmal an der Macht, hat sich Nixon natürlich durchgesetzt. 1972 hatte die Demokratische Partei die unglückselige Idee, den sehr noblen und liberalen George McGovern zu nominieren, der nicht in die amerikanische politische Landschaft gepaßt und mit seinen Ansichten von vornherein keine Chance gehabt hat. Er war kein ernsthafter Gegner.

Drei Ereignisse aus Nixons Amtszeit halte ich für bemerkenswert: daß er ein gutes Verhältnis zur Sowjetunion hergestellt hat – seine Begegnung mit Breschnew in Moskau war ein Meilenstein von besonderer Bedeutung –; daß ihm in der Chinapolitik ein Durchbruch gelang – auch dies war für einen Republikaner natürlich leichter als für einen Demokraten –; und drittens, daß er die Beziehungen zu Ägypten wiederaufnahm. Das heißt, Nixon hat auf drei wichtigen Gebieten bedeutende Initiativen entfaltet, wobei die Rolle Kissingers nicht unterschätzt werden sollte. Dank Kissinger, der sicher der geistige Urheber dieser Politik genannt werden darf, wurde Nixon der erfolgreichste Entspannungspolitiker der USA nach 1945. Jedenfalls hat er großen Mut bewiesen; man denke nur an die Widerstände der China-Lobby, die lange Zeit zur mächtigsten Lobby in den Vereinigten Staaten zählte, oder an den Friedensschluß in Vietnam, der zu einem argen Prestigeverlust der Amerikaner geführt hat.

Ohne in die Rolle des Fuchses kommen zu wollen, dem die Trauben zu sauer sind, möchte ich bei dieser Gelegenheit sagen, daß ich es mit sehr gemischten Gefühlen aufnähme, wenn man mir den Friedensnobelpreis zuerkennen würde. Viele von denen, die diesen Preis bekommen haben, haben später Kriege geführt, wie Begin im Libanon, oder zumindest nicht verhindern können,

Nixon und Kissinger in Salzburg, Mai 1972.

daß ein neuer Krieg ausbrach, wie Kissinger in Vietnam. Die Naivität der Mitglieder des Nobelpreiskomitees läßt Zweifel aufkommen, inwieweit sie wirklich einen politischen Überblick haben. Das kann man von einem Pfarrer im Norden Norwegens auch gar nicht erwarten. Ich sage das nicht, weil ich mich übergangen fühle, sondern weil ich glaube, daß die Praxis der Nobelpreispolitik falsch ist: Wenn der Friedenspreis nur in einem Fall total »mißlingt«, so verliert er seinen Wert. Auch wird durch eine solche Praxis ein schädliches Klima erzeugt, weil alle möglichen Leute glauben, man mißbrauche Freundschaften, indem man sich gegenseitig als Kandidat vorschlage; damit wird der ganze Preis grotesk.

Nixon ist meiner Meinung nach ein bedeutender Präsident gewesen, und was die Außenpolitik betrifft, eindeutig der erfolgreichste. Unter ihm ist sehr viel in Bewegung gekommen, und wenn er länger im Amt geblieben wäre, hätte manches noch reichere Frucht getragen. Daß er moralisch ein problematischer Fall gewesen sei, wie man das immer wieder hört, dem kann ich nicht ganz zustimmen. Man darf nicht vergessen, daß es in der amerikanischen Politik sehr viel unmoralischer zugeht, als das in der europäischen Politik der Fall ist, wo man oft sehr viel wachsamer ist. Was die Korruption betrifft, so ist die amerikanische Politik freilich sehr viel hellhöriger und hat auch den Kampf gegen die Korruption im politischen Leben sehr viel stärker institutionalisiert, so daß gewisse Erscheinungen dort eben nicht möglich sind. Andererseits haben viele amerikanische Präsidenten um sich herum eine Art Mafia gehabt, der sie sich verpflichtet fühlten, selbst der »Saubermann« Carter. Ob es sich um Leute aus Georgia, Texas oder Kalifornien handelte, immer hat die sogenannte Mafia der »bright young men« ihren Präsidenten in irgendein Zwielicht gebracht. Die ganze Watergate-Affäre ist für mich vor allem auf Nixons mangelndes Selbstvertrauen zurückzuführen, weil er zu diesem Zeitpunkt hätte wissen müssen, daß er der sichere Sieger der nächsten Wahl war. Seine Aktion kann ich mir nur so erklären, daß er den jungen Leuten einfach freie Hand ließ – aus Leichtfertigkeit, aus Unachtsamkeit und vielleicht auch aus einem Gefühl heraus, daß sich der Präsident alles leisten könne. Gewiß hat er seine Machtstellung überschätzt. Als er zurücktrat, was ja noch nie in der politischen Geschichte der USA vorgekommen ist, hat er natürlich das Mitleid der Nation auf seiner Seite gehabt. Die Umstände seines Rücktritts, die Tatsache, daß ein Politiker, der ausscheidet, so bitter weint und das auch im nachhinein noch schildert, sind ein Grund dafür, daß er seit längerem wieder ein recht populärer Mann ist.

Ich bin Nixon einige Male begegnet, merkwürdigerweise häufiger in Österreich als in den USA – das erste Mal 1956 in Wien, danach zweimal in Salzburg. Als Nixon im Mai 1972 nach Salzburg kam, war er auf dem Weg in die Sowjetunion zur Unterzeichnung des ersten SALT-Abkommens; er machte auf mich den Eindruck eines gut informierten Mannes, der letzte Vorbereitungen für eine wichtige Reise trifft. Dafür hat er sich Zeit genommen und sich nach Salzburg begeben. Auch hat er sich sehr dafür interessiert, wie ich die Politik der Sowjetunion sehe,

Empfang Nixons mit Gattin Pat am 20. Mai 1972 in Salzburg.

und mir Gelegenheit gegeben, ausführlich mit ihm darüber zu reden. Sowohl seine Tischreden als auch sein Urteil über mich in der Öffentlichkeit waren von extremer Freundlichkeit, und ich will nicht leugnen, daß mir das politisch sehr sympathisch war; schließlich habe ich eine Politik vertreten, die nicht von vornherein auf amerikanische Zustimmung rechnen konnte.

Im Juni 1974 war das Verhältnis noch herzlicher. Damals wurde Nixons Begegnung mit Sadat in Kairo vorbereitet, der ich schon deshalb große Bedeutung beimaß, weil sich Nixon über die Vorurteile, die es in den Vereinigten Staaten den arabischen Ländern gegenüber gibt, hinweggesetzt hatte; ohne Zweifel war das Ganze dadurch erleichtert worden, daß Kissinger die Federführung hatte. Die Begegnung selbst war, wie ich glaube, ein Durchbruch im amerikanisch-ägyptischen Verhältnis, was man nicht unterschätzen soll. Heute gehört Ägypten immerhin zu den Amerika nahestehenden Ländern, und dies wird wohl für lange Zeit so bleiben; Ägypten kann auf die Hilfe aus Amerika gar nicht mehr verzichten. Das hat politische Konsequenzen sowohl im Nahen Osten als auch im Hinblick auf eine etwas selbständigere Politik Washingtons gegenüber gewissen jüdischen Kreisen in

Amerika. Im allgemeinen ist man ja der Auffassung, daß diese Gruppe besonders freundlich gestimmt werden muß.

Beim ersten Besuch in Salzburg ergab sich die kuriose Situation, daß ich der Gastgeber war und mein eigener Sohn der Mitorganisator einer Demonstration gegen den Gast. Im »Economist« erschien damals ein Bild von Nixon und mir, auf dem Nixon mit dem Finger auf etwas hindeutete und ihm die Worte in den Mund gelegt wurden: »Is that your son, Kreisky?« Österreichische Ingenieure, die in China eine gewaltige Papiermaschinenfabrik errichtet haben, erzählten mir, daß sie von jungen Chinesen gefragt worden seien, woher sie kämen, und auf die Antwort, aus Österreich, habe man ihnen gesagt: »Ah, das ist dort, wo der Sohn des Ministerpräsidenten seinen Vater besiegt hat.«

Ein Wort noch zum Vietnamkrieg. Eines der interessantesten Gespräche hierüber führte ich mit John McCloy, der von Salzburg herüber nach Wien kam und mir die Frage stellte, welche Lösung ich für möglich hielte. Ich meinte damals, dieser Krieg könne nicht gewonnen werden, weil ein Krieg, der in eine so gigantische Guerilla ausarte, nicht zu gewinnen sei. Um einer sicheren Niederlage auszuweichen, sollten die Vereinigten Staaten an der Küste Vietnams drei oder vier leicht zu versorgende größere Stützpunkte schaffen, die - ähnlich wie Gibraltar - vom Gegner nur schwer eingenommen werden könnten. Eine solche Lösung käme unter Umständen auch den Vietnamesen gar nicht ungelegen, die dann verstärkt das Argument des amerikanischen Imperialismus ins Treffen führen könnten. Daß eine solche Überlegung nicht ganz unrichtig war, kann man am Beispiel Kubas sehen: An der Ostküste der Insel gibt es ja nach wie vor den amerikanischen Stützpunkt Guantanamo Bay, von dem aus die Flugzeuge der US Air Force zum Zeichen der amerikanischen Präsenz über das Regierungsviertel von Havanna jagen. Dies haben mir jedenfalls Besucher Fidel Castros erzählt.

McCloy erschien mein Vorschlag beachtenswert, und er bat mich, bei meinem anstehenden Gespräch mit Gromyko in New York diese Möglichkeit zu erwähnen. Obwohl ich das nicht für sehr zweckmäßig hielt, unternahm ich einen Vorstoß, indem ich Gromyko zu erläutern suchte, daß man die USA in einer sehr unerfreulichen Weise herausfordere, wenn man sie bis zur militärischen Niederlage treibe - der ersten in ihrer Geschichte. Man müsse doch ein wenig Rücksicht nehmen auf die Mentalität des anderen. Gromyko gab sich zugeknöpft und meinte, erstens gehe ihn die Angelegenheit nichts an und zweitens wundere er sich, warum ich als Vertreter des neutralen Österreichs ein solches Interesse daran hätte, den Vereinigten Staaten eine sichere militärische Niederlage zu ersparen. Ich glaube noch immer, daß die Liquidation derartiger Positionen ohne Gesichtsverlust möglich ist, wie zuletzt das Beispiel der britischen Haltung in Hongkong zeigte. So aber hat der Vietnamkrieg bei den Amerikanern ein Engramm hinterlassen, das nicht ganz unschuldig an der späteren Ideologisierung der amerikanischen Außenpolitik gewesen ist.

Eine Episode möchte ich in diesem Zusammenhang noch erwähnen. Präsident Kennedy habe ich einmal die Frage gestellt, warum sich die Vereinigten Staaten so sehr bemühten, eine Verständigung mit Kuba zu finden, und warum der Präsident die Niederlage in der Schweinebucht, für die er ja nicht verantwortlich gemacht werden konnte, so ohne weiteres hingenommen habe. Wenn ich mich recht erinnere, antwortete Kennedy, er habe der bis dahin sieggewohnten amerikanischen Armee einen Guerillakrieg auf kubanischem Boden ersparen wollen. Abgesehen davon hätte man die ohnedies sehr schwankenden Sympathien in Lateinamerika noch mehr gefährdet, und drittens würden in jedem Krieg eines so großen Staates gegen einen so kleinen die Sympathien zwangsläufig dem Schwächeren gehören.

Um so unerklärlicher ist mir die amerikanische Haltung im Vietnamkrieg gewesen, wo es sich ja um eine ähnliche Situation gehandelt hat. Der Krieg mußte über gewaltige Distanzen geführt werden und verursachte ungeheure Kosten. Offenbar war man sich in den Vereinigten Staaten nicht im klaren darüber, wie wenig man auf das immer korrupter werdende südvietnamesische Regime zählen konnte; vor allem unterschätzte man die gewaltige demoralisierende Wirkung des Krieges. Daß mein Freund Olof Palme, obwohl Minister im Kabinett Tage Erlanders, zu den schärfsten Gegnern des Vietnamkriegs zählte und für seine Haltung demonstrierte, hat seine Ursache wohl nicht zuletzt in der amerikanischen Präsentation des Konflikts. Die Bilanz dieses Krieges war auch im negativen Sinn »überzeugend«: 45.942 gefallene amerikanische Soldaten, 181.208 gefallene südvietnamesische Soldaten, 919.049 gefallene nordvietnamesische Soldaten, 415.000 getötete südvietnamesische Zivilisten, etwa 150 Milliarden Dollar Kriegskosten für den amerikanischen Steuerzahler. Nie wurde ein solch frivoler und sinnloser Krieg geführt wie der letzte, von dem man nicht weiß, ob er der letzte war. Wenn es einer Rechtfertigung bedarf, immer wachsam zu sein und Konflikte nicht den sogenannten »Großen« zu überlassen, dann ist es der Vietnamkrieg und, ähnlich furchtbar, der Krieg in Afghanistan, der nach offiziellen Angaben aus Moskau 13.310 sowjetische Soldaten das Leben kostete; 35.478 wurden verwundet, 311 gelten als vermißt. Gegen beide Kriege haben viele von uns von Anfang an Stellung bezogen.

Mein Porträt Amerikas, die Schilderung meiner Begegnungen mit herausragenden Persönlichkeiten in den letzten dreißig Jahren, wäre unvollständig ohne ein Porträt jener Stadt, die für viele Europäer zum Inbegriff der Neuen Welt geworden ist. Die Reisediplomatie, wie sie nach dem Zweiten Weltkrieg modern geworden ist, hat ja leider sehr wenig zu tun mit dem, was man sich landläufig unter Reisen vorstellt. In jeder Stadt erlebt man fast immer das gleiche und bewegt sich innerhalb weniger Quadratmeter: Nach der Ankunft auf dem Flughafen geht es mit dem Repräsentationsauto ins repräsentative Hotel, dort macht man sich frisch, eilt dann wieder zum Auto, fährt zum Kongreßgebäude und eilt in den Konferenzraum. Vor dem Gebäude wird einem auch noch durch die dort wartenden Fotografen die Sicht verstellt, und geblendet vom Blitzlicht, sieht man nicht einmal die paar Bäume in der Allee. Man lebt mit der unstillbaren Sehnsucht, die jeweilige Stadt einmal kennenzulernen; das geht so weit, daß einem oft sogar die eigene Stadt, Wien zum Beispiel, lange Zeit zur fremden Stadt wird. Man hat einfach keine Gelegenheit, einmal eine Stunde durch die Stadt zu laufen. 1985/86 verbrachte ich ungefähr ein Viertel meiner Zeit in Mallorca und ein Viertel in Wien, die andere Hälfte des Jahres aber weiterhin auf Reisen, um Vorträge zu halten und an Konferenzen teilzunehmen; die verbleibende Zeit verwendete ich gelegentlich dazu, durch die Städte zu streifen. Das galt vor allem für Wien, und mit Überraschung stellte ich dann fest, wie unbekannt es mir war und wie sympathisch es mir geworden ist.

Die große Ausnahme war New York. Die Konferenzen zur aktualisierten Südtirolfrage machten es erforderlich, daß ich mich in den sechziger Jahren als Außenminister regelmäßig für längere Zeit in New York aufhielt. Man mußte über Österreichs Interessen wachen, und es bedurfte oft wochenlanger Aufenthalte, um mit den verschiedenen Delegationen in verschiedenen Ausschüssen immer wieder über diese Frage zu reden. Da waren

Immer unterwegs.

vor allem die langen Wochenenden eine willkommene Unterbrechung; dann konnte ich durch New York schlendern oder auch für zwei, drei Tage hinaus aufs Land fahren. So lernte ich allmählich diese an Galerien und herrlichen Museen so reiche Stadt kennen. Vor allem aber traf ich viel mit New Yorkern zusammen und solchen, die es geworden sind.

Das Leben in New York ist für unsereinen, wenn er länger dort sein kann, herrlich. Erstens begegnet man wunderbaren Menschen auf den Parties und anderen Einladungen, die in ungeheurer Zahl auf einen einstürmen. Daß diese Parties zum Teil einen so schlechten Ruf haben, liegt vielleicht an den Cocktails und Sandwiches, die immer die gleichen sind. Man kann dort große Schriftsteller, wichtige Maler und bedeutende Professoren treffen. Diesen Begegnungen verdanke ich auch meine letzte Reise nach New York im Januar 1986, als mich der PEN-Club, der ja in den USA sehr viel politischer ist als bei uns, einlud, über die Imagination des Staates zu reden. Ich glaubte, die Frage am besten zu beantworten, indem ich meinte, der Staat als solcher vermittle wenig Phantasie. Es sei jedoch die Aufgabe eines jeden Politikers, der in der Politik etwas anderes sieht als das tägliche Gezänk parteipolitischer Art, seine Imagination dem Staat zu vermitteln und, wo es geht, diese auch zu verwirklichen - in dem Rahmen, der ihm gegeben ist.

New York ist nicht Amerika. Als ich 1965 zu einer Abendgesellschaft eingeladen war, die, wie man damals sagte, sehr »highbrow« war - heute würde man sich nicht mehr so ausdrücken, weil das als überholt gilt, zumal in New York, der Stadt, die immer neue Ausdrücke prägt -, kam ich gerade aus Dallas; es war zwei Jahre nach der Ermordung Kennedys. Es waren viele Berühmtheiten da, wie Galbraith und Bernstein; ich wurde von der Gastgeberin, einer sehr gescheiten Sängerin und Schauspielerin, Kitty Carlisle, herumgereicht und von allen wie ein Wunder bestaunt. Wer damals direkt aus Texas kam, der schien aus einer anderen Welt zu stammen. Und es war in der Tat eine andere Welt; man darf nicht dem Irrtum verfallen, daß die großen Städte der Ostküste, New York, Boston oder Philadelphia, Amerika sind. Sie sind Communities für sich selbst, eigenständige, wenn auch besondere, das Denken Amerikas prägende Gebilde.

Seine politische Bedeutung für Amerika hat New York eingebüßt, seitdem sich das Schwergewicht von der Ostküste an die Westküste verlagerte. Früher bildeten die Intellektuellen und diejenigen, die sich mit ihnen identifizierten, das geistige Establishment und gaben auch politisch den Ton an; ich denke an Arthur Schlesinger, Theodore Sorensen und andere aus der Kennedy-Administration oder an die Ratgeber Trumans, Dean Acheson, George Kennan und Averell Harriman. Die Zirkel der Ostküste haben eine Wandlung durchgemacht und ihr Einfluß ist zurückgegangen. Ein journalistischer Abglanz der einstigen politischen Bedeutung New Yorks ist noch immer die »New York Times«. Aber sie ist eben nur mehr ein Abglanz, denn neben ihr haben sich andere etabliert, die Licht in die Dinge bringen, die »Washington Post« oder der »Christian Science Monitor«.

Die Bowery oder die Bronx kenne ich nur vom raschen Durchfahren. Es sind zum Teil Elendsquartiere von unvorstellbarem Ausmaß, nicht historisch gewachsen, also nicht aus einer Zeit, die längst vergangen ist, wie Brecht sagen würde, sondern Stätten des neuen Elends. Es gibt in Amerika seit einigen Jahren das Phänomen der »working poor«, also der arbeitenden Armen; einer meiner Freunde hat unlängst gesagt, er sei lieber ein Arbeitsloser in Deutschland als ein »working poor« in Amerika. Diese Zweidrittelgesellschaft hat sich in den acht Jahren der Reagan-Administration mit ungeheurer Geschwindigkeit entwikkelt. Der Neokonservativismus versteht die Gesellschaft als eine Sache der reinen Arithmetik und Politik vor allem als ein Geschäft der Medien. Die Medien werden eingesetzt, um bei der Masse der Amerikaner ein Bild von Präsident Reagan zu entwickeln, wie man es etwa in Nordkorea mit Kim Il Sung versuchte oder auf andere Weise in Japan mit dem Kaiser, dem gottgleichen Tenno. Der Personenkult ist nicht nur ein Phänomen der Diktatur, sondern auch ein Phänomen der Demokratie, und mit Hilfe der elektronischen Medien kann man aus jedem etwas machen, was er nicht ist. Wenn Reagan zum Beispiel in der Iran-Contra-Affäre nicht gesagt hätte, er habe von vielen Dingen gar nichts verstanden und deshalb alles seinen Mitarbeitern überlassen, wäre alles an ihm hängengeblieben. So aber hat es keinen Anlaß gegeben, ihm etwas vorzuwerfen, weder, daß er es wußte, noch, daß er es nicht wußte. Da er nach eigener Aussage nichts wußte, hat dies freilich dieselbe Bedeutung, wie wenn er es gewußt hätte, denn er hat es ja weitgehend nicht verstanden und mußte es denen überlassen, von denen er glaubte, sie verstünden es besser.

Solches Verhalten bedarf der Lauge der Kritik, und New York ist eine Stadt, in der die intelligenten Menschen voll von Kritik sind. Das hat New York auch so unbeliebt gemacht. Man haßt die Stadt besonders in Kalifornien, dessen Bürger zu einem großen Teil Aufsteiger sind, die mit Stolz verkünden, daß sie sich für Aufsteiger halten; in Wirklichkeit werden sie von jedem kleinsten Strudel der wirtschaftlichen Entwicklung mitgerissen und enden wieder unten.

Nicht nur die Elendsviertel sind ein Symbol des Neokonservativismus, sondern auch, gleichsam am anderen Ende der Skala, das soziale Verhalten der Mittel- und Oberschicht. Ein Beispiel ist die ungewöhnlich hohe Scheidungsrate. Wie man mir erzählt hat, gibt es in New York auch deshalb so viele Scheidungen, weil nur dann, wenn ein Ehepaar geschieden ist und dauernd getrennt lebt, die Frau ein Anrecht auf Sozialhilfe hat. So schafft der Neokonservativismus und seine sogenannte Sozialpolitik eine Voraussetzung für den Zusammenbruch vieler Ehen und Familien. Das alles sind ein paar Splitter oder Schlaglichter sehr subjektiver Art. Besonders schön und gehaltvoll hat diese Stadt der Schriftsteller Uwe Johnson beschrieben, der einige Jahre in New York gelebt hat.

New York ist eine faszinierende Stadt, nicht zuletzt auch durch den Charakter, den ihr die UNO verliehen hat. Der Wert dieser

Im Büro von Adlai Stevenson, 1961–1965 amerikanischer Chefdelegierter bei den Vereinten Nationen.

Institution liegt nicht so sehr in dem, was sie bedeutet, sondern in dem, was sie bedeuten könnte. Die Vereinten Nationen leben in New York nämlich als Fremde in einer ihnen fremden Stadt – und dennoch in der richtigen. Wenn jemand auf die Wahnsinnsidee käme oder auch nur mit dem Gedanken spielen würde, die Vereinten Nationen als Ganzes in ein anderes Land zu verpflanzen, dann würden sich die USA vollkommen distanzieren. Aber ohne die Beteiligung Amerikas wäre die UNO erst recht sinnlos. Sie ist auch deshalb eine gute Einrichtung, weil sie den New Yorkern immer wieder Gelegenheit gibt, zu demonstrieren. Das eine Mal demonstrieren die Palästinenser, das andere Mal demonstriert die sehr lebhafte jüdische Gemeinschaft – die übrigens keine Gemeinschaft ist, denn die reichen Juden bilden eine andere Gemeinschaft als die Handwerker, kleinen Geschäftsleute und Lebensmittelhändler, die man bei uns Greißler nennt. Man kann in Amerika immer demonstrieren, selbst in SS-Uniformen mit Hakenkreuz. Als ich einmal eine solche Demonstration vor dem Weißen Haus sah, dachte ich erst, daß es sich um Filmaufnahmen handelt.

5. Kapitel

Chruschtschow und unser neues Verhältnis zur Sowjetunion

Am 7. Oktober 1963 hielt ich im Council of Foreign Relations in New York eine Rede über die Sowjetunion. John McCloy introduzierte mich mit den Worten, es spreche jetzt einer der »besten Kenner der sowjetischen Politik«. Ich sei zwar für Lob durchaus empfänglich, antwortete ich, aber ich müsse das Lob in diesem Fall richtigstellen: »Ich kenne nämlich Leute, die sich gut im Kreml ausgekannt und die sich dennoch geirrt haben. Der eine hat Molotow geheißen, und der andere Chruschtschow. Ich insistiere also nicht, ein Kenner des Kremls zu sein, sondern lehne es sogar ab, unter die zahlreichen Kremlastrologen gerechnet zu werden.« Ich habe mir weder damals noch irgendwann früher oder später eingebildet, ein wirklicher Kenner der internen Verhältnisse der Sowjetunion zu sein. Spekulationen habe ich nur ganz selten angestellt, und wenn, habe ich sie immer als Spekulationen bezeichnet. Statt dessen rede ich lieber von dem, was ich selber gesehen und erlebt habe.

Die Desorientierung in der Welt des Kommunismus war nach Stalins Tod total. Viele fürchteten damals, daß die westliche Welt vom Kommunismus bedroht werde, aber bei genauerem Hinsehen hätten sie bemerken müssen, daß die Sowjetunion alle Mühe hatte, mit ihren eigenen Problemen fertig zu werden. Daß die Kremlführung von den inneren Problemen durch einen Krieg abzulenken versuchen würde, lag schon deshalb nicht im Bereich des Möglichen, weil es eine öffentliche Meinung in Rußland nicht gab. Der kluge, ewige Präsidentschaftskandidat Adlai Stevenson erklärte 1952 in San Francisco: »Es ist ein bedeutender Unterschied zwischen dem Kommunismus, wie wir ihn sehen, und dem Kommunismus, wie ihn einige asiatische Völker sehen. Wenn wir an den Kommunismus denken, dann denken wir an das, was wir zu verlieren haben. Wenn einige asiatische Völker an den Kommunismus denken, so denken sie an das, was sie zu gewinnen haben - besonders dann, wenn sie glauben, daß sie nichts zu verlieren haben.«

Im Schlußkapitel des ersten Bandes meiner Erinnerungen habe ich bereits ausführlich dargelegt, warum ich glaube, daß mit

»Großer Bahnhof« in Moskau, Juli 1958: Von links nach rechts: Kossygin, Mikojan, Kreisky, Figl, Raab, Pittermann, Botschafter Bischoff, Dolmetscher, Chruschtschow.

dem österreichischen Staatsvertrag von 1955 jene Politik der friedlichen Koexistenz eingeleitet wurde, die zwanzig Jahre später in der Schlußakte von Helsinki ihren weithin sichtbaren Niederschlag gefunden hat. Es war Nikita Chruschtschow, der große Mann im Hintergrund, der mit diesem neuen Kurs auch nach außen eine deutliche Zäsur gegenüber der stalinistischen Ära zu setzen wünschte. Ohne ihn, der in den Verhandlungen selbst nicht direkt in Erscheinung getreten war, hätten wir, wie ich schrieb, den Staatsvertrag wahrscheinlich nicht so leicht bekommen – und bei der Unflexibilität der damaligen Machthaber vielleicht überhaupt nicht.

Trotz meiner bitteren Erfahrungen in der Berlinfrage erlahmte mein Interesse nicht, gewisse Dienste zwischen Deutschland und der Sowjetunion zu vermitteln. Gelegentlich allerdings mußte ich den Eindruck gewinnen, daß meine Bemühungen von einigen Leuten auf deutscher Seite gar nicht erwünscht waren, wie ich überhaupt glaube, daß der Westen insgesamt in der zweiten

Hälfte der fünfziger Jahre die russische Bereitschaft zur Kooperation unterschätzt und die Chancen nicht genutzt hat. Als Beweis dafür, daß man damals einiges mehr hätte erreichen können, führe ich Finnland an. Die Russen hatten 1947 die außerordentlich fruchtbare 380 km² große Halbinsel Porkkala für 50 Jahre gepachtet; die Finnen brachten dies 1955 Chruschtschow gegenüber zur Sprache. Chruschtschow schrieb darüber:

»Etwa zu dieser Zeit war ich gemeinsam mit Molotow, Bulganin und Schukow in Genf. Vor Molotow ließ ich die Idee, unsere Basis in Finnland aufzugeben, nicht laut werden, da ich wußte, daß er sie ablehnen würde [...] Aber ich besprach die Angelegenheit mit Bulganin, und er war mit mir einer Meinung, daß die Basis geschlossen werden sollte. Ich entschloß mich, das Thema auch mit Schukow anzuschneiden [...] Wir saßen allein in einem kleinen Landhaus beisammen, als ich ihn fragte: ›Was würdest du von einem Truppenabzug aus Finnland halten? Unsere dortige Basis ist wie ein Stachel in unserem Fleisch. Sie vergiftet nicht nur unsere Beziehungen zu Finnland, sondern auch die zu anderen Ländern. Nimm zum Beispiel Schweden und Norwegen: sie sind Finnland direkt benachbart und beobachten daher besorgt, wie wir mit den Finnen umgehen. Wie denkst du darüber?‹ – ›Ich bin ganz deiner Meinung‹, antwortete Schukow. ›Aus strategischer Sicht gibt es keinen guten Grund, Truppen in Finnland zu belassen.‹ [...] Anschließend besprachen wir die Sache auch mit Molotow. Wie ich erwartet hatte, sah er die Notwendigkeit des Truppenabzugs nicht ein und argumentierte hartnäckig dagegen.

Nach unserer Rückkehr nach Moskau kam es zu einer kurzen Diskussion mit der Regierungsführung und mit dem Zentralkomitee der Partei. Nachdem wir uns geeinigt hatten, unterbreiteten wir den Finnen einen Vorschlag für einen neuen Vertrag, der den Abzug der sowjetischen Truppen von ihrem Staatsgebiet vorsah. So lösten wir die Militärbasis auf, die wir der finnischen Hauptstadt Helsinki direkt vor die Nase gesetzt hatten. Was war das Ergebnis? Litten unsere Beziehungen zu den Finnen darunter? Genau das Gegenteil war der Fall – sie wurden wesentlich besser.«

Ich habe die Verhandlungen um Porkkala auch deshalb aus der Nähe erlebt, weil einer meiner Freunde in Schweden dort Ländereien besaß; da ihm sein Vermögen von den Russen entzogen worden war, lebte er als armer Teufel mit einer kleinen Entschädigung aus Finnland. Ende der fünfziger Jahre war er plötzlich wieder ein reicher Gutsbesitzer. Wenn man die Ereignisse personifizieren kann, erkennt man ihre Bedeutung oft besser.

Das Urteil von Mrs. Thatcher über Gorbatschow, es sei möglich, »to do business with him«, hätte Chruschtschow sicherlich gefallen. Immer wieder in den Jahren seiner Regierung hat sich gezeigt, daß Chruschtschow der Auffassung huldigte, wichtige Fragen nicht untergeordneten Personen zu überlassen, sondern selber in die Hand zu nehmen. Ein Beweis dafür schien mir die Bereitschaft Chruschtschows zu einem Gespräch mit dem Regierenden Bürgermeister von Berlin 1959. Man hatte sich im Westen daran gewöhnt, daß die Sowjetführung alles möglichst dilatorisch durch untergeordnete Funktionäre behandeln ließ, um sich die ganze Sache am Ende eventuell doch noch anders zu überlegen. Das ist ein wichtiges Unterscheidungsmerkmal auch zur heutigen Situation im Kreml: Wann immer eine Sache besonders wichtig wird, setzt man sich über die Diskussionen der »Fachleute«, mögen sie auch noch so versiert sein, hinweg und stößt gleich zu direkten Verhandlungen in der zweiten Reihe vor. Hier hat sich eine innere Wandlung in weithin sichtbarer Weise vollzogen, die man nicht unterschätzen sollte. Gewiß, es hat ähnliches schon früher gegeben, Molotow zum Beispiel hat wichtige Gespräche geführt, aber seine ewige Antwort war »njet«. Wer nicht bereit ist, auch andere Antworten zu geben, kann zwar viel reden, aber es kommt nichts dabei heraus. Wenn heute Schewardnadse an irgendeinen Ort der Welt geschickt wird, so heißt das immer, daß Moskau an einer Lösung interessiert ist. Dieser Unterschied, wie gesagt, ist beachtlich und alles andere als Augenwischerei, wie man in gewissen Kreisen im Westen bisweilen behaupten zu müssen glaubt.

Nun darf man nicht vergessen, daß sich Westeuropa zur Zeit der Staatsvertragsverhandlungen auf ein einziges Problem konzentrierte: auf die künftige Richtung der NATO und die Frage der Einbeziehung der Bundesrepublik. Das scheint mir eine Krankheit des Westens zu sein, daß er sich auf ein Problem versteift und daß ihn dann alles andere nicht interessiert. Daß die Russen damals ihre Bereitschaft bekundeten, sich aus Österreich zurückzuziehen, war ein letzter Versuch auch im Hinblick auf Deutschland. Aber der Westen blieb unbeweglich. Hinzu kam ein weiteres Handikap: Wenn man ein Militärbündnis schließen will, ist das, wie die Entstehung der NATO zeigt, eine politische Sache; bestimmt wird die Diskussion jedoch weithin von den Militärs. Auch bei den Abrüstungsverhandlungen der achtziger Jahre hatten die Generäle viel mitzureden. Wie wir wissen, sind das in den bürgerlichen Staaten nicht immer die intelligentesten Leute, und es hängt oft von Zufall, Stand und Aussehen ab, ob einer in die Armee geht. Auf einen einfachen Nenner gebracht, war die Haltung eines großen Teils der NATO-Generalität die, man dürfe die österreichische Brücke zwischen Italien und Deutschland nicht aufgeben. In vielen Köpfen spukte damals auch die Idee der Béthouart-Linie bei Zell am See: die Verteidigung des Westens beginne mit der Verteidigung eines Zipfels von Österreich. Wenn man den Staatsvertrag streng und ehrlich beurteilt, lief er auf die Preisgabe der militärischen Interessen des Westens hinaus. Inwieweit das die Russen bestärkt hat, weiß ich nicht. Jedenfalls hatten sie es auch nicht leicht, denn viele Russen – nicht nur Militärs, sondern auch ein Mann wie Molotow – waren der Ansicht, man dürfe keinen Fußbreit Boden, der von der Sowjetunion erobert worden war, aus der Kontrolle entlassen.

Ich gehöre zu denen, die Offizieren nicht von vornherein politische Kenntnisse zubilligen, ganz im Gegenteil. Ich habe das Gefühl, daß sich zu diesem Beruf Leute mit einer ganz bestimmten Denkweise entschließen, und ich habe sehr selten besondere Begabungen unter den Militärs angetroffen. Vielleicht ist das in anderen Ländern anders, aber die Art der österreichischen Militärs zu reden und zu denken und ihr Mißtrauen gegen Zivilisten wie mich war mir immer suspekt. Ich räume ein, daß es unter den amerikanischen Militärs einige hervorragende politische Begabungen gegeben hat, wie General George C. Marshall und Dwight D. Eisenhower. Ich habe auch hier und da von sehr intelligenten Offizieren gehört, französischen, englischen, schwedischen, aber die wenigen Begegnungen, die ich hatte, waren sehr problematisch: Unter den Schweden war ein weltbekannter russischer Spion; unter den französischen Offizieren befanden sich die sagenumwobenen Generäle der Maginotlinie, die die Niederlage Frankreichs hatten hinnehmen müssen, und unter den berühmten Engländern gab es ebenfalls manche, die groß in den Krieg hineingegangen und relativ ungenannt aus ihm herausgekommen waren. Ein Rätsel war für mich immer, wie Offiziere ihre Entscheidung über Leben und Tod treffen; an der Front kann ja schon die Einteilung zu einer Patrouille schicksalhaft werden.

Bis heute ist mir auch das Denken der israelischen Generäle verschlossen geblieben. Ich habe immer wieder Sagenhaftes über ihre Intelligenz gehört, aber zu meiner großen Enttäuschung hat sich ihre Intelligenz in den Bereichen des Friedens nicht gleichermaßen bewährt wie im Krieg. Was ihre militärischen Fähigkeiten betrifft, so darf man nicht vergessen, daß es sich bei den arabischen Gegnern um Leute handelt, die zumindest in der Anfangsphase dieses langen Krieges nicht über die gleichen Schulungsmöglichkeiten verfügten wie die Israelis. Zudem hat auf israelischer Seite die Spionage, das, was man charakteristischerweise »Intelligence« nennt, einen besonderen Stellenwert.

Ich erinnere mich sehr gut, daß General Körner, der spätere Bundespräsident, mit seinem Urteil über Offiziere und Marschälle noch viel dezidierter als ich war. Ihn möchte ich von meiner Kritik an den Offizieren ausnehmen. Er besaß, als vielgeliebter Bundespräsident, Parteifreund und mein Chef, die einzigartige Fähigkeit, Menschen für sich einzunehmen.

Beeindruckt war und bin ich auch heute noch vom militärischen Widerstand gegen Hitler. Es ist mir ein unauflösbares Rätsel, warum diese Männer nicht ein höheres Maß an Heroisierung erfahren, denn jeder von ihnen war ein Held im wahrsten Sinne des Wortes, der den Einsatz mit seinem Leben bezahlt hat. Andere haben es sich leicht gemacht und zum Teil grausame Untaten mitangesehen und schweigend hingenommen. Besonders niederträchtig in diesem Zusammenhang, weil es sich um einen Österreicher handelte, schien mir die Ergebenheitsadresse des Generaloberst Löhr an Hitler nach der Niederwerfung des Aufstands vom 20. Juli 1944. Es ist bezeichnend, daß sich in den Kreisen der Militärs nur ganz wenige Widerstandskämpfer österreichischer Herkunft anführen lassen; sicher gibt es Ausnahmen, wie die kleine Gruppe um den Major Szokoll.

Bei den sogenannten Revolutionsgenerälen denke ich in erster Linie an Marschall Tuchatschewski. Er hatte als Kadett in der Zarenarmee begonnen, sich später der Roten Armee angeschlossen und dort eine glänzende Karriere gemacht. Er wurde zum »Liebling« der Armee, und es bestand die Gefahr, daß er auch zum Liebling der Bevölkerung wurde, was Stalin verhindern wollte. Im Januar 1936 war Tuchatschewski beim Leichenbegängnis König Georgs V. in London gewesen, wo er eine sehr gute Figur gemacht hat. Auf dem Rückweg nahm er an französischen Großmanövern teil. Frankreich hatte damals ein Militärbündnis mit der Sowjetunion. Als sich Ministerpräsident Laval, der an diesem Bündnis beteiligt war, einmal bei Stalin beschwerte, daß die Kommunisten im französischen Parlament immer gegen die Bewilligung der Militärkredite stimmten, soll Stalin geantwortet haben: »Dann lassen Sie sie doch hinrichten.« Das erinnert mich an jene berühmte Geschichte, wie Kemal Atatürk, der Begründer der neuen Türkei, nach dem Abschluß seines Bündnisvertrages mit der Sowjetunion die Führer der türkischen Kommunistischen Partei bei Trapezunt ins Meer werfen ließ.

Als Tuchatschewski von den Manövern zurückkam und Stalin berichtete, daß die Franzosen eine ganz schlecht funktionierende Armee hätten, deren Waffen veraltet seien, und daß sie ihr ganzes Heil in der Maginotlinie sähen, so daß ein Militärbündnis mit ihnen nichts bringe, soll Stalin ihn aufgefordert haben, zu prüfen, ob nicht gewisse Abmachungen wiederbelebt werden könnten, nach denen das Deutsche Reich bereit war, russische Offiziere auszubilden. Die Franzosen sind dahintergekommen und haben sich bei Stalin beschwert: Da habe er ein Militärbündnis mit Frankreich, erneuere dieses Militärbündnis auch, und am

Ende lasse er seine jungen Offiziere von Deutschland ausbilden. Im Moskauer Geheimprozeß gegen Tuchatschewski lautete die Anklage auf Konspiration mit der deutschen Reichswehr. Das heißt, die Tatsache, daß er im Auftrag Stalins Kontakt mit Hitler-Deutschland aufgenommen hatte, wurde ihm zum Verhängnis. Da der Prozeß geheim geführt wurde, kann man davon ausgehen, daß Tuchatschewski nicht bereit war, ein sogenanntes »russisches« Geständnis abzulegen.

Die größte Machteinbuße, die die Sowjetunion im kommunistischen Teil der Welt hinnehmen mußte, war ohne Zweifel die Krise mit China, die nur scheinbar in die Zeit Chruschtschows fiel. Die Ursachen hierfür sind meiner Meinung nach psychologische, ideologische und machtpolitische oder, wenn man so will, imperialistische, im neuen Sinne des Wortes, denn die Chinesen wollten die Macht Moskaus in der Welt zurückdrängen. Ich meine in erster Linie die chinesischen Territorialforderungen an die UdSSR, die einer Annäherung zwischen Moskau und Peking noch heute im Wege zu stehen scheinen.

Auch wenn ich mich viel mit China beschäftigt habe - vor allem in der Zeit des Krieges -, so prätendiere ich nicht, ein Chinafachmann zu sein. Ich wurde zwar immer wieder eingeladen, ließ aber andere statt meiner fahren. Die österreichischen Gäste bekamen in Peking grundsätzlich ein Lieblingsargument Tschu En-lais zu hören: die Neutralität Österreichs sei nicht einmal das Papier wert, auf dem sie stehe; eines Tages würde Österreich ein Opfer der Sowjetunion werden. Warum sollte ich also eine Peking-Reise unternehmen, wenn ich wußte, was an ihrem Ende stand? Noch immer liegt Moskau näher als Peking, und es war mir wichtiger, unsere Neutralität nicht ins Gerede zu bringen, als nach Peking zu fahren. Das hätte unweigerlich zu einer gewissen Mißstimmung sowohl in Peking selbst als auch in Moskau geführt, und wozu hätte ich unser gutes Verhältnis zu Moskau aufs Spiel setzen sollen? Allerdings lag mir viel daran, die Beziehungen zu China zu verbessern. Bereits vor der Aufnahme diplomatischer Beziehungen zwischen den USA und China habe ich entsprechende Schritte unternommen - und zwar durch Vermittlung Rumäniens.

Die Probleme, die sich aus der Bipolarität der beiden kommunistischen Systeme ergeben, sind so gewaltig, daß ich es bei wenigen Worten belassen möchte, indem ich versuche, dem

Mit Chruschtschow in Moskau.

Leser einige Gedanken über die Entstehung dieser Bipolarität zu vermitteln. Den russisch-chinesischen Konflikt, wie ich ihn abgekürzt nennen möchte, habe ich mir immer unter Anwendung der dialektischen Denkmethode zu erklären versucht. Ich will mich aller besonderen intellektuellen Ausschmückungen enthalten und es auf einen einfachen Nenner bringen, zumal da es sich bei den handelnden Personen, trotz aller Begabung, um an sich recht unkompliziert denkende Männer handelt: Chruschtschow auf der einen Seite und Mao Tse-tung auf der anderen.

Die subjektiv-psychologischen Elemente des Zwistes sind von den ideologischen kaum zu trennen. Die neuen kommunistischen Machthaber in China haben sich zwar als Bekenner des Leninismus, ja bis vor einiger Zeit des Stalinismus deklariert, in Wirklichkeit aber waren sie davon überzeugt, daß die chinesische Revolution ein historisch sehr viel bedeutenderes Ereignis gewesen sei als die große russische. Die führenden Persönlichkeiten der chinesischen Revolution, Mao Tse-tung und Tschu En-lai, waren der Meinung, sie seien die viel größeren Revolutionäre und die viel besseren Kommunisten als die zweite Generation der russischen Kommunisten unter Chruschtschow und mithin in keiner Weise dazu verpflichtet, die geistige Vorherrschaft und Überlegenheit Moskaus anzuerkennen. Dies lief im Grunde auf die Forderung nach Gleichberechtigung hinaus und war mit den Hegemonieansprüchen der Sowjetunion unvereinbar. Die Russen legten ja noch in der Zeit Breschnews großen Wert auf die Feststellung, die Anerkennung der Sowjetunion als Führungsmacht der kommunistischen Welt entspreche nicht nur der Machtstellung Moskaus, sondern auch dem zentralistischen Prinzip des Marxismus-Leninismus. Eine der wichtigsten Parteien, die sich allmählich dieser These entzog, war übrigens die Kommunistische Partei Italiens.

Einer meiner Freunde aus Asien, der Gelegenheit hatte, die Frage des russisch-chinesischen Gegensatzes in Peking aus der Nähe zu studieren, hat einige Gedanken entwickelt, die äußerst bemerkenswert sind. Nach seiner Auffassung ist die Gefahr des aggressiven Kommunismus chinesischer Prägung in Asien besonders groß. Die chinesische Führung vertrete nämlich die Ansicht, daß die großen Kriege des 20. Jahrhunderts der Ausbreitung des Kommunismus gedient hätten: Der Erste Weltkrieg habe die Entstehung der Sowjetunion ermöglicht, der Zweite den Kommunismus nach Osteuropa und China gebracht; der dritte Weltkrieg werde zum Endsieg des Kommunismus führen. »Die chinesisch-russischen Gegensätze erklären sich also auch daraus, daß sich die Chinesen von einem dritten Weltkrieg revolutionäre Veränderungen zugunsten des kommunistischen Blocks in Asien, Afrika und vielleicht auch in Lateinamerika versprechen, während die russischen Kommunisten von einem dritten Weltkrieg negative Auswirkungen auf Osteuropa befürchten. Dies müsse nicht unbedingt heißen, daß China wirklich den Sieg wolle. Sicher scheine jedoch zu sein, daß die chinesischen Führer den dritten Weltkrieg nicht für das Ende der Welt halten. Von Atombomben seien nach ihrer Ansicht nur hochentwickelte Länder mit großen Städten und Industrieanlagen bedroht. Rückständige Länder wie China, die dem totalen Atomkrieg fernbleiben könnten, dürften von diesen zerstörenden Folgen ausgenommen bleiben. China fürchte sich daher vor den Folgen des neuen Weltkrieges nicht. Es könne mit seinen großen Ressourcen nachher vielleicht sogar die Führung der vom Krieg erschöpften Massen Asiens und Afrikas übernehmen.«

Im Gegensatz zu diesem Kriegskommunismus auf höchster Stufe vertrat Chruschtschow die Auffassung, ein dritter Weltkrieg werde in Anbetracht der Entwicklung moderner Waffen keinen Sieger hervorbringen. Es habe wenig Sinn, von der Weltherrschaft des Kommunismus zu träumen, wenn der Planet in ein gigantisches Ruinenfeld verwandelt wäre - eine ähnliche Argumentation übrigens wie die von Karl Renner, der meinte, Ruinen ließen sich nicht wirksam sozialisieren. Chruschtschow hatte seine Thesen über den gigantischen Kriegskommunismus der Chinesen bei einer seiner letzten Unterredungen mit Mao Tsetung 1958 in Peking entwickelt. In seinen 1974 im Westen erschienenen Memoiren - die ich aus verschiedenen Gründen für authentisch halte - schreibt er darüber:

»Abgesehen von gelegentlichen heftigen Ausbrüchen Maos verliefen unsere Gespräche in einem ruhigen und freundlichen Ton. Er machte allerdings einige verblüffende Äußerungen über die Möglichkeit eines künftigen Krieges. Durch die Aussagen, die er ein Jahr zuvor in Moskau gemacht hatte, war ich schon mit einigen seiner Ideen vertraut; aber bei unseren Gesprächen am Swimmingpool in Peking übertraf er alles, was ich je von ihm gehört hatte. ›Versuchen wir uns einen künftigen Krieg vorzustellen‹, begann er. Er klang genau wie Stalin, der auch gerne hypothetische Fragen dieser Art aufwarf. ›Wie viele Divisionen haben die Vereinigten Staaten? Wir kennen die Bevölkerungszahl der Vereinigten Staaten und können uns daher ausrechnen, wie viele Divisionen die Amerikaner aufbieten könnten, wenn alle wehrfähigen Männer einberufen würden.‹ Dann nahm er sich die Liste der übrigen kapitalistischen Länder vor: England, Frankreich und so weiter. ›Nun‹, so fuhr er fort, ›wie viele Divisionen können wir aufbringen? Denken Sie an die Bevölkerungszahlen Chinas, der Sowjetunion und der übrigen sozialistischen Länder, und Sie werden wissen, was ich meine.‹ Dabei lächelte er mich an, als wollte er sagen, ›Ist Ihnen jetzt klar, wie gut wir bei einem Kräftevergleich dastehen?‹ Ich war über seine Gedankengänge so bestürzt und außer Fassung, daß ich nicht einmal dagegen argumentieren konnte. Wie war es möglich, daß dieser Mann so dachte?

Maos einzige Antwort war, daß er als Guerillakämpfer aufgewachsen sei; er sei an Kämpfe gewöhnt, in denen Gewehre und Bajonette die Hauptrolle spielten - nicht Maschinengewehre und schon gar nicht Bomben. Er war der Führer eines so großen Landes wie China und äußerte dennoch Meinungen und großartige Behauptungen, die hoffnungslos überholt waren. Als ich unserer Führung später von meinem Gespräch mit Mao berichtete, waren alle verblüfft; es gab niemanden, der sich der Meinung Maos anschloß. Es war uns unverständlich, wie unser Verbündeter, ein Mann, von dem wir bereits ahnten, daß er die Führung der kommunistischen Weltbewegung anstrebte, so kindische Ansichten zum Thema Krieg haben konnte. Mao hatte uns sehr nachdenklich gestimmt.«

Der Konflikt zwischen China und der Sowjetunion hatte bald weltweite Bedeutung erlangt. Die Bipolarität des Kommunismus wurde als vollzogene Tatsache hingenommen, ja mehr als das, es begann eine Phase der Multipolarität und damit der Verfall des stalinistischen Anspruchs auf die endgültige Weltherrschaft. Stalin hatte seinerzeit, als man innerhalb des Kommunismus noch zu diskutieren wagte, den Standpunkt vertreten, der von ihm geschaffene Machtapparat müsse sich auf alle Länder ausdehnen. Ein deutscher Kommunist hat mir einmal erzählt, daß Stalin die Aufstellung eines Parteiapparates in China nach dem Vorbild der Sowjetunion vorgeschwebt habe; es sei ihm nicht darum gegangen, die Mehrheit eines Volkes für den Kommunismus zu gewinnen, sondern um einen schlagkräftigen Parteiapparat, der fest in seiner Hand war und mit dem er einen revolutionären Terrorismus ausüben konnte. Als sich daraufhin unter den Anwesenden ein gewisses Staunen breitmachte, meinte Stalin kurz und bündig, er ziehe die Macht der Gewalt der Macht der Überzeugung vor, denn die Überzeugung könne sich ändern.

Chruschtschow wollte den Beweis erbringen, daß sich der Kommunismus auch in Friedenszeiten Landgewinne verschaffen könne. Er war fest davon überzeugt, daß es andere Wege als den Kriegskommunismus Mao Tse-tungs gebe. Dies erklärt das besondere Engagement der Sowjetunion sowohl in Kuba als auch im Kongo. Die Rechnung mit Lumumba ging nicht auf; erfolgreicher war Chruschtschow in Kuba. Allerdings war das Experiment mit Fidel Castro recht kostspielig; die sowjetische Hilfe für Kuba übertraf bei weitem die der Amerikaner für Österreich im Rahmen des Marshallplanes. Fidel Castro hat sich jedenfalls durchgesetzt, und Kuba gilt heute allgemein als stabilisiert; selbst Reagan hat Kuba gegenüber eine andere Sprache gesprochen als gegenüber Nicaragua.

Chruschtschow konnte sich auch auf andere revolutionäre Bewegungen stützen, auch andere Staaten in ein Abhängigkeitsverhältnis oder, aus Moskauer Sicht, in ein besonderes Freundschaftsverhältnis zur Sowjetunion bringen, man denke an Nasser. Chruschtschow und Bulganin unternahmen damals viele gemeinsame Weltreisen; das größte Aufsehen erregte wohl Chruschtschows Reise nach Indien, die ich freilich unmittelbar nach Ankündigung einen Abschiedsbesuch nannte, was sie in Wirklichkeit ja auch war. Indien hat sich dem Einfluß der Sowjetunion entzogen, gleichzeitig aber sein freundschaftliches Verhältnis aufrechterhalten; die indischen Kommunisten haben davon nicht profitieren können.

Die erste große, weithin sichtbare Freundschaftsbekundung Chruschtschows und Fidel Castros habe ich miterlebt. Das war im Oktober 1960 in New York. Nehru hatte anläßlich einer UNO-Generalversammlung zu einem Abendessen ins Carlyle-Hotel eingeladen, in dem auch ich immer wohnte, wenn ich in New York war. Alle kommunistischen Führer erschienen, und sogar Kádár war nicht vergessen worden, damals der bestgehaßte Kommunist im Westen, von der Presse als Henker der ungarischen Erhebung bezeichnet. Kádár war mit seinem Außenminister Endre Sik nach New York gekommen. Man ächtete die Ungarn, indem man Kádár zur Auflage machte, daß er sich nur auf Manhattan Island bewege.

Ich habe mit Dean Rusk über diese Angelegenheit gesprochen und versucht, das Phänomen Kádár zu erklären: Es handle sich um einen Mann, der den Kommunismus in einer abgewandelten Form anstrebe und der unter dem Rákosi-Kommunismus lange gelitten habe. Kádár war zwischen 1951 und 1954 ohne Prozeß in Haft gewesen; sein Freund Rajk war 1949 von den Schergen Rákosis hingerichtet worden.

Sonderbarerweise war auch ich, der vergleichsweise rechte Sozialdemokrat, der aus seiner Ablehnung des Kommunismus nie ein Hehl gemacht hatte, zu dem Essen im Carlyle eingeladen worden; Nehru wünschte es so. Die erste Umarmung von Chruschtschow und Castro entbehrte nicht der äußeren Komik, denn Fidel Castro ist ja ein Riese, und Chruschtschow war ein kleiner Dicker, und als sie sich umarmten, mußte Fidel Castro Chruschtschows Kopf an seinen Bauch drücken, anders ging es nicht. Die Chinesen waren zwar nicht gekommen, sie betrieben damals eine Abstinenzpolitik, aber sie hatten verläßliche Freunde im kommunistischen Lager, Albanien und später auch Rumänien.

Chruschtschow war für einen europäischen Regierungschef relativ lange an der Macht, rund ein Jahrzehnt, und zwar in einer für die Sowjetunion wichtigen Periode. Um so überraschender war sein Sturz. Die Gründe waren nicht einsehbar, aber wahrscheinlich spielte die russische Mentalität eine nicht unwesentliche Rolle. Die Sowjetführer erschienen mir immer als die Inkarnation des Kleinbürgertums - mit allen seinen schlechten Seiten. Ein russisches Gästehaus sah zu meiner Zeit etwa so aus, wie normalerweise die gute Stube bei Klein- und Mittelstandsbürgern eingerichtet ist: mit Plüschmöbeln, häßlichen Teppichen und Spitzendeckchen. Chruschtschow ist offenbar über die Art seines sehr persönlichen Auftretens gestürzt. Es ist den Russen auf Dauer wohl auf die Nerven gegangen, daß an einer solchen Stelle ein derartiger »Rüpel« saß. Im Westen haben Chruschtschows Auftritte meist nur ein Lächeln hervorgerufen, aber unter den afrikanischen Führern war die Fassungslosigkeit total. Die »Emporkömmlinge« der afrikanischen Welt hatten ja alle bis auf wenige Ausnahmen auf englischen und amerikanischen Universitäten studiert, und durch ihr Benehmen wollten sie demonstrieren, daß sie kultivierte Leute waren. Und viele von ihnen waren es auch in der Tat. Bei der berühmten Stiefelszene in der UNO-Generalversammlung haben sie mit großem Erstaunen zu Chruschtschow hinübergesehen und waren entsetzt über diesen Mann, der sich benahm, wie man sich nach ihren Vorstellungen nicht einmal im Busch benimmt.

Ich selber habe das Stiefelkonzert von Chruschtschow miterlebt; Gromyko assistierte heftig, allerdings nur mit den Fäusten und nicht mit den Schuhen. Diese Art der Demonstration hat Chruschtschow als einen Nachfahren der Kosaken gekennzeichnet: So stellte ich mir einen großen Kosakenführer wie Taras Bulba vor. Das Pult mit den Spuren der Stiefel habe ich noch vor ein paar Jahren bei der UNO gesehen.

Beim anschließenden Lunch auf der sowjetischen UNO-Mission hat Chruschtschow mich gefragt, wie mir sein Auftritt gefallen habe. Das war eine sehr peinliche Frage, und ich konnte mich nur aus der Affäre ziehen, indem ich die Gegenfrage stellte, was er denn gemacht hätte, wenn dies im Obersten Sowjet passiert wäre. »Wissen Sie«, sagte Chruschtschow, »das kann deshalb nicht passieren, weil da niemand etwas gegen mich einzuwenden hat.« - »Also gibt es bei Ihnen gar keine Oppositionellen unter den Tausenden von Mitgliedern?« Woraufhin Chruschtschow die verschlagene Antwort gab: »Nein, der einzige, der wüßte, was gegen uns einzuwenden wäre, bin ich, und ich sag's niemandem.« Die Bemerkung fiel lange vor Glasnost und Perestroika. In diesem Zusammenhang möchte ich Zweifel anmelden, ob Chruschtschow, der im Vergleich zu Stalin sicher sehr viel fortschrittlicher dachte, über jene Charakterzüge verfügte, die Glasnost und Perestroika ermöglichten.

Chruschtschow war eine bemerkenswerte Persönlichkeit, aber die Stiefelszene hat ihm auch in der Sowjetunion sehr geschadet. Die Russen legen ja großen Wert auf Höflichkeit und betrachten sie als Voraussetzung eines guten Umgangs. Der Eindruck, den Chruschtschow vor der UNO und besonders vor den Vertretern der Entwicklungsländer hinterließ, war fatal. Dies war wohl mit einer der Gründe, daß man sich in Moskau gesagt hat, einen Mann, der sich ununterbrochen so benimmt und der einen Fauxpas nach dem anderen begeht, den kann man einfach nicht mehr akzeptieren. Der UNO-Auftritt war ja nicht im voraus geplant gewesen, sondern entsprang einer spontanen Eingebung. In Moskau aber hat man sich gedacht, wer weiß, was Chruschtschow eines Tages noch alles einfallen wird; wir müssen uns jemanden suchen, dessen Verhalten wir voraussehen können. Und so kam es zu Breschnew.

Im Jahre 1962 saß ich bei einem Mittagessen in der österreichischen Botschaft in Moskau neben Chruschtschow. Wir hatten einen Besuch beim Staatspräsidenten hinter uns; das war damals schon Breschnew, der zwei Jahre zuvor Woroschilow abgelöst hatte. Woroschilow war gegen Ende seiner Amtsperiode sehr senil; als wir 1958 in Moskau waren, hat er uns für eine tschechische Delegation gehalten. »Ist das nicht ein prachtvoller russischer Typ?« meinte Chruschtschow und machte deutlich, daß er auf Breschnew setzte. Da war für mich klar, daß niemals wieder ein Nichtrusse an die Spitze der Sowjetunion gelangen werde. Chruschtschows konsequenter Antistalinismus und die russisch-ukrainische Seele in ihm hatten ihn zu der Überzeugung gebracht, daß Rußland nie wieder von einem Mann aus den Randvölkern regiert werden dürfe, wie es Stalin gewesen war. Und deshalb hat er ganz bewußt einen typischen Russen ausgesucht. Ich bin sicher, daß auch die anderen, die Breschnew in den Vordergrund gerückt haben, dieser Meinung waren, denn Breschnew war weder von überragender Intelligenz, noch besaß er die Schläue und Originalität Chruschtschows.

Übrigens hat mich 1963 auch Präsident Kennedy gefragt, wer einmal der Nachfolger Chruschtschows werden würde. Ich nannte ihm zwei Namen: Breschnew, den ich als einen starken, sympathisch wirkenden und gutaussehenden Mann bezeichnete, und Malinowski, der nicht als Marschall, sondern als kommunistischer Führer von Bedeutung sei. Kossygin sei zwar ein hervorragender Technokrat, der viel vom Aufbau von Elektrizitätswerken und Fabriken für Kunstdünger verstehe, aber für die Posten, die Chruschtschow innehatte, komme er meiner Meinung nach nicht in Betracht.

Ende der fünfziger Jahre war man im Westen der Auffassung gewesen, der mächtigste Mann der Sowjetunion sei Marschall Schukow und Chruschtschow hänge von seiner Gunst ab. Hierin kam der Wunsch der westlichen Welt nach einem Bonapartismus zum Ausdruck, mit dessen Hilfe man die politische Gefahr des Kommunismus zu bannen glaubte. Derartige Auffassungen wurden allerdings auch von so intimen Kennern der Sowjetunion vertreten wie Marschall Tito. Mit dem überraschenden Sturz Schukows wollte Chruschtschow offenbar zeigen, wo in Wirklichkeit die Macht in der Sowjetunion lag, nämlich bei der Kommunistischen Partei und im Politbüro, also bei ihm. Es war eine Zeit, in der man über mögliche Entwicklungen in der Sowjetunion viel herumrätselte - so auch bei einem Mittagessen, das der Herausgeber der »New York Times«, Sulzberger, gab.

Bei einem anderen dieser Mittagessen ging es um den Sputnik. Die Amerikaner waren baß erstaunt und konnten es sich nicht erklären, daß die Russen über Ressourcen verfügten, die die Erfindung des Sputniks ermöglicht hatten. Worauf ich scherzhaft meinte: »Gäbe es in den Vereinigten Staaten einen Markt für Sputniks, dann wäre der Sputnik wahrscheinlich in den Vereinigten Staaten erfunden worden.«

Von der Überlegenheit der sozialistischen Wirtschaftsordnung war Chruschtschow zutiefst überzeugt. Das ist Teil seiner doch deutlich primitiven Vorstellung, so schlau er sonst auch war, und der große Unterschied zu Gorbatschow. Dieser sieht die Notwendigkeit von Reformen sehr deutlich und verlangt danach, während Chruschtschow an die innerhalb der kommunistischen Wirtschaftsordnung wirkenden dynamischen Kräfte glaubte, denen man nur eine bestimmte Richtung geben müsse.

Chruschtschow hatte versucht, mit der Entstalinisierung eine geistige Durchlüftung der Sowjetunion und eine neue Aufwärtsbewegung herbeizuführen. Alles war furchtbar gedrückt, denn niemand traute sich mehr, Verantwortung zu übernehmen. In

Ankunft in Moskau, Oktober 1959. Von links nach rechts: Kreisky, Schärf, Pittermann; ganz rechts Bundeskanzler Raab.

diesem Zusammenhang erinnere ich mich an ein interessantes Gespräch während der Staatsvertragsverhandlungen. Es ging um die praktische Umsetzung der Entstalinisierung, und man erzählte uns, daß jetzt unter anderem ein Film über Iwan den Schrecklichen gezeigt werde, den Stalin verboten hatte. Auf meine Frage, welchen Zweck man damit verfolge, hieß es: »Die Leute sollen erkennen, welche Folgen ein gewaltsames Regime hat.«

Im Oktober 1959 sprachen der ÖVP-Staatssekretär und Rechtsexperte Professor Gschnitzer und ich mit Chruschtschow über die ungelöste deutsche Frage. Wir meinten, es sei doch eigentlich eine große Ungerechtigkeit, die hier passiere. Chruschtschow hat uns gefragt: »Wieviel Einwohner hat Österreich?« - »Sieben Millionen.« - »Und wie viele Einwohner hat die Sowjetunion?« Wir schätzten über 200 Millionen. Chruschtschow nannte die exakte Zahl - 220 Millionen. »Und jetzt hören Sie zu«, sagte er, zu mir gewendet: »Wenn *uns* 60 Millionen Deutsche in einem Staat genügen, dann muß Ihnen das auch genug sein.« Ob wir uns vorstellen könnten, daß er auch nur einen Tag noch im Kreml säße, wenn er ein kommunistisches Deutschland - gemeint war die DDR - aufgäbe? Damit war das Gespräch beendet. Ich wollte noch vorlaut bemerken, man sei schon für weniger aus dem Kreml geschickt worden, aber ich habe das unterlassen.

Die Russen haben es gar nicht gern, wenn man ihnen einen überzeugten Sozialdemokraten schickt. Sir Stafford Cripps etwa, ein religiöser Sozialist, hat sich als britischer Botschafter in Moskau nicht sehr großer Sympathien erfreut. Die Russen hätten viel lieber einen englischen Lord, einen General oder einen Diplomaten alter Schule dort gehabt. Leute mit einer sozialistischen Grundeinstellung, die natürlich viel am Sowjetsystem auszusetzen hatten, sollten in ihrem eigenen Land wirken, aber nicht in Moskau beobachten, wie der Kommunismus in der Praxis ausschaut. Ich habe mit Chruschtschow oft über dieses Thema gesprochen. Für ihn war ich ein exponierter Sozialdemokrat und damit ein Antikommunist, und er hat mich immer wieder zu attackieren versucht. Ich erinnere mich an ein Gespräch im Jahre 1958, kurz nachdem der konservative Premier Macmillan einen überwältigenden Wahlsieg errungen hatte. Wir waren damals in Leningrad, und auf dem Rückweg über Moskau haben wir noch einmal Chruschtschow getroffen. Er hatte damals einen gewaltigen Streit mit dem zweiten Führer der Labour Party, George Brown. George Brown hatte sehr heftig gegen Chruschtschow polemisiert. »Sehen Sie«, sagte Chruschtschow, »Macmillan ist eben der Exponent einer vernünftigen Politik, und mit Recht hat ihm das englische Volk diesen überwältigenden Wahlsieg beschert.«

Ein zweites Beispiel: 1960 habe ich ein Kommuniqué, das an der sowjetischen Botschaft in Wien diskutiert wurde, nicht vollinhaltlich akzeptiert. Die Unterzeichnung mußte deshalb auf den nächsten Tag verschoben werden. In dem Vorzimmer zum roten Ecksalon, in dem unterschrieben werden sollte, haben die Russen auf mich eingeredet, und Chruschtschow stellte mir die Frage, ob ich eigentlich ein Gegner dieser Vereinbarungen sei. Das war ich nicht, ich hielt nur gewisse Formulierungen über die Politik des Westens und ähnliche Dinge für überflüssig; dies gehörte nicht unbedingt in ein österreichisch-russisches Kommuniqué. »Beinahe hätten Sie diesen Besuch in seinen Wirkungen zerstört«, meinte Chruschtschow, »aber das ist eine alte sozialdemokratische Politik. Sie erinnern sich ja, wie die Sozialdemokraten Hitler so den Weg frei gemacht haben.« Chruschtschow hatte

Rede von Bundespräsident Schärf während seines Staatsbesuchs in Moskau im Oktober 1959.

eine Vorliebe für historische Vergleiche, zitierte aber immer nur Bibelstellen, von denen niemand wußte, daß es sie überhaupt gibt. Er hat geblufft, und ich habe sofort gekontert: »So war das nicht. Preußen, das letzte Bollwerk gegen Hitler, ist zerstört worden durch die Formel der Kommunistischen Partei Deutschlands ›Macht den braunen Volksentscheid zum roten Volksentscheid‹.« Bundeskanzler Raab war über mich furchtbar irritiert; er war immer der Meinung, man solle Chruschtschow nicht provozieren, und so wurde die Diskussion brüsk abgebrochen.

Zu Schärf hat Chruschtschow einmal gesagt: »Wissen Sie, Herr Schärf, Sie sind mir als Sozialdemokrat eigentlich gar nicht recht. Wenn aber die österreichischen Arbeiter Sie sich ausgesucht haben, dann ist es keine Frage, daß die Mehrheit der österreichischen Arbeiter hinter Ihnen steht, und dann muß ich Sie zur Kenntnis nehmen.« Dennoch hat es Chruschtschow nicht unterlassen, Schärf sein Mißfallen darüber zum Ausdruck zu bringen, daß die österreichischen Arbeiter so kurzsichtig waren, sich eine sozialdemokratische Führung auszusuchen. Bundeskanzler Raab paßte besser in sein Weltbild.

Die Begegnung Chruschtschows mit Kennedy in Wien am 3./4. Juni 1961 schien vielen Leuten eine sinnlose Konferenz gewesen zu sein. Wenn man sie in ihrem großen Zusammenhang sieht, so hat Kennedy Chruschtschow damals zu verstehen gegeben, daß er in diesem gefährlichen Spiel, bis an den Rand des Abgrunds zu gehen, durchaus mithalten werde. So erreichte er auch ein Jahr später während der Raketenkrise um Kuba, daß die Russen einige ihrer Raketenstellungen, die eine allzu große Provokation für Amerika darstellten, liquidiert haben. Niemals zuvor war die Welt so nahe am Ausbruch eines neuen Krieges gewesen. Und man soll sich nicht täuschen: Dieser Krieg wäre in Europa ausgebrochen und auch in Europa ausgetragen worden, etwa um Berlin herum, denn wenn die Amerikaner in Kuba etwas unternommen hätten, wäre es sicher sofort zu Vergeltungsaktionen in Europa gekommen. Die scheinbar sinnlose Begegnung in Wien hatte beide davon überzeugt, daß der jeweils andere bis zum Äußersten entschlossen war, und diese Erkenntnis hat dazu geführt, daß letztlich das Ärgste verhindert wurde.

Wie ein vor kurzem publiziertes Transkript der vertraulichen Sitzungen des Exekutivkomitees des Nationalen Sicherheitsrates vom 27. Oktober 1962 beweist, diskutierte der innere Kreis der Kennedy-Administration einen von mir lancierten Vorschlag, Jupiter-Raketen in der Türkei gegen die sowjetischen Raketen in Kuba zu tauschen. Diese Anregung sollte zu einem wichtigen Verhandlungselement in dem Briefwechsel zwischen Chruschtschow und Kennedy zur Beilegung der Kubakrise werden.

Am Abend der Begegnung mit Kennedy in Wien lud uns Chruschtschow zum Dank zu einem großen Abschiedsdiner in das Hotel Imperial ein; die Amerikaner sahen sich zu einer solchen Geste nicht veranlaßt. Die Russen nehmen sich ja grundsätzlich Zeit für solche Gesten, die Amerikaner nur dann, wenn es sich gar nicht umgehen läßt. In ihrem Bestreben, immer »up to the point« zu sein, übersehen sie, daß sich vieles auch am Rande solcher Zusammenkünfte abspielt.

Chruschtschow hat sich totgelaufen. Er hat – wie die führenden Männer im Kreml glaubten – weder der Sowjetunion noch dem Weltkommunismus Ehre gemacht, und er hat die für die Russen selbstverständliche Hegemonie der Sowjetunion nicht durchsetzen können, ja das Erreichte zum Teil aufs Spiel gesetzt. Seine Ankündigung, in wenigen Jahren die Länder des Westens einge-

Chruschtschow im Gespräch mit dem österreichischen Bundeskanzler Dr. Alfons Gorbach, Moskau, 28. Juni 1962.

holt zu haben und sie dann zu überrunden, wurde ad absurdum geführt. Vielen Kommunisten in der ganzen Welt schien Chruschtschow auch viel zu materialistisch. Was hätte es den französischen oder italienischen Kommunisten gebracht, wenn die russischen Maiskolben aufgrund der neuen agrarischen Bedingungen tatsächlich um soundso viel Zentimeter größer geworden wären?

Die Herrschaft Chruschtschows hinterließ dennoch beträchtliche Spuren in der Welt, und Breschnew, der im Ruf stand, der Mann der Entspannung zu sein, hat im Grunde nur die Ernte Chruschtschows nach Hause gebracht. Man denke an Chruschtschows Besuch bei Eisenhower in Camp David 1959. Mit großer Offenheit wurde dort über die Weltlage gesprochen; das Gespräch hat damit begonnen, daß sich beide Herren mitgeteilt haben, wieviel Geld sie für Rüstungszwecke ausgeben. Sie stellten fest, daß es ungefähr gleich viel war, nur daß es die einen leichter hatten, das Geld aufzubringen, als die anderen. Der Zweite Weltkrieg spielte in Eisenhowers Denken eine große Rolle: Die Russen blieben für ihn, den siegreichen General, die Mitkämpfer, eine Einstellung, die ihm auch Dulles nicht austreiben konnte.

Meine so positive Haltung gegenüber Chruschtschow findet heute ihre Bestätigung durch Gorbatschow, der versucht, Chruschtschows historischer Bedeutung gerecht zu werden. Ich habe mich immer um eine objektive Beurteilung Chruschtschows bemüht, auch wenn mir seine outrierte Primitivität manchmal sehr unzweckmäßig zu sein schien. Sie war eben seine zweite Natur. Die Fotografien des Stalinschen Politbüros haben mich immer an jenes Bild von Ilja Repin erinnert, von dem in Rußland sehr viele »Originale« verbreitet sind: »Die Saporoger Kosaken schreiben an Sultan Mohammed IV.«. Jeden einzelnen dieser Kosaken konnte man mit einem der Politbüromitglieder vergleichen, ob es Molotow, Bulganin, Kaganowitsch oder Malenkow war.

Daß Breschnew sehr rasch gesundheitlich verfiel, wird auf verschiedene Krankheiten zurückgeführt. Ich habe das selbst erlebt: Man kam nach Moskau, um Breschnew zu treffen, und dann wurden die Termine immer wieder verschoben. Bisweilen, wenn man offenherzig war, hieß es, Breschnew habe eine Krankheit, die sein Zahnfleisch so schwer in Mitleidenschaft ziehe, daß er nicht reden könne. So mußte man oft lange warten. Die letzten Eindrücke waren verheerend: Breschnew konnte nur noch trippeln, mit den kurzen Schritten eines rasch gealterten Mannes, der unförmig dick geworden war. In den letzten Monaten und Jahren war er nicht mehr in der Lage, die Dinge, die um ihn herum passierten, in ihrer Bedeutung zu erkennen. Die letzte Begegnung mit Carter in Wien hat Breschnews ganze Schwäche demonstriert. Ich hatte ohnehin das Gefühl, daß für ein Gipfeltreffen eigentlich nicht genug Substanz da war, und nicht umsonst hat man sich damit abgefunden, daß die Verhandlungen im wesentlichen von den Mitarbeitern geführt wurden. Carter machte zwar den Eindruck eines weichen Präsidenten, aber er hat die Dinge verstanden und war intellektuell auf einer gewissen Höhe; Breschnew hingegen wirkte wie eine Galionsfigur, deren Farbe abgeblättert war. Auch Tschernenko, der mit nach Wien gekommen war, hinterließ einen wenig frischen Eindruck. Eigentlich beeindruckte niemand in der sowjetischen Führungsriege außer Andropow und dem rasch älter werdenden Gromyko, der aber im Parteiapparat nie sehr stark verankert war.

Breschnew war ohne Übertreibung ein Exponent jener Herrschaftsform, die bis dahin unbekannt war, nämlich der Gerontokratie. Der vitalste von allen schien noch Kossygin zu sein, der, wie sich später gezeigt hat, besonders schwer krank gewesen ist.

Im Gespräch mit Gromyko, Moskau 1959...

Sechzehn Jahre später in Wien.

Kossygin war sicherlich die hervorragende Persönlichkeit im Politbüro der siebziger und frühen achtziger Jahre, ganz im Gegensatz zu seiner Rolle unter Chruschtschow. Er war der klügste unter ihnen, und er war wirtschaftlich umfassend informiert. Über wirtschaftliche Entwicklungen im Westen hielt ihn wahrscheinlich sein früherer Schwiegersohn Gwischiani auf dem laufenden, der im Westen sehr angesehen war.

In der Breschnew-Ära haben sich die sowjetischen Militärs zweimal gründlich verrechnet: bei der Aufstellung der Mittelstreckenraketen und beim Einmarsch in Afghanistan. Das eine Mal haben sie ihre Pflicht erfüllt, das zweite Mal ist das Politbüro wahrscheinlich irregeführt worden.

Ende der siebziger Jahre könnten sie dem Politbüro etwa folgendes gesagt haben: »Bitte, wir wollen uns nicht in die Politik einmischen, aber eines wollen wir euch sagen. Wir sind dazu da, die Sowjetunion erfolgreich zu verteidigen, und wenn wir marschieren sollten, sind wir marschiert, in der Tschechoslowakei, in Ungarn. Wir sagen euch aufgrund unserer Verantwortung, die wir haben und die wir nicht überschreiten wollen: Wenn die Amerikaner das durchführen, was sie ankündigen, dann zielen sie darauf ab, stärker als wir zu werden, um uns zu diktieren. Wir haben daher die Pflicht, nicht nur gleichzurüsten, sondern überzurüsten, damit wir der Welt unseren Willen aufzwingen können, denn unser Wille ist ein guter und ein friedlicher.«

Angesichts der zu erwartenden technischen Überlegenheit der Amerikaner stellte sich den Militärstrategen des Kreml vor allem die Aufgabe, früh genug losschlagen zu können, das heißt, den Erstschlag zu führen, um sicherzugehen. Dies war und ist nur in Europa möglich; weder der pazifische Krieg noch die Interkontinentalraketen sind für einen Erstschlag brauchbar, denn beides wäre für die USA definitiv. Da sich die Sowjets auf Dauer schwächer als die Amerikaner wähnten, sahen sie sich gezwungen, zuerst loszuschlagen, und zwar in Europa. Breschnew und seine Leute waren, wie wir wissen, zu schwach, um dieser Forderung zu widerstehen und sie mit Blick auf die Entspannungspolitik abzulehnen. Sie gaben den Marschällen recht, jedenfalls für den Augenblick, und stationierten die SS 20, obwohl sie ahnten, daß es ihnen schaden würde.

Als Bestätigung dessen möchte ich ein Gespräch zwischen Felipe González, Gaddafi und mir zitieren, das wir im Dezember 1984 auf Mallorca geführt haben. Gaddafi war in Moskau gewesen: »Die Europäer sind Selbstmörder«, sagte er. »Ihr bekommt den Erstschlag zu spüren, weil die angedrohte Aufstellung der Cruise Missiles die Russen zum Erstschlag veranlassen wird. Andernfalls hättet ihr vielleicht eine Chance gehabt, den Krieg in Europa zu verhindern.«

Es ist ein Irrtum, anzunehmen, Breschnew habe gesagt: Wir stellen jetzt unsere SS 20 auf, wie mir das Helmut Schmidt erklären wollte. Schmidt hat mir die SS 20 erklären können, das hat er verstanden, aber die Politik dahinter, die hat er nicht verstanden, daß die SS 20 in Wirklichkeit nämlich die ganze Schwäche des Breschnew-Regimes zum Ausdruck brachten.

In all den Jahren, in denen ich die Zusammenhänge der sogenannten »großen Politik« erkennen und zum Teil auch aus einer gewissen Nähe beurteilen konnte, interessierte mich ein Phänomen, das mir rätselhaft war und bis zu meinem Lebensende rätselhaft bleiben wird. Es ist erschütternd zu sehen, wie an sich friedliebende Politiker immer wieder dazu verleitet werden konnten, gewaltige Menschenopfer zu riskieren, und wie leicht es ihnen gemacht wurde. Ich meine Kriege als Konsequenz falscher Politik und katastrophaler Fehleinschätzungen. Immer wieder stellte ich mir die Frage, wer denn den dafür Verantwortlichen das Recht gibt, solche Entscheidungen zu treffen. Ich sprach schon von dem Übermut, mit dem sich Amerika in das Vietnamabenteuer stürzte, und auf die gleiche leichtsinnige und verantwortungslose Weise ist beim Afghanistankrieg vorgegangen worden. Man kann sich das lebhaft vorstellen: Das Politbüro unter Breschnew hat den schwelenden Konflikt in Afghanistan erkannt und ihm eine Weile zugesehen. Schließlich wollte man Gewißheit haben. Wenn das Politbüro eine Aktion wie den Einmarsch in Afghanistan plant - etwa aus Angst, daß die Afghanen zu den Chinesen überlaufen oder irgendeinen anderen überraschenden Schritt tun könnten -, schaltet es den Generalstab ein und fragt nach den Aussichten einer solchen Aktion: »Können wir jetzt eine Strafaktion gegen Afghanistan unternehmen, und wenn ja, wie lange kann so etwas dauern? Zwei bis drei Wochen? Wäre dann die Ruhe hergestellt?« Und da müssen die Marschälle gemeint haben, das gehe viel schneller. Afghanistan habe ja keine Armee und es würde wohl genügen, wenn man Kabul und Umgebung besetzte, alles andere werde sich dann ergeben. Also sind die Russen mit zu schwachen Kräften in Afghanistan einmarschiert. Das Ergebnis war ein neunjähriger blutiger Konflikt, der nur mit einer Niederlage enden konnte. Die sowjetischen Militärs haben die Politiker also getäuscht, so wie die amerikanischen Militärs sich geirrt haben im Fall Vietnam.

In einem Gespräch, das ein afrikanischer Freund von mir im Sommer 1968 mit Breschnew führte, meinte dieser, der Westen sei auf seine Art charakterlos, er vergesse sehr rasch. In sechs Monaten werde dort niemand mehr von den Ereignissen in der Tschechoslowakei reden, und die Beziehungen würden so sein, wie sie waren, nicht gut, aber auch nicht extrem schlecht. Die Tatsache, daß die bürgerliche Welt den Prager Frühling rascher vergessen hat als z. B. die Kommunistische Partei Italiens, beweist die Richtigkeit dieser These von der Charakterlosigkeit der sogenannten bürgerlichen Politik. Der europäische Kommunismus hingegen hat unter den tschechischen Ereignissen sehr gelitten, und die Ereignisse haben dort tiefere Spuren hinterlassen als bei den bürgerlichen Parteien.

Auch am Ende dieses Kapitels soll ein kleines Städteporträt nicht fehlen, zumal ich mit Moskau ähnliche Erlebnisse verbinde wie mit New York. Ich war in Moskau nie zum Vergnügen; während meine Freunde auf Sightseeing-Tour gingen, wie seinerzeit beim Entwurf des Textes für den Staatsvertrag, mußte ich arbeiten. Moskau ist mir immer als ein gigantischer Termitenbau erschienen: Tausende Menschen sind in die eine Richtung gegangen, Tausende in die andere Richtung, und jeder hat sich gefragt, wohin sie eigentlich gehen. Dennoch ist diese Stadt für Millionen zum Symbol der höchsten politischen Wünsche und Gefühle geworden, und auch die Freiheit unseres Landes ist mit dem Namen Moskau aufs engste verbunden. Ohne das Moskauer Memorandum gäbe es keinen Staatsvertrag.

Die Schöne unter den großen Städten der Sowjetunion ist Leningrad, die herrliche Ostseemetropole am Bottnischen Meerbusen, die ihre Verwandtschaft mit Kopenhagen oder Stockholm deutlich zum Ausdruck bringt. Es ist die Stadt des verblichenen Glanzes des Zarenreiches, seines gigantischen Reichtums und seiner unfaßbaren Menschenverachtung. Aber die Stadt steht nicht nur für den Zarismus, seine Machtentfaltung und seine ungeheure Brutalität, nicht nur für Rasputin, sondern auch für die Bolschewiki und Menschewiki, kurz, für die russische Revolution. Die Geschichte der Oktoberrevolution ist auf immer mit dem Namen Petersburg verbunden, dem späteren Leningrad.

Im Herzen Moskaus steht der Kreml, der vielen Leuten gefällt, weil soviel Gold an ihm glitzert. Ist man drinnen, ist der Kreml ein gewaltiges Labyrinth; meine Frau, die mich im Jahre 1959 nach Moskau begleitete, hat sich bei den vielen Türen, die merkwürdigerweise nicht versperrt waren, des öfteren verirrt. Auf der gleichen Reise war der alte Ostry, das pressepolitische Faktotum des Bundespräsidenten Schärf, in einer U-Bahn-Station zu langsam: Plötzlich war er unter Tausenden von Menschen verschwunden und stand mutterseelenallein unter lauter Russen auf dem Perron. Man hielt ihn für einen Wahnsinnigen, weil er immer wieder beteuerte, er müsse in den Kreml, er wohne dort, und keiner der Russen, die er ansprach, hat ihm das geglaubt. Wie kann ein alter Mann, der nicht russisch spricht, sagen, er wohne im Kreml - so fern war der Kreml den Menschen.

Mit dem Mann auf der Straße konnte man kaum in Kontakt kommen; auch unter Chruschtschow war der Polizeiapparat allgegenwärtig. Die Journalisten haben nur die Fragen gestellt, die ihnen genehmigt wurden. Die Arbeiter in den Fabriken - es waren vor allem Turbinenfabriken, die man uns zeigte - waren durch und durch Proletarier, richtige Arbeitergestalten, aber schweigsam. Wenn einer von uns auf die Idee gekommen wäre, sich als Arbeitervertreter zu bezeichnen - und mancher wäre berechtigt gewesen -, er hätte wohl kaum eine befriedigende Antwort erhalten. Die russische Wirklichkeit konnte man also nicht kennenlernen. Ich erinnere mich an eine einzige Szene; das war in Leningrad bei einer Pelzauktion. Als es den Pelzhändlern aus der ganzen Welt zu langweilig wurde, gingen sie in ein Kabarett, in dem jiddisch gesprochen wurde. Ein skandinavischer Pelzhändler fragte einen der Besucher des Kabaretts nach dem antistalinistischen Tauwetter; ob es denn jetzt unter Chruschtschow besser sei als früher. Und da hat dieser Mann geantwortet: besser nicht, aber schöner. Das ist für mich eine der wenigen ergreifenden Anekdoten, die ich in Rußland erlebt habe. Ansonsten waren die Besuche in der Sowjetunion erlebnisarm, und man konnte sich nur seine eigenen Gedanken machen.

Moskau ist ein administratives Zentrum, aber nicht unbedingt ein Wasserkopf. Bei der Ineffizienz, die uns das russische Wirtschaftsleben immer wieder vermittelt, übersehen wir nämlich leicht ein Zentrum, das uns verborgen bleibt und das unendlich präzise funktioniert: die Armee. Die Rüstungsindustrie, die eine Ökonomie sui generis darstellt, verfügt über alles: die neueste Technik, die gigantischsten Anlagen, die bedeutendsten Köpfe. Immer wenn einem die russische Technologie im militärischen und paramilitärischen Bereich davonzulaufen schien, entschloß man sich in den Vereinigten Staaten, ähnliche Einrichtungen zu schaffen, die keine Rücksicht mehr nahmen auf das »free enterprise«; in den fünfziger Jahren war das die NASA, jetzt ist es SDI. Die großen Entdeckungen und Eroberungen der modernen Wissenschaft und Technologie sind jedenfalls nicht unter dem Stern eines »free enterprise« entstanden, sondern unter Verwaltungen, die öffentlicher oder staatlicher Kontrolle unterstanden.

Ich habe immer vor der im selbstgefälligen Westen naheliegenden Vorstellung gewarnt, nach der sich alles immer in Richtung des Kapitalismus westlicher Prägung oder zumindest auf die westliche Industriegesellschaft hin entwickeln müsse. Ich habe das in dieser Absolutheit immer bestritten. Und wir sehen es jetzt in China: Dort ist dieser Entwicklung rascher die Bremse angelegt worden, als man erwartet hatte.

Der Kommunismus ist eigentlich wie eine Religion: Auch wenn ihre Träger die Gebote nicht beachten, so können sie doch die Religion nicht ohne weiteres preisgeben, weil ihre persönliche Existenz darauf aufbaut. Theoretisch kann einer der Kardinäle des Kreml durchaus ein Atheist sein - oder zumindest ein Agnostiker -, aber er wird sich hüten, das zuzugeben. Dies erinnert mich an eine letzte Chruschtschow-Anekdote. Als Chruschtschow einen großen Empfang für den ersten Kosmonauten Juri Gagarin gab, hat der Metropolit, der ein gläubiger Mann gewesen sein soll, den Kosmonauten auf die Seite genommen und ihn gefragt, ob er denn da oben in aller Einsamkeit, jenseits unserer Vorstellungen, einem überirdischen Wesen begegnet sei. Gagarin soll geantwortet haben: »Genosse Metropolit, ich muß Sie enttäuschen, ich habe nichts bemerkt.« Worauf der Metropolit geantwortet haben soll: »Hab' ich es mir doch gedacht.« Und dann wurde er von Chruschtschow an den »Thron« gerufen. Und Chruschtschow stellt ihm die Frage: »Genosse, wie du da oben ganz allein über allen schwebtest, hattest du da den Eindruck, daß du einem überirdischen Wesen begegnet bist?« Und der schlaue Gagarin sagt: »Genosse Chruschtschow, wenn du es mir nicht verübelst, ich hatte dieses Gefühl.« Darauf Chruschtschow: »Hab' ich es mir doch gedacht.« Diese simple kleine Geschichte zeigt, wie stark sehr viele Menschen in einer Vorstellungswelt leben, der sie sich nicht ganz zugehörig fühlen und in der sie dennoch verharren. Mir scheint hier ein Bedeutungswandel vorzuliegen: Ideologie muß gar nicht immer das sein, woran man absolut glaubt, sondern ist oft nur das, was einem zu vertreten zweckmäßig erscheint.

In den letzten Jahren spürt man einen neuen Geist über dem Roten Platz. Wenn man heute den Abend am Roten Platz verbringt, der im übrigen ohne sichtbare Bewachung ist, hat man den Eindruck, daß die Besucher, die zu Tausenden dorthin strömen, sich am Puls der Zeit wähnen, und so laufen sie auf und ab im Schatten der gewaltigen Gebäude, in denen das Neue beschlossen wird. Ich habe von Anfang an nicht zu denen gehört, die sich den Kopf darüber zerbrechen, ob man Gorbatschow trauen könne oder nicht. Wer so offen redet wie Gorbatschow, kann nicht eine gigantische Irreführung des sowjetischen Volkes im Auge haben. Andererseits schien es mir ausgeschlossen, daß Gorbatschow sich sozusagen in demagogischer Verschwörung mit den Sowjetbürgern befindet, die bei einem solchen Schwindel mitmachen. Wenn man sich einmal öffentlich zu Veränderungen bekannt hat, dann muß man dafür einstehen. Was als Ergebnis herauskommt, ist eine andere Sache. Jedenfalls sind sich diejenigen, die der Entwicklung in der Sowjetunion nicht böswillig gegenüberstehen, heute schon im klaren darüber, daß es sich um gigantische Reformen handelt, die ungeheuer schwer zu verwirklichen sein werden. Wie alle Reformen sind auch diese von der Frage überschattet, ob es sich um systemimmanente oder um systemverändernde Reformen handelt. Dies ist der alte Gegensatz zwischen reformistisch und revolutionär, der die Debatten der Arbeiterbewegung seit je beherrscht. Gorbatschow hat sicherlich genug marxistische Vorbildung, um zu wissen, daß, wenn systemimmanente Reformen eine gewisse Quantität erreichen, sich ihre Qualität ändern muß. Der dialektische Prozeß besteht darin, daß von Gorbatschow als systemimmanent deklarierte Reformen in Wirklichkeit Strukturreformen und damit systemverändernd sind. Wenn sie ein solches Maß erreichen, daß sich der Charakter der Reformen selbst verändert, sind sie revolutionär. Dies bleibt jedoch abzuwarten, und es ist Skepsis geboten.

Ich möchte betonen, daß selbst die asymptotische Annäherung – und mehr kann man sich ja nicht wünschen – schon ihre Bedeutung hat. Perestroika ist jedenfalls bei der Größe des russischen Reiches ein Phänomen, das in seiner Bedeutung nicht unterschätzt werden kann. Es gibt Beobachter, die sagen, das alles gelte ja nur für Moskau; in Taschkent oder irgendwo sonst draußen im Land hätten die Wogen der Gorbatschowschen Politik die Ufer nicht erreicht. Das mag sein. Aber die Revolutionen und die großen Veränderungen sind immer nur von Gruppen von Menschen ausgelöst und herbeigeführt worden, die gewußt haben, worum es geht. Es ist also zunächst von ganz sekundärer Bedeutung, inwieweit die zentralen Ideen in die äußeren Winkel eines riesigen Reiches ausstrahlen.

Es stellt sich die Frage: Wer muß dagegen sein? Mitglieder der sogenannten Nomenklatura, die sich bedroht fühlen. Aber die Nomenklatura besteht nicht nur aus unwürdigen Bürokraten und Privilegierten. Man weiß, daß die wichtigsten Schriftsteller, Künstler und Journalisten, die sicher zur Nomenklatura gehören, die Reformen begrüßen und mit einer Willigkeit mittun, wie sie von kritischen Menschen nicht so ohne weiteres zu erwarten ist. Daß selbst Sacharow zu denen gehört, die sich aktiv einsetzen, scheint mir dafür charakteristisch zu sein. Zu den ersten, bei denen Gorbatschow auf Resonanz stieß, zählten die sowjetischen Diplomaten draußen in der Welt. Auf der anderen Seite stehen Emporkömmlinge, Karrieristen, brutale Bürokraten, die keine große Freude mit den Reformen haben. Für sie gilt das Wort Ovids: »Trifft auch nur einen der Blitz, so setzt er doch viele in Schrecken.« Es kann durchaus sein, daß sie mehr fürchten, als sie fürchten müßten, und es kann auch sein, daß alles auf halbem Weg oder noch früher steckenbleibt. Auf jeden Fall ist der Prozeß eingeleitet, und ich halte es vom Standpunkt einer modernen westlichen Demokratie aus für das klügste, nicht schuld daran zu sein, daß große Gelegenheiten verpaßt wurden.

6. Kapitel

Vom Niveau der heutigen Politik

Dieses Kapitel handelt von der Bedeutungslosigkeit der Männer und Frauen, die seit einigen Jahren die Regierungsgeschäfte in der Welt führen. Was mich erschüttert, ist nicht so sehr ihre intellektuelle Unfähigkeit, sondern die Tatsache, daß viele Politiker verkünden und vertreten, was gar nicht ihrer eigenen Denkarbeit entsprungen ist, und daß die Leute anscheinend bereit sind, sich damit abzufinden. Die krasse Unbildung der modernen Politiker, denen man die höchsten Ämter zu Bedingungen überläßt, die ich mir für mich selber jedenfalls nicht vorstellen könnte, das Abhandenkommen aller geistigen Voraussetzungen ist so erschütternd, daß ich mich frage, woher sie eigentlich den Mut zur Politik nehmen. Natürlich ist auch ein Politiker mit Bildung und Urteilsvermögen nicht gegen Fehler gefeit, aber wenn er versagt, so ist das auf mangelnde Information oder auf falsche Urteile zurückzuführen, und beim nächsten Mal wird er diesen Fehler nicht wieder begehen. Menschen, die nachdenken, kommen manchmal eben auch zu falschen Schlüssen; nur die, die nicht nachdenken, kommen zu gar keinen Schlüssen.

Nehmen wir zum Beispiel Reagan. Das ist ein Mann von profunder Unbildung. Er ist insoweit ehrlich, als er auf mehr gar nicht insistiert; er ist schon froh, wenn man ihm ein politisches Wort abnimmt, das ihm seine Berater eingebleut haben. Margaret Thatcher ist im Unterschied zu Reagan intelligent. Aber wahrscheinlich würde es ihr nie einfallen, ein Shakespeare-Zitat zu verwenden, auch wenn sie es selbst gefunden hätte, weil dies in ihren Augen geistige Hochstapelei wäre. Als halbgebildete Kleinbürgerin fühlt sie sich in dieser Beziehung einfach nicht sicher genug und hat Angst, sich die Finger zu verbrennen.

Der einzige »Homme de lettres« unter den gegenwärtigen Spitzenpolitikern ist Mitterrand, ein literarisch versierter und gebildeter Mann und ein guter Schriftsteller obendrein. Neben ihm können noch einige südeuropäische Sozialisten wie Papandreou, González und Soares bestehen, die ich aber eher als Intellektuelle bezeichnen möchte. Die, auf die es ankommt, sind in Wirklichkeit jedoch keine originären Talente.

Die zunehmende Unbildung unter den Spitzenpolitikern ist in erster Linie darauf zurückzuführen, daß sie an derartigen Kategorien nicht interessiert sind. Sie kalkulieren schlicht und einfach und sagen sich, Bildung ist nicht interessant genug, und eventuelle Mängel werden durch die Public Relations schon überdeckt. In den fünfziger Jahren hat man sich noch die Mühe gemacht, Adenauers Stil zu analysieren; angesichts seiner politischen Bedeutung und der nicht zu leugnenden Kraft seiner Persönlichkeit waren das kleine Attacken, die nicht mehr als ein paar Kratzer hinterließen. Heute gehört es fast zum guten Ton, nicht allzu gebildet zu erscheinen und gar nicht abzuleugnen, daß man sich auf Zuträger und sonstige Hilfskräfte verläßt. Aus Amerika kommt die furchtbare Unsitte, daß diejenigen als die besten Ghostwriter gelten, die so formulieren, wie ihr Chef formulieren würde. Der perfekte Ghostwriter versucht gar nicht erst, eigene Gedanken auszudrücken, sondern ist stets bemüht, auf das Niveau dessen herunterzusteigen, für den er schreibt. So entsteht jener Teufelskreis aus Mimikry und Unbildung, der am Ende dazu führt, daß die Politik jegliche Faszination verliert.

Für einen Intellektuellen, der das Zeug dazu hat, in einem akademischen Beruf erfolgreich zu sein, ist es heute nicht mehr attraktiv, in die Politik zu gehen. Das gilt für Juristen ebenso wie für Ökonomen. Abgesehen von den Unbilden der Politik im allgemeinen und den Zwängen der Parteipolitik im besonderen sind auch die Verdienstmöglichkeiten sehr viel geringer. Und haben nicht die Manager eines großen Wirtschaftsunternehmens im Grunde mehr Macht als der Politiker, der unablässig herumrennt und vor Ausschüssen, vor Gremien und vor dem Parlament sein Tun rechtfertigen muß? Wer wegen der Macht in die Politik geht, der wird enttäuscht. Selbst den führenden Leuten wird, wenn sie sich nicht einfach über demokratische Prinzipien hinwegsetzen wollen, unter dem Prätext der inneren Demokratie vieles vorgeschrieben.

Natürlich ist das Ringen um die richtige Meinung Teil des politischen Lebens. Für mich jedenfalls war es immer unabdingbar, das, was ich als richtig erkannt hatte, nicht nur durchzusetzen, sondern auch zu versuchen, andere davon zu überzeugen. Ich habe immer versucht, eine Mehrheit zu gewinnen. Daß diese Mehrheit sehr oft einstimmig war, hat mich fast ein wenig beschämt, und manchmal habe ich mir sogar gewünscht, daß mein Wahlresultat am Parteitag nicht so eindeutig ausfallen möge, weil ich mir gesagt habe, es könne doch nicht mit rechten Dingen zugehen, wenn ich unter fünfhundert Delegierten gar keine Feinde hätte.

Von Jugend auf fühlte ich die Gabe, äußerst komplizierte Zusammenhänge, soweit ich sie durchschaute, auch anderen vermitteln zu können. Ich verstand mich bewußt als terrible simplificateur, das heißt, ich versuchte so zu reden, daß ich für kenntnisreiche Zuhörer keine Zumutung darstellte und dennoch für den Stahlarbeiter verständlich war. Das ist natürlich ein Kunststück, weil der Arbeiter gewöhnlich nicht über jenes gedankliche Training verfügt wie einer, dessen Familie sich vielleicht seit Generationen mit geistigen Fragen auseinandersetzt. Es ist für mich faszinierend, wenn ich Widerhall gerade bei denen finde, die es nicht nötig haben zu klatschen, wenn sie etwas nicht verstanden haben.

Der Mangel an politischen Begabungen in den achtziger Jahren ist augenfällig. Die Ebbe tritt in verschiedenen Länder zu verschiedenen Zeiten ein, meiner Meinung nach immer dann, wenn eine bedeutende Führungspersönlichkeit ausscheidet. Im Kreis der Leute, die um die Großen herum sind, stehen nicht gleich wieder Große zur Verfügung. Es bedarf eines gewissen Zeitraums, bis neue Talente einsatzfähig sind. Ich schätze, daß in Österreich beim zweiten oder dritten Wechsel sehr gute Leute kommen werden. Wenn sie sich durchsetzen und wenn es den anderen gelingt, ihnen zum Durchbruch zu verhelfen, dann wird es auch an der Spitze der österreichischen Sozialdemokratie ebenso wie an der Spitze der Österreichischen Volkspartei wieder sehr gute Leute geben. Von denen, die heute gut administrieren und ihre Pflicht erfüllen, sind vielleicht einige zu lange im Amt, denn nichts ist schlechter für einen Minister, als ewig Minister zu sein; es ist kein gutes Zeugnis für ihn, wenn es ihn auf die Dauer befriedigt. Aber unter den jüngeren Mitgliedern der Bundesregierung gibt es einige wenige, die die besten Voraussetzungen mitbringen: Ehrlichkeit, ein profundes Wissen in entscheidenden Fragen und ein hohes Maß an Fleiß und Selbstdisziplin. Der beste Mann für ein Amt ist immer der, der sich nicht darum bewirbt. Eigene Erfahrungen haben mich zu dieser Überzeugung gebracht.

Viele halten die Frage, was denn eine große Persönlichkeit ausmache, für eine Frage der Klasse oder der Herkunft. Ich kann mich dieser Meinung ebensowenig anschließen wie jener anderen, idealistischen Auffassung, nach der große Persönlichkeiten stürmischer Zeiten bedürfen, weil sie im Sturm gewissermaßen reifen. Ich glaube vielmehr an das Zusammenspiel vieler Kräfte und Umstände. Ich habe bereits angedeutet, daß ich seit einigen Jahren eine zunehmende Tendenz erkenne, jungen Leuten eine Chance zu geben. Diese Tendenz wird sich wahrscheinlich fortsetzen, und junge Menschen werden mit einem großen Vorschuß an Vertrauen empfangen werden. Es wird an ihnen liegen, dieses Vertrauen zu rechtfertigen.

Am Ende wird sich aber auch für sie die Frage stellen: Wie lange können sie eigentlich ganz oben bleiben? Das ist das eigentliche Problem bei jungen, unverbrauchten Leuten. Wenn einer mit 30 oder 40 an die oberste Spitze kommt und durchhält, soll er dann, da das ideale politische Alter nach wie vor wahrscheinlich bei 60 liegen wird, tatsächlich dreißig Jahre und länger an der Spitze bleiben? Es wird viele andere junge Leute geben, auch in anderen Parteien, die, angestachelt durch das Vorbild, zu der Auffassung gelangen, sie könnten es ebensogut, und so wird es zu einem harten Konkurrenzkampf zwischen den Jungen kommen. Auf diese Weise werden wir im letzten Jahrzehnt dieses Jahrhunderts eine Regeneration in der Politik erleben - vorausgesetzt, daß dieser rollende Planet weiter existieren wird; das kann man natürlich nicht voraussehen, denn unser Schicksal ist in die Hände von Leuten gegeben, die nicht die besten Voraussetzungen mitbringen und die den Ernst der Lage nicht zu begreifen scheinen. Es ist ein großes Glück, daß in der Sowjetunion ein Mann ans Ruder gekommen ist, von dem zwar niemand weiß, was er tatsächlich zustande bringen wird und wieviel von all dem wahr ist, was man ihm zuschreibt, der aber doch zu den jungen Kräften von heute zählt - und damit auch zu denen von morgen. Ein neues Gesicht, ein neuer Stil, eine neue Art zu reden: all das weckt Hoffnungen, und Gorbatschow wird zeigen müssen, was er kann.

Natürlich sind auch die Jungen nicht gefeit gegen die Versuchungen der Macht. Das verfluchte Geld hat schon manch einen von ihnen zu Fall gebracht. Die kleinen Gefälligkeiten werden unter der Hand zu großen, und ehe man sich's versieht, hat man sich im Netz der Korruption verfangen. Das ist einfach der Widerspruch, mit dem wir leben in dieser bürgerlichen Welt: Auf der einen Seite, nämlich auf der rechten, verkünden die Politiker, daß die beste aller Welten die ist, in der dem Profitstreben keine Schranken gesetzt werden. Der Neokonservatismus verkündet das, als wenn es eine neue Heilslehre wäre. Dabei gehört es nun einmal in der Gesellschaft, in der wir leben, zu den Binsenwahrheiten, daß nur der wirtschaftliche Erfolg zählt; dieses Prinzip ist allgemein anerkannt und daher moralisch gerechtfertigt. Die materielle Seite unserer Gesellschaftsordnung wird den jungen Leuten als ein durchaus legitimes Lebensziel verkündet.

Auf der anderen Seite verlangt man von den Politikern und allen, die sich im Dunstkreis des sogenannten öffentlichen Wohls befinden, daß sie dieses Prinzip für sich nicht gelten lassen dürfen, ja daß sie es vehement ablehnen und überall dort, wo sie ihm auf die Spur kommen, verfolgen müssen. Ein mittlerer österreichischer Beamter, der 30.000 bis 40.000 Schilling brutto verdient, hat es in seiner Eigenschaft etwa als Steuerinspektor mit Leuten zu tun, die ein Zehnfaches oder Fünfzigfaches verdienen, die ihre Jachten, ihre Villen, ihre Domizile in fernen Ländern haben. Derjenige, der ihnen das alles verschafft oder zumindest ermöglicht, ist oft genug der Steuerinspektor selbst, der ihnen die entsprechenden Genehmigungen erteilt. Dieser erlebt nun seine ganze Armseligkeit doppelt hart; er empfindet den krassen Gegensatz zu der Philosophie, die er täglich verkünden muß, und dann entsteht der berühmte »Kontakt«, von dem die Neurologen berichten. Es kommt zu einem sonderbaren Sprung, der Mann wird korrupt und bleibt es, solange er lebt. Diesen Zwiespalt der menschlichen Natur können wir nicht überwinden, auch wenn wir noch so viele Maßnahmen ergreifen. Die Frage lautet deshalb: Wo liegt die vertretbare Grenze? Da ich aus der Politik ausgeschieden bin und auf die täglichen Entscheidungen in meinem Land keinen Einfluß mehr nehme, könnte ich meine Kenntnisse und meine Erfahrungen durchaus großen Unternehmungen zur Verfügung stellen. Das wäre nach den gesellschaftlichen Vorstellungen nichts Amoralisches. Nur darf man dann nicht insistieren, in der österreichischen Politik weiterzuwirken.

Im 19. Jahrhundert mag das anders gewesen sein. Manch einer hat damals die Politik als ein Mittel betrachtet, um reich zu werden. Metternich zum Beispiel hat vom Zaren und vom Preußenkönig gewaltige Beträge erhalten, weil sie in ihm ihren Vollzugskanzler gesehen haben, der für sie die Politik exekutierte. Niemand nahm Anstoß daran, daß Talleyrand als Außenminister Napoleons ein Monatsgehalt von einer ausländischen Macht bezog oder Bismarck mit der Hilfe des Bankiers Bleichröder spekulierte, indem er seinen Vorsprung an Informationen nutzte und so ein riesiges Vermögen anhäufte.

Hysterie als Folgeerscheinung skandalöser Zustände kann ich zwar nicht billigen, aber da die Österreicher überhaupt kein Sensorium für die Korruption haben, wäre ein gewisses Maß an Hysterie bestimmt heilsam für alle. Große Parteien haben grundsätzlich eine gewisse Neigung zur Korruption. Das Kriterium muß lauten: Führt diese oder jene Handlung, diese oder jene Entscheidung zur Bereicherung durch politische Macht? Natürlich kann das in der Praxis sehr unbehaglich werden. Das schlechte Gewissen ist in der Politik oft ein Faktor, der eine Verbesserung politischer Umstände verhindert.

Die Neigung der Menschen, das Phänomen des Steuerbetrugs als Kavaliersdelikt zu betrachten, führt dazu, auch diejenigen zu entschuldigen, die es auf Steuerbetrug anlegen. Wer dagegen Stellung nimmt, gilt als altmodisch und macht sich lächerlich. Das ist nun einmal so. Wir machen ja nicht Politik in der moralisch besten aller Welten. Wir vertreten im Wirtschaftsleben eine calvinistische Philosophie, die das Geldverdienen und das Reichwerden als gottgefällig preist, und im politischen Leben wollen wir plötzlich eine Vereinigung von Engeln beisammen haben. Wenn ich mein Leben Revue passieren lasse, so komme ich zu dem Schluß, daß es sich um einen unauflösbaren Widerspruch unserer Demokratie handelt, mit dem wir fertig werden müssen.

In allen Bereichen der Partei gibt es veraltete Organisationsstrukturen, die längst überholt sind. Zum Beispiel die Tatsache, daß die Parteimitglieder in ihren Wohnungen besucht und dort auch die Beiträge kassiert werden. Das hat sich sehr bewährt in der Zeit der großen Arbeitslosigkeit, aber heute sitzen die Leute in den Betrieben und Büros, zu denen wir als Partei nur schwer Zugang haben. Es ist nicht leicht, aus seiner Haut zu schlüpfen.

Ein Teil der Krise der großen Parteien läßt sich darauf zurückführen, daß das alte Prinzip der Demokratie, die Gewaltenteilung, nicht nur nicht beachtet wird, sondern auch gar nicht mehr gelten kann. Wenn man heute im Parlament die Sozialpolitik verhandelt, braucht man den Sozialpolitiker als Experten; der Mann, der das Gesetz mitberät und entscheidend beeinflußt, wird später zum Exekutor dieses Gesetzes. Das paßt hinten und vorn nicht mehr. Eine Antwort vermag ich nicht zu geben. Wir müssen wohl andere politische Moralgrundsätze aufstellen - welche, das müssen diejenigen klären, die jetzt anfangen, politisch zu denken. Marx hat einmal gesagt, daß sich in der Geschichte die Ereignisse alle wiederholen, das eine Mal als Tragödie, das andere Mal als

Farce. Ähnlich ist es in der parlamentarischen Demokratie: Alles beginnt als Prinzip und wird später zu einer nicht mehr exekutierbaren Leerformel, die der soziologischen Wirklichkeit nicht mehr entspricht.

Die Parteien sind stärker als die Institutionen des Staates. Sie genießen zumindest den Vorteil, innerhalb und außerhalb der Institutionen zu stehen, und das steigert ihren Einfluß. Ich habe gewisse Anpassungen vorgenommen, die sich inzwischen bewährt haben, wie zum Beispiel das Parteiengesetz, nach dem Spenden an politische Parteien öffentlich zu erfolgen haben. Sie brauchen nicht Tag für Tag in der »Wiener Zeitung« publiziert zu werden, aber sie müssen doch so verbucht werden, daß sie als Parteispenden identifizierbar sind. Ich wurde seinerzeit von allen drei Parteien bekniet, von einer Gesetzesänderung abzusehen; sie behindere die Finanzierung der Parteien. Ich habe mich nicht darauf eingelassen; jetzt, da die Parteien diese Frage wieder aktualisieren wollen, habe ich die stille Hoffnung, daß die Flick-Affäre sie daran hindern wird.

Es gibt also gewisse Möglichkeiten, vorausschauend einige Weichen zu stellen, ohne daß damit freilich eine wirkliche Reform eingeleitet wäre. Sehr viel habe ich zum Beispiel mit der Gründung der Politischen Akademien erreicht, die von allen drei Parteien angenommen wurden und die besonders bei jungen Leuten, die noch bildbar sind, manches Wunder vollbringen. In dem Maße, wie wir uns darum kümmern, aus den jungen Leuten herauszuholen, was in ihnen steckt, schaffen wir auch Hoffnung, die Hoffnung nämlich, daß sie eines Tages die notwendigen Reformbestrebungen einleiten. Parteireformen können immer nur von innen heraus verwirklicht werden, denn Parteien sind wie Muscheln, die sich dem Einfluß von außen am liebsten verschließen. Es gibt vieles, wozu die eigene Kraft nicht ausreicht und wozu es des Anstoßes von außen bedarf - nur einem Münchhausen konnte es gelingen, sich am eigenen Zopf aus dem Sumpf zu ziehen. Aber die Parteien wollen nicht, daß man ihnen von außen dreinredet; gerade das ist ja der Sinn von Parteien. Sie wollen einseitig sein, wollen *ihre* Wahrheit verkünden und werden nie einsehen, daß es eben deshalb verschiedene Wahrheiten in der Politik gibt.

Wahrscheinlich bin ich vom Charakter her zu unbeweglich, als daß ich alle die Feindschaften, die es in der Politik gibt, hätte mitmachen können. Ich habe sicherlich hier und da ein wenig aufgespeichert, aber es war nie dramatisch. Ich war eher darauf aus, Feindschaften womöglich zu überwinden, mich um den politischen Gegner weniger zu kümmern, als der es vielleicht gewünscht hätte. Ich konnte zubeißen und sehr hart sein, manchmal vielleicht auch härter als notwendig, aber die Polemik war nicht mein Lebenselixier. Ich hielt es für ergiebiger, mit einer guten Politik an der Polemisierung vorbeizuziehen und mir lieber anschließend Kritik gefallen zu lassen. Ich kann mich nicht beschweren: Meine ersten Regierungserklärungen 1970 und 1971 wurden von stürmischen Zwischenrufen begleitet, die mich daran hinderten, zu Ende zu sprechen. Erst 1975 hat man mich relativ ruhig eine Regierungserklärung zu Ende führen lassen.

Niemals, auch nicht in den dunkelsten Stunden der Ersten Republik, habe ich mich der Hoffnungslosigkeit ergeben, und ich glaube, daß ich mir diese positive Lebensauffassung über alle Zeiten hinweg bewahrt habe. Ich habe mich immer bemüht, dorthin zu gehen und mit denen zu reden, von denen man glaubte, daß sie meine Feinde wären. Denn nur wenn man im Kontakt miteinander steht, läßt sich der Augenblick erfassen, in dem ein Fortschritt möglich ist. Die meisten Menschen legen sich statt dessen in das Faulbett des Hasses. Es gibt ja kein bequemeres Faulbett in der Politik als den Haß, der einen jeder Schwierigkeit enthebt; wer ihm einmal verfallen ist, kann ihn ewig prolongieren. Ich habe mich dieser Versuchung immer widersetzt und war stets bemüht, mich von diesen Haßgefühlen frei zu machen, weil ich sie als unproduktiv empfinde. Als der von mir sehr verehrte Wiener Bürgermeister und Vorsitzende der Sozialdemokratischen Partei, Karl Seitz, seine Rede auf dem internationalen Jugendkongreß 1929 in den Satz münden ließ: »Hütet in der Jugend den Haß, aber nicht den Haß gegen Menschen und Völker [...] sondern den Haß gegen Einrichtungen«, meinte ich anschließend in kleinem Kreis, daß das inhaltlich alles richtig gewesen sein mag, nur gesagt hätte ich es so nicht. Ich glaube nicht, daß der Haß eine schöpferische Funktion in der Politik hat; er taugt im besten Fall zur Proselytenmacherei, weil sich aus ihm einfache Formeln ableiten lassen, die den politischen Gegner zum Buhmann stilisieren.

Meinem ganzen politischen Wesen, dem, was ich politisch repräsentiere, widerspricht diese Auffassung. Das hat mich immer wieder in sehr ernste Konflikte gebracht und zu Feindschaften geführt, die ich nicht gesucht habe. Das Denken in Freund-Feind-

Kategorien hängt, wenn ich so sagen darf, mit der vulgärmarxistischen Auffassung zusammen, die die Welt in fortschrittliche und reaktionäre Kräfte einzuteilen bestrebt ist. Von den Grundlehren des Marxismus ist nämlich sehr viel mehr geblieben, als man es heute gemeinhin wahrhaben will. Und es gibt darüber hinaus späte Bestätigungen der marxistischen Analyse. Auf der einen Seite haben wir heute die Reservearmee des Proletariats, die sich in knapp 30 Millionen Arbeitslosen in den Industriestaaten manifestiert sowie in der relativen Schwäche der Gewerkschaften. Auf der anderen Seite haben wir die extreme Konzentration des Kapitals, die Agglomeration der multinationalen Konzerne, die auf sämtlichen Weltmärkten agieren: die Japaner mit den Amerikanern, die Amerikaner mit den Deutschen, die Holländer mit den Japanern und so weiter. Wir haben es mit einem Konkurrenzkampf der Supergiganten zu tun, die sich letzten Endes verständigen werden; da es keine Möglichkeit gibt, diese Supergiganten zu besiegen, hat man einen Modus vivendi geschaffen, aber die Wirtschaft ist immer einen Schritt voraus. Das, was sich in den Direktionsetagen der Weltkonzerne abspielt, findet dann in der Politik seinen sonderbaren Nachvollzug.

Mein ganzes Leben lang bin ich ein engagierter Mensch gewesen, der sich einfach nicht damit abfinden wollte, sich am Wochenende in seinen kleinen Schrebergarten zu verkriechen und dort seinem Hobby zu frönen. Ich wollte immer dort sein, wo etwas geschieht, ganz gleich, ob dort Unrecht bekämpft oder Recht verteidigt werden mußte. Alles, was von Menschen geschaffen wird, unterliegt menschlichen Schwächen, und dagegen muß man etwas tun. Es ist wie mit einem Krebsgeschwür, und die Politiker sind in einer ähnlichen Situation wie die Mediziner, die nicht wissen, wie man den Krebs bekämpft, und die dennoch nicht aufhören, darüber nachzudenken, zu forschen und zu experimentieren. Wir müssen zur Kenntnis nehmen, daß gewisse Umstände so und nicht anders sind, aber das bedeutet noch lange nicht, daß wir bereit sein müssen, sie als unumstößliche Tatsachen hinzunehmen. Ich bin in der Politik immer für eine positive Änderung der Verhältnisse eingetreten und werde bis zum letzten Augenblick dafür kämpfen. Oft genügt es schon, wenn ich dadurch in der Lage bin, einige Antworten zu formulieren.

Weisheiten sind immer sehr einfach. Die praktische Weisheit der Politik ist die, daß man niemals die Alternative aus dem Auge verlieren darf. Denn was ist ein Politiker wert, der sich keine

Gedanken darüber macht, was passiert, wenn die Sache schiefgeht? Ich habe immer in Alternativen gedacht: Was geschieht, falls das, was ich anstrebe, nicht erreicht werden kann? Das war für mich bei der Behandlung grundlegender Probleme ausschlaggebend und hat mir geholfen, Entscheidungen zu finden und mich nicht allzusehr in die falsche Richtung zu bewegen.

Es muß immer einen Verhandlungstisch geben, die Bereitschaft, miteinander zu reden. Wenn es diese Bereitschaft in den zwanziger und dreißiger Jahren in Österreich gegeben hätte, dann hätte man sich viel menschliches Leid erspart. Ich habe dies im ersten Band an einer Reihe von konkreten Beispielen gezeigt. Wenn es erst einmal einen Verhandlungstisch gibt, wird den Leuten, sobald sie daran gewöhnt sind, rasch klar, daß sie, wenn sie von diesem Tisch aufstehen, früher oder später doch wieder an ihn zurückkehren müssen. Deshalb kämpfe ich auch in der Frage des Nahen Ostens so stark um einen gemeinsamen Verhandlungstisch. Es wird geteilte Meinungen geben, und nichts ist wichtiger, als in bestimmten Situationen geteilte Meinungen zu provozieren. Aber niemand wird es wagen, als erster das Tischtuch zu zerschneiden.

Es ist für mich schon früh ein politischer Grundsatz gewesen, in Auseinandersetzungen nie so weit zu gehen, daß man es durch persönliche Beschimpfungen dem anderen unmöglich macht, weiterhin mit uns zu reden. Warum kann ein Politiker, der sich die Selbstachtung erhalten hat, eine vulgäre Beschimpfung seines politischen Gegners nicht einfach übergehen? Viele meiner Freunde meinen, dies sei kein Standpunkt; man dürfe sich nicht alles gefallen lassen. Das ist richtig, aber dennoch bin ich anderer Ansicht: Wenn einer sich zu persönlichen Beleidigungen hinreißen läßt, warum sollte ich dann anders mit ihm umgehen, als wenn er mich im bürgerlichen Leben beleidigt hätte? Warum sollte ich ihm mit gleicher Münze heimzahlen, wo doch die Nichtbeachtung ihm eine Lehre sein wird? Das ist für mich ein kategorischer Imperativ, und ich bin damit in der Politik ganz gut gefahren.

Sobald es im Parlament zu exzessiven Beschimpfungen persönlicher Art kam, ist eine sogenannte Eiszeit eingetreten. Da lief eine Zeitlang nichts mehr - bis die Schuldigen gekommen sind und ihre Äußerungen modifizierten. Ich habe nie eine öffentliche Entschuldigung verlangt; mir genügte es, wenn die Betroffenen erkannten, daß sie taktlos gewesen waren und die Grenzen überschritten hatten, die auch in der Politik nicht überschritten werden sollen. Indem ich zu Leuten, die sich persönlicher Beleidigungen gegen mich schuldig gemacht hatten, jegliche Beziehung abbrach, wollte ich vermeiden, verletzt oder beleidigt zu erscheinen. Ich war immer nur dann beleidigt, wenn ich es für politisch notwendig hielt, beleidigt zu sein. Und auf diese Weise gelang es mir, einige sehr unerfreuliche Gestalten loszuwerden beziehungsweise, was mir viel wichtiger erschien, auf einen besseren Weg zu führen.

Immer wieder im Laufe meines politischen Lebens wurde ich mit der Frage konfrontiert: Was ist denn nun eigentlich der Unterschied zwischen euch Sozialdemokraten und der bürgerlich-konservativen Partei? Ihr seid doch einander schon recht ähnlich geworden, und niemand will euch das Erreichte streitig machen. Ich glaube, daß es sich hier um eine Verwirrung handelt, die den Konservativen zugute kommt, weshalb sie auch meist nicht widersprechen. Aber gerade in jüngster Zeit ist wieder sichtbar geworden, worin der grundsätzliche Unterschied zwischen sozialdemokratischer und bürgerlich-konservativer Politik besteht. Ich will es an einem Beispiel erläutern.

Der sogenannte Neokonservatismus, der in Wirklichkeit ein sehr altmodischer Kapitalismus ist, weil er die Ladenhüter des klassischen Manchester-Liberalismus wieder hervorgeholt hat, vertritt zum Beispiel in der Schulpolitik Thesen, die dazu führen, daß einer der höchsten amerikanischen Diplomaten sein Amt verlassen und sich einen Posten in der freien Wirtschaft suchen muß, weil sein Gehalt einfach nicht ausreicht, seinen Kindern eine gute Ausbildung in einem teuren College zu finanzieren.

Das kann in Österreich nicht passieren: In Österreich stehen heute die Schultore jedem offen. Auch wenn viele die Bedeutung unserer Schulreform nicht erkannt haben, fest steht: die Universitätsausbildung ist längst keine Klassenfrage mehr, keine Frage des Portemonnaises, sondern jeder kann seinen Kindern die Ausbildung zukommen lassen, die er für sinnvoll hält. Das mag auch Nachteile haben - daß wir zu viele Akademiker bekommen und daß wir nicht allen Arbeit geben können -, aber gesellschaftspolitisch ist eine solche Reform patriotischer als jeder Neokonservativismus, weil wir die Ressourcen des *ganzen* Volkes wahrnehmen, statt uns nur auf eine gewisse Klasse zu stützen.

Wenn die Klassengegensätze aufgrund der sozialdemokratischen Reformpolitik in den siebziger Jahren gemildert wurden: die rückläufige Entwicklung in den achtziger Jahren droht manche unserer Errungenschaften zunichte zu machen. Die neu aufbrechenden Gegensätze, die vor allem in England, aber auch in Frankreich und Deutschland zu beobachten sind, nehmen Dimensionen an, die die Verantwortlichen vor erhebliche Probleme stellen. In der Zeit, in der die Sozialdemokratie unbestritten die Regierungsmacht ausübte, hat die Opposition nicht so differenzieren wollen und mit ihren ultrakonservativen Thesen hinterm Berg gehalten. Heute scheint das konservative Denken einer Strömung zu entsprechen, die es innerhalb der jungen Generation gibt und von der ich nicht genau weiß, wie sie entstanden ist.

Die sozialistischen Jugendorganisationen, soweit ich sie kenne, sind sehr exklusiv; sie vertreten Grundsätze, die von vielen jungen Menschen nicht als zukunftweisend betrachtet werden. Wenn junge Sozialisten heute zu diskutieren beginnen, zum Beispiel über Kautsky oder Gramsci, so mag das historisch faszinierend sein; der großen Masse der heutigen Jugend sagt das gar nichts. Auf der einen Seite haben wir also eine extrem sozialistische Elite, die aber theoretisch rückwärtsgewandt ist, und auf der anderen Seite eine bürgerliche Elite, die vom Aufstiegsglauben erfüllt ist und sich Chancen für morgen erwartet. Natürlich gibt es in jeder Hochkonjunktur Aufstiegsmöglichkeiten, aber der Tellerwäscher, der es zum großen Konzernherrn bringt, bleibt eben die Ausnahme, und so führt das Karrieredenken zu einer dauernden Streßsituation. Daß es alle zehn, zwölf Jahre eine Revolte unter den jungen Menschen gibt, ist eine Folge dieser Ernüchterung. Aus den Führern der Studentenrebellion von einst werden die Manager von morgen, was besonders in Japan sehr gut zu beobachten war.

Heute haben wir eine sehr viel stärkere Linke, als es sie früher gab, andererseits aber eine wachsende Rechte, die freilich nicht von jenem Geist erfüllt ist, den wir in den zwanziger und dreißiger Jahren erlebt haben. Die Rechten heute sind weder ideologisch fixiert noch militant, ja nicht einmal intolerant; im Gegenteil: sie sind so tolerant, daß sie sich selbst gar nicht als rechts verstehen, sondern lediglich als konservativ. Während es der Österreichischen Volkspartei noch vor zehn Jahren sehr unangenehm war, wenn wir sie als eine konservative Partei deklarierten, so beginnen jetzt, unter dem Eindruck der »Erfolge« Reagans und

Thatchers, auch die europäischen Parteien des Konservativismus auf ihren Schild zu heben.

Die Sozialdemokratie befindet sich heute in einem Zustand der mangelnden Homogenität. Jede Sozialdemokratie besteht mindestens aus zwei Sozialdemokratien: der traditionellen, gewerkschaftlich determinierten, die sehr selbstzufrieden wirkt, obwohl sie in einer Schwächephase steckt, und der progressiven, die sich mit den neuen Problemen auseinandersetzt. Im politischen Alltagsgeschäft der Sozialdemokratie ist der traditionelle Flügel oft der mächtigere, weil er über mehr Mittel verfügt und weil er sich auf die Masse stützt. Die anderen aber argumentieren zukunftsorientiert. Wenn sich diese Tendenz fortsetzt, dann wird die Sozialdemokratie zumindest verbal zu einer neuen Politik hinfinden. Ich wage zu hoffen, daß das dann auch für eine neue programmatische Grundlage ausreicht.

7. Kapitel

Südtirol

Südtirol, jenes 7.400 km^2 große Gebiet, das sich bis an die Nordufer des Gardasees erstreckt und das zu den fruchtbarsten und schönsten Gegenden Europas zählt, war nach dem Ersten Weltkrieg zusammen mit anderen Gebieten wie Görz und Gradisca, Triest und Istrien an Italien gefallen. Österreich hat diese Gebietsabtretungen von Anfang an als Unrecht empfunden. Dennoch war die Haltung der Ersten Republik zu Italien zunächst recht positiv. Dies war nicht zuletzt Otto Bauer zu verdanken, der in seiner kurzen Zeit als Außenminister die Italiener mehr oder weniger zu Hilfe rief gegen den Einfall der Truppen des Königreichs Jugoslawien, die uns einen Teil Kärntens rauben wollten. Es kam zu einem Waffenstillstand, den der italienische Generalmajor Segrè überwachte; in der nachfolgenden Volksabstimmung 1920 konnte Österreich einen wesentlichen Teil Kärntens retten. Jugoslawien war damit der einzige der »Siegerstaaten«, der seine territorialen Ansprüche gegen Österreich nicht vollständig durchsetzte. Nach dem Zweiten Weltkrieg erneuerte Jugoslawien seine Ansprüche auf Südkärnten einschließlich Klagenfurts sowie auf einen Grenzstreifen in der Steiermark, fand jedoch bei den Westmächten keine Unterstützung.

Das gute Verhältnis zu Italien in den zwanziger Jahren hat auf der anderen Seite dazu geführt, daß wir, was Südtirol betraf, weniger erfolgreich waren. Das vom amerikanischen Präsidenten Woodrow Wilson vertretene Selbstbestimmungsrecht der Völker ließ sich in diesem Fall nicht durchsetzen; es wäre offenbar zuviel der »gerechten Grenzen« gewesen. Auch hätte man es politisch kaum vertreten können, in Kärnten die Italiener zu Hilfe zu rufen und sie im Falle Tirols als Feinde zu betrachten. Es gibt böse Zungen, die behaupten, daß den Sozialdemokraten die Erhaltung der Einheit Kärntens wichtiger gewesen sei als die Erhaltung der Einheit Tirols und daß dafür politische Überlegungen maßgebend gewesen seien. Die Zugehörigkeit Südtirols zu Österreich hätte wohl von vornherein eine absolute Mehrheit der Sozialisten unmöglich gemacht; eine Viertelmillion Südtiroler hätte die konservativen Kräfte im Land sehr gestärkt, während für Kärnten gerade das Gegenteil galt. Die Kärntner waren alles in allem keine sehr guten Katholiken; sie waren, wenn man so will, von der Gegenreformation nur sehr oberflächlich katholisiert worden, was auch zur Folge hatte, daß es im deutschsprachigen Kärnten bis zuletzt an Priesternachwuchs fehlte und man von Anfang an sehr auf die slowenischen Kärntner angewiesen war.

Während des Zweiten Weltkriegs wurde ein kühnes und heldenhaftes Konzept ausgearbeitet, das es verdient, festgehalten zu werden. In einem Aufruf, den die New Yorker Mazzini Society am 12. Juni 1944 im »Life«-Magazin veröffentlichte, sprach sich eine Reihe prominenter Italiener für die Rückgabe Südtirols an Österreich aus - unter ihnen der Dirigent Arturo Toscanini, der ehemalige Außenminister Graf Carlo Sforza, der Historiker und Politiker Gaetano Salvemini und der Professor für deutsche Literatur Giuseppe Antonio Borgese: »Wir verlangen, daß die Prinzipien der Atlantik-Charta [...] Italien wie aller Welt gegenüber angewandt werden. Die vier Grundrechte sind ein vierfaches Vakuum, wenn sie nicht in der Freiheit der Vereinigung verankert sind. Auf internationalem Gebiet bedeutet Freiheit der Vereinigung Selbstbestimmung, das heißt das Recht für jede Gruppe, in dem Nationalkörper zu verbleiben oder sich mit dem Nationalkörper zu vereinen, den sie vorzieht. [Die Italiener] werden sich von den letzten Spuren einiger faschistischer und vorfaschistischer Gewalttheorien distanzieren müssen [...] Sie werden aus eigenen Stücken - dessen sind wir sicher - ihre Kontrolle über einige kompakte deutsche oder slawische Gruppen, welche die äußersten Gebiete im Norden und Nordosten der Halbinsel bewohnen, abtreten.« Die wenigen, die in der Emigration von diesem Manifest erfuhren, waren davon tief beeindruckt und glaubten an eine Revision. Als sich jedoch die Italiener unter Marschall Badoglio, wie erwartet, von Hitler-Deutschland lösten, hat dies unsere Chancen deutlich verschlechtert, ja praktisch zunichte gemacht. Die Amerikaner und Engländer empfanden nach dem Krieg ein gewisses Schuldbewußtsein uns gegenüber und haben daher auch das Pariser Abkommen vom 5. September 1946 zwischen Österreich und Italien protegiert; ihnen war es zu verdanken, daß das Abkommen überhaupt geschlossen wurde. Der unklare Text erlaubte allerdings verschiedene Interpretationen; das Hauptproblem bestand darin, daß Italien nur der neu errichteten Region Trentino - Alto Adige, nicht jedoch der Provinz Bozen einen Sonderstatus gewährte. Der Vertrag konnte mit Fug und Recht als Stückwerk bezeichnet werden.

Ich erinnere mich an einen Kompromißvorschlag, der nach

Ablehnung der großen Grenzrevision zwischen Österreich und Italien von Außenminister Karl Gruber eingebracht wurde. Die österreichische Delegation forderte am 30. Mai 1946 die Rückgabe des Pustertals mit der Stadt Bruneck und dem Brixener Kessel. Kluge Leute haben damals nämlich vorausgesehen, daß die Zweiteilung Tirols in Nordtirol und Osttirol fatale Folgen haben würde; so mußte zum Beispiel die Eisenbahn zwischen Nord- und Osttirol über einen italienischen Korridor fahren. Eines der ältesten Länder um das Kerngebiet der Habsburger in Österreich war damit endgültig zerschnitten.

Außenminister Gruber war Tiroler und mußte sich demgemäß in der Südtirolfrage deutlich engagiert zeigen; die Tiroler brachten ihm ein gewisses Maß an Vertrauen entgegen. Sein Nachfolger Figl hatte einen sehr viel schwereren Stand. Die Tiroler setzten allmählich einen eigenen Staatssekretär für Südtirolfragen durch, Universitätsprofessor Franz Gschnitzer, aber da Figl selbst keine Initiative entfaltete, trat die Tiroler Volkspartei in Opposition zu ihm, und das hat letzten Endes seinen Sturz als Außenminister herbeigeführt.

Die Situation im »Außenamt« war kurios; wir hatten zwar kein eigenes Ministerium, dafür aber einen Außenminister und zwei Staatssekretäre, Professor Gschnitzer und mich. Der Rechtswissenschaftler Gschnitzer war einer der wenigen echten Liberalen, ein großartiger Redner und liebenswerter Mensch, mit dem ich mich aus einer gewissen Wahlverwandtschaft heraus sehr gut verstand. Gemeinsame Reisen sind mir in dauernder Erinnerung geblieben. In meiner Ministerzeit waren die Staatssekretäre mit einer Ausnahme Tiroler.

Ich war mir im klaren darüber, daß das Problem Südtirol große Bedeutung für unsere außenpolitischen Aktivitäten haben würde. Aus dem Gefühl heraus, daß vielleicht nicht alles getan worden war, was hätte getan werden müssen, wollte ich versuchen, eventuelle Versäumnisse durch meine Tätigkeit wettzumachen. Natürlich standen für den Mann auf der Straße damals andere Sorgen im Vordergrund; dennoch brachte der neuerwachte österreichische Patriotismus dieser Frage ein beträchtliches Interesse entgegen. Neben politischen Erwägungen gab es für mich auch einen nicht unbedeutenden subjektiven Grund, mich in der Südtirolfrage zu profilieren. Ich mußte verhindern, daß man aus meiner sozialistischen Haltung und meiner kosmopolitischen Neigung, die manchmal mit meiner jüdischen Abstammung in Verbindung gebracht wurde, die Schlußfolgerung zog, ich würde mich mit dem Südtirol-Problem nicht intensiv genug beschäftigen.

Hier möchte ich gern eine historische Reminiszenz einblenden. Die österreichische Schriftstellerin Hilde Spiel schildert in ihrem hervorragenden Buch über Fanny von Arnstein, die Gattin des Wiener Bankiers Nathan Adam Freiherr von Arnstein, die in der Zeit des Wiener Kongresses eine Rolle spielte, das starke Engagement dieser deutsch-jüdischen Patriotin für die Erhebung der Tiroler gegen die Bayern und Franzosen unter Andreas Hofer und Joseph Speckbacher: »Hier tritt eine der erstaunlichsten Episoden in Fannys Leben zutage – ihre und ihrer Familie hilfreiche Anteilnahme am Tiroler Freiheitskampf! Mit der Tatkraft, die sie an jede gegen Napoleon abgezielte Unternehmung wandte, hatte sie von Beginn an die Rebellion gegen das bayerische Joch unterstützt [...] Fannys Gatte, wahrscheinlich auch ihr Schwager Eskeles, hatten den Freiheitskämpfern ›hohe Summen‹ zur Verfügung gestellt. Sie waren nicht die einzigen Männer ihres Glaubens, denen Tirol finanzielle Hilfe verdankte. Die Judengemeinde von Hohenems etwa, wo Ende Mai die schwersten Kämpfe tobten, hatte den Vorarlbergern eine ›Anleihe‹ von zwölftausend Gulden dargebracht, an deren Rückzahlung niemand dachte. Der reiche Fabrikant Nathan Elias – später Brentano – hatte ihrer Kriegs-Schatulle allein zehntausend Gulden ›vorgeschossen‹. Mit diesen und anderen Geldern versehen, waren die Tiroler am neunten April, als die kaiserlichen Armeen zu marschieren begannen, zum Kampf bereit. Im Pustertal wurde der Aufstand eingeleitet. Fünf Tage später war Innsbruck genommen und von der bayerischen Soldateska, darunter dem verhaßten General Kinkel und dem hartherzigen Obristen Dittfurth, befreit [...]

Die letzten Widerstände waren gebrochen, als Ende Januar [1810] Andreas Hofer im Passeiertal ergriffen wurde und Speckbacher floh. Den Sandwirt brachte man nach Mantua, wo sich die seltsame Beziehung zwischen Tirolern und Juden ein letztes Mal bewährte. Andreas Hofer wurde von dem talentierten Anwalt jüdischer Religion Basevi verteidigt, der vielleicht ein Nachfahr des Hoflieferanten Ferdinands des Zweiten Jakob Bassevi war. Auch dieser gewitzte Verstand aber konnte den Hofer nicht retten, und am 20. Februar erschoß man den Mann, der als Sinnbild der Tiroler Kaisertreue galt. ›Der gute Kaiser Franz / hat uns vergessen ganz‹, sang man jetzt in den Tälern des Inn und der

Eisack. Nicht aus dem Gedächtnis Franz' des Ersten gelöscht, nur in einen dunklen Winkel seines schlechten Gewissens gedrängt, lebten fortan die Tiroler weiter, bis das Joch Napoleons von Europa abgeschüttelt war. Inzwischen bemühte sich Jakob Bartholdy, der die nächsten Jahre in Wien verbrachte, mit Hilfe Speckbachers und anderer geflohener Führer den genauen Ablauf ihrer heroischen Erhebung festzustellen. Fanny aber mag ihnen im stillen weiter wohltätig gewesen sein. Denn ihrer und ihres Mannes Hilfe wurde in Tirol nicht vergessen und nach der Befreiung ein zweitausend Meter hoher Berggipfel, nahe dem Scharnitzerjoch an der bayerischen Grenze, zu ihren Ehren Arnsteinspitze genannt.«

Im krassen Gegensatz zum Engagement Fanny Arnsteins steht die Äußerung Hitlers in den Gesprächen mit Hermann Rauschning - die ich entgegen neueren historischen Forschungen im wesentlichen für authentisch halte -, daß er sich für »die Grenzprobleme als solche sehr wenig interessiere. Wenn ich meine Politik sich darin erschöpfen ließe, dann wären wir mit unserem Latein bald am Ende und dem deutschen Volk wäre in nichts geholfen. Ich werde auch mit der albernen Südtiroler Sentimentalität ein Ende machen. Ich denke nicht daran, mich jemals durch diese Frage in der Grundlinie unserer Politik, in einem Bündnis mit Italien beirren zu lassen. Das deutsche Volk ist in seiner unglücklichen Geschichte überallhin wie Wildfleisch gewuchert. Ich werde mich nicht durch noch so ehrwürdige Erinnerungsstücke unserer Vergangenheit verleiten lassen, eine politische Torheit zu begehen.« Fast könnte man meinen, Hitler habe die Südtirolfrage für eine vorwiegend »jüdische Mache« gehalten. Und wenn man sich an Fanny Arnsteins Engagement erinnert, so hätte er damit nicht so ganz unrecht gehabt.

Meine grundsätzliche Einstellung zum Südtirolproblem hatte also viele Aspekte, die selbst für gebildete Österreicher neu waren. Durch Zufall stieß ich zum Beispiel auf folgenden Passus in Karl Renners Buch »Der Kampf der österreichischen Nationen um den Staat«: »Die Kronländer sind der innere Feind der habsburgischen Monarchie. Sie und niemand anderer sind der Nährboden der Irredenta, sie schaffen die verzweifelten Minoritäten und die rücksichtslosen Majoritäten. Die Zerschlagung der Kronländer in national abgegrenzte Kreise kann allein die Zerschlagung Österreichs verhüten [...] Aber gerade weil die Kronländer ihren nationalen Mehrheiten die Hoffnung auf nationale Vor-

Die Südtirol-Verhandlungen zwischen Italien und Österreich, die 1961 im Grand Hotel Dolder in Zürich geführt wurden, endeten ergebnislos. Unmittelbar anschließend gab Kreisky eine Pressekonferenz, auf der er den österreichischen Standpunkt verdeutlichte; rechts Staatssekretär Ludwig Steiner.

herrschaft machen, hängen die Mehrheiten aller Kronländer und somit auch die Mehrheit des Reichsrats fest an ihnen. Selbst die Deutschen, die Nordböhmen, ersticken unter dem Druck der böhmischen Königskrone und schreien um Hilfe. Der deutsche Alpenländer aber will Kärntner, Steirer, Tiroler bleiben. Grabmayr, der einsichtsvolle Tiroler Deutsche, wollte das italienische Trentino abtrennen und für die deutschen Böhmen ein Präzedens schaffen. Nicht die Regierung - die Tiroler Bürger und Bauern haben seinen Entwurf in Fetzen gerissen. Solange dieses Gespenst entschwundener Tage, das Idol der Landeseinheit, nicht in die Grube gebannt ist, gibt es keinen nationalen Frieden. Wohl naht auch ihm die Stunde. Der Tiroler Landtag obstruiert, im galizischen Landtag haben die Ruthenen zur Waffe der Abstinenz gegriffen, und allmählich wird die Obstruktion der empörten Minoritäten alle gemischtsprachigen Landtage stillsetzen.« - Unter den »Südtirolern« verstand man damals - so rächt sich manchmal die Geschichte - die Trentiner. Das Trentino gehörte als Teil Tirols damals noch zu Österreich. Die Trentiner wollten die Autonomie haben, und die Tiroler haben sie ihnen verweigert.

Das Pariser Abkommen von 1946, das in einem unserer schwächsten Augenblicke geschlossen wurde, ist von den Italienern alsbald für obsolet oder, besser gesagt, für erfüllt erklärt worden. In einer direkten Auseinandersetzung mit Italien war diesem Problem nicht beizukommen. Ich habe daher vom ersten Augenblick an darauf gedrängt, den Fall vor die Vereinten Nationen zu bringen, um dort eine Wiederbelebung des Vertrages zu erreichen. Viele haben mir abgeraten. Die Tiroler selbst freilich waren von meinem Vorgehen sehr beeindruckt. Unter anderem geht meine Freundschaft mit Landeshauptmann Wallnöfer, die vielen als Kuriosum gilt, auf die Gemeinsamkeit unserer Auffassungen in der Südtirolfrage zurück - Wallnöfer selbst ist ja Südtiroler. Wir haben uns inzwischen beide aus der österreichischen Politik zurückgezogen, aber wir glauben nach wie vor, einiges vollbracht zu haben, nicht zuletzt die Regelung der Südtirolfrage.

Es hat natürlich große Auseinandersetzungen um die optimale Lösung gegeben. Die Radikalen unter den Südtirolern, die eine Verwirklichung des Selbstbestimmungsrechtes anstrebten, haben dabei nicht immer die klügsten Argumente in den Vordergrund geschoben. Eines Tages, als die Südtirolfrage bei den Vereinten Nationen ihren Siedepunkt erreicht hatte, kam ein afrikanischer Minister zu mir und zeigte mir einen Brief aus Südtirol, der offenbar aus einer organisierten Briefaktion stammte. Er bat mich, ihm den Brief zu übersetzen. Die Rechtmäßigkeit der Forderung nach Selbstbestimmung wurde in diesem Schreiben damit begründet, daß man den Südtirolern nicht verweigern könne, was man dem kleinsten frei gewordenen Negerstaat Afrikas zubillige. Wie taktlos diese Motivation war, bedarf keiner näheren Erläuterung.

Bei der Forderung nach Selbstbestimmungsrecht für Südtirol mußte ich mit der einheitlichen Ablehnung durch den Osten und den Westen rechnen. Weder die Sowjetunion noch die Vereinigten Staaten wollten von einer Veränderung der Grenzen etwas wissen, obwohl es vor Ende des Krieges in beiden Ländern gewichtige Unterstützung für eine Rückgabe Südtirols an Österreich gegeben hatte. Während es für die Haltung der USA eine Reihe von Belegen gibt, die bereits bekannt sind, wissen wir kaum etwas über die ursprüngliche sowjetische Position. Ich möchte daher an dieser Stelle ein privates Schreiben von Frau Dr. Hilde Koplenig, der Witwe des langjährigen Parteivorsitzenden der KPÖ, wiedergeben: »Ich habe die Kriegsjahre in der Sowjetunion, in Moskau verbracht. Anfang 1943, an das genaue Datum erinnere ich mich nicht, bat mich der Leiter des Sowinformbüros, Dimitrij Umansky, für das ›Diplomatische Wörterbuch‹, das er redigierte, einige Artikel zu schreiben. u.a. auch ›Südtirol‹. Er ließ dabei durchblicken, daß ich diesen Artikel so schreiben könne, als ob die Sowjetunion einer mindestens teilweisen Rückgabe Südtirols an Österreich nicht negativ gegenüberstünde. Ich habe das mit Begeisterung getan, da ich seit meiner Jugend eine sehr sentimentale Beziehung zu Südtirol habe, wo ich viel gewandert bin. Der Artikel wurde angenommen. Ich habe mich dann nicht mehr um ihn gekümmert, doch Professor Turok sagte mir später, daß er erschienen ist. Daß an dieser Einstellung der Sowjetunion etwas dran war, zeigt mir auch ein anderes Erlebnis: Einige Tage nach dem Badoglio-Putsch gegen Mussolini, im Juli 1943, begegneten mein Mann und ich einmal Togliatti, der uns mit den Worten begrüßte: ›Jetzt habt Ihr Österreicher Südtirol verloren!‹«

Grenzveränderungen in Europa durchzuführen, war in den fünfziger Jahren in höchstem Maße unrealistisch. Da es uns nicht gelang, unsere Freunde in Europa dafür zu gewinnen, die Südtirolfrage in der UNO zu aktualisieren, mußten wir uns, sosehr ich dies persönlich bedauerte, unsere Freunde außerhalb Europas suchen. Einige von ihnen waren so entschlossen, uns zu helfen, daß sie uns mahnten, sehr entschiedene Forderungen zu stellen und das volle Selbstbestimmungsrecht zu verlangen. Besonders Afghanistan und andere redeten uns zu, aufs Ganze zu gehen, aber dafür hätten wir keine Mehrheit gefunden.

Vor dem politischen Spezialausschuß der Generalversammlung der Vereinten Nationen erläuterte ich den Resolutionsantrag Österreichs vom 14. Oktober 1960, der die Gewährung einer effektiven Regionalautonomie für die Provinz Bozen zum Ziel hatte. »Wenn die Charta der Vereinten Nationen die Entwicklung der gutnachbarlichen Beziehungen zwischen den Völkern dieser Erde auf der Achtung des Grundsatzes der Gleichberechtigung und Selbstbestimmung der Völker aufbaut, so dürfen wir erwarten, daß die Weltöffentlichkeit die gewiß bescheidene Forderung Österreichs nach Gewährung einer aufrichtigen und ehrlichen

Vor der UNO, in den siebziger Jahren.

Autonomie für die Südtiroler zu würdigen weiß und diesem gerechten Verlangen ihre Unterstützung zuteil werden läßt.« Über vierzig Staaten meldeten sich zu Wort, und alle waren am Anfang gegen uns. Wir haben Tag und Nacht gearbeitet, auf der Suche nach Verbündeten, und konnten schließlich ein paar afrikanische und asiatische Staaten sowie Irland und Dänemark für uns gewinnen. Meine Mitarbeiter bedrängten mich, kompromißbereiter zu sein, doch ich blieb bei einer konsequenten Linie. Was schließlich herauskam, überstieg unsere Hoffnungen. In der Präambel der Resolution, die einstimmig von allen Mitgliedsstaaten der UNO angenommen wurde, konnten erstmals Ziel und Zweck des Pariser Abkommens klargestellt werden; durch die Resolution selbst wurde Italien und uns der Auftrag erteilt, Verhandlungen zu führen. Damit war der Pariser Vertrag wieder aktualisiert, und die Italiener mußten sich, ob sie wollten oder nicht, zu neuen Verhandlungen über seine Durchführung bequemen.

Die Südtirolfrage war eine ungeheuer komplexe Materie, die weit hinein in die europäische politische Situation spielte. Es war ein Kampf auf »Leben und Tod« im politischen Sinn, den ich über Jahre hin bei der UNO ausgefochten habe, und wenn es danebengegangen wäre, hätte ich wahrscheinlich zusammenpacken und mich für immer aus der Politik verabschieden können. Das Ganze war eine sehr riskante Sache, zumal da mir die eigene Diplomatie dabei fast in den Rücken gefallen wäre. Als wir die Südtirolfrage endlich vor die UNO gebracht hatten, luden mich zwei österreichische Spitzendiplomaten (Waldheim und Haymerle) in ein französisches Restaurant in New York ein und versuchten mich in stundenlangem Gespräch zu überreden, daß wir uns jetzt aus der Affäre ziehen sollten, da ja die Südtirolfrage nun auf die Tagesordnung der UNO komme. Andernfalls würde Österreich als ein Störenfried betrachtet werden, und dies wäre uns keineswegs zuträglich. Wir hätten unseren Auftrag erfüllt, die Welt auf das Südtirolproblem »aufmerksam zu machen«.

Die österreichische Diplomatie ist, wie wahrscheinlich die Diplomatie in den meisten europäischen Demokratien, nicht bereit, eine Sache bis zum Ende durchzufechten, und dies hat sie einige Male bewiesen. Kurz vor dem Ziel verlieren die Diplomaten oft den Mut, weil sie es einfach nicht länger aushalten, bei ihren diplomatischen Freunden unbeliebt zu sein. Und wir waren unbeliebt. Die Diplomaten aller Welt bilden eine große Bruderschaft, eine Art Freimaurerei der Berufsdiplomatie, und die österreichischen Diplomaten haben es als unangenehm empfunden, daß ihnen die Kollegen Vorhaltungen machten und fragten, ob eine solche Aufregung denn nötig sei. Die ganze Auseinandersetzung, so argumentierten sie, diene doch nur innenpolitischen Zwecken, und dafür sollten sich Diplomaten nicht hergeben. Diplomaten halten solche Kritik schlecht aus, da sind Politiker aus härterem Holz.

Die Verhandlungen mit Italien haben lange gedauert, und ich bin heute noch zutiefst davon überzeugt, daß das Optimum dessen, was erreicht werden konnte, erreicht wurde. Während das Pariser Abkommen aus eineinhalb Seiten bestand, hatten wir in zahlreichen Besprechungen und Außenministertreffen, die im Dezember 1964 präliminär abgeschlossen wurden, mehr als einhundert Fragen geregelt: Fragen der Wirtschaft, der sozialen und kulturellen Verwaltung, der Verwaltungsangelegenheiten im allgemeinen, der öffentlichen Ordnung, der Gerichtsordnung, der Schulordnung, des Wahlrechts, der Stellenbesetzung, der Arbeitsvermittlung und so weiter.

Südtirol-Konferenz im Klagenfurter Landhaus, Mai 1961. Kreisky gegenüber der italienische Außenminister Antonio Segni.

Einer der erfolgreichen Verhandlungsführer auf italienischer Seite war der damalige Außenminister und spätere Präsident Saragat. Bei unserem letzten geheimen Treffen am 16. Dezember 1964 in Paris konnte ich, obwohl einzelne Punkte noch offen waren, feststellen, daß »in den ganzen sechzig Jahren dieses Jahrhunderts meines Wissens man sich nur ein einziges Mal mit dem Schicksal einer Minderheit so eingehend befaßt hat, wie wir dies in den letzten Monaten getan haben. Es war dies die Minderheit auf den Ålandinseln.« Saragat hatte uns zugesagt, daß unsere Vereinbarung international verankert werden solle, so daß Streitfragen in Zukunft vor einen internationalen Gerichtshof gebracht werden könnten.

Aus Rücksichtnahme auf die politischen Wünsche unseres Koalitionspartners, der Volkspartei, waren die Südtiroler allerdings nicht in der Lage, dem Ergebnis zuzustimmen. Jedenfalls wurde mir immer wieder versichert, daß hinter der Ablehnung österreichische Wünsche steckten. Andererseits wußten die Südtiroler, daß sie den Bogen nicht überspannen durften, und so haben sie stillgehalten.

Der Tiroler Landeshauptmann Wallnöfer dankte mir »für die jahrelange zähe Arbeit, die Sie auf diesem Gebiet geleistet haben, daß Sie sich so sehr strapaziert haben. Dies ist unbestritten und in allen Kreisen bekannt, und wir danken Ihnen.« Auch der Obmann der Südtiroler Volkspartei, Silvius Magnago, sprach seinen »herzlichsten Dank aus für die großen und zu einem guten Teil erfolgreichen Bemühungen, die Bundesminister Kreisky der Südtiroler Frage hat angedeihen lassen, besonders in der letzten Zeit, anläßlich des Treffens in Genf und in Paris. Und dieser Dank gilt auch den Experten.«

Ich habe mich einige Male zu der Behauptung veranlaßt gesehen, daß Dankbarkeit keine Kategorie der Politik sei. Bisweilen ist diese Auffassung jedoch zu modifizieren. So fand vor einiger Zeit einer der führenden Männer Südtirols, Senator Friedl Volgger, Worte der Anerkennung, die mich sehr freuten: »Herr Bundeskanzler, Südtirol ist Ihnen zu großem Dank verpflichtet. Ohne Ihren Einsatz hätten wir nie die heutige Autonomie, die heutige Plattform erreicht, auf der wir uns als Tiroler behaupten können, wenn wir wollen. Sie haben es verstanden, mit Geschick und Energie das kleine Südtirol vor den Vereinten Nationen groß zu machen. Das Volk von Südtirol, die künftigen Generationen unseres Landes, werden dem Außenminister Kreisky die Verfechtung und Durchsetzung ihrer Rechte nie vergessen.« Auch die Tiroler Landesregierung hat meine Bemühungen um die Region akzeptiert und mir am 1. Dezember 1978 das Ehrenzeichen des Landes Tirol verliehen.

Als im Jahre 1969 die Lösung der Südtirolfrage vor das Parlament gebracht wurde, war die Sozialistische Partei in der Opposition. Es war nicht leicht für mich, die Partei zur Ablehnung zu bewegen. Aber ich hatte gute Gründe, denn der Vorschlag, der schließlich zur Abstimmung gebracht wurde, deckte sich in wesentlichen Fragen nicht mit den Ergebnissen meiner Verhandlungen mit Saragat. Während der entscheidenden Parlamentssitzung im Dezember 1969 stellte ich fest, daß die SPÖ auf einer brauchbaren Absicherung der von italienischer Seite gemachten Zugeständnisse bestehe. Es ging um die Frage der internationalen Verankerung, das heißt um die Feststellung einer Instanz, auf die sich beide im Fall von Meinungsverschiedenheiten einigen sollten. Eine Durchführung nach den Richtlinien der europäischen Streitschlichtungskonvention wäre eine akzeptable Lösung gewesen. Noch wichtiger erschien mir das Zugeständnis Saragats in Fragen des Schulwesens; dadurch hätten die Südtiroler die Schulautonomie bis an die Spitze erlangt, und jedermann weiß, welche Bedeutung Schulfragen für nationale Minderheiten haben. Aber auch dieser Punkt war vernachlässigt worden. Ein drittes maßgebendes Argument war die sogenannte »Endfertigungsklausel«, in der sich Österreich verpflichtete, nach Ablauf einer bestimmten Zeit und nach Erfüllung gewisser Forderungen eine zustimmende Erklärung vor der UNO abzugeben und auf weitere, völkerrechtlich begründete Schutzmachtfunktionen für die Südtiroler endgültig zu verzichten. Aus den genannten Gründen habe ich meine Freunde in der Sozialistischen Partei davon überzeugt, daß wir die Regierungsvorlage ablehnen müßten, da wir uns sonst mitschuldig machten. Am Ende haben wir - wie auch die gegenwärtige Diskussion um die »Erfüllung« der Autonomie Südtirols zeigt - mit unserer Einstellung recht behalten.

Abschließend möchte ich zwei Aspekte der Südtirolfrage erwähnen, die mir besondere Bedeutung zu haben schienen. In Südtirol gab es Tendenzen, den Forderungen nach dem Selbstbestimmungsrecht durch Terrorakte größeren Nachdruck zu verleihen. Ich habe die maßgebenden Vertreter dieser Richtung - integre, ehrliche, knorrige Typen - zu mir nach Hause eingeladen und sie dringend vor solchen Aktionen gewarnt. Aus dem Umstand, daß ich sie freundschaftlich empfing, wurden sehr bösartige, entgegengesetzte Schlüsse gezogen. Damals, im Gespräch mit diesen Südtirolern, habe ich gelernt, daß aus der Weigerung, zu akzeptablen Lösungen zu kommen, Stimmungen entstehen können, die dem Terrorismus förderlich sind. Heute sind wir Zeugen dieser Entwicklung in geradezu weltpolitischen Dimensionen.

Zum zweiten war ich sehr bemüht, auf Schützenhilfe aus Deutschland - vor allem aus Bayern - zu verzichten, weil ich den »Anschluß« Österreichs 1938 nicht sozusagen im nachhinein dadurch legitimieren wollte, daß ich etwas ähnliches im Detail selbst praktizierte. Deshalb sprach ich immer wieder bewußt davon, daß die Südtiroler Südtiroler, die Tiroler in ihrer Gesamtheit aber Österreicher sind und daß es sich bei den Südtirolern deshalb um eine österreichische Minderheit in Italien handle, nicht um eine deutsche. Ich bin auch heute noch der Meinung, daß es den Südtirolern nicht guttun würde, auf diese Art »mächtige Verbündete« zu bekommen. Die Südtirolfrage war für mich nie eine nationale Frage im deutschen Sinne des Wortes. Ich sage das ganz bewußt, weil ich zu jenen gehöre, die den Begriff der Nation immer im französischen Sinne interpretiert haben, das heißt als eine historisch gewachsene, durch die »volonté générale« bestimmte Willensgemeinschaft, die in der Einheit des Staatswesens hervortritt.

Daß Deutsche und Österreicher hingegen eine Kulturgemeinschaft sind, die durch eine gemeinsame Sprache geprägt ist, das zu verdrängen oder gar abzulehnen, wäre töricht. Allerdings lege ich Wert auf die Feststellung, daß unter denen, die von Deutschen gern als Deutsche bezeichnet werden, sich einige namhafte Österreicher befinden, die auch als solche bezeichnet werden sollten. Daß wir Angehörige ein und derselben Kulturgemeinschaft sind, bedeutet noch lange nicht, daß wir nicht differenzieren oder klassifizieren dürfen. Auf der anderen Seite nämlich hat es große, für das österreichische Kulturleben bedeutende Persönlichkeiten gegeben, die in Wien gelebt haben und die keine Österreicher waren, Beethoven oder Brahms zum Beispiel.

Wahrscheinlich hätten sich ganze Generationen von Soldaten ihren frühen Tod erspart, hätten wir dem Phänomen der Integration, wie man heute sagen würde, in höherem Maße Rechnung getragen, als das in der Zeit der sogenannten Nationalstaaten geschehen ist. Die Entstehung der Nationalstaaten, die noch immer positiv bewertet wird, hat in Wirklichkeit das persönliche Unglück vieler Millionen Menschen innerhalb und außerhalb Europas bedeutet. Und auch die demokratische Entwicklung hat ja bekanntlich keine Kriege verhindert. Die Nationalitätenfrage nur in Europa einigermaßen befriedigend lösen zu wollen, würde zu einer solchen Verschiebung der Grenzen führen, daß die Großmächte mit Recht besorgt sein müßten. Ich bin ein grundsätzlicher Anhänger des Selbstbestimmungsrechtes, aber die Forderung nach dem Selbstbestimmungsrecht in Europa hat heute keinen realpolitischen Hintergrund mehr. Den Deutsch-Böhmen und den Schlesiern, den Esten, Letten und Litauern, den Polen, Ukrainern, Rumänen, den Basken und den Korsen, ihnen allen historisch gerecht zu werden, würde ein Chaos herbeiführen, an dem auch sie selbst nicht interessiert sein können.

8. Kapitel

Der Brückenschlag EWG-EFTA

In meiner Mittelschulzeit gehörte ich der Jugendsektion der von Richard Graf Coudenhove-Kalergi gegründeten Paneuropabewegung an. Die radikaleren Angehörigen der Sozialistischen Arbeiterjugend hielten die Paneuropabewegung für eine durchaus bourgeoise Angelegenheit. Ich hingegen vertrat die Auffassung, daß es für einen jungen Sozialisten lohnenswert sei, innerhalb der Jugendsektion, die von Coudenhove-Kalergi besonders gepflegt wurde, eine gewisse Aufklärungsarbeit zu leisten. Mit den Schriften des Gründers war ich vertraut.

Einen Höhepunkt erlebte die Bewegung Anfang Oktober 1926 mit ihrem Kongreß in Wien. Zahlreiche radikale Intellektuelle nahmen daran teil; besonders gut erinnere ich mich an die sehr eindrucksvolle Rede des Schriftstellers Kurt Hiller, den ich nach dem Krieg auch persönlich kennenlernte. Hiller verkörperte eine Art Anarchosozialismus und wurde von den deutschen Sozialdemokraten mit Mißtrauen betrachtet.

Im Mittelpunkt des Kongresses stand der alle anderen überschattende, den Liberalismus geradezu dominierende Edouard Herriot. Einige seiner Formulierungen habe ich zeitlebens nicht vergessen, und bei vielen Gelegenheiten sah ich mich veranlaßt, sie zu wiederholen. Wie ich überhaupt dem »Laster« des Zitierens früh erlegen bin, weil ich die Auffassung vertrete, daß gewisse Erkenntnisse dadurch gewinnen, daß sie von bedeutenden Menschen in gültiger Form ausgesprochen worden sind. Ich habe Zitate auch deshalb gern verwendet, weil ich dadurch vieles besser erklären konnte. Zwei Aussprüche Herriots haben mich von frühauf gewissermaßen begleitet: »Derjenige, der sich in die politische Arena begibt, soll sich nicht sein bestes Paar Hosen anziehen.« Und: »Man stabilisiert die Demokratie, indem man sie ununterbrochen in Bewegung hält.«

Ein Grundpfeiler sozialistischer Vorstellung war stets der Internationalismus, der in meiner Jugend als brutales Argument gegen die Sozialdemokratie verwendet und als Vaterlandsverräterei stigmatisiert wurde. Von der Idee der Internationale zur Paneuropaidee die Brücke zu schlagen, war nicht schwer. Neben dem kleinen roten Quadrat, das von den sozialistischen Mittelschülern und Studenten getragen wurde, trug ich gelegentlich auch die rotgoldene, die Sonne symbolisierende Kokarde, das Paneuropaabzeichen. Das Tragen von Abzeichen ist heute ganz aus der Mode gekommen und wird von vielen für eine Lächerlichkeit gehalten. Damals offenbarte es ein Stück Bekennermut, zumal wenn es sich um Bewegungen handelte, die sich nicht der Unterstützung der Mehrheit erfreuten.

Was an der Paneuropaidee besonders auffiel, war die freiwillige Begrenzung auf den europäischen Kontinent unter Ausschluß Großbritanniens und der Sowjetunion, die Coudenhove für außereuropäisch verankerte Mächte hielt. Zwischen diesen beiden Riesenreichen sollte sich als dritte Macht das kontinentale Europa entfalten. Ein Paneuropa, das maßgeblich von Frankreich und Deutschland gebildet wurde, konnte sich in den zwanziger Jahren freilich niemand so recht vorstellen. Gewiß, es gab Politiker, die dieser Idee zugetan waren und die als Kronzeugen herangezogen wurden, Briand und Stresemann etwa, aber das war nur ein kurzer Hoffnungsschimmer, und der deutsch-französische Gegensatz hat diesen Funken bald ausgetreten. Wie immer man zur Paneuropaidee heute steht, sie war eine in höchstem Maße unrealistische, aber gleichwohl äußerst fruchtbare Konzeption.

Als die Europaidee nach dem Zweiten Weltkrieg neu geboren wurde, sprachen zwar viele von Europa, aber nur die wenigsten meinten es auch. Churchill zum Beispiel. Als er in seiner großen Rede auf dem Münsterhof in Zürich die Forderung erhob, Europa zu verwirklichen, wollte er das britische Weltreich, das für ihn nie wirklich verschwunden war, ausgenommen wissen. Es gab so manche, die Europa »mit der Seele suchten«. Politische Gestalt aber nahmen diese Träume deshalb nicht an, weil die im Aufbau befindlichen Staaten Europas die Wunden, die ihnen der Krieg geschlagen hatte, erst einmal ausheilen wollten. Der entscheidende Anstoß kam aus Amerika: Der gewaltige Geld- und Warenstrom des Marshallplans brachte Europa in Bewegung.

Truman hatte bei all seiner Einfachheit - manche hielten ihn ja sogar für simpel - ein besonderes Gespür für die richtigen Mitarbeiter. Zu den besten, die ihm damals zur Verfügung standen, zählte General Marshall. In seiner berühmten Rede am 5. Juni 1947 an der Harvard University skizzierte Marshall den Grundgedanken dessen, was kurze Zeit später unter seinem Namen in die Tat umgesetzt werden sollte: Die Vereinigten Staaten seien sich bewußt, daß sie dem vom Krieg zerstörten Europa eine hilfreiche

Hand bieten müßten; die Menschen in den europäischen Staaten ihrerseits hätten einen Beitrag zu leisten im Sinne wirtschaftlicher und politischer Integration. Marshall und mit ihm viele großartige Amerikaner hatten die Vision; ohne Truman hätte sie jedoch keine Verwirklichung gefunden. Um der geschichtlichen Wahrheit die Ehre zu geben, will ich daran erinnern, daß der britische Außenminister Ernest Bevin, unmittelbar nachdem Marshall seine Rede gehalten hatte, das amerikanische Hilfsprogramm für Europa als »Marshallplan« deklarierte. Nun gab es kein Zurück mehr.

Ein Zusammenwirken der europäischen Völker also sollte nach dem Wunsch der Amerikaner möglich sein, ja, sie stellten geradezu die Bedingung. Dennoch waren von Anfang an keinerlei politische Forderungen an die Gewährung der Hilfe geknüpft. So konnten zum Beispiel auch Polen und andere Länder, die auf dem Weg zum Kommunismus waren, über eine Teilnahme nachdenken. Stalin jedoch betrachtete den Marshallplan als eines der Kriegsziele im Kalten Krieg. An die Stelle der seinerzeit aufgelösten Komintern setzte er die COMINFORM, zu deren Hauptaufgaben es gehörte, den Marshallplan zu vereiteln. Diese Absicht Stalins ließ sich allerdings nicht verwirklichen, denn die Hafenarbeiter von Livorno und Marseille haben, obwohl sie zum großen Teil kommunistischen Gewerkschaften angehörten, nicht nur das amerikanische Getreide verladen, sondern alle Frachten gelöscht, die mit den Marshallplan-Schiffen kamen.

Der Marshallplan hat das Überleben der demokratischen Völker Europas ermöglicht. Sehr bald hat sich gezeigt, daß die europäische Wirtschaft auf einem sehr viel höheren Niveau als vor dem Krieg wiedererstanden ist, ausgerüstet mit modernsten Maschinen und nach den neuesten Produktionsmethoden geführt. Die Wunden des Krieges waren noch sichtbar, als das Wirtschaftswunder, vor allem in Deutschland, seine ersten Blüten trieb.

Da die stark gewordenen Gewerkschaften in der Lage waren, in den Verteilungskämpfen - das, was man früher Klassenkämpfe genannt hat - sich ein großes Stück des Sozialprodukts zu sichern, standen, wenn man von wenigen Ländern wie Italien und Frankreich absieht, die Arbeiter und Angestellten nicht im Abseits. Der Wohlfahrtsstaat hat in dieser Zeit neue, tiefe Wurzeln geschlagen, und es wurde eine Art Friedensschluß oder Waffenstillstand zwischen den Klassen geschaffen.

Angesichts der Bedrohungen des Kalten Krieges mußten sich die sozialdemokratischen Parteien, die überall starken Zulauf fanden, unter das schützende Dach einer Überideologie flüchten, nämlich der Demokratie an sich. Erst später, als die Staaten wieder zu sich selbst fanden und die Bedrohungen des Kalten Krieges nachließen, kam es zur Herausbildung neuer sozialdemokratischer Programme.

Überall keimte der Europagedanke auf, zunächst im bürgerlichen Lager. Die Fürsprecher und Vorkämpfer der Europaidee waren der Italiener Alcide de Gasperi, der große Franzose Robert Schuman und Paul-Henri Spaak, der von 1946 bis 1949 Ministerpräsident sowie mehrfach Außenminister Belgiens gewesen ist. Dieser sehr angesehene sozialdemokratische Politiker hat die Europaidee auch in den Benelux-Staaten vorangetrieben. Vor dem Krieg hatte er zu den radikalen, ungeduldigen Sozialisten gehört, nach 1945 zählte er jedoch zu den Gemäßigten. Die luxemburgische Politik wurde von dem souveränen Christlichsozialen Joseph Bech geführt, der seinem Vorbild Briand auch im Äußeren glich und der immer wieder seine österreichisch-tirolische Herkunft betonte. Kennzeichnend für die Europaidee war, daß luxemburgische Politiker hier eine maßgebende Rolle spielten; neben Bech vor allem der spätere Präsident der EG, der Liberale Gaston Thorn, ein Mann, mit dem mich innige Freundschaft verbindet.

Die auf Initiative der Marshallplan-Politiker gegründete OEEC (Organization for European Economic Cooperation) war für viele Politiker eine ideale Plattform, den Europagedanken voranzutreiben, und manch einer machte sich hier einen Namen. Für den jungen österreichischen Staatssekretär hatte die Teilnahme an den Diskussionen mit den OEEC-Politikern etwas Faszinierendes. Die OEEC war für mich eine, wenn man so will, Elementarschule der europäischen Politik. Hier lernte ich auch erstmals die Konkurrenz englischer und französischer Wirtschaftspolitiker kennen.

Aus der OEEC wurde 1961 die OECD, die Organisation für wirtschaftliche Zusammenarbeit und Entwicklung, in der heute die wichtigsten Industriestaaten der westlichen Welt vereinigt sind. Zu glauben, daß diese Organisation besonders aktiv ist, wäre eine Täuschung. Die OECD ist ein Redeklub geworden, der wie ein Konvoi operiert: Das langsamste Schiff bestimmt den Kurs. Die konservative Wirtschaftspolitik des größten Mitgliedsstaates hat sich, vor allem was den Kampf gegen die Arbeitslosigkeit betrifft, als Hindernis erwiesen.

Die fünfziger Jahre waren für Europa eine Zeit großer Ideen und großer Persönlichkeiten, und man hatte das Gefühl einer gewissen Kongruenz: Die Politiker schienen sich der Bedeutung ihrer Aufgabe bewußt zu sein. Die Gründung der EWG ist letztlich einer ganz seltenen Kühnheit der Politiker zu danken. Hätte man nämlich gewartet, bis auch die letzten Details durch bürokratische Diplomaten geklärt waren, so hätte es noch Jahre gedauert. Das schien einem Mann wie Paul-Henri Spaak in höchstem Maße unzweckmäßig, und so hat er seinen Kollegen 1955 in Messina vorgeschlagen, die Gründung der EWG zu beschließen und die Endfassung der Verträge den Beamten zu überlassen. Es sollte kein Zurück mehr geben: eine kühne Methode, die zum Ziel führte. Sechs Industriestaaten bildeten das, was man den Gemeinsamen Markt nannte; die anderen standen außerhalb. Daß gerade diese sechs sich zu einer exklusiven Vereinigung zusammenschlossen, hatte wohl zwei Gründe: Zum einen mußte man bei ihnen die wenigsten Ausnahmen machen, zum anderen konnte man auf sie nicht verzichten. Ich betrachte die Gründung der EWG als eine Sternstunde der europäischen Nachkriegsgeschichte.

Man merkte deutlich, wohin die verschiedenen, in der europäischen Politik wirkenden Kräfte strebten. Die Engländer sahen sich immer mehr in der Rolle des Außenseiters und wollten dies auf ihre Art überwinden. Die Franzosen hielten die Zeit der »sechs« für gekommen, und die wiedererwachten deutschen Konservativen stellten sich eindeutig auf die Seite Frankreichs. Noch heute imponiert mir in diesem Zusammenhang die Rolle Frankreichs und Italiens, die den Deutschen die Rückkehr in die europäische Politik neidlos zugestanden.

Im Kreis der OEEC sollte die Idee einer europäischen Freihandelszone diskutiert werden. Die Engländer, die sich durch den Gemeinsamen Markt in der empfindlichsten Weise getroffen fühlten und die es sicherlich ernst meinten, hatten diese Überlegungen angeregt. Wir verbrachten viel Zeit mit allen möglichen Modellen. Es gab Pläne der Italiener, die sich als sehr phantasievoll erwiesen, und es gab nüchterne Berechnungen; jedes neue Problem, mit dem uns die EWG konfrontierte, versuchten wir zu widerlegen. Die häufigen Sitzungen in Paris, an denen ich als Staatssekretär teilnahm, führten jedoch zu nichts. Wir mußten erkennen, daß der EWG von ihren Gründern eine gewisse Exklusivität verliehen worden war, die wir nicht durchbrechen konnten. Um das in eindeutiger Weise kundzutun, bediente man sich eines der konsequentesten EWG-Vertreter, nämlich des deutschen Staatssekretärs Hallstein, der die Idee einer europäischen Freihandelszone für nicht realisierbar hielt. Mit der Gründlichkeit eines deutschen Professors versuchte er, dies »schlüssig« nachzuweisen; die Wirklichkeit hat ihn später widerlegt. Optimistischer war übrigens der deutsche Wirtschaftsminister Erhard; er war überzeugt, daß ein Brückenschlag gelingen werde.

Die Argumente der EWG schienen einleuchtend: Man könne die EWG, die man mit Müh und Not geschaffen habe, nicht mit Problemen belasten, wie sie von den Engländern und vor allem von den neutralen Staaten zu gewärtigen seien. Hallstein, mit dem ich viel zu tun hatte, gab sich nach außen hin grundsätzlich österreichfreundlich; man dürfe die Österreicher jedoch nicht so nahe »heranlassen«, wie dies die österreichischen Konservativen, allen voran der Bundesminister für Handel und Wiederaufbau Fritz Bock, mit der sogenannten »Assoziierung« verlangten. Die EWG war heilfroh, daß ihr ein Anfang gelungen war, und wollte sich von dem Drängen gewisser österreichischer Kreise hin zu Europa nicht stören lassen. In dieser Situation wurde die Idee einer Freihandelszone neu überdacht, und die EFTA wurde geboren.

Während die EWG zu einer optimalen wirtschaftlichen Integration und zu einem Gemeinsamen Markt, am Ende aber auch zu einer politischen Gemeinschaft führen sollte, war die EFTA in der Anlage sehr viel bescheidener. Man dachte an eine rein wirtschaftliche Zusammenarbeit im Rahmen einer Freihandelszone. Das »Mutterschiff« war Großbritannien, im Geleitzug befanden sich die skandinavischen Staaten, die Schweiz und Österreich. Sonderbarerweise gehörte auch das damals noch diktatorisch regierte Portugal dazu.

Das Ziel, mit der EWG zu irgendeiner Form der Zusammenarbeit zu gelangen, gaben wir niemals auf. Für mich wurde die ganze Auseinandersetzung freilich zu einer schweren politischen Krise. Die österreichische Rechte verhöhnte mich deshalb ununterbrochen und denunzierte mich als Feind der europäischen Integration. Da die Frage jetzt wieder Aktualität erlangt, lohnt es sich, etwas ausführlicher darüber zu schreiben. Ich hatte die Auseinandersetzung um die Integration eigentlich nach zwei Seiten

Großbritannien war das »Mutterschiff« der EFTA; Bruno Kreisky im Gespräch mit Harold Wilson.

zu führen: mit dem wortgewaltigen SPÖ-Obmann, Vizekanzler Bruno Pittermann, für den die Bildung der EWG die Sicherung des Kapitalismus durch die Dominanz der Kartelle unter bürgerlicher Führung bedeutete, und mit dem politisch sehr militanten Handelsminister Fritz Bock von der ÖVP. Wir saßen in der gleichen Regierung und waren doch Exponenten konträrer Richtungen der österreichischen Politik: Dr. Bock war 1938 stellvertretender Bundeswerbeleiter der Vaterländischen Front gewesen, ich gehörte zu den illegalen Revolutionären Sozialisten. Unsere politischen Gegensätze berührten die menschlichen Seiten unserer Beziehung allerdings nicht: In den vielen Jahren, in denen wir beide der Koalitionsregierung angehörten, haben wir uns persönlich geschätzt, auch wenn jeder bis zuletzt auf seiner Auffassung beharrte. Ein sonderbarer Zufall wollte es, daß ich in Bundeskanzler Raab einen Verbündeten fand, dem meine Auseinandersetzung mit Bock gar nicht unangenehm war. Was die Diskussion um die EFTA anging, gab er mir auch gegen seine eigenen Leute recht: »Sie müssen sich damit abfinden, daß von meinen Leuten opponiert wird. Aber es bleibt bei dem, was wir ausmachen.« Mit dem Präsidenten der Bundeswirtschaftskammer, Sallinger, der besonders heftig opponierte, verband mich später eine durchaus ehrliche und freundschaftliche Beziehung.

Meine Auffassungen über die österreichische Integrationspolitik habe ich 1963 in einer kleinen Broschüre niedergelegt, die den Titel trug: »Österreich und Europa. Wie können wir am wirtschaftlichen Zusammenschluß der europäischen Länder teilnehmen?« Das Ganze war nicht nur ein sozialdemokratisches Bekenntnis zum Europagedanken, sondern belegte auch, daß die Zugehörigkeit zur Europäischen Freihandelsassoziation Österreich eine beträchtliche Steigerung des Handelsverkehrs mit den reichen EFTA-Ländern gebracht hatte. In der Zeit von 1959 bis 1962 war es Österreich gelungen, seinen EFTA-Export um mehr als 2 Milliarden Schilling zu steigern. Man darf nicht vergessen, daß zur EFTA einige der bedeutendsten Welthandelsnationen wie Großbritanien, Schweden und die Schweiz gehören. Aus dem Vergleich EWG - EFTA zog ich den Schluß, »daß die EWG in ihrer Gesamtheit den Handel mit den EFTA-Staaten dringend braucht, um ihre Importe aus den Vereinigten Staaten abzudekken; und nur der EFTA-Handel bringt dem EWG-Außenhandel große Devisenüberschüsse.«

Ich trat für den sogenannten »Brückenschlag« ein, eine multilaterale Lösung, die ich in einem Vortrag in Helsinki am 11. Dezember 1961 folgendermaßen beschrieben habe: »Viele von uns haben sich für die europäische Integration einen multilateralen Weg vorgestellt. Ich war dafür, daß es die beiden von mir vorher erwähnten Integrationsformen nebeneinander geben könne und daß es möglich sei, einen gemeinsamen Rahmen zu finden, der der EWG ihre avantgardistische Position in der europäischen Einigung läßt, so daß sie als Motor und Triebkraft wirkt und daneben noch ihre besondere Rolle erfüllt, nämlich - wie Herr Hallstein sagt - ›die Begründung eines positiven, konstruktiven deutsch-französischen Verhältnisses, das unermeßliche Chancen für die europäische Zukunft enthält‹. Der EFTA wieder hätte man es überlassen können, immer mehr Staaten in ihren Bereich zu ziehen und so auf ihre Art zu der Schaffung des europäischen Marktes beizutragen. Eine multilaterale Assoziierung hätte beiden Vorteile gebracht: der EWG den ganzen gemeinsamen europäischen Markt und der EFTA die ständige Einwirkung und Stimulierung zur weiteren Integration durch die EWG. Dieser Weg ist aus den verschiedensten Gründen nicht möglich. Ich glaube aber, daß es sehr voreilig wäre, die Europäische Freihandelsassoziation schon heute abzuschreiben.«

Pompidou war der Mann, dem wir, wie ich glaube, den Brükkenschlag zwischen EFTA und EWG in erster Linie zu verdanken haben. Seine Initiative deckte sich mit meinen Vorstellungen, die EWG bilde eine Art europäisches Zentrum und die Staaten, die sich aus dem einen oder anderen Grund nicht zur Mitgliedschaft entschließen könnten, müßten sich gleichsam wie ein loser Ring der wirtschaftlichen Integration um die EWG legen. In der Mitte sah ich eine Zollunion, in der man versuchte, zu einer politischen Einheit zusammenzuwachsen, oder zumindest eine engere politische Zusammenarbeit anstrebte; um diesen Kern, so meine Version vom Brückenschlag, müsse es zunächst eine Freihandelszone geben. Das wäre für den Anfang genug. Später sollte man dieses Integrationssystem verdichten, wobei zahlreiche Felder wie Arbeitsplatzpolitik, Sozialpolitik, Kulturpolitik und manches andere offenstünden. Um diese Entwicklung zu fördern, habe ich seinerzeit eine Konferenz der Regierungschefs der EFTA in Wien angeregt, auf der eine sehr deutliche Hinwendung zur EWG deklariert wurde.

1972 gelang es der EFTA, den als unrealistisch belächelten Brückenschlag herbeizuführen. Am 22. Juli wurden die Verträge zwischen den einzelnen Mitgliedsstaaten der EFTA und der EG in Brüssel unterzeichnet. Die EFTA trat aus prinzipiellen Gründen nicht geschlossen auf, aber jeder der Mitgliedsstaaten erreichte de facto für sich dasselbe. Fast wäre ich versucht zu sagen, der Brückenschlag erfolgte nach dem Grundsatz »Getrennt marschieren, vereint schlagen«, aber in Wirklichkeit bauten wir die Brücke gemeinsam - mit Ausnahme Finnlands, das eine gewisse Sonderstellung einnahm.

Der gemeinsame europäische Markt war in erster Linie ein Gebot der Wirtschaftsentwicklung. Und der Elan war groß. Man braucht nur einmal zu vergleichen, wie rasch die französische und die deutsche Wirtschaft in den sechziger Jahren zueinandergefunden haben und wie langsam es sich jetzt zwischen der europäischen und der britischen Wirtschaft anläßt. Auch hat England durch seinen späten Beitritt zur EWG viel versäumt. Auf so manchen Gebieten, etwa bei den Automobilen, hatte England

Konferenz der EFTA-Minister in der Wiener Hofburg im März 1960. Links neben Kreisky der Minister für Handel und Wiederaufbau, Dr. Fritz Bock.

früher eine dominierende Position am Weltmarkt; diese Führungsrolle ist unwiederbringlich verlorengegangen.

Die Europäische Gemeinschaft hat sich anders entwickelt, als es von den Gründungsvätern gedacht war. Ihnen schwebte ein Verbund der führenden Industriestaaten vor. Das ist nicht gelungen, im Gegenteil: heute hat man die größten Probleme groteskerweise mit der Landwirtschaft. Man wendet über zwei Drittel des Budgets der Gemeinschaft für die Landwirtschaft auf, obwohl von ihr nur 6 Prozent der Bevölkerung leben. Dieses Dilemma ist auf eine gewisse Feigheit gegenüber einem Berufsstand zurückzuführen, der zwar gebraucht wird, dem man aber zusätzliche Funktionen hätte übertragen müssen, etwa die Aufgaben des Landschaftsschutzes. Man hätte sich ja nicht unbedingt an die Ideen des niederländischen Sozialdemokraten Mansholt zu klammern brauchen, der 1968 meinte, daß fünf Millionen EWG-Bauern überflüssig seien. Man hätte ahnen müssen, wofür man sie eines Tages dringend braucht, nämlich dafür, daß sie die Landschaft, die sie kultivieren, auch ökologisch in Ordnung halten. Man hätte wissen müssen, daß dieses Problem eines Tages ungeheure Gelder verschlingen würde, und hätte es rechtzeitig mit dem Problem der Agrarüberschüsse koppeln müssen.

Katastrophal sind die Folgen der EG-Agrarpolitik vor allem auch für die Länder der Dritten Welt. Unlängst war zu lesen, die Subventionspolitik der EG habe dazu geführt, daß jede Kuh mit einem höheren Betrag subventioniert werde, als das Durchschnittseinkommen der Hälfte der Weltbevölkerung beträgt. Die EG ist zu einem der größten Zuckerverkäufer der Welt geworden und hat damit die Märkte für die zuckerproduzierenden Länder weitgehend liquidiert. Die EG ist einer der größten Fleischanbieter am Weltmarkt und hat damit gleichfalls die Märkte der Entwicklungsländer - vor allen in Lateinamerika - empfindlich gestört. Und wenn heute viele dieser Länder nicht in der Lage sind, ihre Schulden zu bezahlen, die sie ja nur aus dem Erlös ihrer Exporte finanzieren könnten, so ist dafür neben der Kreditpolitik vor allem der amerikanischen Banken auch die EG verantwortlich zu machen. Die Tatsache, daß Deutschland ein Nettoempfänger von Zahlungen aus Entwicklungsländern ist, während die Entwicklungspolitik eigentlich das Gegenteil herbeiführen sollte, zeigt, auf welche Irrwege die Entwicklungshilfepolitik geraten ist. Man sieht das auch daran, daß die Weltbank - einschließlich der Institutionen, die seinerzeit geschaffen wurden, um die Entwicklungshilfe zu organisieren und auf vernünftige Weise zu normalisieren - ein »profit-making institute« geworden ist.

Ich möchte hier aus einer Rede des Vorstandsvorsitzenden von Daimler Benz, Edzard Reuter, zitieren, die dieser 1987 in New York gehalten hat: »Ich halte es für unverzichtbar, daß sich die westlichen Regierungen so bald wie möglich auf ein neues weltwirtschaftliches Wachstumskonzept einigen, wenn die derzeitige Krise nicht in jene politische Krise umschlagen soll, von der ich zu Anfang sprach. Zu einem solchen Wachstumskonzept gehört für mich auch eine Lösung des Schuldenproblems der Entwicklungsländer. Dabei stimme ich vorbehaltslos Alfred Herrhausen zu, der einen teilweisen Forderungsverzicht der Gläubigerländer und eine großzügige Umschuldung zur Diskussion gestellt hat. Es ist leicht, solche Vorschläge zu kritisieren, aber wir werden uns alle ohne den Mut zu unkonventionellen Wegen bald in noch viel größeren Schwierigkeiten wiederfinden.«

Von diesen bedrückenden Folgen einer falschen Agrar- und

Entwicklungspolitik abgesehen, hat die europäische Integration auf vielen, sehr verschiedenen Gebieten Fortschritte gemacht. Vor allem hat sie in der Zeit der weltweiten wirtschaftlichen Rezession, wie wir sie vielleicht bald wieder erleben werden, jenes verführerische Zauberwort nicht zur Realität werden lassen, das in der großen Weltwirtschaftskrise der zwanziger Jahre als Allheilmittel galt, das Wort von der Autarkie. Hätte man die Autarkie wieder zum Leben erweckt, dann wäre die Integration zerbrochen und die Folgen wären unabsehbar gewesen. Daß man die Krise einigermaßen in den Griff bekam, verdanken wir in einem sehr hohen Maße der Europäischen Gemeinschaft, die im wesentlichen zusammenhielt.

Wenn ich sage, daß die Geschichte der Europäischen Gemeinschaft die Geschichte ihrer Krisen ist, dann ist dies durchaus auch positiv gemeint. Die Gemeinschaft macht zwar manchmal den Eindruck einer Echternacher Springprozession, aber im großen und ganzen stellen ihre Bewegungen doch einen Fortschritt dar. Die Anpassungsfähigkeit der EG ist einer der Gründe dafür, daß Europa wirtschaftlich nicht vor Amerika kapitulieren mußte und daß es eine lang anhaltende Prosperitätsphase gegeben hat. Während Amerika dem üblichen Zirkel von Depression und Prosperität ausgesetzt war, hat Europa vom Wachstumsboom 1953 bis zur weltweiten Rezession 1975 keine wesentlichen Schwankungen erlebt. Daß uns die Amerikaner heute auf vielen Gebieten voraus sind – was in der amerikanischen und auch in der europäischen Presse sofort dazu geführt hat, Europa abzuschreiben –, haben sie vor allem dem »Glück« der japanischen Konkurrenz zu verdanken. Die japanische Konkurrenz, die in den amerikanischen Markt eindrang und die amerikanischen Produkte auch auf vielen Weltmärkten verdrängte, hat die Wirtschaft der USA zu einer ungeheuren Kraftanstrengung veranlaßt, die dadurch ermöglicht wurde, daß gewaltige Kapitalmassen sich nach Amerika ergossen. Da die Investitionswelle zu einem großen Teil für Rüstungszwecke der amerikanischen Regierung herhalten mußte, stehen Amerika noch große Probleme bevor.

Zu den erfreulichen Entwicklungen in Europa gehört auch die Europäisierung im politischen und kulturellen Sinn. Man kann sich gewisse Staaten einfach nicht mehr als Feinde vorstellen. Die mit viel Mühe vorangetriebene europäische Integration hat letzten Endes zur politischen Intimität zwischen Frankreich und Deutschland geführt. So ist die starke Wirtschaftsmacht Deutschland politisch eingebunden und wird nicht mißbraucht. Weil sie die deutsch-französische Freundschaft nicht gefährden möchten, haben sich die Deutschen selbst Grenzen gesetzt. Diese Selbstbescheidung ist ohne Zweifel eine Tugend ihrer gegenwärtigen Außenpolitik.

Und im akademischen Bereich gab es zum ersten Mal ein Rückfluten aus Amerika. Der Nachholbedarf in der europäischen Wissenschaft war groß. Symbol der Inanspruchnahme des geistigen Potentials in Europa durch die Amerikaner war, wenn man so will, die Atombombe, ein Werk der Emigranten unter amerikanischer Führung. Hier war es zu einer echten Interdependenz zwischen Europa und Amerika gekommen, die nach dem Krieg ihre Fortsetzung gefunden hat. Niemals zuvor waren sich die beiden Kontinente so nahe wie in den unmittelbaren Nachkriegsjahren, nicht zuletzt als Folge des amerikanischen Sieges in Europa, um den herum sich alles neu zu entwickeln begann. Der Europäischen Gemeinschaft gehören jetzt de facto alle NATO-Staaten Europas an, das bedeutet, daß die EG indirekt die wirtschaftlich schwachen Partner des Militärbündnisses stützen muß.

Man hat die Verwirklichung der europäischen Integration geringschätzig das Europe des affaires genannt. Richtig ist, daß in dem Maße, wie die Idee Europa vor allem wirtschaftlich realisiert wurde, die Begeisterung abnahm. Die zunehmend multilateral operierenden Firmen bedurften neuer, großer und freier Märkte; die nationalen Märkte waren einfach zu eng geworden. Aber mit der Gründung des europäischen Marktes zerbrachen die alten Währungsübereinkommen. Der Dollar, bis Ende der sechziger Jahre die Währung par excellence, stand hoch, solange man dringend amerikanischer Waren bedurfte, die in Dollar bezahlt wurden. Anfang der siebziger Jahre fiel der Dollar auf eine geradezu sensationelle Weise; zur Zeit scheint sich eine gewisse Stabilisierung abzuzeichnen.

1971 fiel die Entscheidung, daß der österreichische Schilling in Zukunft an die starke Deutsche Mark gebunden sein sollte. Bei der wirtschaftspolitischen Aussprache vertrat der Finanzexperte Koren als Vertreter der Österreichischen Volkspartei und ehemaliger Finanzminister eine Forderung, die er später als Nationalbankpräsident nicht mehr gelten lassen wollte, nämlich die Aufwertung der D-Mark nicht mitzumachen. Ich selber bin Koren damals nicht sehr energisch entgegengetreten, weil ich davon überzeugt war, daß wir uns im Interesse unseres Exportes eine so beinharte, politisch motivierte Parität nicht leisten sollten. Ich war der Meinung, daß der Schilling immer ein bißchen hinter der Mark zurückbleiben müsse, zumal wir nicht die gleichen politischen Verpflichtungen wie die Deutschen haben. Diese Politik wurde auch von einem Teil der Gewerkschaften akzeptiert, aber am Schluß hat sich unser Finanzminister durchgesetzt. Inwieweit auch eine gewisse Renommiersucht eine Rolle spielte, die Eitelkeit nämlich, an der Seite der DM zu wandeln, möchte ich nicht untersuchen. Ich glaube nach wie vor, daß wir ein wirtschaftliches Ansehen erreicht hatten, das es uns erlaubt hätte, eine eigenständigere Währungspolitik zu machen.

Heute hält man sehr hoffnungsvolle Reden über den zu erwartenden Abschluß des »Binnenmarktes«. Noch aber ist eine Menge komplizierter Fragen weit von einer Lösung entfernt. Man bedenke etwa, daß es im Europäischen Währungssystem noch immer zehn verschiedene Währungen gibt - ohne die spanische und portugiesische -, von denen jede innerhalb der EG einen anderen Kurs hat; ohne Harmonisierung der Wechselkurse wird es nicht gehen. Die besondere Eile, die manche in Österreich an den Tag legen, ist schon deshalb nicht geboten, weil dadurch nur das Spiel der EG-Diplomatie erleichtert wird, diese Fragen im Zwielicht der Unklarheit zu halten.

Führt man sich die Entwicklung der letzten dreißig Jahre vor Augen, so gibt es im Prinzip nichts, was eine österreichische Teilnahme an der europäischen Integration nicht im höchsten Maße als wünschenswert erscheinen ließe. Als ich seinerzeit die Brückenschlagthese vertreten habe, war ich der Ansicht, daß sich Österreichs Möglichkeiten in dem Maße verbessern, wie die Spannungen zwischen den Großmächten sich verringern. Das Klima in der Weltpolitik wird von den Beziehungen zwischen Washington und Moskau bestimmt, und nur in einer Phase internationaler Entspannung wird es auch für uns mehr Bewegungsfreiheit geben.

Dennoch müssen gewisse Grundsätze meiner Meinung nach auch heute unbedingt beachtet werden, Grundsätze, an denen festzuhalten wichtiger ist als die Teilnahme an der europäischen Integration. Wir verdanken unsere Freiheit und unsere neue staatliche Existenz dem 1955 abgeschlossenen Staatsvertrag und unserer freiwilligen immerwährenden Neutralität. Ihr müssen wir treu bleiben, wollen wir uns einen gesicherten Platz in der Mitte Europas bewahren. Manche Leute meinen, mit Gorbat-

Unterzeichnung des Moskauer Memorandums durch Bundeskanzler Raab am 15. April 1955. Die immerwährende Neutralität, zu der sich Österreich damals verpflichtete, ist und bleibt die Grundlage der österreichischen Außenpolitik. Von links nach rechts: die Botschafter Schöner und Bischoff, Kreisky, Mikojan, Molotow, Schärf, Figl und Dolmetsch Kindermann.

schow ließe sich vielleicht reden; angesichts der Veränderungen im Kreml brauche man nicht so streng an den eigenen Verpflichtungen festzuhalten. Ich bin anderer Meinung. Für einen kleinen Staat ist Vertragstreue eine Existenzvoraussetzung. Man vergesse vor allem nicht das Moskauer Memorandum! Zwar bin ich von denen, die unterschrieben haben, der einzige, der noch lebt, aber Vertragsverpflichtungen gelten über den Tod derer hinaus, die sie eingegangen sind. Der Weg zum Staatsvertrag wurde frei durch das Moskauer Memorandum, und das Moskauer Memorandum enthält als Definition unserer Neutralität den Passus über die Schweiz: »immerwährend eine Neutralität der Art zu üben, wie sie von der Schweiz gehandhabt wird«. Wer heute glaubt, man könne das mißachten, täuscht sich. Die Völkerrechtler interpretieren Bestimmungen oft so, wie es denen gefällt, die ihnen den Auftrag zur Erstellung eines Gutachtens gegeben haben. Aber es kann nicht daran gezweifelt werden, daß wir unsere Neutralität nach Schweizer Vorbild festgelegt haben. Und wir sollten darüber froh sein, weil es auch eine andere Definition hätte geben können oder überhaupt keine; dann wären die Völkerrechtsabteilungen der Großmächte immer wieder versucht, die österreichische Neutralität in ihrem Sinne zu interpretieren, und das wäre sicherlich nicht wünschenswert.

Der folgende Vergleich mag unerfreulich sein, aber er muß angestellt werden. Die Lösung für die Entspannungspolitik war die deutsche Ostpolitik, und sie bestand im wesentlichen in der Anerkennung des Status quo. Westdeutschland ist den einen Weg gegangen und Ostdeutschland den anderen. Wir haben uns diese Diskussion um den Status quo und seine Anerkennung erspart, weil wir eben die Neutralität als Österreichs Bestimmung anerkannt haben und sie anerkannt wurde. Aber die Machtverhältnisse in der Welt können sich, wie so oft schon, ändern, und dann würde eine Mißachtung unserer vertraglichen Verpflichtungen lebensgefährlich für unsere staatliche Einheit werden. Denn wenn es wahr ist, daß die Gegensätze der Großen sich nicht einfach mit ein paar Formulierungen auf dem Papier aus der Welt schaffen lassen, weil dahinter ganz reale Machtinteressen stehen, dann muß man diese Machtinteressen nicht nur den Amerikanern, sondern auch der Sowjetunion zubilligen. Und ähnlich wie die amerikanische Außenpolitik gewisse Gebiete als ihre Interessensphäre betrachtet und nur unter äußerstem Druck bereit ist, andere dort mitreden zu lassen, etwa im Mittleren Osten, so vertritt auch die Sowjetunion ihre Interessen. Wir liegen in der Mitte Europas und müssen zur Kenntnis nehmen, daß der Zweite Weltkrieg Machtverhältnisse geschaffen hat, über die wir uns nicht einseitig hinwegsetzen können.

Am 29. Mai 1963 formulierte ich grundsätzliche Überlegungen in einem streng vertraulichen Bericht an den Ministerrat folgendermaßen: »Ich halte es für meine Pflicht als Bundesminister, der für die Wahrnehmung der auswärtigen Beziehungen verantwortlich ist, einen sachlichen Bericht über die außenpolitische Situation zu geben, in der wir uns im Zusammenhang mit den Bemühungen um die Teilnahme Österreichs an einem umfassenderen europäischen Markt befinden. Es ist meine Aufgabe, die Bundesregierung über außenpolitische Aspekte vor allem auch dann zu unterrichten, wenn sich gewisse Gefahren abzeichnen, um so im Rahmen der Bundesregierung eine informierte Diskussion zu einem Zeitpunkt herbeizuführen, in welchem freie Entscheidungen getroffen werden können.

Ich erinnere daran, daß bei den Besprechungen im Weißen Haus am 3. Mai 1962 zwischen Präsident Kennedy und der österreichischen Regierungsdelegation unter Führung von Herrn Bundeskanzler von amerikanischer Seite der Sorge Ausdruck gegeben wurde, ›daß sich bei einer Assoziation gewisse Schwierigkeiten für Österreich im Hinblick auf den Kalten Krieg ergeben‹ würden, da die amerikanische Seite über Informationen aus tschechoslowakischen Quellen verfüge, ›daß eine Assoziierung nach Art. 238 weit eher als eine Verletzung des Staatsvertrages angesehen würde und die Sowjetunion mehr alarmieren würde, als wenn in einer ruhigen Weise eine Lösung der kommerziellen Fragen für Österreich gefunden werde‹, und auch Präsident Kennedy selbst hat darauf hingewiesen, daß von Österreich auf die Rückwirkungen mit der Sowjetunion Bedacht genommen werden müsse.

Der französische Außenminister Couve de Murville hat gegenüber dem österreichischen Botschafter in Paris erst am 8. Mai 1963 ausdrücklich erklärt, daß es ausschließlich unsere Sache und unsere Verantwortung sein werde, das Risiko einzugehen, das sich für Österreich aus der bekannten Einstellung der Sowjetunion in der Assoziationsfrage ergebe [...] Die *sowjetische* Haltung zur Integrationsfrage ist von allem Anfang an gleichgeblieben. Sie war niemals drohend, sondern vorsichtig und höflich warnend und kam in Gesprächen auf politischer Ebene und auf Beamtenebene, angefangen vom Jahre 1959 bis in die letzten Tage, zum Ausdruck.«

Am 4. Juli 1962 war es in Moskau zu einer Aussprache mit Chruschtschow und Gromyko gekommen: »Ministerpräsident Chruschtschow erklärte, ein Eintritt Österreichs in die EWG wäre ein schwerer Schlag für Österreich und seine Neutralität. Er betonte, die EWG sei ein Instrument der NATO. Er habe Verständnis für die Lage Österreichs, doch mahne er vor einer Verletzung des Staatsvertrages oder der Neutralität. Außenminister Gromyko erklärte, er habe den von Ministerpräsidenten Chruschtschow gegenüber dem Herrn Bundeskanzler gemachten Äußerungen nichts hinzuzufügen. Alles das, was die Politik der Verpflichtung aus dem Staatsvertrag und der Neutralität schwächen würde, würde auch das Vertrauen zwischen Österreich und der Sowjetunion schwächen.«

Eine Woche bevor ich meinen Bericht an den Ministerrat schrieb, hatte der sowjetische Botschafter in Wien, Awilow, interveniert: »Botschafter Awilow betonte, daß die österreichische Regierung im Irrtum sei, wenn sie annehme, daß sie die Neutralitätspolitik völlig allein bestimmen könne. Österreich sei im Moskauer Memorandum gewisse Verpflichtungen betreffend den Inhalt der österreichischen Neutralität eingegangen. Über diese könne man sich nicht hinwegsetzen. Dasselbe gelte auch für den österreichischen Staatsvertrag. Man möge doch bedenken, daß Ministerpräsident Chruschtschow starke persönliche Risiken gegenüber seinen politischen Gegnern auf sich genommen habe und daß seinerzeit Herr Molotow zur Unterschrift unter den österreichischen Staatsvertrag mehr oder minder habe gezwungen werden müssen. Botschafter Awilow versuchte sehr eindringlich davor zu warnen, die Situation zu leicht zu nehmen. Österreich könne sehr bald zu einem der neuralgischen Punkte werden. Die Sowjetunion habe sich bisher absichtlich einer zurückhaltenden Sprache bedient. Man möge sie doch nicht in eine Situation bringen, die sie nicht haben wolle. Er verwendete hierbei die Worte: ›ich beschwöre Sie, die Situation ist wirklich sehr ernst‹. Die Sowjetunion könne unter keinen Umständen auf die Vereinbarungen, wie sie z. B. auch im Moskauer Memorandum niedergelegt seien, verzichten.«

Ich faßte meine Beurteilung der sowjetischen Haltung zusammen, indem ich darauf hinwies, »daß sich am Beispiel Österreichs im Frühjahr 1955 der innersowjetische Konflikt entzündet hat. Chruschtschow kann es sich in der gegenwärtigen Situation kaum leisten, daß ihm von seinen Gegnern ein Vorwurf in der Richtung gemacht würde, daß das durch seine Intervention von den sowjetischen Besatzungstruppen befreite Österreich sich immer stärker nach dem Westen entwickle. Chruschtschows Prestige ist nach Kuba empfindlich. Die Anschlußangst ist in der Sowjetunion tatsächlich in großem Maße existent. Dazu kommt, daß von sowjetischer Seite auch eine gewisse Sorge hinsichtlich der Rückwirkungen auf Zentraleuropa besteht (ČSSR, Ungarn).

Um der sowjetischen Haltung zu begegnen und auch der Haltung unserer westlichen Freunde Rechnung zu tragen, muß von Österreich nach meiner Auffassung folgende Haltung eingenommen werden: Die Bundesregierung wird nach wie vor versuchen müssen, die Sowjetunion zu beruhigen, daß bei den Verhandlungen über eine Teilnahme an einem umfassenderen europäischen Markt die österreichischen Verpflichtungen aus seiner immerwährenden Neutralität und aus dem Staatsvertrag eingehalten werden.

Die konkrete Anwendung dieser prinzipiellen österreichischen Haltung führt zu folgenden Überlegungen:

a) Der Ausdruck ›Zollunion‹ scheint mir besonders nachteilig, da hierdurch Reminiszenzen an den österreichisch-deutschen Zollunionsversuch 1931 geweckt werden, der vom Ständigen Internationalen Gerichtshof als inkompatibel mit der österreichischen Unabhängigkeit erklärt wurde.

b) Der Wirtschaftsunionsgedanke, so verlockend er wirtschaftlich sein mag, ist für die Sowjetunion, die immer wieder auf den dominierenden Charakter Deutschlands in der EWG hinweist, verdächtig.

c) Einem Handelsvertrag, der uns das gibt, was wir wirtschaftlich benötigen, stehen die zwingenden Bestimmungen des GATT entgegen.

d) Die beste zu dem erwünschten wirtschaftlichen Ziel führende Lösung wäre die einer Kombination von Vertrag und Freihandelszone. Die Freihandelszonenidee wird gegenwärtig in der Kommission der EWG nicht goutiert. Vielleicht hat aber, wenn England einen neuen Versuch unternimmt, der sicher nicht dort beginnen wird, wo der letzte aufgehört hat, die Freihandelszonenlösung neue Chancen, da ja gerade diese Lösung auch die Hauptsorge de Gaulles trifft, nämlich das Vereinigte Königreich von einer echten Mitbestimmung in der EWG auszuschließen. Jedenfalls wäre die Freihandelszonenlösung auch eine Lösung, bei der die Schweiz und Schweden Österreich folgen könnten, ein Umstand, der uns außenpolitisch sehr entlasten würde [...]

Von der österreichischen Bundesregierung soll alles getan werden, um eine weitere Verbesserung des Verhältnisses zur Sowjetunion und zu den Oststaaten herbeizuführen, um dadurch den Schritt nach dem Westen durch einige nach dem Osten auszubalancieren. Bei solchen Schritten zur Verbesserung des Verhältnisses nach Osten muß die Bundesregierung gelegentliche Angriffe der unabhängigen Presse in Kauf nehmen [...]

Die Methode, die Integration einfach nur mit dem Wort ›lebensnotwendig‹ zu begründen, halte ich für sehr unglücklich. Diese Methode schafft auf sowjetischer Seite Assoziationen, die man nicht unterschätzen darf. In der Sowjetunion genießen nur die Vertreter unseres Landes Vertrauen, die absolute Anhänger der österreichischen Unabhängigkeit sind und gleichzeitig auch absolut überzeugt sind, daß Österreich auch ohne ein Nahverhältnis zu Deutschland lebensfähig ist.

Molotow begrüßt Bundeskanzler Raab und Bundespräsident Schärf in Moskau.

Mit sehr gemischten Gefühlen wird von sowjetischer Seite auch das besondere Interesse betrachtet, das die BRD an dem Zustandekommen einer Assoziation bekundet. Bei aller Wertschätzung für die Dienste, die uns Deutschland im Rahmen der Sechs erwiesen hat, macht dieses augenfällige Eintreten Deutschlands für uns die Lage nur noch schwieriger. Moskau glaubt nicht an Hilfsdienste ohne Gegenleistung. Es stellt sich die Frage: Wem zuliebe, wem zum Nutzen?«

Um es ganz offen zu sagen: Keine Macht der Welt hätte die Russen 1955 veranlassen können, den von ihnen besetzten Teil Österreichs zu räumen – außer es hätte einen Krieg gegeben, und den wollte und will niemand mehr führen. Den folgenschweren Implikationen des Abzugs der Roten Armee Rechnung zu tragen ist nicht eine Frage der Sympathie oder Antipathie, der Opportunität oder Nichtopportunität. Nein, die Forderung, daß kleine Staaten unter allen Umständen von ihnen eingegangene Verpflichtungen einzuhalten haben, ist einfach eine Staatsweisheit von existentieller Bedeutung. Als einer, der bei den Moskauer Verhandlungen mit dabei war, fühle ich mich geradezu verpflichtet, darauf hinzuweisen, auch weil ich mitverantwortlich bin für die Zukunft Österreichs. Ich muß, so unangenehm das manchem sein wird, meine warnende Stimme erheben und darf diese Frage nicht schweigend übergehen, weil ich mich sonst einer gefährlichen Unterlassung schuldig machen würde. Es gibt nichts in diesem Buch, was ich für gleichermaßen ernst halte.

Wer dem ersten Band seiner Erinnerungen den Titel voranstellt »Zwischen den Zeiten«, der muß viele Zeitwenden erlebt haben. Das, was Menschen gestern noch unmöglich schien, ist morgen schon zur Wirklichkeit geworden. Es gehört zu meinen historischen Erkenntnissen, daß die Krisen in Österreich nicht rechtzeitig als solche erkannt wurden. Als sie eintraten, wären sie noch abwendbar gewesen; wenige Jahre später erwiesen sie sich als Katastrophen. Indem wir uns geschichtlicher Ereignisse bewußt werden, ersparen wir uns in Zukunft vielleicht das, was uns in der Vergangenheit so furchtbar getroffen hat. Ich bin in dieser Hinsicht relativ optimistisch: Immer mehr Menschen sind sich der Katastrophen bewußt, die unsere Umwelt bedrohen; warum sollten wir uns nicht auch gewisser Konsequenzen unserer historischen Situation bewußter werden?

Ich will nicht behaupten, daß die Schweizer um vieles intelligenter wären als die Österreicher, sie sind es sicher nicht, aber die Schweizer sind eben fest entschlossen, der Neutralität eine hervorragende Bedeutung für ihren Staat zuzubilligen. Dies müßte auch in unserem Unterbewußtsein mitschwingen und zu einem Leitmotiv unseres politischen Denkens werden. Ich will hier keineswegs einer permanent vorsichtigen Politik das Wort reden. Wir haben in der Vergangenheit sehr viel getan - so haben wir 1956, als wir gerade etwas mehr als ein Jahr frei waren, über 160.000 ungarische Flüchtlinge nach Österreich gelassen und uns auch später immer wieder bewährt. Aber alles ist im Bewußtsein unserer Neutralität geschehen, ja geradezu unter Berufung auf unsere Neutralität, und so haben wir allmählich die Verpflichtung statuiert, zum Asylland Europas zu werden. Wir sollten dem Grundsatz treu bleiben, den ich selber so formuliert habe: Wir sind ein im völkerrechtlichen Sinne neutrales Land, aber gleichzeitig sind wir den Prinzipien der Demokratie zutiefst verbunden, das heißt, wir fühlen uns den Menschenrechten verpflichtet, müssen aber alles vermeiden, was mit Recht als Abgehen von der Neutralität ausgelegt werden könnte.

Vielleicht sollten wir in Zukunft ein höheres Maß an Akkordanz unserer Außenpolitik mit der Schweiz anstreben. Daß wir der UNO gegenüber eine andere Haltung einnehmen, als die

Schweiz sie sich vorschreibt, hat seine Berechtigung im Staatsvertrag. Dort wurde uns ausdrücklich das Recht auf Zugehörigkeit zu den Vereinten Nationen zugebilligt. Es gibt also gewisse Abweichungen und Ausnahmen. Dennoch bleibe ich bei der Auffassung, daß wir uns in Fragen der Neutralität nicht allzu weit von der Definition im Moskauer Memorandum entfernen sollten. Wir sind gut damit gefahren und haben Österreich einen Platz gegeben irgendwo zwischen der Schweiz und Schweden. Diese Position ist auszubauen - mit den Einschränkungen, die ich gemacht habe.

Meine Überlegungen könnten bei dem einen oder anderen den Eindruck erwecken, daß ich hier in die fünfziger Jahre zurückgehe, in die Zeit des Staatsvertrages. Dieser Eindruck ist falsch, denn natürlich hat es gewisse Entwicklungen unserer Neutralität gegeben, die aber sozusagen mit Zustimmung der Welt erfolgten: unser Verhalten bei friedensbewahrenden Maßnahmen, unsere Freizügigkeit, unser Abstimmungsverhalten in den Vereinten Nationen. Unsere Außenpolitik insgesamt hat uns den Ruf verschafft, daß wir uns einer aktiven Neutralitätspolitik verpflichtet fühlen. Dennoch können wir uns nicht einer Politik verschreiben, die uns die Verpflichtungen, die sich aus der immerwährenden Neutralität ergeben, vergessen läßt. Die immerwährende Neutralität ist nämlich nicht eine einseitige, von uns allein zu treffende Entscheidung, sondern die immerwährende Neutralität hat doppelten Charakter: Von uns verlangt sie, daß wir sie deklarieren, von den anderen, daß sie sie respektieren. Und wenn wir das verlangen, dann müssen wir auch die sich daraus ergebenden Verpflichtungen für uns anerkennen, deren erste lautet: daß an unserer immerwährenden Neutralität kein Zweifel möglich ist.

9. Kapitel
De Gaulle: eine große Persönlichkeit

Es war für alle in der Emigration eine große Erleichterung, als wir erfuhren, daß Charles de Gaulle nach der Kapitulation Frankreichs im Juni 1940 entschlossen war, den Widerstand weiterzuführen. Allerdings waren wir uns nicht ganz im klaren darüber, wie das von London aus zu bewerkstelligen wäre. Die französische Bevölkerung hatte sich bereits vor Kriegsausbruch in einem Zustand politischer Lethargie befunden; die Stimmung im Juli 1939, als ich am Kongreß der Sozialistischen Jugendinternationale in Lille teilnahm, gipfelte in dem später oft gehörten, für mich damals neuen und unerhörten Ausspruch: »Lieber Hitler als noch einmal Léon Blum!«

Groß und grenzenlos war vor dem Krieg lediglich die Bewunderung für den französischen Militarismus. Die Journalisten schrieben wahre Wundergeschichten über die ungeheure Intelligenz der französischen Generäle, über die Bedeutung der Militärakademie und vor allem natürlich über die uneinnehmbare Maginotlinie. Die Gründe dafür, daß dieses Bollwerk niemals seiner Bestimmung gerecht wurde, waren Schlamperei, Leichtfertigkeit und die nur zögernd und mit großer Verspätung eingeleitete Modernisierung der französischen Armee, da man bis zum Schluß dazu neigte, sich mit Deutschland zu arrangieren. Der Hauptgrund war natürlich die Tatsache, daß die Deutschen die Maginotlinie ganz einfach umgingen, weil ihnen die Pläne in die Hände gefallen waren. Ein General, der nach Nordafrika versetzt worden war und der die Pläne mitgenommen haben soll, wurde von einem seiner Diener bestohlen. Statt Schmuck und Pretiosen fand der Dieb »nur« die Pläne, erkannte jedoch sehr rasch, daß er damit reichere Beute gemacht hatte. Und so gelangten die Pläne an die deutsche Spionage. Diese Geschichte, die ich von Leuten erfuhr, die es wissen mußten, hat keine größere Verbreitung gefunden; das ist darauf zurückzuführen, daß der deutsche General, der damit befaßt war, seinen französischen Kameraden gegenüber nicht unkameradschaftlich sein wollte und die Affäre vertuschte.

Wie mir de Gaulle erzählte, hatte er 1936 nach der Rheinlandbesetzung empfohlen, eine Division an den Rhein zu werfen, um Hitler zum Rückzug zu zwingen und damit die Angst vor ihm zu überwinden. Léon Blum habe dies abgelehnt mit der Bemerkung, Frankreich besitze keine Division, die über die notwendige Effizienz verfüge. Ich habe natürlich nicht hinter dem Berg gehalten mit meiner Sympathie für den großen französischen Sozialisten, aber de Gaulle fand kein gutes Wort. Er hat Léon Blum zwar nicht angegriffen, aber doch deutlich zu verstehen gegeben, daß Blum damals einen großen Fehler gemacht habe.

Frankreich wurde uns in der Seele zuwider. Es begann mit den Internierungen bei Kriegsausbruch durch eine reaktionäre Bürokratie und gipfelte in den Anbiederungen des Pétain-Regimes an Nazi-Deutschland. Wir verachteten die Machthaber von Vichy immer mehr, und bei Kriegsende hofften wir, daß ihnen die allernächste Geschichte den Platz einräumen werde, den sie verdienten: Verräter nicht nur ihres Volkes gewesen zu sein, sondern auch - was uns damals wichtiger zu sein schien - der Menschlichkeit.

Der Widerstand des französischen Volkes allerdings ließ diese Nation sehr bald nach dem Krieg in einem ganz anderen Licht erscheinen. Es war das Zauberwort »maquis«, das viele von uns mit Bewunderung erfüllte. Ich hatte einen Gewährsmann in Ernst Lemberger, dem späteren Botschafter, der als Capitaine Jean Lambert eine große Rolle spielte. Er war der erste, der quer durch die deutschen Reihen die Verbindung zwischen Auriol im befreiten Toulouse und de Gaulle im soeben eroberten Paris herstellte. Auriol wurde 1947 Präsident der Vierten Republik.

Sosehr ich von Churchill beeindruckt war und sosehr ich Roosevelt schätzte, ihrer beider Antipathie gegen de Gaulle teilte ich nicht. De Gaulle mußte ihnen als maßlos arrogant erscheinen, da er von Anfang an mit dem Anspruch auftrat, Frankreich habe trotz seiner schmählichen Kapitulation und trotz der Kollaboration des Vichy-Regimes mit Hitler das Recht, als eine der Siegernationen zu gelten. Das war aufgrund der geschichtlichen Ereignisse sicher nicht berechtigt - dies sage ich ganz bewußt auch als Österreicher.

Unlängst bin ich auf einem großen Gut in Suffolk einem der Brüder Mitterrands begegnet und habe ihm während des glanzvollen Diners ad hoc die Frage gestellt, wie viele Franzosen eigentlich seiner Meinung nach für Pétain waren. Da meinte er mit einer geradezu erstaunlichen Nüchternheit, mindestens achtzig Prozent. Einem Österreicher, dem das Verhalten der österreichischen Bevölkerung in sehr oberflächlicher Weise immer wieder vorgeworfen wurde, tat dies wohl; es war wie Balsam auf meine Wunden, bestätigte mir doch ein sehr patriotischer Franzose meine Vermutung, daß es offenbar nur wenige Völker gab, die bereit waren, Hitler mehr oder weniger geschlossen entgegenzutreten.

Der französische Widerstand ist nur langsam erwacht und begann eigentlich erst in dem Augenblick wirklich zu funktionieren, als die Masse der Kommunisten endlich auf der richtigen Seite stand, nämlich nach dem deutschen Überfall auf die Sowjetunion. Bis dahin hatten sie aufgrund des Hitler-Stalin-Paktes geschwiegen, was einer Lähmung der französischen Arbeiterklasse gleichkam. Als sich die Dinge endlich in die Richtung bewegten, die sich französische Patrioten und französische Kommunisten vorstellten, regte sich der Widerstand. Daß die Treue der Kommunisten zu Moskau fast zwei Jahre lang größer war als ihr Patriotismus, hat Nachwirkungen bis in unsere Gegenwart. Zur Zeit des Barbie-Prozesses wurde die Frage gestellt, warum es denn eigentlich keine offenherzige Darstellung der Verbrechen Barbies gebe, ja im Gegenteil, die Enthüllung seines Wirkens anscheinend sogar unerwünscht sei. Damals kam der Verdacht auf, der sich im Zuge der Nachforschungen erhärtete, daß der berühmte Führer des kommunistischen Widerstandes, Jean Moulin, der seinen Platz im Panthéon hat, denunziert worden sei aus Angst vor einer zu starken kommunistischen Beeinflussung des Maquis. Daher die Furcht vor möglichen Enthüllungen Barbies im Prozeß.

Innerhalb des französischen Widerstands wurden schwere Kämpfe ausgetragen, in denen man auch vor der Ermordung von Rivalen nicht zurückschreckte. Vieles blieb im Zwielicht: Einmal sollte die Flotte vor der Versenkung bewahrt werden, indem man sie abrüsten wollte – am Ende wurde sie von den Franzosen selbst versenkt –, ein anderes Mal glaubte man ein Stück Frankreich retten zu können, indem man den Emigranten und den Juden einschließlich der Franzosen jüdischer Abkunft, die sich in das Gebiet der Vichy-Regierung geflüchtet hatten, dasselbe Schicksal bereitete wie jenen, die aus dem besetzten Teil Frankreichs deportiert wurden. Auf der anderen Seite gibt es wenige Länder, in denen die kleinen Leute so viele Beweise von Güte und Menschlichkeit geliefert haben und zu Rettungsaktionen bereit waren wie in Frankreich.

Zahlreiche Emigranten empfanden die Niederlage Frankreichs als ihre eigene. Schließlich fühlten sich viele von ihnen den Traditionen der Französischen Revolution verpflichtet; trotz der Kritik von Marx und Engels an der französischen Demokratie schien in Frankreich die republikanische Tradition weiterzuleben. So war der Tag des Waffenstillstands im Wald von Compiègne in jeder Hinsicht ein trauriger Tag. Wenn auch der Zusammenbruch Frankreichs viele Schattenseiten der französischen Demokratie enthüllte, wenn auch vieles von der »Gloire« der Französischen Revolution verblaßte, wenn auch in Frankreich faschistische Tendenzen zu beobachten waren: die Sympathie der politischen Emigranten, deren erstes Fluchtland Frankreich war, blieb weitgehend unverändert. Und sehr bald wurde de Gaulle zu einem Symbol des Widerstands.

Ich verfolgte de Gaulles Bestrebungen mit Interesse und Sympathie, wenngleich ihm die Schwierigkeiten, die er den Alliierten bereitete, und seine Forderung nach Gleichberechtigung eine schlechte Presse in England und Amerika eintrugen. Das nationale Pathos de Gaulles war sicher echt, aber für solche und ähnliche Töne - etwa die Thomas Manns - schien es uns zu spät zu sein. Wir hatten genug vom Pathos der Niederlage, das wir an uns selbst und am Beispiel anderer sozialdemokratischer Parteien erlebt hatten. Das bloße »Wir kommen wieder« sollte nach außen um so stärker beeindrucken, um so weniger es uns selber gelang, unseren Pessimismus zu überwinden.

1960 lernte ich de Gaulle persönlich kennen. Er hatte, nachdem er an die Macht gekommen war, sehr strenge protokollarische Bräuche eingeführt, wen er empfing und wen nicht. Regierungschefs traf er eigentlich nur deshalb, weil die Staatspräsidenten und die gekrönten Häupter einflußlose Leute sind, die seiner Macht nichts Vergleichbares entgegenzusetzen hatten, und Minister empfing er grundsätzlich nicht. Es war wohl dem Einfluß des ehemaligen französischen Hochkommissars Seydoux zu danken, daß mich de Gaulle 1960 auf einer Rückreise aus England in den Elysee-Palast einlud; vielleicht war es auch Couve de Murville gewesen, zu dem ich sehr gute Beziehungen hatte, der mir das Gespräch ermöglicht hat.

Nun hatte der Besuch eine Vorgeschichte, die für mich sehr unangenehm hätte ausgehen können, da ich als Außenminister zu diesem Zeitpunkt von der Österreichischen Volkspartei sehr angegriffen wurde. Das Programm, in dem der Besuch bei de Gaulle von französischer Seite offiziell bestätigt wurde, war näm-

Couve de Murville empfängt Kreisky, der auf der Rückreise von London am 10. Februar 1960 in Paris eintrifft. Der französische Außenminister zeigte für die Politik seines österreichischen Kollegen von Anfang an sehr viel Verständnis.

lich von der Presse bereits veröffentlicht worden, als ich erfuhr, daß de Gaulle mich ausladen müsse, weil ein Aufstand der Fallschirmjäger drohe. Eben erst war ein Putschversuch rechtsradikaler paramilitärischer Verbände in Algerien gescheitert. Ich zeigte dafür Verständnis, aber angesichts der innenpolitischen Situation war das Ganze für mich sehr peinlich. Ich habe Botschafter Seydoux, den früheren Hochkommissar, darauf hingewiesen und gemeint, es sei deshalb wohl das beste, den ganzen Besuch zu verschieben. Damit wäre ich einer Ausladung zuvorgekommen, und dies verursachte bei den Franzosen große Aufregung. De Gaulle erklärte sich bereit, zwei Stunden später zu fliegen; er hat also anscheinend Wert auf meinen Besuch gelegt.

Das Gespräch drehte sich in erster Linie um die historische Aufgabe der »Danubiens« - so nannte de Gaulle die Österreicher -, und mit großer Eloquenz trug er vor, welche Mission wir im Donauraum hätten. Als ich von der Presse gefragt wurde, wie ich diesen Besuch bewerte, habe ich gesagt: »Nun, de Gaulle sieht eine historische Rolle für Österreich, die ich nicht ganz so sehe. Aber es ist ja immer so bei de Gaulle, daß er fünfzig Jahre zurück und fünfzig Jahre voraus denkt, das sind hundert Jahre. Ich als österreichischer Politiker kann immer nur in Vierjahreskategorien denken.« Eigentlich war das recht frech, aber mich mit der Sicht de Gaulles zu identifizieren hätte unangenehme Folgen haben können, weil es auf eine Desavouierung der von mir im Donauraum vertretenen Politik hinauslief und unter Umständen mit Restaurationsgedanken in Verbindung gebracht worden wäre.

Enttäuscht war ich über die mangelnde Bereitschaft Frankreichs, die wirkliche Bedeutung Österreichs in Mitteleuropa zu erkennen. Nur Couve de Murville schien, wie ich bereits erwähnte, Verständnis für unsere Politik zu haben. Die französische Wirtschaft aber hat alle unsere Einladungen, nach Österreich zu kommen, nicht sehr ernst genommen - bis auf wenige Ausnahmen. Vielleicht hatte sie mit sich selbst zu viele Probleme.

De Gaulle hat mir vorgehalten, schuld daran zu sein, daß Österreich bei der EFTA ist. »Welche Gemeinsamkeiten gibt es denn zwischen Ihnen in Österreich und den Inselbewohnern?« Damit meinte er vor allem Großbritannien. Ich antwortete ihm, daß wir zu den Außenseitern der EWG gehörten und uns irgendwie um ein Mutterschiff herum gruppieren müßten; es sei nur logisch, daß die EFTA-Staaten sich um Großbritannien sammelten. Der EWG könnten wir deshalb nicht beitreten, weil der Artikel 4 des Staatsvertrages uns jede Form des Anschlusses an Deutschland in politischer und wirtschaftlicher Hinsicht untersage. Wenn man sich aber mit der EWG verbinde, dann sei man nicht nur mit der EWG als Ganzes, sondern auch mit jedem ihrer Teile verbunden, und dies könnte von sowjetischer Seite als ein wirtschaftlicher Anschluß ausgelegt werden. Auch die Schweiz ist damals übrigens der Auffassung gewesen, daß eine Mitgliedschaft in der EWG einer Preisgabe der Unabhängigkeit gleichkäme, wie einer ihrer Völkerrechtler formulierte; diese Art der überregionalen Zusammenarbeit gehe auch in politischer Hinsicht sehr weit, und das sei für die Schweizer nach der herrschenden Auffassung nicht akzeptabel.

Bei einem späteren Besuch, 1962, erzählte ich de Gaulle, daß Bundeskanzler Gorbach und ich in wenigen Tagen in die Sowjetunion reisen würden. »Sagen Sie Herrn Chruschtschow, daß die Europäische Wirtschaftsgemeinschaft, der Frankreich angehört,

Von links nach rechts: Außenminister Couve de Murville, Bundeskanzler Klaus, de Gaulle, Kreisky, Staatsminister Joxe, Staatssekretär Bobleter, Botschafter Fuchs.

auf dem Status quo beruht, also ein Deutschland voraussetzt, wie es heute existiert.« Ich zeigte mich erstaunt, daß sich die Deutschen mit diesem Zustand abfänden; die deutsche Politik betrachte die Wiedervereinigung doch explizit als eines ihrer Axiome. Außerdem schienen sich die Westalliierten dieser Forderung nach einem wiedervereinigten Deutschland anzuschließen. Da hat mich de Gaulle ganz überrascht angesehen und gesagt: »Ich verstehe eigentlich nicht, wie Sie so etwas denken können. Wir haben Deutschland für diesen Zustand ja mehr als kompensiert. Wir haben Deutschland die Freundschaft Frankreichs gebracht, und das muß doch mindestens soviel wert sein wie die Wiedervereinigung.« Diese Antwort verblüffte mich um so mehr, als mir kurz zuvor der damalige Chef des »Express«, Servan-Schreiber, erzählt hatte, daß Pompidou ihn habe rufen lassen, um ihm zu sagen, daß sein, Servan-Schreibers, Kampf gegen die Force de frappe von falschen Voraussetzungen ausgehe. Seine Behauptung, die französischen Atomwaffen reichten gar nicht weit genug, um den potentiellen Feind, die Sowjetunion, zu treffen, beruhe auf einem Irrtum: »Wer sagt Ihnen denn«, so Pompidou, »daß wir so weit reichen wollen mit unserer Force de frappe?« Das war eine von großem Mißtrauen zeugende Bemerkung, aber ich bin fast sicher, daß es dieses Mißtrauen zwischen der Bundesrepublik und Frankreich jedenfalls in einigen Bereichen sehr wohl gab. Seither hat sich in den Beziehungen zwischen beiden Ländern vieles verbessert, obwohl die französische Außenpolitik noch immer das Schreckgespenst des Abkommens zwischen Rathenau und Tschitscherin vor Augen hat - zumal da es sich bei französischen Diplomaten immer auch um Historisten handelt. Ausgesprochen oder nicht, Rapallo ist die große Sorge der Franzosen oder muß es spätestens in dem Augenblick werden, in dem es zu besonderen Beziehungen zwischen der Bundesrepublik Deutschland und der Sowjetunion kommt. Die Engländer werden sich sofort willig zurückziehen, wohl ohne zu ahnen, daß das ihr Ende bedeutet, und ebenso würden sich die Italiener aus der internationalen Politik, wie sie Andreotti als erster praktiziert hat, wegschleichen und sich ganz auf den »schnöden Kommerz« konzentrieren.

Es gibt eine berühmte Formulierung de Gaulles: Europa reiche »von Island bis Stambul und von Gibraltar bis zum Ural«, und ich glaube, daß er dies durchaus ernst gemeint hat. Der Ausschluß des britischen Weltreichs - oder was von ihm übriggeblieben ist - aus Europa war für ihn ebenso selbstverständlich wie die Tatsache, daß Europa bis Moskau reicht. Er wußte sehr genau, daß die Sowjetunion auf die riesigen Gebiete jenseits des Urals nicht zu verzichten bereit ist, aber Sibirien zählte für ihn so wenig wie England, das er schlicht für eine Insel hielt. Erst nach dem Rücktritt de Gaulles konnte die französische Annäherung an England in die Wege geleitet werden. Dessen schwierige, unfreiwillige Hinwendung zu Europa wiederum ist durch den Beitritt zur EG besiegelt.

Kurz bevor de Gaulle 1958 an die Macht kam, war ich zufällig in Paris bei Besprechungen der OEEC und habe erlebt, wie die französische Polizei eine sehr wilde Demonstration vor dem französischen Parlament veranstaltete. Ich habe damals den Ausbruch eines furchtbaren Chaos in Frankreich befürchtet und nahm es mit Erleichterung auf, als de Gaulle den Knoten durchschlug und stellvertretende Ministerpräsidenten aus allen Parteien berief, darunter auch den Sozialisten Guy Mollet. Es war eine sehr umfassende Regierung, die allerdings nicht sehr lange gehalten hat; de Gaulle wollte ja auch gar nicht, daß sie lang hielt.

De Gaulle war seiner Haltung nach ein Konservativer, aber seine Politik war die eines Liberalen; er schien gesellschaftspolitischen Fragen gegenüber unvoreingenommen, und das hat es ihm auch ermöglicht, zu den Sozialisten ein ziemlich ressentimentfreies Verhältnis zu entwickeln. Der Umstand, daß er sich nicht als Reaktionär entpuppte, hat mir um so mehr imponiert, als Militärs in der Politik ja immer der Gefahr ausgesetzt sind, autoritär zu regieren. De Gaulle war die personifizierte Macht, ohne autoritär im engeren Sinne zu sein. Wenn Militärs politische Macht anstreben, ist mir dieser Umstand immer suspekt gewesen. Als Mitteleuropäer sah ich im Bündnis von Militärs und korrupten Advokaten schon früh die Grundlage der Diktatur; das Osteuropa der Zwischenkriegszeit bot hier reichlich Anschauungsunterricht.

Ich bin auch heute noch der festen Überzeugung, daß einige sehr wichtige de Gaullesche Maßnahmen, die nur von ihm und von niemand anderem verwirklicht werden konnten, Frankreich vor einem vernichtenden Bürgerkrieg bewahrten. Nur er war dazu in der Lage, den Franzosen deutlich zu machen, daß der lange Krieg mit Algerien ein Ende finden und Algerien frei werden müsse.

De Gaulle hat in einem gefährlichen Augenblick die zugegeben etwas rumpfartige Demokratie erhalten, was meiner Meinung nach die einzige Rettung für Frankreich war. Andernfalls wäre das Land im Chaos versunken, und es ist ziemlich unvorstellbar, wie ein solches Frankreich in Europa hätte bestehen können. Die traditionellen Parteien wurden der Lage nicht Herr; hinzu kam der schier unaufhaltsame Aufstieg der französischen Kommunisten, die damals sehr doktrinär waren, während die Sozialisten bei 16 Prozent standen und zur Bedeutungslosigkeit absanken. Sowohl Pierre Mendès-France als auch sein Nachfolger Guy Mollet mußten eine furchtbare Niederlage hinnehmen. Erst unter Führung Mitterrands begann der Aufstieg der französischen Sozialisten. Mitterrands Regierungsweise ist aber ohne de Gaulle nicht zu verstehen.

De Gaulle erzählte uns, er sei gerade im Begriff, die Verfassungen Europas zu studieren. Es gebe zwei Verfassungen, in

Mit François Mitterrand begann der Aufstieg der französischen Sozialisten. Mitterrand und Kreisky 1974 in der Wiener Stadthalle.

denen die konstitutionellen Aufgaben des Präsidenten in für ihn vorbildlicher Weise gelöst seien, nämlich die finnische und die österreichische. Er müsse wissen, wandte ich ein, daß die Bundespräsidentschaft bei uns zwar plebiszitären Charakter habe, aber von diesen Rechten aus einer präfaschistischen Zeit in der Zweiten Republik niemals Gebrauch gemacht worden sei. Das sei nicht sehr klug von unseren Präsidenten, meinte de Gaulle, wo es doch dem Geist der Verfassung entspreche; de Gaulle war ja ein Anhänger der Präsidialrepublik. Daraus wurde die berühmte »Cohabitation«, ein System mit einer Art Gewaltentrennung zwischen der Präsidentschaft und der Regierung. In besonders eindrucksvoller Weise hat sich Mitterrand dieses Systems bedient.

Bei dem anschließenden Essen, das de Gaulle für Gorbach und mich gab, herrschte Feierlichkeit und Würde, und man empfand großen Respekt. De Gaulle hatte sich einen ganz bestimmten Typ von Menschen als Mitarbeiter ausgesucht, und auch die von ihm ausgewählten Minister zeichneten sich durch ein sehr gutes Äußeres aus. Der alte Soldat legte Wert auf die äußere Erscheinung. Durch die, fast möchte ich sagen, »unfranzösische Art« ihres Auftretens – sie schienen der angelsächsischen Lebensform verbunden zu sein – vermittelten einem Leute wie Pierre Messmer, Chaban-Delmas und Couve de Murville das Gefühl, daß man es eher mit Spitzendiplomaten zu tun hatte als mit Politikern der Fünften Republik, und ich glaube, sie legten auch Wert auf diese Nuance.

Bei Begegnungen mit französischen Politikern und Diplomaten fiel mir immer wieder auf, daß sie in der Regel alles besser wußten als ihr Partner, auch auf Gebieten, auf denen sie sich nicht auskannten; sie machten sich vor allem dadurch bemerkbar, daß alle ihre Interpretationen im höchsten Maße »sophisticated« waren. Ihr Intelligenzquotient diente ihnen gewissermaßen als Richtschnur. Giscard d'Estaing, den ich zweimal traf, fiel durch seine deutlich spürbare Arroganz auf, wobei ich nicht weiß, ob seine besondere Größe und Eleganz diesen Eindruck noch unterstrichen haben. Dasselbe galt auch für François-Poncet, den ehemaligen französischen Botschafter in Berlin und Vater des späteren Außenministers, dessen Arroganz geradezu unerträgliche Formen annahm. Obwohl bekannt war, daß seine Berichte aus dem Berlin der Vorkriegsjahre nicht eben von großer politischer Weisheit zeugten, und obwohl er sich durch außenpolitisches Desinteresse an Österreich auszeichnete, hat er sich kurz nach dem Krieg boshafter Bemerkungen nicht enthalten können. Ich traf ihn bei einer Konferenz des Internationalen Roten Kreuzes in Stockholm; er leitete die französische Delegation. Als er erfuhr, daß ich eine Art provisorischer österreichischer Vertreter sei, stellte er mir die Frage, ob es in Österreich noch immer so viele Nazis gebe wie 1938. Die französische Abneigung Österreich gegenüber, die ich mir bis heute nicht recht erklären kann, schlug später auch bei einigen in Wien residierenden Hochkommissaren durch, in besonderem Maße bei Payart.

Trotz aller Vorbehalte bin ich der französischen Besatzungsmacht zu großem Dank verpflichtet. Sie waren die ersten, die mir auf Vermittlung meines alten Freundes Kurt Grimm, der vor wenigen Jahren eines qualvollen Todes starb, ein Visum ausstellten, um von der Schweiz nach Österreich zu fahren. Kurt Grimm war ein treuer Österreicher und hatte während des Krieges in der Schweiz einen nicht unwesentlichen Einfluß auf das positive Österreichbild von Allen Dulles gehabt, der dort den amerikanischen Geheimdienst leitete.

Es soll nicht in Vergessenheit geraten, daß Frankreich nicht nur ein Feind des Anschlusses war, sondern sich auch für die Erste

Kranzniederlegung am Grabmal des unbekannten Soldaten, Juli 1965; in der Mitte Bundeskanzler Klaus, daneben Staatssekretär Bobleter.

Republik sehr eingesetzt hatte. Die letzte große Anleihe, die Österreich aufnehmen konnte, die Lausanner Anleihe, wurde von England, Frankreich, Italien und Belgien garantiert; ein entsprechender Beschluß, betreffend den französischen Anteil, wurde 1932 im französischen Parlament gefaßt. Auf Intervention von Otto Bauer mußte sich die Regierung Dollfuß zu gewissen »assurances morales« verpflichten, nämlich: keine Auflösung der freien Gewerkschaften, kein Verbot der Sozialistischen Partei, keine Auflösung des Parlaments und keine Entmachtung des Wiener Bürgermeisters. Aber auch in diesem Fall hat Österreich keine große Vertragstreue bewiesen. Der französische Gesandte in Wien, der alte Puaux, den ich nach dem Krieg danach fragte, hat mir bestätigt, daß er 1934 bei Dollfuß vorstellig wurde und die Garantien einmahnte. Dollfuß habe ihm geantwortet, damals sei Paul-Boncour Ministerpräsident gewesen, jetzt gebe es aber einen neuen Ministerpräsidenten, und deshalb fühle man sich nicht mehr an die Zusage gebunden. Puaux' Einwand, es handele sich um eine Zusage an die französische Regierung, unabhängig davon, wer Ministerpräsident sei, wollten die Herren des Dollfußregimes nicht gelten lassen. Sosehr ich Österreich liebe - und ich glaube, eine Reihe von Beweisen hierfür geliefert zu haben - und sosehr ich mit den Imponderabilien der Politik mich abzufinden gelernt habe, sosehr muß ich dieses Laster, Verträge zu schließen und sie bei der ersten sich bietenden Gelegenheit zu ignorieren, verurteilen. Genau dasselbe erleben wir jetzt mit den Raketen: Wir waren glücklich, den Staatsvertrag erhalten zu haben, und haben das Raketenverbot angenommen, weil wir um unsere Freiheit kämpften; kaum aber ist das Papier trocken gewesen, wurden schon Versuche unternommen, diese Bestimmung des Vertrages zu umgehen. Dieser Vorwurf der Vertragsuntreue trifft nicht die österreichische Diplomatie, die immer gewarnt hat, wenn man ihr solches zumutete, sondern die konservativen österreichischen Innenpolitiker, die so sehr Innenpolitiker sind, daß sie den außenpolitischen Flurschaden nicht wahrhaben wollen. Die österreichische Sozialdemokratie hingegen war immer vertragstreu und nie bereit, Verträge zu ignorieren.

10. Kapitel

Nachbarschaftspolitik

Jugoslawien

Ich war mir im klaren darüber, daß es nach Abschluß des Staatsvertrages unter den Signatarmächten sehr bald verschiedenartige Tendenzen geben werde, die Neutralität Österreichs entsprechend den eigenen Wünschen zu interpretieren. Von einer Garantie der österreichischen Unabhängigkeit durch die vier Mächte habe ich deshalb nach den ersten konkreten Gesprächen 1955/56 nicht viel gehalten. Dann wäre, wie ich im ersten Band schrieb, überall, nur nicht am Ballhausplatz entschieden worden, wann unserer Unabhängigkeit gefährdet sei. Im übrigen wären die Amerikaner zu einer wirklichen Garantieerklärung nicht bereit gewesen; am ehesten noch Großbritannien und Frankreich, aber angesichts der Machtverschiebung hätte das wenig bedeutet. Nur die Russen hätten uns jederzeit eine Garantie gegeben, ähnlich wie man sie 1948 Finnland gegeben hatte, aber gerade das lag nicht in unseren Bestrebungen.

Wir mußten uns also - und das war, wie ich glaube, ein glücklicher Umstand - sehr bald auf uns selbst besinnen. Schon deshalb war Österreich gezwungen, sich deutlich auf der politischen Landkarte zu profilieren. Während Finnland sich auf ein Nahverhältnis zur Sowjetunion eingelassen hatte - ohne freilich auch nur annähernd das sowjetische System zu übernehmen, Finnland war und ist ein eindeutig demokratischer Staat -, vertrat ich die Auffassung, daß solch enge Beziehungen zur Sowjetunion für uns nicht notwendig seien, sofern wir versuchten, zu einer Normalisierung mit jenen Nachbarn zu gelangen, die Verbündete der Sowjetunion sind. Meine erklärte These lautete: Da die Sowjetunion zu groß für uns ist und der Versuch, die Beziehungen zu ihr allzusehr zu intensivieren, gefährlich für uns werden kann, müssen wir diesen Mangel kompensieren durch ein freundschaftliches Verhältnis zu den Verbündeten der Sowjetunion. Die Politik der Normalisierung im Donauraum war neben der Südtirolpolitik das zweite Grundelement der von mir zu verantwortenden österreichischen Außenpolitik der frühen sechziger Jahre. Es ging darum, entlang der Donau ein gewisses »Raumzugehörigkeitsgefühl« zu schaffen, ein Nachbarschaftsverhältnis aufgrund geographischer - und natürlich auch historischer - Gemeinsamkeiten, und in diesem Sinne haben wir Freundschaften begründet.

Ich habe damals den Satz geprägt: soviel Vertrauen als möglich im Westen und sowenig Mißtrauen als möglich im Osten. Echtes Vertrauen kann ein demokratischer Staat, der in den Augen der Kommunisten ein bürgerlicher Staat ist, nicht erwarten. Und ich bezweifle, inwieweit das überhaupt erstrebenswert gewesen wäre, denn Vertrauen gründet ja auf dem Grundsatz do ut des, und dies hätte uns wahrscheinlich überfordert. Da eine Normalisierung des Verhältnisses zu unseren Nachbarn leicht in den Geruch der Restauration der alten Habsburger Monarchie kommen konnte, war es erst recht notwendig, das Mißtrauen zu beseitigen. Andererseits mußte ich es natürlich vermeiden, durch die bürgerlichen Koalitionspartner dem Verdacht ausgesetzt zu werden, ein willfähriger Partner der sowjetischen Politik zu sein. Sehr schnell prägten meine Gegner in der ÖVP das Wort von »Kreiskys verhängnisvollem jugoslawischem Weg«.

Ich begann mich also um ein neues Verhältnis zu den von kommunistischen Parteien regierten Staaten zu kümmern und wollte dies am Beispiel Jugoslawiens praktizieren. Dieses Land schien mir deshalb am geeignetsten zu sein, weil es sich nicht dem sowjetischen Blocksystem angeschlossen und aus diesem Grunde ein starkes Bedürfnis hatte, mit seinem österreichischen Nachbarn rasch gute politische und wirtschaftliche Beziehungen zu entwickeln. Andererseits war unser Verhältnis zu Jugoslawien überschattet; schließlich hatten wir zweimal militärische Auseinandersetzungen mit Jugoslawien gehabt: das erste Mal 1918/19 mit den Soldaten des Königreichs Jugoslawien, das zweite Mal 1945/46 mit den jugoslawischen Partisanen, den Exponenten des titoistischen Jugoslawien. Beide Male ging es um jugoslawische Gebietsansprüche in Kärnten; nach dem Ersten Weltkrieg wurden sie mit Hilfe Italiens abgewehrt, nach dem Zweiten Weltkrieg mit Hilfe einiger entschlossener Persönlichkeiten der britischen Besatzungsmacht. Führende Vertreter der britischen Labour Party, unter ihnen besonders der energische Außenminister Ernest Bevin und Staatsminister John Hynd, waren bereits mitten im Krieg von den österreichischen Emigranten im sogenannten Londoner Büro für Österreich gewonnen worden.

Einen Grenzvertrag, der uns ein für allemal die Anerkennung unserer Grenze mit Jugoslawien garantieren sollte, war ein echtes Problem. Koča Popović, der Generalstabschef der Volksbefreiungsarmee, der nach dem Krieg unter anderem Außenminister war, und ich konnten nach jahrelangen Verhandlungen eine Sichtbarmachung der Grenzvermarkung vereinbaren. Wenn überwachsene oder abhandengekommene Grenzsteine sichtbar gemacht werden, wird damit automatisch auch die Grenze bestätigt. Ein wesentliches Hindernis war somit beseitigt, und das Verhältnis zu Jugoslawien besserte sich rasch.

Bereits bei meinem ersten Besuch in Jugoslawien im März 1960 war das Eis gebrochen. Es gab ein außerordentlich aufmerksames Protokoll. Zunächst traf ich mit Popović zusammen, mit dem ich mich auf Anhieb gut verstand. Er war ein brillanter Mann, der erkannt hatte, daß ideologische Fragen in der Außenpolitik nicht den gleichen Stellenwert besaßen wie in der Innenpolitik. In den privaten Gesprächen äußerte er sich allerdings in sehr geringschätziger Weise über die Bedeutung des Marxismus-Leninismus für die konkrete Politik, so daß ich kaum glauben konnte, einem der höchsten militärischen Führer der Titopartisanen gegenüberzusitzen. Auf jeden Fall war Popović ein interessantes Gegenstück zu den ewig ideologisierenden Russen.

Popović war wie so mancher Kommunist am Balkan der Sohn sehr reicher Kaufleute. Ich kannte noch Leute, die berichteten, daß sich die Familie Popović in einem weißen Mercedes durch Belgrad chauffieren ließ. Ein bürgerlicher Intellektueller allerdings war in den Balkanstädten eine Rarität. Kennengelernt hatte ich ihn 1953 in London, als er zusammen mit Milovan Djilas und Generalstabschef Peko Dapčević den Krönungsfeierlichkeiten für Königin Elizabeth beiwohnte; im gleichen Jahr war er auch auf Staatsbesuch in Österreich gewesen.

Popović war Serbe und von daher eher antiösterreichisch gesinnt. Für die Serben war das zaristische Rußland eine Art panslawistischer Schutzpatron gegen das expansionistische Österreich-Ungarn gewesen. Auch die Slowenen haben keine allzu große Sympathie für die alte Monarchie empfunden, denn sie fühlten sich von Österreich unterworfen. Hingegen legten die Kroaten eine besondere Zuneigung für Österreich an den Tag, weil sie in der alten Monarchie zu Ungarn gehörten. Daher spürt man in Agram (Zagreb) noch heute eine große Sympathie für Österreich und in Laibach (Ljubljana) eine gewisse Reserviertheit.

Der zweite Mann nach Tito war Ministerpräsident Edvard Kardelj. Wir waren etwa gleich alt, waren im gleichen Reich geboren und sangen zu Beginn unserer Volksschulzeit die gleiche Hymne: »Gott erhalte, Gott beschütze unsern Kaiser, unser Land ...« Wir hatten beide starke theoretische Interessen, vor allem was die Entwicklung des Sozialismus betraf. Ich freundete mich sofort mit ihm an. Kardelj, sicher eine der treibenden Kräfte des Abfalls von Stalin, starb 1979, nach langer Krankheit. Hätte er Tito überlebt, hätte das Land wahrscheinlich leichter einen Übergang gefunden.

Am Ende des Programms stand ein Besuch bei Tito auf Brioni. Wenn es eine Insel gibt, die immer als österreichisch betrachtet wurde, dann ist es Brioni. Alles machte einen außerordentlich gepflegten Eindruck, viel gepflegter als andere dem Tourismus zugängliche klassische Plätze in Jugoslawien wie Abbazia (Opatija). Wir wurden in einem netten Hotel untergebracht. Als ich fragte, wem denn dieses Hotel normalerweise zugänglich sei, erhielt ich auch hier die Antwort, es sei für Spitzenfunktionäre des Regimes reserviert - eine Antwort, die ich ähnlich in allen kommunistisch regierten Staaten bekam. Ich will die mir gewährte Gastfreundschaft nicht schmälern, aber diese Gästehäuser schienen mir ein untrüglicher Beweis dafür, daß die These von Milovan Djilas, in den kommunistisch regierten Staaten sei eine neue Klasse entstanden, ohne daß sich die Klassenmerkmale in volle Übereinstimmung mit den Thesen von Marx bringen ließen, richtig war. Die Lebensgewohnheiten der Funktionäre waren von denen der großen Masse so deutlich abgegrenzt, daß man mit Fug und Recht von einer »neuen Klasse« sprechen konnte. Insoweit glaube ich, daß der Satz von Marx und Engels, »alle bisherige Geschichte, mit Ausnahme der Urzustände, war die Geschichte von Klassenkämpfen«, weiterhin eine gewisse Gültigkeit besitzt. Marx und Engels meinten zwar, wenn es den Kommunismus gebe, werde dieser Satz sich selbst aufheben, weil der Kommunismus die klassenlose Gesellschaft bedeute. Aber es wird immer wieder und in jeder gesellschaftlichen Entwicklungsphase neue Klassen geben; nur die Kriterien, die eine Gruppe von Menschen zu einer Klasse machen, werden sich ändern. Allen, die über die Zukunft der Sozialdemokratie nachdenken, möchte ich empfehlen, auf diesen Aspekt nicht zu verzichten: daß die Sozialdemokratie eine Bewegung ist, die immer aufs neue um die Überwindung von Klassengegensätzen bemüht sein muß und die die Auseinandersetzung mit herrschenden Gruppierungen, auch wenn es die eigenen sind, nie aufgeben darf. Die Klassengegen-

Tito und Koča Popović im Gespräch mit Bruno Kreisky; Brioni, 19. März 1960.

sätze in Frage zu stellen, ist wahrscheinlich sogar das Salz jeglicher innerparteilichen Diskussion, ja der Demokratie schlechthin.

Es ist keine Frage, in Österreich gibt es weder einen Kapitalismus im klassischen Sinn noch enorme Reichtümer in der Hand einiger weniger, wie das in Frankreich, England, Deutschland, in den USA, ja fast überall in der westlichen Welt der Fall ist. Aber auch bei uns ist man im Begriff, solche Anhäufungen von Kapital und Eigentum zu schaffen – auf mehr oder weniger noble Art. Es kann deshalb nicht schaden, den Grundsatz der klassenlosen Gesellschaft wenigstens als Arbeitshypothese beizubehalten. Allerdings muß dabei von vornherein feststehen, daß man sich einer solcher Gesellschaft nicht einmal asymptotisch annähern kann.

Wir fuhren zu Tito. Wir fuhren? Da es auf dieser Insel keine Autos gibt, bedienten wir uns in klassischer Weise eines von Ponys gezogenen kleinen Gefährts. Tito empfing uns in strahlend weißer Uniform. Wie die meisten Kroaten hegte er deutliche Sympathien für Österreich; überdies hatte Tito im Ersten Weltkrieg in der österreichisch-ungarischen Armee gedient. Als Zugsführer war er angeblich einmal dazu abgestellt worden, ein Lager gefangener Serben mit zu bewachen. Der Mann, der mir das in Schweden erzählte, soll einer der bewachenden Offiziere gewesen sein; dafür, daß er diese Geschichte nicht an die Öffentlichkeit gab, hat er in Stockholm, wo er als Emigrant lebte, vom jugoslawischen Staat eine Ehrenpension erhalten.

Tito machte sofort und mit Freude von seinen deutschen Sprachkenntnissen mit wienerischer Dialektfärbung Gebrauch. Es entspann sich ein freundschaftliches Gespräch, an dem auch einige Große der jugoslawischen Partisanenbewegung teilnahmen, allesamt liebenswürdige Leute. Vor allem hatten sie nicht den Geruch von Apparatschiks; es waren Männer, die tatsächlich in den rauhen Karstgebirgen Jugoslawiens für ihr Land und für ihre politische Idee gekämpft hatten. Dennoch: daß Jugoslawien eine Diktatur war, vielleicht eine Diktatur in etwas milderen Formen, war nicht zu übersehen.

Nach dem Essen saßen wir noch eine Weile beisammen, und Tito stellte mir die Frage, was ich denn Jugoslawien wirtschaftlich empfehlen würde. Ich meinte: »Vor allem die Wahrnehmung seiner natürlichen Ressourcen.« Darunter müsse man die Entwicklung des Fremdenverkehrs verstehen: herrliche Küsten, wunderbares Klima, günstige Randlage zu den Ländern, die in Zukunft die Masse der Touristen stellte, das seien ideale Voraussetzungen. Man müsse dieser Entwicklung den Vorzug geben, weil sie rasch Devisen ins Land bringen und die Bautätigkeit stimulieren werde. Ich führte aus, daß sich in Österreich von allen Wirtschaftszweigen der Fremdenverkehr als erster wieder entfaltet habe, und ich machte darauf aufmerksam, daß in allen Industriestaaten Gesetze bestehen, die den arbeitenden Menschen das Recht auf bezahlten Urlaub garantieren.

Tito hörte aufmerksam zu. Das waren neue Dinge für ihn. Auch von den anderen ahnte keiner, daß der Wohlfahrtsstaat diese Aspekte biete. So wandte sich Tito an seine Freunde und meinte, das alles sei doch sehr bemerkenswert. Popović, der offenbar immer den Mut hatte, Tito zu widersprechen, meinte, der Tourismus komme für Jugoslawien schon deshalb nicht in Frage, weil man aus einem Volk stolzer Partisanen nicht die Kellner der europäischen Bourgeoisie machen könne. Tito winkte ungeduldig ab: Heroismus sei eines, und etwas anderes seien Devisen. Und damit war diese interessante Diskussion beendet. Die Zeit zum Aufbruch war gekommen. In einem furchtbar alt-

Marschall Tito reicht Kardinal König Feuer für eine Zigarre, 1967.

modischen Flugzeug flogen wir von Brioni nach Agram; es war wahrscheinlich einer der gefährlichsten Flüge meines Lebens.

Heute nutzen Millionen Menschen die Angebote des jugoslawischen Tourismus, und auch ich selbst habe einige Male in Jugoslawien Urlaub gemacht. Das Angebot allerdings, ein Ferienhaus zu pachten oder gar zu kaufen, habe ich abgelehnt, obwohl das Klima meinen durch das viele Reden angestrengten Bronchien guttat. In einer Diktatur, und gar noch mit deren Unterstützung, wollte ich kein Ferienhaus erwerben. Auch der Besitz eines Hauses in Mallorca wurde erst nach dem Tode Francos aktuell, nachdem Spanien eine Demokratie geworden war.

Als im August 1968 die tschechische Krise ausbrach und die Breschnew-Doktrin erstmals zur Anwendung kam, bin ich auf Urlaub in Jugoslawien gewesen. Als Parteivorsitzender und Oppositionsführer fühlte ich mich verpflichtet, auf der Stelle nach Österreich zurückzukehren. Die österreichische Regierung allerdings hat keinerlei Versuche unternommen, mir die Heimreise zu erleichtern, und die jugoslawische Regierung erklärte, mir nicht behilflich sein zu können, weil der extreme Föderalismus sie daran hindere.

Also mußte ich selber für meine Heimreise sorgen, und obwohl ich geradezu grotesk veraltete Transportmittel benutzte, traf ich doch in einer Rekordzeit in Wien ein. Von der Insel Rab fuhr ich zunächst mit einem Fischkutter zum Festland; ein geschickter Reisebüroangestellter hatte mir das ermöglicht. Drüben am Festland erwartete mich ein - wie er sich selber bezeichnete - kleiner Kapitalist, der Besitzer eines Taxis. Auf der Fahrt nach Abbazia sprachen wir über den Einmarsch in Prag: »Jetzt wird uns Tito wieder rufen«, sagte der Taxiunternehmer, »und wenn ich als Selbständiger mit dem sozialen System Titos auch nicht einverstanden bin, so werde ich doch wieder das Gewehr nehmen, so wie alle anderen, und in die Berge gehen, um gegen die Russen zu kämpfen. Wir haben ja immer damit gerechnet, daß der Tag kommen wird.«

In Rijeka stand ein Flugzeug: eine uralte Maschine, die von einem Sportverein mühsam repariert worden war. Der Pilot war Fluglehrer bei dem Verein; da ihm nur eine alte Flugkarte zur Verfügung stand, ging er davon aus, daß er in Aspern landen würde. Ich mußte ihn darauf aufmerksam machen, daß der neue Flughafen von Wien Schwechat hieß. Am Semmering sind wir in ein Gewitter geraten, und der Pilot überlegte, ob es nicht besser wäre, umzukehren, da die Maschine für derartige Witterungsunbilden nicht geeignet war. Am Ende überwog seine Kühnheit und sein Mut - Charaktereigenschaften, für die die Völker Jugoslawiens schon im alten Österreich bekannt waren -, und er flog nach Schwechat. So kam ich noch am frühen Abend des 21. August in Wien an. Hätte man mir ein Flugzeug von Wien nach Jugoslawien geschickt, hätte es länger gedauert. Warum die Gespräche mit dem Bundeskanzler und dem Landesverteidigungsrat dann so unergiebig verliefen - darüber an anderer Stelle mehr.

Ich habe Tito mehrere Male getroffen, und immer fand ich ihn klug, sympathisch, aber ein bißchen pompös. Als der Chefredakteur der »Arbeiter-Zeitung«, Oscar Pollak, 1948 von schwedischen Journalisten gefragt wurde, wie er sich den Abfall Titos erkläre, meinte er trocken, daß Stalin wohl der Ansicht sei, es solle keine anderen Marschälle außer ihm geben.

Neue Machthaber haben eben manchmal das Bedürfnis, auch die äußerlichen Attribute der Macht hervorzukehren - ein Sinn, der mir Gott sei Dank vollkommen abging, von dem aber so manche auch unter meinen politischen Freunden nicht ganz frei

Josip Brozr und Jovanka Tito bei einem Gala-Empfang in der Wiener Hofburg, 13. Februar 1967.

sind. Vergleicht man, was auf diesem Gebiet etwa im mediterranen Bereich als durchaus vertretbar gilt und was zum Beispiel in Skandinavien unter gar keinen Umständen möglich ist, dann kommt man zu dem Schluß, daß, je ärmer die Länder sind, desto pompöser sich ihre sogenannten Machthaber gebärden. Eine seltene Ausnahme war die Familie Nehru, die sich durch drei Generationen eines schlichten, aber eindrucksvollen Auftretens befleißigte. Man darf Äußerlichkeiten nicht grundsätzlich abtun; sie imponieren vielfach gewissen Leuten, und die Zeitungen berichten darüber. Wir Sozialdemokraten sollten uns nicht als Puritaner geben, aber wir sollten auch keine Banausen sein; wir sollten den Mut zum eigenen Lebensstil haben, aber auch die Grenzen erkennen, wo der Lebensstil zu überflüssigem Luxus wird.

Fünf Jahre vor seinem Tod, am 29. Dezember 1975, habe ich Tito zum letzten Mal gesehen. Er residierte in einem nach seinen Vorstellungen prächtigen neuen Landschloß - ich selber wohnte damals in einem altösterreichischen Jagdhaus in den Grenzbergen Sloweniens, was mir sehr viel besser gefiel. Tito rauchte noch immer dicke Zigarren und trank bis zuletzt nicht unbeträchtliche Mengen Whisky. Es schien ihm offenbar nicht zu schaden. Die Ehe mit seiner berühmten und schönen Frau Jovanka war anscheinend nicht ganz intakt - ich will mich jedoch auf die vielen Gerüchte, die in diesem Zusammenhang auch von Jugoslawen verbreitet wurden, nicht einlassen.

Die Vorstellung, daß man von »abtrünnigen Kommunisten« viel über die Gegenwart der Sowjetunion erfahren könne, ist eine Illusion; sie beziehen ihre sogenannten Kenntnisse nämlich aus der Vergangenheit, und diese sogenannten Insider-Kenntnisse sind daher oft veraltet. Tito hat bei dieser letzten Zusammenkunft zum Beispiel die Behauptung aufgestellt, der zu diesem Zeitpunkt, 1975, mächtigste Mann der Sowjetunion sei Marschall Gretschko. Es schmeichelte Tito offenbar, daß es neben ihm noch andere Marschälle gab.

Das Begräbnis Titos 1980 war im wahrsten Sinne des Wortes ein Weltereignis. Ich traf dort unter anderem Mrs. Thatcher zum ersten und einzigen Mal, und zum letzten Mal den berühmten, schon sehr alten Averell Harriman, den einflußreichsten Diplomaten der Roosevelt-Ära. Alles, was Rang und Namen hatte in Europa, Asien und Afrika, war versammelt, und jeder empfand deutlich die Sorge um die Zukunft Jugoslawiens. Das Land war damals in der westlichen Welt in einer Weise populär, die heute

Kreisky und Tito während eines Arbeitsbesuchs in der Residenz Titos in Brdo (Slowenien) im Dezember 1975; ganz links Edvard Kardelj.

unvorstellbar ist. Als sich der lange Trauerzug durch die Stadt in Bewegung setzte, erkannte ich viele der alten Mitkämpfer Titos, die wie Popović zum Teil seit Jahren von der Regierung ausgeschlossen waren. Ich war erstaunt, wie jung sie wirkten, wie frisch und unverbraucht. Ich konnte nie richtig verstehen, warum man sich ihrer so früh entledigte, aber zweifellos hatte Tito hier seine Hand im Spiel gehabt. Die Organisation des Leichenbegängnisses nahm wenig Rücksicht auf die ausländischen Gäste, sondern entsprach ganz den Bedürfnissen der jugoslawischen Bevölkerung, ein »großes und schönes Begräbnis« mitzuerleben. Wir Österreicher haben dafür einen besonderen Ausdruck: »a schene Leich«. Diese Vorliebe vieler Österreicher für glanzvolle Leichenbegängnisse hat schon Schiller im »Wallenstein« persifliert:

> Doch das vergeben mir die Wiener nicht,
> Daß ich um ein Spektakel sie betrog.

Jugoslawien ist ein Erbgut der österreichisch-ungarischen Monarchie im doppelten Sinn: Es ist nicht nur flächenmäßig der größte Nachfolgestaat der Donaumonarchie, sondern auch selbst wiederum ein Vielvölkerstaat, und daran hat Jugoslawien bis heute zu leiden. Die Probleme, die anfänglich gelöst schienen, sind nicht wirklich gelöst. Beweis dafür sind etwa die Ereignisse um die albanische Minderheit in Kosovo beziehungsweise die dortige serbische Minorität oder das wirtschaftliche Gefälle zwischen Slowenien im Norden und Mazedonien im Süden des Landes. Was die Integration Jugoslawiens betrifft, so hat Tito hier gewissermaßen die Rolle des österreichischen Kaisers gespielt: Er war nach der Auffassung vieler das einigende Band, das den Vielvölkerstaat zusammengehalten hat.

Keine Frage, Jugoslawien war einer unser problematischen Nachbarn. Aber die Beziehungen waren freundschaftlich und sind zeitweise sogar herzlich und eng gewesen. Vieles ist heute normal: Der kleine Grenzverkehr zwischen Österreich und Jugoslawien ist sehr freizügig geregelt und wird von der Bevölkerung auf beiden Seiten optimal genutzt. Die bilateralen Beziehungen zwischen Österreich und Jugoslawien sind gut. Österreich leistet Jugoslawien auf Wunsch westlicher Staaten sehr oft finanzielle Schützenhilfe. Und nicht zuletzt hat das wirtschaftliche Nahverhältnis zwischen beiden Staaten dazu beigetragen, daß Jugoslawien dank österreichischer Unterstützung heute international entsprechende Bonität besitzt.

Es gab viele Gelegenheiten, die Freundschaft mit Jugoslawien unter Beweis zu stellen. So hatten wir vor allem eine besondere Verpflichtung gegenüber den in Österreich lebenden Minderheiten. Die Kroaten in den burgenländischen Dörfern haben uns wenig Schwierigkeiten bereitet, weil sie Zugewanderte waren, die sich in einem vorwiegend freiwilligen Assimilationsprozeß befanden. Ich erinnere mich noch heute, wie mir einer der Kroaten im Burgenland sagte: »Wir brauchen keine Straßentafeln auf kroatisch, weil eh jeder weiß, wie wir heißen. Was wir brauchen, ist auf kroatisch eine Tafel, auf der die Uhrzeit des Gottesdienstes steht. Das ist das einzige, was die alten Kroaten haben wollen.« Der sogenannte Ortstafelstreit wurde damals in vielen Gegenden Kärntens sehr hitzig geführt. Mich persönlich hätte es nicht gestört, wenn man überall, wo es eine Minderheit gab, eine zweite Tafel angebracht hätte, wie ich das im Elsaß oft gesehen habe oder in Südtirol. Die Kärntner aber waren in dieser Frage von einem geradezu unverständlichen Radikalismus, der bisweilen an eine Art Chauvinismus grenzte.

Das Minderheitenproblem ist noch heute ein großes Problem,

auch wenn es nicht sehr viele Menschen betrifft. Aber Minderheitenprobleme können nun einmal nicht quantitativ beurteilt werden. Als Staatssekretär und Außenminister habe ich mich immer bemüht, dieser Frage Rechnung zu tragen, weil ich der Auffassung war, daß alles, was auch nur im entferntesten an die Probleme der alten Monarchie erinnerte, in der Zweiten Republik endgültig gelöst werden sollte. Andererseits braucht jede Minderheit eine bestimmte Konfliktintensität, denn es gehört zu ihrem Wesen, unzufrieden zu sein.

Die Lage der slowenischen Minderheit wirkt manchmal etwas kurios, denn nirgendwo hat der Prozeß der Assimilation eine so lange Tradition wie in Kärnten. Kärnten ist seit Jahrhunderten eine Art kleiner Schmelztiegel von keltischen, romanischen, slawischen und germanischen Volksgruppen. Dies ist wohl der Grund für die besondere Lebhaftigkeit der Kärntner und hat vielleicht auch dazu beigetragen, daß die Frauen in Kärnten sehr temperamentvoll und oft außergewöhnlich hübsch sind. Es ist immer dasselbe: Junge Frauen der Minderheit haben nur dann eine Aussicht, von einem Mann der Mehrheit geheiratet zu werden, wenn sie sehr reich oder wenn sie sehr hübsch sind. Reich waren die Slowenen nicht, aber sie waren fleißig. In früheren Jahren hat man sie von den anderen dadurch unterscheiden können, daß sie zweispännig geackert haben, während die anderen meist nur einen Gaul besaßen. Auch im heutigen Jugoslawien zeichnen sich die Slowenen durch ihren besonderen Fleiß aus; Slowenien ist der am meisten entwickelte und reichste Teilstaat, wahrscheinlich aber auch einer der schwierigsten.

Das Problem der slowenischen Minderheit in Kärnten ließe sich einfacher lösen, gäbe es in Slowenien, also jenseits der Grenze, ebenfalls eine Minderheit, nämlich eine deutschsprachige. Hat man Minderheiten jeweils in zwei verschiedenen Ländern, kann man Streitigkeiten konfliktfreier lösen, entsprechend dem alten Wort aus der Monarchie, das man gegenüber dem Zaren angewendet hat: Haust du meine Juden, so hau' ich deine Juden. Weder die Österreicher noch andere Nationen haben dies Wort in die Tat umgesetzt, und eine gewisse Richtigkeit kann man ihm nicht absprechen - trotz seines antijüdischen Charakters.

Oft ging der Streit mitten durch eine Familie. Der eine war ein bewußter Slowene, der andere war bestenfalls ein österreichisch gesinnter sogenannter Windischer. Letztere sind meist an den Namen slowenischer Herkunft zu erkennen. Wie sehr hier die

Mit Landeshauptmann Sima während des Ortstafelkonfliktes 1972 in Kärnten.

Geschichte hineinspielt, kann aus der Tatsache ersehen werden, daß der sogenannte Herzogsstuhl im Zollfeld bei Maria Saal der Platz war, wo die slowenischen Herzöge gekrönt wurden.

Die österreichischen Slowenen fanden Verständnis und Unterstützung im Mutterland. Da die Mehrheit der Slowenen in Österreich sehr katholisch ist, kam es zu einer etwas unnatürlichen Verbindung mit dem kommunistisch beherrschten Jugoslawien. Der slowenische Nationalismus hat die Jungen radikalisiert, weil sie zwangsläufig mit Laibach in Verbindung standen und auf diese Weise von der slowenischen Staatsauffassung beeinflußt wurden. Die wirklich nationalistischen Slowenen waren meistens katholische Geistliche, vor allem diejenigen, die sich im Vatikan befanden. Rom war sozusagen ihr Zentrum und ist es heute noch. Slowenischen Geistlichen bin ich zum ersten Mal 1945 in Schweden begegnet. Sie gehörten zu den Militärflüchtlingen, die ich zu betreuen hatte, und schon damals fiel mir auf, wie lau sie sich zu Österreich bekennen wollten.

Es gehört zu den besonders skurrilen politischen Erscheinungen, daß es heute im österreichischen Nationalrat einen slowenischen Abgeordneten gibt, obwohl die Zahl der sich offen bekennenden Slowenen für ein Nationalratsmandat wahrscheinlich nicht ausreichen würde. Aber wer hat es ihnen gegeben? Die Grünen. Die Grünen, die selber nur über wenige Mandate verfügen, waren großzügig genug, ihnen ein Mandat zu konzedieren. Ich bin eigentlich froh, daß die Slowenen jemanden im Parlament haben; lieber wäre es mir allerdings gewesen, er würde der sozialdemokratischen Fraktion angehören.

Ich habe die Slowenen immer gern empfangen und mich mit ihnen lang und breit über ihre Wünsche unterhalten. Die Slowenen ließen sich durch Lehrer, Schulinspektoren, Landesregierungsbeamte vertreten, also durch Repräsentanten avancierter Gruppen, während die deutschsprechenden Kärntner Persönlichkeiten aus der Politik oder Vertreter einfacher Berufe schickten. Ich habe es den Slowenen nie erspart, sie auf diesen Umstand hinzuweisen, der doch ein Beweis dafür sei, daß es keinerlei unerfüllte Forderungen im kulturellen Bereich gebe. Außer dem Schulproblem wüßte ich nichts, was wirklich kontrovers gewesen wäre. Aber auch hier haben wir oft mehr getan als das, wozu uns der Staatsvertrag verpflichtete. So haben wir ein modernes Gymnasium errichtet, das zu einer Kaderschmiede der slowenischen Minorität wurde. Ich stattete dieser Schule einmal einen Besuch ab, und die Zuneigung der Schüler hat mich sehr beeindruckt. Vielleicht fühlte ich mich in dieser Schule auch deshalb besonders wohl, weil es dort ganz sicher keine Reminiszenzen an die nazistische Vergangenheit Kärntens gab.

Damit komme ich zu der Frage, warum die Sozialistische Partei Österreichs in Kärnten eine so überragende politische Stellung eingenommen hat. Einer der Hauptgründe war, daß vielen Kärntnern das Wort sozialistisch keinen Schauder über den Rücken laufen ließ; da sie sich in großer Zahl dem Nationalsozialismus angeschlossen hatten, war das Wort Sozialismus kein Tabu mehr für sie, und deshalb haben sie sich nach dem Krieg ohne Einschränkung und in großer Zahl für die Sozialistische Partei entschieden. Selbst bei der Bundespräsidentenwahl 1986 hat es in Kärnten mehr Stimmen für den sozialistischen Kandidaten Steyrer gegeben als für Waldheim; sogar wenn man sich krypto-nazistischer Vorstellungen und Argumentationen bediente, hat es im neuen Kärnten nicht verfangen. Auch Haider ist nur stark in den Kreisen, die für derartige Dinge empfänglich sind.

Die slowenische Minderheit hatte – das konnte man an den

Wahlergebnissen sehen - starke Sympathien für mich. So gewann ich 1979 56,23 Prozent der Stimmen bei den Nationalratswahlen für die Sozialistische Partei - 2,23 Prozent mehr, als die SPÖ bei den Landtagswahlen im gleichen Jahr erhielt.

Ich hatte immer das Gefühl, in Kärnten trotz meiner jüdischen Herkunft ein sehr hohes Maß an Zustimmung zu finden. Bezeichnend ist ein Erlebnis aus dem Jahre 1953, nach meiner Rückkehr aus dem österreichischen diplomatischen Dienst in Schweden. Ich hielt ein Referat beim Bund Sozialistischer Akademiker, kurz BSA genannt; von boshaften Leuten wurde BSA als B-SA ausgesprochen, weil eine große Zahl der Mitglieder bei der SA gewesen sein soll. Anschließend an die Diskussion saß man noch zusammen bei einem Tee, und da meinte ein hoher Funktionär, der gar nicht geleugnet hat, bei der SA gewesen zu sein, der größte Fehler Hitlers sei es gewesen, daß er die Judenfrage zu einer so entscheidenden gemacht habe. Ich war ein wenig erstaunt, aber der Funktionär klärte mich auf: Wenn Hitler der Judenfrage nicht eine solche Bedeutung beigemessen hätte, hätte er zum einen mit sehr vielen talentierten jüdischen Deutschnationalen rechnen können, und zum anderen hätte er weniger Feindschaft in der Welt gefunden. Manche glauben sich noch heute exkulpieren zu können, indem sie sich vom Holocaust sozusagen absentieren. Sie nennen das dann »Bewältigung der Vergangenheit« und glauben oft tatsächlich, sie hätten die Vergangenheit bewältigt - auf ihre Art. Ich gehöre bekanntlich zu denen, die von dieser Formel nichts halten.

So klein Österreich ist, so hat doch jedes Bundesland seine eigene Problematik. Und weil am Beispiel Kärnten so vieles sich darlegen läßt, möchte ich noch ein letztes Wort zur Sozialistischen Partei Kärntens sagen. Die SPÖ als die maßgebende und eigentlich für alle Kärntner interessanteste Partei hat natürlich wie jede große Partei, die lange an der Macht ist, ihre Probleme im Umgang mit dieser Macht. Macht korrumpiert, und sehr viel Macht korrumpiert noch mehr. In Kärnten gab es relativ wenig finanzielle Probleme. Einer meiner Kärntner Freunde meinte einmal scherzhaft, die Kärtner seien in finanziellen Dingen nicht über das normale Maß gierig und nützten nicht über das normale Maß die Einflußmöglichkeiten der Politik; bezüglich ihrer erotischen Abenteuer hingegen könne man ihnen nicht über den Weg trauen. Die Lebenslust macht dieses Völkchen nicht unbedingt unsympathisch.

Polen

Das zweite Land, das mir vor allem aufgrund seiner inneren Entwicklung für die Normalisierung in Betracht zu kommen schien, war Polen. Mein unmittelbarer Gesprächspartner war der polnische Außenminister Adam Rapacki, ein außerordentlich sympathischer Mensch. Der Plan für eine atomwaffenfreie Zone und eine Truppenentflechtung in Mitteleuropa, den er 1957 vorgelegt hatte und der seinen Namen trägt, unterschied sich nur in Details von den Vorschlägen, die die letzte Palme-Kommission 1982 gemacht hat. Nur waren die fünfziger Jahre eine Zeit der Aufrüstung auf beiden Seiten; der Kalte Krieg war zwar im Ausklingen begriffen, aber was man anstrebte, war eine Politik des sogenannten Gleichgewichts, und so stieß der Rapacki-Plan im Westen auf wenig Gegenliebe. Ich habe hierüber 1960 vor dem polnischen Institut für Internationale Angelegenheiten einen ausführlichen Vortrag gehalten, der von der »Frankfurter Allgemeinen Zeitung« abgedruckt wurde. Ich sagte damals: »Während mir die amerikanische Koexistenzauffassung etwas zu idealistisch erscheint, finde ich die sowjetische, wonach die Koexistenz eben der Friede ist, zu simplifizierend. Für mich ist die Koexistenz die *Alternative zur Nicht-Existenz.* Sie scheint mir somit besser als der Krieg, aber schlechter als der Friede zu sein. Unbestritten dürfte jedenfalls sein, daß sie ein Maximum an erreichbarem Nichtkriegszustand in dieser Epoche eines weltweiten ideologischen Polarisations-Prozesses ist [...]

Die Schaffung eines Glacis zwischen den Großmächten scheint mir *allein* keine Lösung zu sein. Konkret gesprochen: Die grundlegende Idee - des *Rapacki*-Planes z. B. - ist in höchstem Maße bemerkenswert. Es handelt sich hier allerdings um einen Minimalplan, doch halte ich es jedenfalls für zweckmäßig, daß man über diesen Plan (vor allem in seiner zweiten Fassung) ernste und sachliche Diskussionen führt.

Ich möchte folgende Punkte zur Diskussion stellen:

1. Beide Teile befriedigen nur solchen Lösungen, die *echte Kompensationen* beinhalten. Daher müssen beide Teile bereit sein, Vorteile, die die einen aufzugeben bereit sind, durch solche von gleichem militärischen Wert auszugleichen. Der Verzicht auf atomare Rüstung und auf die Verwendung von Atomwaffen genügt offenbar nicht.
2. Die geographische Begrenzung, etwa des Rapacki-Planes,

erscheint mir als zu eng. Soll eine demilitarisierte Zone überhaupt einen Sinn haben, müßte sie geographisch ausgedehntere Bereiche umfassen – und zwar nach allen Richtungen hin.
3. Das, was man die ›militärische Verdünnung‹ nennt, muß viel intensiver werden.
4. Es ist keineswegs so, daß die Kriegsgefahr nur in Europa besteht – am größten ist sie meiner Auffassung nach in jenen Ländern, wo Kriege in der Regel mit konventionellen Waffen ausgefochten werden [...]

Ich glaube, daß es Wege gibt, dieser Generation den *Krieg* zu ersparen. Wenn das durch unsere gemeinsamen Anstrengungen möglich wird, warum sollte es dann nicht einer späteren Generation gelingen, den *Frieden* zu verwirklichen? Ihr wird es dann überlassen sein, zu entscheiden, welche von den Werten, die wir heute mit den Mitteln der kompetitiven Koexistenz bewahren und entwickeln, über die Schwelle eines neuen Zeitalters getragen werden. Die einen glauben, daß es vor allem die Verteilung der Güterfülle sein wird, die neue Formen des menschlichen Zusammenlebens vorbereiten wird, die anderen – an deren Seite ich mich stelle – glauben, daß es letzten Endes die Verwirklichung der Idee der *Freiheit* in allen Bereichen des gesellschaftlichen Lebens sein wird. Sie werden daher verstehen, daß auf mich eine Antwort großen Eindruck gemacht hat, die *Benedetto Croce* auf die Frage gab, ob denn der Freiheit die Zukunft gehöre. Er erwiderte: ›*Etwas viel Besseres – die Ewigkeit.*‹«

Ich bin mir heute nicht mehr ganz sicher, ob der Rapacki-Plan ein mit den Machthabern im Kreml abgekartetes Spiel war oder ob sich Rapacki durch diesen Plan innerhalb der sowjetischen »Friedensoffensive« meritieren wollte. Was ich damals vertreten habe und was später in Deutschland auch in Broschüren veröffentlicht wurde, scheint mir aber deshalb besonders erwähnenswert, weil ich den Gedanken der Koexistenz durchaus im westlichen Sinn interpretierte, aber nicht im Sinne der sogenannten Ideologisierung der Außenpolitik, wie sie vor allem in den letzten Jahren von der amerikanischen Administration vertreten wurde. Als ich vor einiger Zeit gefragt wurde, was ich eigentlich vom Gleichgewicht des Schreckens hielte, habe ich diesen Grundgedanken wiederholt.

So habe ich es immer gehalten: Wenn man glaubt, vernünftige Argumente entwickelt zu haben, dann ist es nicht damit getan, sie einmal auf den Weg zu schicken, sondern man muß sie immer wieder aufs neue vertreten, in der Hoffnung, daß sie allmählich ins Bewußtsein maßgebender Leute eindringen. Mein Warschauer Vortrag hat vor allem in Frankreich und England Beachtung gefunden, auch bei Leuten wie Couve de Murville und Selwyn Lloyd, die durchaus nicht immer meine politischen Ansichten teilten.

Rapacki und ich fanden sehr schnell zueinander. Sein Vater, ein sehr bekannter polnischer Sozialdemokrat, war Mitbegründer der Genossenschaftsbewegung, und als solcher ein Freund meines Onkels Rudolf Kreisky, der von Prag aus die deutschböhmischen Konsumgenossenschaften betreute. Vater Rapacki war oft bei meinem Onkel in Prag zu Besuch, und der junge Rapacki war es auch. Es wurde erzählt, daß er und ich einmal sogar gleichzeitig in dem großen Haus meines Onkels wohnten, ohne einander zu treffen. Der junge Rapacki war damals Sozialdemokrat in der Militärdiktatur Pilsudskis, ich kam aus der beginnenden Diktatur unter Dollfuß: So verspürten wir beide kein Kontaktbedürfnis, und unsere wirklichen Namen erschienen uns wie Schall und Rauch. Das war das Schicksal politisch engagierter junger Leute in dieser Zeit.

Von einer meiner Tanten, die als Polin aktiv an der polnischen Freiheitsbewegung unter Pilsudski teilgenommen hatte, stammte folgende Anekdote: Wie viele polnische sozialistische Familien waren auch die Rapackis streng katholisch; bei Nacht und Nebel, so erzählte meine Tante, habe man den neugeborenen Rapacki in seinen Geburtsort Zwierzyniec im russischen Polen gebracht, um ihn taufen zu lassen. Nachdem die mitternächtliche Taufe erfolgt war, sei er ins österreichische Polen zurückgebracht worden.

Rapacki sprach hervorragend deutsch, aber unsere Unterhaltungen führten wir auf Französisch, weil es die Polen nicht gern hörten, wenn zwei Außenminister, deren Vorfahren aus der altösterreichischen Zeit stammten, deutsch miteinander sprachen.

Im folgenden möchte ich ein Gespräch mit Rapacki aus dem Jahre 1960 wiedergeben, in dem es unter anderem um die Frage der deutsch-polnischen Grenze ging. Auch Österreich habe eine Grenze, die sehr schmerze, meinte ich, die Brenner-Grenze. Da wir eine Änderung dieser Grenze nicht in Erwägung zögen, weil wir sie nicht zu einem Gegenstand der Kontroverse machen wollten, sei nicht anzunehmen, daß wir den Grenzsorgen anderer Staaten mehr Gewicht als unseren eigenen beimessen. Ich habe dieses Argument angeführt, um zu zeigen, daß die Frage der Oder-Neiße-Grenze für uns keine wie immer geartete Rolle spielte. »Wir haben keine Grenzen anzuerkennen, und wir haben auch darüber keine Entscheidung zu treffen. Wir versuchen es zu vermeiden, die Grenzen zum Gegenstand einer offiziellen Behandlung zu machen.

Eine andere Frage, die uns interessiert, ist die, ob die Aufnahme von diplomatischen Beziehungen zwischen Warschau und Bonn von der Anerkennung der Oder-Neiße-Grenze abhängig ist. Ist dies eine Conditio sine qua non?«

Rapacki: »Nein. Eine solche Bedingung ist nicht gestellt worden. Wir haben im Jahre 1955 den Kriegszustand mit Deutschland für beendet erklärt und unsere Bereitschaft bekanntgegeben, diplomatische Beziehungen anzuknüpfen. Wir haben die Bedingung einer Anerkennung der Grenze nicht gestellt und haben dies so oft wiederholt, daß wir schon überdrüssig geworden sind, es auszusprechen. Unsere Politik hat sich nicht geändert.«

Kreisky: »Was die Rolle der Landsmannschaften, d. h. der Vereinigungen von Personen aus der ČSSR, Ungarn, Jugoslawien usw. in Österreich betrifft, möchte ich Ihnen offen sagen, daß sie keine politische Rolle in der Willensbildung unseres Landes spielen. Sie sind Vereinigungen von Landsleuten, im wesentlichen auf sentimentaler Grundlage. Das ist die Praxis. Sie treten gelegentlich an uns heran, wie z. B. die Landsmannschaften der Beskiden [Deutsche aus den Westkarpaten], mit dem Ersuchen, ihre Vermögensprobleme zu vertreten. Sie spielen keine politische Rolle und sind heute österreichische Staatsbürger. Ich halte das ganze Problem für eine temporäre Angelegenheit, da ihre Kinder mit österreichischen Kindern aufwachsen und österreichische Schulen besuchen. Man kann nicht übersehen, daß diese Leute an ihrer alten Heimat hängen, mit der sie viel verbindet. Es ist nicht leicht, Flüchtling zu sein, was jeder weiß, der es einmal gewesen ist. Eine gewisse Generosität wäre hier am Platze; ich möchte jedoch in aller Form sagen, daß die österreichische Regierung keinerlei politische Aktivität dieser Vereine duldet.

Ich möchte in diesem Zusammenhang ein paar sehr wesentliche Worte sagen: Es ist zu einem Axiom der österreichischen Außenpolitik geworden, daß wir überempfindlich gegenüber jedem Versuch sind, uns von außen her irgendwelche, auch höflichste Interventionen seitens anderer Staaten gefallen zu lassen. Mag es sich nun um eine Großmacht oder um einen kleinen

Staat handeln. Das ist ein Teil der Praxis der Außenpolitik, weil wir das Gefühl haben, daß man sich so oft in der Vergangenheit in innerösterreichische Verhältnisse eingemischt hat, daß wir überempfindlich geworden sind.

Sie haben einige Male, Herr Rapacki, von der Gefahr gesprochen, daß Deutschland seine alte Großmachtstellung wieder zurückerlangt. Wir leben heute in einer Welt, in der die Großen groß und die Kleinen klein sind, aber auf internationalen Konferenzen eine Art Gleichberechtigung besitzen. Die Deutschen haben das Glück, irgendwie in der Mitte zu liegen. Wenn ein Land wie Deutschland, das in der Mitte Europas liegt, über den modernsten und effektivsten Produktivitätsapparat verfügt und sehr tüchtige Menschen hat, dann kann man es nicht verhindern, daß auch in einer friedlichen Zeit Deutschland - auch die BRD, also das reduzierte Deutschland - eine sehr führende Stellung in der Weltpolitik einnimmt. Die Frage ist nur, daß dieses große Deutschland nicht zu einer Lebensgefahr für uns alle wird, und dafür sind wir auch sehr hellhörig. Sie haben recht, Herr Rapacki, Sie haben sehr vorsichtig gesagt, das gehe auch andere als Polen an. Wir sind sehr vorsichtige Leute und haben das sehr gut verstanden. Wir glauben, daß die Gefahr, die sich aus der Größe und aus der besonderen Produktivität Deutschlands ergeben könnte, am besten und für uns am nützlichsten gebannt werden könnte, indem man Deutschland aus seiner Isolierung heraushilft.

Eine weitgehende Integration, die vor allem Deutschland und Frankreich umfaßt, ist nach unserer Auffassung die beste Art, die Isolierung Deutschlands und das Entstehen neuer politischer nationalistischer Gefahren zu bannen. Je rascher sich dieser Prozeß vollzieht, in sieben oder acht Jahren, desto leichter wird Deutschland eine Stellung erhalten, die für alle europäischen Länder gefahrloser wird. Dies ist mein persönlicher Standpunkt. Wir müssen an der Amalgamierung Deutschlands mit Europa mitwirken.

Innerlich glaube ich, daß man Herrn Adenauer unrecht tut; ich kenne ihn sehr gut. Wenn jemand in Deutschland Gegner dieser nationalistischen Richtungen ist, dann ist es Herr Adenauer. Ich habe keinerlei innenpolitische Sympathien für ihn, er ist der gefährlichste und schärfste Gegner meiner politischen Freunde in Deutschland. Das hindert nicht, daß man politische Ungeschicklichkeiten, wie sie sich in der letzten Zeit gezeigt haben, begehen kann. Aber Herr Adenauer ist vielleicht heute der prominenteste Antikommunist, das macht die Sache so schwierig.

Was die Frage der Anerkennung der Tatsachen betrifft, von der Sie sprachen, so glaube ich, daß man nicht damit rechnen kann, daß es in absehbarer Zeit zu einer Anerkennung der DDR kommen wird. Nicht einmal die Franzosen, die in der Frage der Oder-Neiße-Linie so weit gegangen sind, fassen eine Anerkennung der DDR ins Auge. Ich kann Ihnen dies sagen - wir waren kürzlich in Paris -, weil sie sich einfach vor der weiteren Entwicklung fürchten. Sie sind der Meinung - das ist keine Indiskretion, wenn ich dies sage -, wenn man jetzt die BRD in dieser Frage im Stich läßt, so wird die Verbitterung und Enttäuschung über diese Politik des Westens in der Bundesrepublik wachsen; Deutschland wird versuchen, einen anderen Weg zu gehen, und sich aus dieser Zusammenarbeit lösen. Wenn ich es drastisch formulieren darf: noch gefährlicher als ein großes vereinigtes Deutschland ist für Frankreich ein Deutschland, das eine Zusammenarbeit mit ihm nicht wünscht. Daher glaube ich, daß Frankreich die DDR erst dann anerkennen wird, wenn die Bonner Regierung eine direkte oder indirekte Anerkennung für möglich hält. Aber wann dies der Fall sein wird, dafür fehlt mir jede Beurteilungsmöglichkeit.«

Rapacki: »Die Politik der BRD hat bereits Tatsachen geschaffen, und diese Politik hält weiter an. Das deutsche Problem vergiftet die Atmosphäre; das hat seinen Einfluß auf die Möglichkeiten aller jener Pläne und Schritte, die zur Entspannung führen können. Ich habe nicht in abstrakter Weise über die Frage der Stärke gesprochen. Hier geht es ja nicht darum, ob Deutschland stark sein soll und ob Deutschland eine seinen wirtschaftlichen Möglichkeiten entsprechende Stellung haben soll. Uns geht es um die Großmachtexpansion, was eigentlich eine geschichtliche Tradition Deutschlands darstellt. Deutschland verfügt über große Möglichkeiten. Es ist entscheidend, in welcher Richtung diese Möglichkeiten sich entwickeln werden. Wir wollen keine Richtung, für die wir soviel in der Vergangenheit bezahlen mußten.

Zum Problem revisionistischer Tendenzen in Deutschland: Wenn ich hier angeführt habe, daß es Erscheinungen dieses westdeutschen Revisionismus auch in Österreich gibt, habe ich klar von der Tätigkeit eines *westdeutschen* Revisionismus gesprochen. Ich habe nicht diese Frage aufgrund der bilateralen Beziehungen gestellt, aber ich glaube, daß ich auch von diesem Standpunkt darüber sprechen könnte. Es ging mir in erster Linie um ein größeres Problem, das nicht nur die Interessen Polens betrifft, sondern auch die guten Beziehungen belasten könnte.

Was die deutsche Frage betrifft, war es sehr interessant, die Bemerkungen des Herrn Bundesministers kennenzulernen. Ich kann sagen, daß meine Neugierde befriedigt worden ist. Aber mir geht es nicht um die subjektive Einstellung zu Adenauer; ich bin weit davon entfernt, diese Persönlichkeit zu diabolisieren. Mir geht es hier um bestimmte innere gesellschaftliche Kräfte, die stärker sind als Adenauer.

Wenn wir 1947 oder 1948 über die Anerkennung zweier deutscher Staaten gesprochen hätten, hätte dies eine Hemmung der friedlichen Entwicklung bedeutet. Aber heute gibt es die Tatsache zweier deutscher Staaten. Wenn ein deutscher Staat anerkannt wird, so bedeutet die Nichtanerkennung des anderen Staates eine Förderung und einen Sieg für diese Kräfte, von denen ich vorher gesprochen habe.

Das gleiche gilt auch für die Grenzen. Objektiv gesprochen, ob man will oder nicht, bedeutet dies, diese Kräfte zu unterstützen. Wie sollen die Kräfte nicht stärker als Adenauer werden, obwohl er sie sogar zurückhält. Ich verstehe Ihren Gedankengang: enttäuschen wir nicht die Deutschen, sie werden dann einen selbständigen Weg suchen. Wir müssen ihnen im Gegenteil mehr und mehr Möglichkeiten geben, damit sie keine selbständige Politik verfolgen. Welches ist aber dann die Garantie, daß sie nicht doch zu irgendeinem Zeitpunkt eine sehr selbständige Politik einschlagen werden. Heute gilt dies für Spanien, später auch für andere Dinge.

Zur Frage der Integration. Es geht uns nicht um eine Isolierung Deutschlands. Weder geht dies, noch ist dies möglich. Es geht um den Charakter dieser Integration, welcher Geist in dieser Integration herrscht. Wenn einer der führenden Gedankengänge gegen eines der Lager gerichtet ist, wenn im Geiste dieser Integration die Versteifung dieser Teilung der Welt erfolgt, so wird man, ob man will oder nicht, nicht die Kräfte einer friedlichen Integration stärken, sondern diejenigen einer ganz anderen Integration.

Wir danken für die Antwort auf die anderen von uns berührten Probleme. Vielleicht war ich nicht so zart wie Herr Mikojan, aber wenn es sich um Beziehungen zu einem befreundeten Land handelt, kann man das vielleicht ohne Zeremoniell machen.«

Von diesem ersten Besuch an habe ich mich in Polen immer sehr wohl gefühlt. Einer der Gründe dafür mag das emotional gute Verhältnis zwischen Österreich und Polen sein. Historisch ist das

Im Gespräch mit dem polnischen Ministerpräsidenten Józef Cyrankiewicz, Warschau 1960; links Botschafter Stephan Verosta.

hohe Ansehen, das Österreich in Polen genoß, vor allem darauf zurückzuführen, daß im österreichischen Polen eine eigene polnische Kultur sich entwickeln und entfalten konnte; die Universität von Krakau gehörte zu den angesehensten Europas und der alten Monarchie. In dem Teil Polens, der im 18. Jahrhundert an Österreich gefallen war, hatte man nicht den Eindruck einer ungeliebten Fremdherrschaft; Krakau empfand sich als eine polnisch-österreichische Stadt, und die Wiener fühlten sich dort zu Hause. Der polnische Adel im österreichischen Polen war an der Führung des Staates beteiligt, und auch im österreichischen Reichsrat waren die Polen vertreten. Jedenfalls waren wir als Nachfahren des österreichischen »Kolonialismus« sehr viel beliebter als die Preußen und die Russen, die jeder ein großes Stück Polen sich zugeteilt haben. Für das ganz besondere Verhältnis zu Polen sorgte nicht zuletzt auch der Umstand, daß unter den österreichischen Staatsmännern sehr viele polnischer Herkunft waren, etwa die Ministerpräsidenten Graf Potocki und Graf Badeni oder der Außenminister Graf Goluchowski.

Bei dieser Gelegenheit will ich eine Anekdote richtigstellen, die immer wieder Göring zugeschrieben wird. Bei einer Sitzung des Abgeordnetenhauses im Reichsrat in Wien kam es zu einem

Rededuell zwischen dem polnischen Sozialisten und späteren Marschall des polnischen Parlaments, Ignacy Daszyński, und dem christlichsozialen Parteiführer Karl Lueger. Wie sich's bei Lueger gehört, mußte alles seine besondere Note haben: »Mit dem Abgeordneten Daszyński rede ich überhaupt nicht«, soll er gesagt haben, »denn erstens ist er ein Roter und zweitens ein Jud'.« Von den sogenannten »Polenbänken« ertönten Zwischenrufe: »Der Daszyński ist gar kein Jude!«, worauf Lueger sich in seiner Bonhomie den Polen zuwandte und meinte: »Aber meine Herren, was ein Jud' ist, bestimme ich.«

Auch in Polen, wie in allen seinen neuen Satellitenstaaten, hatte Stalin aus Furcht die führenden Kommunisten zum Teil hinrichten, zum Teil ins Gefängnis werfen lassen und furchtbaren Qualen ausgesetzt. Unter den polnischen Kommunisten der ersten Stunde, die nach Stalins Tod befreit wurden, war auch Władysław Gomulka, seit 1956 Erster Sekretär der KP Polens. Im Zusammenhang mit Chruschtschows erstem Besuch in Polen gibt es folgende Episode: Als das Flugzeug Chruschtschows die polnische Grenze überflogen hatte, entspann sich eine Diskussion zwischen Chruschtschow und der neuen Führung Polens, wie der Besuch zu verstehen sei. Während die Russen noch in der Luft kreisten, einigte man sich, daß es sich bei diesem Besuch nicht um einen Einmischungsversuch handle, sondern daß es darum gehe, einen Modus vivendi zu finden.

Die erste große Rede Gomulkas, in der er alles, was anders werden müsse, beim Namen nannte, hat mich sehr beeindruckt. Er sprach nicht viel über seine eigene Tragödie, aber man spürte, daß sie seine Rede prägte. Es gab also schon früher viele, die wider den Stachel löckten - nur verschwanden sie wieder.

Die Normalisierung in Polen schien rasch fortzuschreiten. Ein eindrucksvoller Beweis für die Liberalisierung war in meinen Augen, daß der berühmte polnische Nationalökonom Professor Oscar Lange, der in Amerika lehrte, zurückgekehrt war, um beim Aufbau der polnischen Wirtschaft und, wenn man so will, an der Redemokratisierung mitzuwirken. 1960/61 war er sogar Vizepräsident der Volksrepublik Polen. Ich traf mich mit ihm in Warschau zu einem langen Gespräch. Er war sehr stolz darauf, daß es in Polen keine Kollektivbauern gab. Das sei eine gute Voraussetzung für eine rasche Gesundung der polnischen Landwirtschaft, meinte ich, nur werde diese Landwirtschaft nicht sehr ergiebig sein, solange die Bauern für ihr Geld nicht die von ihnen benötigten Waren kaufen könnten. Dabei hatte ich vor allem landwirtschaftliche Kleinmaschinen im Auge, denn von der Anschaffung von Großgeräten, wie sie auf den russischen Kollektiven verwendet werden, habe ich nicht viel gehalten; manche dieser gigantischen Landwirtschaftsmaschinen sind nur einige Tage des Jahres in Betrieb und stellen mithin eine sinnlose Produktionsmittelverschwendung dar. Ich sagte Professor Lange, daß meiner Meinung nach nicht die Größe des Landes entscheidend sei, das den Bauern zur Verfügung stehe, sondern die Bereitschaft, dieses Land auch zu bebauen.

Polen hätte, was seine Agrarwirtschaft betrifft, alle Voraussetzungen gehabt, zu prosperieren und ein Überschußland wie Bulgarien und Ungarn zu werden. Die allmählich zutage tretende Desorganisation der polnischen Wirtschaft führte allerdings schon bald zu einer Erstarrung, die auch das Ende der wirtschaftlichen Zusammenarbeit mit Österreich bedeutete, über die ich mir vielleicht allzu große Hoffnungen gemacht hatte.

Polen war in besonderem Maße an einer europäischen Lösung für den Donau-Oder-Kanal interessiert. In den vielen Gesprächen, die wir miteinander führten, war uns immer deutlich, daß der Donau-Oder-Kanal ein so gigantisches Unterfangen wäre, daß Österreich und Polen allein dazu gar nicht die finanziellen Mittel aufbringen würden. Da der Kanal jedoch ungeheure Veränderungen der Transportsituation in ganz Europa zur Folge gehabt hätte, glaubten wir an die Möglichkeit einer gesamteuropäischen Finanzierung. Aber bereits in Ost-Berlin wurden wir ernüchtert. Die DDR zeigte sich an einem solchen Großprojekt nicht interessiert, und die politischen Ereignisse in Polen ließen das Projekt endgültig scheitern.

Vieles von dem, was wir an gemeinsamen wirtschaftlichen Vorhaben besprachen - ich denke vor allem an die Kohlenlieferungen -, konnte nur deshalb nicht verwirklicht werden, weil die polnische Bürokratie den Staat überwucherte. Dieses Phänomen ist nicht leicht zu erklären; es handelt sich um eine Mischung aus organisatorischem Unvermögen, Bürokratisierung und weitgehender Ablehnung des kommunistischen Regimes durch die Bevölkerung. Hätte das Ganze wirtschaftlich funktioniert, so wäre auch politisch eine Besserung der Lage eingetreten; man darf nicht vergessen, daß die ersten Aktivitäten der unabhängigen Gewerkschaftsbewegung Solidarność in die Zeit der wirtschaftlichen Katastrophe fielen.

In diesem Zusammenhang muß die Frage gestellt werden, inwiefern sich das polnische »Proletariat« vom Proletariat in der Geschichte der Arbeiterbewegung unterscheidet. Infolge der rasch vorangetriebenen Industrialisierung, für die die polnischen Bodenschätze die materiellen Voraussetzungen schufen - Polen ist das an Steinkohle reichste Land Europas -, verlief der Rekrutierungsprozeß der Arbeiterklasse in Polen sehr viel schneller als in anderen Ländern. Die polnischen Arbeiter, die heute in den großen Schiffswerften und Kohlenbergwerken arbeiten, sind oft die erste Generation; ihre Väter waren noch Landarbeiter. Das polnische Landproletariat war relativ groß, da jeder reiche Bauer und jeder Gutsbesitzer sich in großer Zahl Knechte und Mägde hielt. Mit der Industrialisierung sind die Leute aus dem Dorf sozusagen direkt in die Kohlenreviere gezogen; was sie mitbrachten, war in erster Linie ihre Religion. Daß sie in unseren Tagen so deutlich hervortritt, liegt wohl daran, daß die katholische Kirche die einzige wirkliche Gegenmacht zur herrschenden kommunistischen Partei darstellt. Ich weiß nicht, ob es jemals wieder einen Papst polnischer Herkunft geben wird, sicher aber verdankt der gegenwärtige Papst seine Wahl der politischen Lage der Polen, denen die Kirche entgegenkommen wollte. Der österreichische Kardinal König hat bei dieser Entscheidung eine wichtige Rolle gespielt, die ihm von konservativen Kreisen des Klerus jedoch nicht gedankt wurde.

In dem Augenblick, in dem sich erwies, daß die kommunistische Partei bloß dem Namen nach existierte, hat die Generalität die Macht ergriffen. Eine entscheidende Rolle dabei spielte die Überlegung, daß das polnische Volk reif war für eine revolutionäre Erhebung, die man nicht so leicht würde niederschlagen können wie die Aufstände in Ungarn und der Tschechoslowakei. Das Bestreben der Machthaber der Sowjetunion mußte es sein, eine Art Statthalter zu finden; unter allen kommunistisch geführten Einrichtungen in Polen war die Armee die am wenigsten umstrittene, aus ganz irrationalen Gründen, denn die Generäle der polnischen Armee waren sicher allesamt verläßliche Kommunisten. Zu den Erwägungen, die eine Übernahme der Herrschaft durch die Armee als durchaus möglich erscheinen ließen, gehörte das sehr opportunistische Argument, daß dem polnischen Volk damit wohl unterschwellig die Meinung vermittelt werden könnte, es sei noch immer besser, von polnischen Militärs beherrscht zu werden als von sowjetischen. Eine Spekulation, die nicht ganz aufging, da diese Lesart von den militant patriotischen Polen weitgehend abgelehnt wurde. Einer dieser heroischen Polen sagte mir bei einer Diskussion an der University of Minnesota, daß dem polnischen Volk russische Generäle als Unterjocher sogar lieber gewesen wären.

Durch eine sonderbare Konstellation der Weltpolitik waren die beiden immer übermächtigen Nachbarn der Polen im Ersten Weltkrieg geschlagen worden: Rußland und Deutschland. Das hat ohne Zweifel die Neugründung des polnischen Staates ermöglicht, und die Verhältnisse nach 1918 waren einer Renaissance Polens durchaus günstig. Als Polen nach dem Zweiten Weltkrieg wieder auferstand, war es als Prellbock zu dem besiegten Deutschland gedacht; in der Sowjetunion hoffte man auf einen ewigen Gegensatz zwischen diesen beiden Ländern. Polen aber durfte nur existieren als Satellit der Sowjetunion. Als die Angst vor der Solidarność auf dem Höhepunkt war, wollte man die neue Gewerkschaftsbewegung dadurch diskreditieren, daß man behauptete, die Sowjetunion spiele mit dem Gedanken einer Aufteilung beziehungsweise Verkleinerung Polens. In Moskau gebe es Überlegungen, die oberschlesischen Kohlengebiete der DDR zu übertragen, um die Energieversorgung des Mustersatelliten DDR zu sichern.

Obwohl in der Nähe der polnisch-sowjetischen Grenze rund 30 Divisionen der Roten Armee auf Dauer stationiert waren - die Zahl der in Polen stationierten Streitkräfte wurde auf 20.000 Mann geschätzt - und überdies 20 Divisionen in der DDR und 5 in der ČSSR zur Verfügung standen, hat man sich in Moskau nicht zu einem militärischen Eingreifen entschließen können. Vielleicht war man sich unsicher, ob die vorhandenen Kräfte bei einer revolutionären Erhebung ausreichen würden; vielleicht wollte man auch wenige Jahre nach dem Helsinki-Abkommen die eigene Glaubwürdigkeit nicht weithin sichtbar desavouieren. Eine militärische Intervention jedenfalls hätte das sofortige Ende der Entspannungspolitik gebracht und die Kündigung der Helsinki-Akte durch die westlichen Demokratien.

Da Polen, von einer sehr kurzen demokratischen Phase abgesehen, zwischen 1918 und 1939 von Militärs beherrscht worden war, nahm man an, daß die Militärdiktatur eine dem polnischen Volk »eigene« Regierungsform sei, und vertraute darauf, daß sich die Polen an ein Regime Jaruzelski gewöhnen würden. General Jaruzelski selber hat durch sein steifes Verhalten und durch die

Schüchternheit, die er anfangs an den Tag legte, den Eindruck verstärkt, daß es sich bei ihm um eine Moskauer Marionette handle. Um in weiterer Folge eine gewisse eigenständige Politik zu beweisen, fehlten dem polnischen Regime die materiellen Ressourcen. Daß sie gefehlt haben, ist lediglich auf die besondere Unfähigkeit der in Polen regierenden kommunistischen Bürokraten zurückzuführen. Denn es ist keine Frage, daß Polen unendlich viel reicher an Bodenschätzen ist als die anderen Satellitenstaaten Moskaus. Mit ein wenig mehr Geschick hätte Jaruzelski auch die noch Millionen zählende polnischstämmige Bevölkerung der Vereinigten Staaten auf seine Seite ziehen können. Zahlreiche der aus Polen stammenden Amerikaner, die sich auch in der zweiten und dritten Generation noch immer ihrer alten Heimat verbunden fühlen, haben führende politische Positionen in den Vereinigten Staaten erlangt. Die Sympathien für Polen waren und sind groß, aber Jaruzelski hat daraus kein Kapital zu schlagen vermocht.

Auch auf die Gefahr hin, daß es den Charakter einer Indiskretion trägt, möchte ich am Schluß dieses Kapitels über eine außenpolitische Intervention berichten, die ich noch als Außenminister begann und während der Oppositionszeit mit Hilfe meines Freundes und Kollegen Kurt Enderl glücklich zu Ende führte. Der Sekretär der deutschen Bischofskonferenz, Prälat Forster, mit dem ich sehr gut stand und dessen Gast auf der Katholischen Akademie in München ich einige Male gewesen bin, hatte mich durch meinen Freund Dohrn um eine Zusammenkunft gebeten. Wir trafen uns, und er teilte mir mit, daß die Protokolle der deutschen Bischofskonferenz aus der Hitlerzeit in Schlesien aufbewahrt worden seien und sich deshalb heute in Polen befänden. Man habe schon sehr viel dafür bezahlt, auch einige Mercedes geliefert, um die Protokolle zu bekommen, aber immer wieder sei die Herausgabe der Originale von den polnischen Bischöfen verschoben worden. Jetzt endlich habe man sich geeinigt, daß die Protokolle auf Mikrofilm aufgenommen werden sollen. Das Problem sei, wie man den Koffer mit den Mikrofilmen nach Deutschland bringe.

Da hatte man sich nach jahrelangen zähen Verhandlungen, bei denen die polnischen Bischöfe immer neue Forderungen gestellt hatten, endlich geeinigt, und nun wußte man nicht, wie ein Koffer über die Grenze gebracht werden sollte. Da man an mich herangetreten war, habe ich mit dem österreichischen Botschafter in Warschau, Dr. Kurt Enderl, vereinbart, daß er bei seiner bevorstehenden Übersiedlung von Warschau nach Wien diese Koffer seinem Umzugsgut beigeben werde. Enderl war mein enger Freund, der während des Krieges in England gelebt hatte; wahrscheinlich war er der einzige Botschafter, der als ehemaliger Lastautochauffeur Mitglied der berühmten englischen Transportarbeitergewerkschaft gewesen ist. Ich war zu dieser Zeit schon nicht mehr Außenminister, so daß die kostbare Fracht ohne Wissen der ÖVP-Alleinregierung - die Koalition war ja zerbrochen - nach Wien gebracht und anschließend der deutschen Bischofskonferenz übergeben wurde. Kardinal Döpfner hat sich dann sehr herzlich bei mir bedankt. Ein bißchen grotesk war es schon, daß die Protokolle der deutschen Bischofskonferenz, die in Polen aufbewahrt wurden, von einem österreichischen Agnostiker nach Deutschland zurückgebracht wurden.

Ungarn

Ungarn ist das aus der österreichischen Geschichte heraus ungeliebte Nachbarland. Deshalb ungeliebt, weil die großen Probleme der Doppelmonarchie aus den Unabhängigkeitsbestrebungen Ungarns entstanden sind. Sicher warf die ungarische Freiheitsbewegung von 1848 einen langen Schatten über die Monarchie; aber sosehr man den von Ludwig Kossuth geführten Aufstand im alten Österreich als schicksalhaft empfand, er war nicht schuld am Untergang der Monarchie. Mit dem österreichisch-ungarischen Dualismus wurde ein Ausgleich geschaffen, an dem jedoch die anderen Völker nicht teilhatten. Die Revolution Kossuths wurde 1849 blutig niedergeschlagen und Kossuth zur Flucht in die Türkei gezwungen, wo er bis 1851 interniert blieb. Auch manchen historisch gebildeten Leuten ist nicht bewußt, daß die Revolution in Ungarn mit Hilfe zweier russischer Armeen, das heißt auf Befehl des Zaren, niedergeschlagen wurde - ein weithin sichtbares Zeichen für die Heilige Allianz und das Legitimitätsprinzip. Es ist schon merkwürdig, wie sich die Geschichte manchmal wiederholt: Als die Welt 1956 über die Niederschlagung des ungarischen Aufstands tobte, empörte man sich mit Recht über das Verhalten Chruschtschows und seiner Freunde - aber es war nicht das erste Mal, daß eine revolutionäre Bewegung mit Hilfe der Russen niedergeschlagen wurde. Ich sage das nicht deshalb, weil ich die sowjetischen Kommunisten und indirekt auch die mit ihnen Verbündeten exkulpieren, sondern weil ich die Gewichte der »historischen Gerechtigkeit« einigermaßen richtig verteilen möchte.

In diesem Zusammenhang gäbe es viele bekannte und weniger bekannte Geschichtslügen anzudeuten. So müßte man zum Beispiel anmerken, daß die ungarische Hocharistokratie sehr geteilter Meinung über die Türken gewesen ist. Für einen Österreicher hingegen waren die Türken die große Gefahr der Vergangenheit; wir hatten sozusagen die Welt vor dem Untergang des Abendlandes bewahrt. Ich erinnere mich in diesem Zusammenhang gern einer kleinen geistreichen Bemerkung Couve de Murvilles. Außenminister Figl hielt anläßlich eines Besuchs des französischen Außenministers am Kahlenberg bei Wien eine Rede; er schilderte in leuchtenden Farben, wie von diesem historischen Platz aus das polnische Entsatzheer zur Befreiung Wiens von den Türken den Kahlenberg hinabgestiegen sei. Als Figl Österreichs europäische Rolle betonte, meinte Couve de Murville ganz nebenbei, daß Frankreich damals der Verbündete der Türken gewesen sei.

In der Außen- und Bündnispolitik der Monarchie haben die Ungarn vor 1914 eine dominierende und - ich bin versucht zu sagen - unselige Rolle gespielt. Weil die Herrschenden in Ungarn ähnlich wie die deutschsprechenden Österreicher befürchten mußten, daß ihre Privilegien in einem mehrheitlich aus Slawen bestehenden Staat auf Dauer nicht zu halten waren - die Doppelmonarchie war immerhin der zweitgrößte slawische Staat in Europa -, traten sie für das Bündnis mit Deutschland ein, das in ihren Augen den besten Schutz gegen die Slawisierung des Reiches bot. Die Alternative wäre ein Bündnis mit dem Zaren gewesen. Aber gegen das autoritär geführte und rückständige Rußland gab es zu starke Aversionen.

Als in den Jahren 1918/19, zur Zeit der Räterepublik in Ungarn, Béla Kun und seine Freunde den sehr energischen Versuch unternahmen, auch Österreich in eine Räterepublik zu verwandeln, kam es zu heftigen Auseinandersetzungen. Ganz abgesehen davon, daß ein solches System bestenfalls für Wien und gewisse Industriegebiete Niederösterreichs möglich gewesen wäre, hätte die Einführung der Räterepublik die Gefahr einer Teilung Österreichs heraufbeschworen. Die Führer der österreichischen Sozialdemokraten besaßen genügend Einfluß auf die

Massen, um Österreich vor diesem Experiment zu bewahren; wie Otto Bauer und Friedrich Adler damals argumentierten, habe ich im ersten Band geschildert. Als nach der Niederlage der Räterepublik der sogenannte Reichsverweser Nikolaus Horthy die Macht übernahm - ein früherer Admiral, der 1921 Versuche des abgedankten Kaisers Karl, den ungarischen Königsthron zu besteigen, erfolgreich verhinderte -, wurde das Nachbarland zum Inbegriff eines brutalen, reaktionären und rachsüchtigen Regimes. Österreichs Schwäche war bereits damals offenbar: das Ungarn Horthys auf der einen Seite, das Italien Mussolinis auf der anderen Seite - so wurde die österreichische Demokratie eingeklemmt. Als dann auch noch in Deutschland Hitler an die Macht kam, war Österreich endgültig verloren.

Die Spannungen innerhalb Österreich-Ungarns bis 1914 und die anschließenden Spannungen der Zwischenkriegszeit lösten sich eigentlich erst nach 1945. Als mir János Kádár erzählte, in Ungarn spreche man wieder von K.u.K. - Kádár und Kreisky -, habe ich ihm geantwortet, daß die Beziehungen zwischen Ungarn und Österreich eigentlich nie so friktionsfrei waren wie in den letzten Jahrzehnten. Seit wir in getrennten Staaten und unter getrennten Systemen leben würden, kämen wir besser miteinander aus als seinerzeit in einem gemeinsamen Reich.

Bis zum ungarischen Aufstand - ich war damals Staatssekretär - hatte ich der Entwicklung und den Verhältnissen in Ungarn wenig Aufmerksamkeit geschenkt. Zu sehr wirkte in mir die gräßliche Erinnerung an die Räterepublik nach, deren Terror zum ersten brutalen Gewaltregime in Europa geführt hatte. Béla Kun hat in meinem Denken immer eine genauso unsympathische Rolle gespielt wie Nikolaus Horthy.

Andererseits waren einige der besten Sozialdemokraten, denen ich in meiner Jugend begegnet bin, ungarische Emigranten. Viele von ihnen wirkten in Wien, wo sie eingegliedert waren in den sozialdemokratischen Bildungsapparat, und galten als begehrte Lehrer an den höheren Arbeiterbildungsinstituten. Ich erinnere an Sígmund Kúnfi, einen der besten Kenner der Sowjetunion. Als die ersten Exzesse des Stalinismus bekannt wurden, stellte er die Frage, ob es sich hierbei nicht bereits um den Thermidor der russischen Revolution handele.

Will ich davon reden, was sich in der Zeit meiner politischen Tätigkeit abgespielt hat, so muß ich mit dem ungarischen Volksaufstand von 1956 beginnen, der sehr viel breiter angelegt war und tiefer reichte, als die meisten vermuteten. Als es schließlich so weit war, schien es, als ob Parteimitglieder, die sich am Aufstand beteiligten - unter ihnen auch Ministerpräsident Nagy -, der Übermacht der Reformer nicht nur gewichen waren, sondern sich ihnen willig anschlossen.

In den Reihen der kommunistischen Parteien Europas wurden damals erste kritische Äußerungen über den Kommunismus laut, den man für die Entwicklung in Ungarn verantwortlich machte. Chruschtschows Bereitschaft, eine neue Situation in der Weltpolitik herbeizuführen und mit dem österreichischen Staatsvertrag ein weithin sichtbares Zeichen zu setzen, hatte jedoch auch in den Ländern des Ostblocks vielfache Hoffnungen geweckt; immerhin hatte Moskau ein von der Sowjetarmee 1945 erobertes Territorium zehn Jahre nach Kriegsende freigegeben.

Moskau hat zunächst abgewartet, aber als Ministerpräsident Imre Nagy, unterstützt vom Oberbefehlshaber der Streitkräfte, Pal Maléter, Ungarns Neutralität erklärte, schien den Russen das Faß übergelaufen zu sein. Die blutige Unterdrückung des Aufstands rief in der westlichen Welt lähmendes Entsetzen hervor; nur wenige hatten diese Entwicklung vorausgesehen. Ich erinnere mich noch, daß ich einem Freund aus Holland, dem internationalen Sekretär der holländischen Partei der Arbeit, Alfred Mozer, der später in der EWG eine Rolle spielte, bei der Bürositzung der Internationale 1956 sagte, ich fürchtete, daß Anna Kéthly, die Führerin der ungarischen Sozialdemokraten, zum letzten Mal an einer Sitzung der Internationale teilgenommen habe und nicht wieder werde zurückkehren können. Und so war es. Anna Kéthly war das einzige Regierungsmitglied, das sich im Oktober 1956 im Ausland befand.

Der Ungarnaufstand war aus vielen Gründen ein lehrreiches und, wenn man so will, unerfreuliches Kapitel für den Westen. Zunächst hatte man den Eindruck - der sich zwölf Jahre später beim Prager Frühling noch einmal wiederholte -, als probten die Intellektuellen den Aufstand. Ihre Opposition schien von dem kommunistischen Apparat widerspruchslos hingenommen zu werden. Sehr bald aber erfaßte der Aufstand auch große Massen des Volkes, um so mehr, als den Ungarn im Laufe der Zeit die Segnungen der Demokratie, die andere europäische Länder als selbstverständlich empfanden, versagt geblieben waren.

Es gab in Ungarn zwar ein kleines, politisch sehr waches Industrieproletariat - ein konzentriertes Beispiel dafür waren die gewaltigen Manfred-Weiss-Werke in Csepel -, aber alles in allem hatte die Industrialisierung nur geringe Fortschritte gemacht. Ungarn war nach wie vor ein Land enteigneter, über viele Jahre hin rechtloser Bauern. Als mein Vater in den zwanziger Jahren einmal vom Besuch eines Freundes in Ungarn zurückkehrte, erzählte er, wie ein Bauer in seiner malerischen Tracht von der staubigen Landstraße in den Graben gesprungen sei und dort vor dem Obergespan, dem obersten Regierungsvertreter in einem Komitat, tief den Hut gezogen habe. Ungarn war ein Land des extremen Feudalismus, in dem niemals eine wirkliche Bauernbefreiung stattgefunden hatte. So aufsässig die ungarischen Magnaten und in ihrem Gefolge die Gentry, jene besondere Klasse des niederen Adels, Wien gegenüber waren, so brutal waren sie gegenüber ihren eigenen Untertanen.

Handel und Gewerbe waren seit Generationen in den Händen der ungarischen Juden. Einem relativ kleinen Teil gelang es, das Land rechtzeitig zu verlassen; mehr als zwei Drittel jedoch wurden deportiert. Der besondere Charakter der ungarischen Judenheit war zum einen darauf zurückzuführen, daß es vor 1918 in Ungarn im Unterschied zu den österreichischen Kronländern ein hohes Maß an Toleranz gegeben hatte; diese tolerante Politik wurde unter dem Horthy-Regime durch die ersten Rassengesetze in Mitteleuropa ersetzt. Zum anderen schienen sich die ungarischen Juden schon vom äußeren Habitus her von den Ostjuden abzuheben. Es kam zur Herausbildung eines besonderen Typs, was Arthur Koestler in seinem Buch »The Thirteenth Tribe« zu dem Schluß führte, daß die ungarischen Juden von den Chasaren abstammen. Mir scheint diese These durchaus nicht so abwegig zu sein, wie vor allem in zionistischen Kreisen behauptet wird. Ich komme noch darauf zurück. Die ungarischen Juden, wo auch immer sie herkamen, sind jedenfalls sehr rasch magyarisiert worden, oder besser: haben die Magyarisierung gewählt; wenn man bedenkt, daß viele der aus dem Osten stammenden Juden in Amerika bei ihrem alten Namen geblieben sind und daß viele von ihnen erst nach zwei oder mehr Generationen für eine Namensänderung empfänglich waren, so ist die Magyarisierung der ungarischen Juden geradezu einzigartig zu nennen.

1918/19 gehörten zahlreiche ungarische Juden zu den Vorkämpfern der Regime Béla Kun und Rákosi. Einige der grausamsten Vertreter des sogenannten roten Terrors waren jüdischer

Herkunft, und auch dies scheint mir nicht untypisch für die ungarischen Juden zu sein, weil politischer Radikalismus für die Juden in der sogenannten Diaspora eigentlich nicht kennzeichnend war, sieht man von einzelnen Funktionären in der Tscheka und anderen Polizeiorganisationen ab. Nirgends waren die Grausamkeiten so sehr auf die führenden Männer des Regimes konzentriert wie in Ungarn, und das hat ohne Zweifel einem Antisemitismus besonderer Art Aufwind gegeben.

Nach dem Zweiten Weltkrieg hatte man es in Ungarn mit einer sehr verschwommenen Klassenstruktur zu tun: Handel und Großhandel existierten so gut wie nicht mehr; bei der Kollektivierung der Landwirtschaft hatte man die Epoche der Bauernbefreiung einfach übersprungen; die ständig wachsende Bedeutung der Intellektuellen und des relativ kleinen, aber aktiven Proletariats nahm für die Partei beängstigende Formen an. Der Funke aber, der überschlug und das Pulverfaß zur Explosion brachte, war der Rückzug der Roten Armee aus Österreich.

Ich selber habe während der Besatzungszeit immer wieder erlebt, was es heißt, wenn Umgruppierungen innerhalb der sowjetischen Armee vorgenommen werden. So erinnere ich mich an eine Nacht, in der scheinbar endlose, gewaltige Kolonnen sowjetischer Soldaten von der tschechischen zur ungarischen Grenze unterwegs waren; auf der Fahrt ins Waldviertel kamen mir die russischen Kolonnen entgegen, und auf der Rückfahrt bin ich von ihnen stundenlang aufgehalten worden, weil ich sie nicht überholen durfte. Aus solchen Truppenbewegungen habe ich im Sommer 1955 den Schluß gezogen, daß es dem ungarischen Volk nicht verborgen bleiben kann, wenn Zehntausende sowjetische Soldaten aus Österreich abgezogen werden; diejenigen, die an ihre eigene Befreiung dachten, muß damals ein Gefühl berechtigter Hoffnung beseelt haben.

Das Vorfeld des ungarischen Aufstandes, das läßt sich heute durchaus sagen, war Wien: Die aus dem kommunistischen Ungarn ins Ausland geflüchteten, vor allem in Amerika und Kanada lebenden Exilanten, die zum großen Teil aus sehr reaktionären Kreisen stammten, begannen sich in Wien zu sammeln, um Ungarn zurückzuerobern. Ich selber war eine Anlaufstelle für viele meiner journalistischen Freunde aus Schweden und anderen skandinavischen Ländern und hatte gewisse Erfolge beim Beschaffen von Einreisevisa; die ungarische Gesandtschaft war durch die Ereignisse so gelähmt, daß sie keinerlei Widerstand leistete.

War Wien zunächst nur eine wichtige Umsteigestation nach Budapest, so wurde es nach dem Ausbruch des Aufstands zu einer Art Schaltstelle. Für die junge Freiheit Österreichs - wir waren ja gerade erst in die Freiheit entlassen worden - war diese Entwicklung außerordentlich gefährlich. Österreichische Dechiffreure - wie man mir erzählt hat, galten in der Monarchie vor allem Leute slawischer Herkunft als geeignet für die Dechiffrierung, da sie angeblich eine besondere Art von Geduld mitbrachten - haben damals einen Funkspruch aufgefangen, in dem tschechische und ostdeutsche Parteiführer dringendst die Wiederbesetzung Österreichs forderten. Der Inhalt dieser Funksprüche ist mir von Mikojan indirekt bestätigt worden, der Österreich 1957, kurz nach dem Ungarnaufstand besuchte. Am Ende dieses Besuches, um den wir uns anläßlich der gespannten Situation besonders bemüht hatten, sagte Mikojan, Chruschtschow und er seien doch froh, daß Österreich seinen Staatsvertrag bekommen habe. Die neue Führung unter Chruschtschow war also nicht bereit, Österreich für die Ereignisse in Ungarn verantwortlich zu machen.

An der militärischen Spitze des Aufstandes stand ein Mann, der seine Karriere in der Volksarmee Ungarns gemacht hatte, Generalmajor Maléter. Er war zwar, wie ich glaube, a priori kein Anhänger des kommunistischen Regimes, aber er hat es nicht abgelehnt, in diesem Regime bis an die Spitze zu avancieren. Nach dem Scheitern des Aufstands lernte er die ganze Rache des Regimes kennen, und zwar die rasche Rache. Die letzten, die sich gewehrt haben, waren die ungarischen Arbeiter, die eine Art Arbeiterrätesystem in den großen Kriegsmaterialfabriken einführen wollten, um vor aller Welt zu beweisen, daß letztlich die Sowjetmacht die Arbeitermacht besiegt habe. Zumindest kann dieser Gedanke nicht ganz ausgeschlossen werden bei der großen Intelligenz dieser Avantgarde in einem Land, in dem das Proletariat im klassischen Sinne des Wortes gar nicht bestand.

Der Aufstand also, der allmählich das ganze Volk erfaßt hatte, wurde blutig niedergeschlagen, sehr viel blutiger, als das 1968 in der Tschechoslowakei der Fall war, wo sich das alte, traditionsbewußte Proletariat zu keinem wirklichen Widerstand veranlaßt sah und die Intellektuellen mehr oder weniger sich selbst überlassen waren.

Als das Scheitern des Aufstandes abzusehen war, setzte eine gewaltige Fluchtbewegung ein. Österreich hat sich damals außerordentlich bewährt. Da es heute so leicht ist in der Welt, auf Österreich böse zu sein, muß man anführen, was immer zur Ehre Österreichs anzuführen ist. Wir haben damals die Tore weit aufgemacht und etwa 160.000 Ungarn die Möglichkeit geboten, bei uns ein erstes Asyl zu finden. Die berühmte Brücke von Andau war mehr als ein Symbol: über diese schmale Grenzbrücke ergoß sich Tag für Tag ein unaufhörlicher Strom von Flüchtlingen nach Österreich hinein, und die Österreicher nahmen sie auf, obwohl dies außenpolitisch in höchstem Maße gefährlich werden konnte und es natürlich auch bei uns ein gerüttelt Maß an Xenophobie gab. Damals hat sich Österreich einen großen Namen in der Welt gemacht, und bei Regierungssitzungen habe ich wiederholt die Auffassung vertreten, daß Österreich hier eine ganz neue Rolle für sich beanspruchen könne: So wie das Rote Kreuz eng mit der Schweiz verbunden und im Grunde ein helvetisches Phänomen sei, so müsse Österreich sich als Asylland bewähren.

Was die Haltung der Vereinigten Staaten angeht, so bestärkte sie mich in der Ansicht, daß man sich in der Politik keinen falschen Hoffnungen hingeben dürfe. Aus Amerika kamen beunruhigende Berichte unserer diplomatischen Vertreter, durch die uns bedeutet wurde, uns nur keinen Hoffnungen bezüglich einer zu erwartenden militärischen Intervention hinzugeben, solange die Sowjetmacht die Grenzen ihrer einstigen Besatzungszone in Österreich nicht überschreite.

Was aber endgültig jede Hoffnung als unrealistisch erscheinen ließ, waren die damals gerade stattfindenden amerikanischen Präsidentschaftswahlen - Eisenhower kandidierte zum zweiten Mal -, und in solchen Zeiten ist Amerika fast handlungsunfähig. Im Banne der Präsidentschaftswahl wirkte die amerikanische Außenpolitik wie paralysiert; nur mit Mühe gelang es dem Pentagon im Oktober, England und Frankreich zum Rückzug aus dem Suez-Krieg zu bewegen. Der bittere Vorwurf der Israelis war, daß man sie daran gehindert habe, dieses Abenteuer allein zu bestehen, was ohne Zweifel denkbar gewesen wäre. Zum Glück hat die notorische Schwäche der französischen und der britischen Regierung lähmend auf Israel gewirkt. Von Amerika war unter diesen Umständen ein Eingreifen in Europa also nicht zu erwarten.

Gegenüber dem britischen Botschafter Wallinger und dem amerikanischen Botschafter Thompson habe ich damals den Gedanken geäußert, daß man, solange die ungarischen Ereignisse noch im Fluß seien, eine UNO-Kommission nach Budapest entsenden sollte, um so all denen, die vielleicht bald schon bedroht wären, ein möglichst hohes Maß an Schutz zu gewähren. Dieser Gedanke kann nicht so abwegig gewesen sein, da kurz darauf tatsächlich eine UNO-Kommission gebildet wurde, die allerdings nur bis ins Hotel Sacher in Wien vorstieß.

Dem ungarischen Ministerpräsidenten Imre Nagy blieb nach dem Scheitern des Aufstands nichts anderes übrig als die Flucht in die jugoslawische Botschaft in Budapest. Obwohl man ihm freies Geleit zugesagt hatte, wurde er beim Verlassen der Botschaft von sowjetischen Besatzungstruppen verhaftet, nach Rumänien verschleppt und nach einem Geheimprozeß vermutlich im Juni 1958 hingerichtet, gemeinsam mit Verteidigungsminister Maléter, den man bei Verhandlungen im sowjetischen Hauptquartier verhaftet hatte. Im Zuge des ungarischen Volksaufstands fielen schätzungsweise 25.000 Ungarn und 7.000 Sowjetsoldaten.

In dieser Zeit begann der Aufstieg des János Kádár. Kádár war 1951 wegen seines angeblichen »Titoismus« ins Gefängnis geworfen worden und hatte furchtbare Folterungen erdulden müssen; um so unverständlicher war es für viele, daß er am Ende des Ungarnaufstands sozusagen zu den Russen überlief. Aber Kádár war und blieb ein Kommunist, der von der siegreichen Stalin-Fraktion nur deshalb hatte vernichtet werden sollen, weil Stalin nach dem Absprung Titos äußerst mißtrauisch geworden war. In fast allen Ländern des Ostblocks wurden damals Leute hingerichtet, die zu den führenden Persönlichkeiten des osteuropäischen Kommunismus gehörten und denen in Wirklichkeit nicht sehr viel nachgewiesen werden konnte, außer daß Stalin ihnen mißtraute. Er ließ sie sicherheitshalber zu Geständnissen zwingen, indem er sich der gleichen Methode bediente, die er bereits in den dreißiger Jahren angewendet hatte, und so sind alle denselben Weg gegangen. Ich möchte hier nur die markantesten Persönlichkeiten erwähnen: In Bulgarien wurde der erste Sekretär der Bulgarischen Kommunistischen Partei, Trajčo Kostov, 1949 hingerichtet. Als einer der wenigen unter den vielen Opfern der stalinistischen Schauprozesse in Osteuropa erklärte er sich nicht schuldig, im Dienste des Titoismus und des Westens gestanden zu haben. In der Tschechoslowakei wurden 1952 Rudolf Slánský und Genossen zum Tode verurteilt, in Ungarn der frühere Innen- und Außenminister László Rajk, der im September 1949 wegen

Oktober 1964: Besuch in Ungarn. Vorn links der ungarische Außenminister János Peter und der Erste Sekretär des ZK, János Kádár; rechts neben Kreisky Staatssekretär Bobleter und Botschafter Bielka.

angeblicher Verschwörung gegen die Regierung zum Tode verurteilt und exekutiert worden war. Der spätere erste Sekretär des ZK der Kommunistischen Partei Polens, Władysław Gomulka, war 1949 aus der Partei ausgeschlossen worden und war von 1951 bis 1955 ohne Prozeß in Haft gewesen.

Sie alle waren Revolutionäre, die eines Tages vielleicht wieder zu Ehren kommen. Als Gorbatschow vor einiger Zeit erklärte, man müsse jedem, der in der bolschewistischen Revolution eine Rolle gespielt habe, den Platz geben, der ihm gebühre, meinte er in erster Linie Leute wie Kamenew, Bucharin, Sinowjew und andere. Die Kommunisten Osteuropas, die dem Stalinismus nach 1945 zum Opfer fielen, sollten bei der fälligen Rehabilitierung durch Moskau aber auf keinen Fall übersehen werden. In ihren Heimatländern, mit Ausnahme der Tschechoslowakei, ist ihr Ansehen ja zum größten Teil wiederhergestellt.

In den Stalinisten sah Kádár Usurpatoren, die dem Ansehen des Kommunismus schädlich waren. Nach seiner Freilassung 1954 hatte er sich für die Liberalisierung eingesetzt und den

Kampf um die nationale Identität Ungarns aufgenommen; der ungarischen Erhebung schloß er sich wahrscheinlich sehr halbherzig an. Als er jedoch erkannte, daß die Entwicklung durch den relativ schwachen Nagy, einen väterlichen, gütig wirkenden Typ, nicht gebremst werden konnte und auf eine Lockerung, wenn nicht Auflösung der Bande mit der Sowjetunion hinauslief, besann er sich und wurde, indem er an der Idee des Kommunismus festhielt, in den Augen der westlichen Welt zum Verräter am ungarischen Volk.

Konfrontiert mit der Frage, ob er an der Wiederherstellung eines bürgerlichen Ungarn mitwirken oder einem kommunistischen Ungarn die Treue halten solle, entschied sich Kádár ohne Umschweife für letzteres. Dafür wurde ihm von Moskau ein relativ hohes Maß an Autonomie für Ungarn zugestanden. Die Frage der nationalen Identität des ungarischen Volkes spielte dabei eine nicht unwichtige Rolle. Die Ungarn sind im Gegensatz zu der überwältigenden Mehrheit des kommunistischen Imperiums keine Slawen und fürchten deshalb jede Einflußnahme durch den politischen Panslawismus.

Kádár ist den Grundideen des Kommunismus bis zum Schluß treu geblieben, war aber gleichzeitig viel zu sehr ein Kenner der ungarischen Volksseele, um nicht zu wissen, daß man den Ungarn ihre besondere nationale Eigenart zugestehen und ihnen den Eindruck vermitteln müsse, sie gingen ihren eigenen Weg. Ein österreichischer Botschafter in Budapest, ein sehr konservativer Diplomat, sagte mir einmal, wenn Kádár zur Präsidentenwahl anstünde, würde er eine große Mehrheit der Stimmen erlangen. Sogar er mußte Kádár das Zeugnis ausstellen, daß er über eine beträchtliche Popularität in Ungarn verfügte - und das zu Recht, denn wenn das ungarische Volk früher als andere politisch, privat und wirtschaftlich eine gewisse Bewegungsfreiheit genoß, dann war dies das Verdienst Kádárs.

Kádár ist zum Zeitpunkt, da ich diese Zeilen schreibe, bereits zurückgetreten. Allein der Umstand, daß ein Wechsel möglich war und daß er relativ friktionsfrei erfolgte, zeigt die Veränderung, die sich im Ostblock anbahnt. Mein Urteil über Kádár halte ich aufrecht: Das ungarische Volk hat ihm viel zu verdanken. Er war eine Schwalbe, die gewiß noch keinen Sommer macht, aber bei vielen Diskussionen mit ihm konnte ich feststellen, daß er für neue Gedanken aufgeschlossen war. Es ist mir unbegreiflich, warum gerade er, der immer wieder von seiner Amtsmüdigkeit sprach, so lange zögerte, seine Position aufzugeben.

Im Dezember 1976 kam Kádár nach Österreich.

In dem Maße, wie ich erkannte, daß Kádár die nationale Identität der Ungarn bis zu einem gewissen Grad verwirklichen konnte und daß er gegenüber den Rebellen von 1956 eine Politik der Versöhnung praktizieren wollte, habe ich auf meine Freunde im Westen einzuwirken versucht. Die Ungarn waren mir dafür sehr dankbar, und seither verbindet mich eine besondere Beziehung mit Kádár; 1976 lud ich ihn, der bis zum Schluß »nur« Erster Sekretär des ZK blieb, nach Österreich ein. Es war sein erster Auslandsbesuch außerhalb der Ostblockstaaten.

Der Kennedy-Administration schien eine neue Politik Ungarn gegenüber angebracht. Die Amerikaner waren es müde, diesen ständigen Kampf zu führen. Kádárs frühe Liberalisierungstendenzen, die den Amerikanern das Umdenken erleichterten, wurden auch in der Sowjetunion mit einem gewissen Wohlwollen aufgenommen; vor allem Andropow hat Verständnis für diese Entwicklung in Ungarn gezeigt. Wie flexibel die Außenpolitik der Vereinigten Staaten im Hinblick auf Ungarn war, geht daraus hervor, daß am Ende dieses Prozesses die Rückführung der Stephanskrone nach Budapest stand, ein Akt, der von großer Bedeutung für das ungarische Regime gewesen ist. Der amerikanische

Kardinal König empfängt Kardinal Mindszenty, den Primas von Ungarn, in Wien.

Botschafter, der dem Zeremoniell in Budapest 1978 beiwohnte, war mein langjähriger Freund Phil Kaiser.

Ich hatte früh darauf gedrängt, daß man auch mit Ungarn zu einer Politik der Normalisierung finden müsse, wenngleich ich mir darüber im klaren war, daß nach den Ereignissen von 1956 Ungarn aus psychologischen Gründen zu den letzten Staaten zählen würde, mit denen eine solche Politik aufgenommen werden konnte. Am Beispiel Ungarns läßt sich zeigen, was alles innerhalb relativ kurzer Zeit sich entwickeln kann, wenn von beiden Seiten die Hand geboten wird. Wenn ich auch unseren Beitrag zur Verbesserung der Beziehungen Ungarns zu anderen Staaten nicht überbewerten möchte, so war es doch unser Beispiel, die Art unserer Beziehungen, durch die eine erste schmale Schneise gelegt wurde.

Parallel liefen damals meine Bemühungen, den Primas der ungarischen Kirche, Kardinal Mindszenty, der sich in die amerikanische Botschaft in Budapest geflüchtet hatte, nach Wien zu bringen. Der Vatikan ließ mich gewähren, wobei mir meine persönliche Freundschaft mit dem damaligen Nuntius sehr zustatten kam. Kardinal König fuhr mit einem der mir zur Verfügung stehenden Dienstwagen nach Budapest, um Kardinal Mindszenty über die Möglichkeit einer Ausreise nach Wien zu informieren. Die Amerikaner, die nicht den Eindruck erwecken wollten, daß das Asyl Mindszentys eine Belastung für sie sei, obwohl sie es, wie ich wußte, als solches empfanden, haben eine durchaus passive Rolle gespielt. Mindszenty, der offenbar ein schwieriger Herr war, lehnte die Vorschläge brüsk ab, und so fuhr Kardinal König unverrichteter Dinge nach Wien zurück.

Erst 1971 hat Mindszenty unseren Vorschlag aufgegriffen und kam nach Wien ins Exil; sein Domizil nahm er in dem ungarischen Priesterseminar Pazmaneum neben der amerikanischen Botschaft. Den Schwierigkeiten, die er mir dann als Kanzler bereitete, begegnete ich mit starker Zurückhaltung, was mir um so leichter fiel, als der spätere Handelsminister der Koalitionsregierung Vranitzky, Robert Graf, als Sprecher der Volkspartei Mindszenty in die Schranken wies und ihm zu verstehen gab, daß das Gastrecht nicht über Gebühr strapaziert werden sollte.

Bulgarien und Rumänien

Nicht nur die österreichische Diplomatie, sondern auch politisch mehr oder weniger gebildete Leute haben sehr gern den Ausdruck »Nachfolgestaaten« für jene Staaten verwendet, die ihren Ursprung aus der alten Donaumonarchie ableiteten. Dabei gingen wir manchmal sehr willkürlich vor, wie das Beispiel Bulgarien zeigt, das korrekterweise nicht als »Nachfolgestaat« hätte bezeichnet werden dürfen. Bulgarien hatte im Zweiten Weltkrieg auf der Seite der Achsenmächte gekämpft und gehörte daher zu den Verlierern des Krieges.

Bulgarien war immer ein großer Freund Österreichs und zugleich ein Freund Rußlands gewesen. Ich habe mich einmal fast zu der Behauptung verstiegen, Bulgarien sei das einzige wirklich panslawistische Land; daraus erkläre ich auch die große Ergebenheit Bulgariens gegenüber der Sowjetunion. Der noch heute als Vorsitzender des Staatsrats amtierende frühere Ministerpräsident Todor Shiwkoff erklärte mir in einer Stunde der Wahrheit, die die Franzosen »le quart d'heure de Rabelais« nennen: »Ich weiß, ich werde von vielen als russischer Gouverneur im alten Sinne des Wortes betrachtet. Aber wir waren ja immer Freunde der Russen, und wir haben vor allem in der Zeit der türkischen Bedrohung und Bedrückung bei Rußland Rückhalt gefunden. Wir sind echte Panslawisten, und auch das Volk empfindet heute so. Hinzu kommt, daß wir sehr viel mehr erzeugen, als wir essen können; diese Überschüsse verkaufen wir eigentlich, wohin wir wollen. Man könnte meinen, daß wir gezwungen wären, sie an die Sowjetunion zu liefern, aber wissen Sie, selbst wenn die Sowjetunion alle unsere Blumen, die bei uns wachsen, kaufen würde, so könnten wir damit bestenfalls einen Stadtteil von Moskau beliefern.« Shiwkoff wollte damit sagen, daß die Überschüsse, die Bulgarien erziele, zwar für Bulgarien von Bedeutung seien, nicht aber für die sowjetischen Märkte. Die Bulgaren sind die berühmtesten Gärtner Osteuropas, fast möchte man sagen »die Holländer des Ostens«, und vollbringen auf kleinster Fläche landwirtschaftliche Wunder. Auch in Wien gab es ganze Generationen von bulgarischen Glashausbesitzern und Gärtnern.

Man versteht meine Haltung wahrscheinlich besser, wenn man weiß, wie sehr ich es immer bedauert habe, daß die große Chance, den Slawen des alten Donaureiches eine echte politische Mitsprache und Mitwirkung zu gewähren, vertan wurde. Ob es dann jemals zu einem sogenannten Trialismus gekommen und Kronprinz Rudolfs Träume in Erfüllung gegangen wären, sei dahingestellt. Jedenfalls hätte eine Helvetisierung, von der einst Karl Renner und andere träumten, erwogen werden sollen, ehe es definitiv zu spät war. Nicht nur der Gründer der Tschechoslowakei, Tomáš G. Masaryk, war noch lange für diesen Gedanken zu haben. Den Demokraten ist das russische Reich des Zaren ja immer unheimlich gewesen. Ich halte nicht viel von Etikettierungen wie »slawophile Gesinnung«, aber natürlich spielte meine Sympathie für die Völker, die an eine komplizierte Art von Selbstbehauptung und Freiheit glaubten, eine Rolle. Doch die Welt war damals nicht soweit.

Bulgarien war eine meiner letzten Reisestationen im Ostblock. Bei meinem Aufenthalt in diesem schönen Land habe ich einige gute Erinnerungen gesammelt. Die Menschen waren trotz ihrer historisch bedingten Unterwerfung unter den Panslawismus stolz und würdevoll geblieben. Ihr manchmal demonstrativ zur Schau getragener Folklorismus hat seine eigentlichen Wurzeln in einer Kampffreudigkeit, die weder während der jahrhundertelangen Herrschaft der Türken noch in der Zeit nach dem Ersten Weltkrieg unterdrückt werden konnte.

Die Monarchie nach 1918, die vom deutschen Adel beherrscht

wurde, konnte nicht Fuß fassen. Nach dem Attentat im April 1925 auf die Kathedrale »Sveta Nedelia« in Sofia, dem rund 150 Menschen zum Opfer fielen, wurde in Wien der Vers kolportiert: »Ich bin der König Boris, wer weiß, wie lang's noch wor is'.«

Es hat mit zu der von mir angestrebten Normalisierungspolitik mit unseren kommunistischen Nachbarstaaten beigetragen, daß ich in allen Hauptstädten bei offiziellen Besuchen einen Vortrag halten konnte: so am 2. März 1960 in Warschau über »Einige Gedanken über die Voraussetzungen der Koexistenz«, am 30. Oktober in Budapest über »Grundlagen der österreichischen Außenpolitik«. Nur in der Sowjetunion blieben meine Aktivitäten auf Presseinformationen beschränkt. Bei meinem Besuch im Juli 1965 hielt ich auch vor der bulgarischen Akademie der Wissenschaften in Sofia einen Vortrag über »Die österreichische Außenpolitik«: »Schon 1954 habe ich am Beispiel der Donaukommission darzustellen versucht, wie sich der Gedanke einer gesamteuropäischen Zusammenarbeit eindrucksvoll manifestieren könnte. Damals habe ich auch der Meinung Ausdruck gegeben, daß wir im Rahmen der ECE, der Europäischen Wirtschaftskommission der Vereinten Nationen, in der das gesamte *Europa* vereinigt ist, stärkere Versuche machen müßten, zu fruchtbarer Zusammenarbeit zu gelangen. Dort ist der gegebene Platz, uns zu größeren gemeinsamen Anstrengungen zu vereinigen. Gewiß, es ist dies ein mühsames Beginnen, wir werden viel Geduld und viel Verständnis brauchen, und wir werden diese Aufgabe nur erfüllen können, wenn wir uns ihr unterziehen mit Nüchternheit und ohne allzu großes Pathos, mit realistischem Sinn für das, was wir uns und unseren Partnern zumuten können, bei rigoroser Abgrenzung überall dort, wo es dieser Abgrenzung bedarf, nämlich im politischen Bereich. Klar ausgedrückt: Wenn wir uns gegenseitig in unseren Bestrebungen freihalten von politischen Kreuzzugsideen [...]

In den letzten Jahren ist Österreich in steigendem Maße zu einem klassischen Begegnungsplatz der Weltpolitik geworden, und ich will nicht leugnen, daß ich darin einen Sicherheitsfaktor erster Ordnung für Österreich erblicke. Aber das entscheidende Ziel der österreichischen Außenpolitik ist es, dazu beizutragen, daß Zentraleuropa zu einer Region echter Entspannung wird, frei von der Einflußnahme der Großmächte. Sosehr Ambitionen im Leben des einzelnen ihre Bedeutung haben mögen, sosehr haben wir in Österreich aus der Geschichte gelernt, daß sich in der Beschränkung außenpolitischer Ambitionen - ein Goethe-Wort abwandelnd - der Meister zeigt.«

Rumänien befand sich insoweit in einer ähnlichen Position wie Ungarn, als sich die Rumänen selber als ein nichtslawisches Volk betrachten und immer ihre Latinität betonen. Das mag historisch gesehen richtig sein; aber daß sich die Rumänen inmitten dieses gewaltigen slawischen Meeres, das da jahrhundertelang über sie hinwegspülte, hätten behaupten können, spricht gegen jede ethnologische Erfahrung, die in diesem Teil der Welt gemacht wurde. Sicherlich, es gibt eine Tradition in der Sprache, und es gibt auch in anderen Bereichen eine Solidarität der romanischen Völker, aber was wiegt das schon gegen die Gemeinschaft der griechisch-orthodoxen Religion? Hier scheint mir doch eher der Wunsch der Vater des Gedankens zu sein.

In der Zwischenkriegszeit gehörte Rumänien zu den brutalsten Diktaturen in Europa, auch wenn König Carol II. westlichen Politikern immer wieder den Eindruck vermittelte, als ob Rumänien ein demokratischer Staat sei. Die mächtige Siguranca war bekannt für ihre Brutalität und ihren ausgesprochen polizeistaatlichen Charakter. Nun konnte ja in keinem der ost- und südosteuropäischen Staaten die Demokratie verwirklicht werden; bestenfalls gab es da oder dort ein kurzlebiges »Intermezzo«.

Wenn man heute über diese Länder spricht, so ist es wichtig, darauf hinzuweisen, daß sie nie ein demokratisches »Vorleben« hatten. Von einer einseitigen Politik wird der Eindruck erweckt, als hätte der Kommunismus die Demokratie in Osteuropa abgelöst; aber es handelte sich nicht um Demokratien, sondern um autoritäre Regime korrupter Politiker und einer herrschsüchtigen Soldateska. Einzig und allein die Tschechoslowakei entwickelte sich nach 1918 zu einem durch und durch demokratischen Staat, selbst wenn man das grauenhafte Schicksal der Deutsch-Böhmen berücksichtigt, die bei uns fälschlich Sudetendeutsche genannt werden - der Ausdruck Sudetendeutsche ist eine Bezeichnung pars pro toto. Die Kommunistische Partei der Tschechoslowakei war die einzige der in diesen Kapiteln erwähnten Kommunistischen Parteien, die eine echte Massenbewegung darstellte und die sogar stärker war als die Sozialdemokraten.

Im Dezember 1947 wurde die Monarchie in Rumänien abgeschafft, und Kommunisten und Sozialisten vereinigten sich zur Rumänischen Arbeiterpartei unter der Führung von Gheorghiu-

Dej. 1952 war auch die brutale Herrschaft der 1944 aus dem russischen Exil zurückgekehrten Stalinistin Ana Pauker beendet. Gheorghe Gheorghiu-Dej stand ganz in der Tradition der frühen rumänischen Kommunisten, die aus den Eisenbahnwerkstätten hervorgegangen waren, und verfügte über ein hohes Maß an realpolitischem Sinn.

Bei meinen Besuchen in Rumänien und aufgrund der Gespräche mit den Spitzen der Regierung gewann ich sehr bald den Eindruck, daß sich die rumänische Führung um eine vorsichtige Loslösung von der Sowjetunion bemühte. Bezeichnend war die Haltung Bukarests zum Streit zwischen Moskau und Peking. Im Juli 1963 habe ich darüber sehr freimütige Gespräche mit Gheorghiu-Dej geführt, der gerade aus China zurückgekehrt war. Er schilderte mir seine Reiseeindrücke, und es war für mich sehr deutlich erkennbar, daß Rumänien sich mit dem Gedanken trug, eine Art Brückenstellung zwischen dem russischen Kommunismus und dem chinesischen zu übernehmen.

Die Begegnung mit Gheorghiu-Dej in einem einfachen Bungalow in Eforie am Schwarzen Meer, wo wir ohne großen protokollarischen Klimbim einfache Fischgerichte aßen, war für mich aus vielen Gründen außerordentlich lehrreich. Ich hatte nicht vergessen, daß drei Jahre zuvor, am Tage des Begräbnisses von Wilhelm Pieck, alle kommunistischen Führer nach Ost-Berlin gepilgert waren, mit Ausnahme Gheorghiu-Dejs. Die Kommunistischen Parteien unter der Führung der Sowjetunion rüsteten zu einer gigantischen Trauerparade, bei der die unverbrüchliche Treue zum kommunistischen Gedankengut unter Beweis gestellt werden sollte. Auch Chruschtschow war bei aller Flexibilität derartigen Demonstrationen restlos und uneingeschränkt ergeben; er hatte Breschnew als Redner geschickt. Ich gab meinem Erstaunen Ausdruck, daß Gheorghiu-Dej an dieser Trauerfeier nicht teilgenommen hatte. Da meinte er, mit dem Anflug eines kurzen Lächelns: »Ich hätte ihn ja doch nicht wieder zum Leben erwekken können.«

Wir sprachen unter anderem über die Wirtschaftsbeziehungen, und im Verlauf der Diskussion stellte mir Gheorghiu-Dej die Frage, ob das rumänische Protokoll, das meinen Besuch regelte, auch daran gedacht habe, daß ich die Getreidesilos zu sehen bekäme, die »vollen Speicher«. Wenige Tage später, als Chruschtschow die Welt mit dem Angebot überraschte, nord- und südamerikanischen Weizen gegen Gold kaufen zu wollen, habe ich den Zusammenhang verstanden. Rumänien war widerwillig, sich in den COMECON einzugliedern, weil man nicht zum Korn- und Weizenlieferanten der anderen werden wollte. Man plante, die eigene industrielle Entwicklung voranzutreiben, und hat dafür einen zähen Kampf geführt.

Auch der rumänische Ministerpräsident Ion G. Maurer, ein Advokat, der als ehemaliger Volksdeutscher ein blendendes und vollkommen fehlerfreies Deutsch sprach, fiel mir durch seine Freimütigkeit auf. Überdies besaß er Sinn für Humor und einen beträchtlichen Hang zur Selbstpersiflage. Er sang ein Loblied auf Tschu En-lai, den er für einen der klügsten Männer der kommunistischen Welt hielt. Seiner Ansicht nach hatte Mao Tse-tung seinen Glanz längst verloren. Alles, was ich später über Tschu En-lai zu hören bekam, bestätigte dieses Urteil. Daß die führenden chinesischen Kommunisten meist auch sehr gebildet waren, verleitete Otto von Habsburg zu der Annahme, sie alle stammten aus der chinesischen Hocharistokratie.

Nach dem Tode Dejs wurde der junge Revolutionär Nicolae Ceauşescu, der über ein ganz anderes Vokabular verfügte, als es die kommunistische Tradition vorschrieb, zum Generalsekretär der Rumänischen KP bestellt. Maurer blieb zwar noch bis 1974 als Ministerpräsident im Amt, wurde aber von Ceauşescu immer mehr entmachtet und schließlich abgesetzt. Der neue rumänische Führer huldigte dem »rumänischen Weg«, sprach von neuer Sinngebung der Nation als einer »historischen Formation« und vom »Prinzip der territorialen Unantastbarkeit« und setzte die politischen Beobachter in der Welt durch freimütige Äußerungen in Erstaunen.

Ceauşescu habe ich 1975 näher kennengelernt, als ich ihn in seinem großen, luxuriösen »Bungalow« am Schwarzen Meer besuchte. Der Aufwand an Prunk, den Ceauşescu betrieb, rief bei mir den Eindruck hervor, daß hier der Stalinismus fröhliche Urständ feiert. Der Kult um seine Person schien mir um so bemerkenswerter, als Ceauşescu meinem Gefühl nach unter einem Sprachfehler litt; körperliche Mängel und Schwächen haben ja in der Geschichte der Menschheit des öfteren zu Überkompensationen geführt. Seine politischen Weisheiten, die er mir unaufgefordert, in einem gewaltigen Redeschwall verkündete, schienen mir ebensowenig überzeugend zu sein.

Ich wollte Ceauşescu zur Schützenhilfe für unsere bedrängten portugiesischen Parteifreunde bewegen und sprach von der Ge-

Am 12. Februar 1976 besuchten der Vorsitzende der Sozialistischen Partei Portugals, Mário Soares, und der Vorsitzende der Sozialistischen Partei Spaniens, Felipe González, Bruno Kreisky; das Treffen hatte privaten Charakter und fand in Kreiskys Haus in Wien statt.

fahr der Militärs, auch der scheinbar linksgerichteten. Ceauşescu meinte etwas herablassend - hierin Tito nicht ganz unähnlich, aber sehr viel apodiktischer als dieser -, daß Parteien in Zukunft überhaupt keine Rolle mehr spielen würden, weil nur jene Mächte in der Weltpolitik eine Chance hätten, die sich ihrer Organisationsform wegen auszeichneten, und dazu zählten in erster Linie die Armeen. Dieses Vertrauen in den Apparat der Armee, diese Überzeugung, daß das Militär als die bestorganisierte Macht im Staat zur Stabilisierung der Verhältnisse prädestiniert, ja geradezu unentbehrlich sei, ist meiner Ansicht nach darauf zurückzuführen, daß die kommunistischen Parteien in allen kommunistisch regierten Ländern aufgehört haben, sich den traditionellen Aufgaben einer Partei zu widmen, und heute ausschließlich als Rekrutierungsbasis der Nomenklatura dienen. Eine solche Funktion entspricht nicht der einer politischen Partei, in der Diskussionen mit dem Ziel geführt werden, die Meinungsbildung von der Basis herauf bis an die Spitze zu gewährleisten. Damit aber ist die Partei nicht mehr die Führerin der Massen, wie sie Lenin verstanden wissen wollte, sondern gewissermaßen nur noch die Reservearmee des Machtapparats.

Was Portugal betrifft, hat Ceauşescu übrigens ebensowenig recht behalten wie Henry Kissinger, der uns am Rande der Helsinkikonferenz 1975 auf die Vergeblichkeit sozialdemokratischer Bemühungen um eine friedliche Entwicklung zur Demokratie in Portugal hinwies. Für Kissinger schien trotz seiner überzeugenden Intelligenz, die immer wieder bei verschiedenen Gelegenheiten deutlich hervortrat, die Sozialdemokratie kein Faktor zu sein. Übrigens ist das ein Phänomen, das immer wieder bei Emigranten aus Europa feststellbar ist.

Zu der im Anschluß an die KSZE-Konferenz stattfindenden Sitzung von 17 sozialdemokratischen Führern der Sozialistischen Internationale in Stockholm hatten wir den damals noch weithin unbekannten späteren Ministerpräsidenten und heutigen Präsidenten Portugals, Mário Soares, eingeladen. In seinem Kampf mit den Kommunisten unter der Führung Cunhals, der die linksgerichteten Militärs hinter sich hatte, wollten wir ihm den Rükken stärken. Kissinger meinte damals geringschätzig, das wäre vergebliche Mühe und die Hoffnung auf Soares nicht mehr als eine neue Illusion der Sozialdemokraten. In Parenthese möchte ich bemerken, daß wir Sozialdemokraten unter der Geringschätzung von zwei Seiten zu leiden hatten, der von links und der von rechts. Wir standen in der Mitte, ohne Hilfestellung. Es gehört zu den großen Leistungen Olof Palmes und Willy Brandts, daß sie das Schiff der Sozialistischen Internationale zwischen diesen beiden Klippen hindurchsteuerten.

Ich will keineswegs leugnen, daß Ceauşescu wiederholt Beweise einer eigenständigen Politik ablegte, die mitunter einer Mutprobe im kommunistischen Lager gleichkamen. So unternahm er von allem Anfang an sehr ernsthafte Versuche, Palästinenser und Israelis zusammenzuführen; daß ihm hier kein Erfolg beschieden war, scheint mir bei der Kompliziertheit des Problems nur allzu verständlich. Weil er als einziger unter den Ostblockführern nach dem Sechs-Tage-Krieg die diplomatischen Beziehungen zu Israel nicht abgebrochen hat, genießt Ceauşescu eine beträchtliche Popularität in Israel. Ich weiß, daß sich die israelische Regierung bei Gefangenenaustauschaktionen nur ungern meiner Person bediente und wie schwer es ihr gefallen sein muß, mich um Vermittlung zu bitten. Man kam immer erst dann auf mich zu, wenn die Versuche, Rumänien einzuschalten, zu nichts führten.

Trotz dieser angestrebten Brückenfunktion zwischen Arabern und Israelis vermochte Bukarest nie eine ähnliche Rolle zu erlangen, wie sie Wien im Falle der aus der Sowjetunion auswandernden jüdischen Bevölkerung spielt.

Hatte Ceauşescu anfangs zu vielen Hoffnungen Anlaß gegeben, so wurde Mitte der siebziger Jahre immer deutlicher, daß die Ergebnisse seiner großangekündigten Reformen weit hinter den Erwartungen zurückblieben. Das Beispiel Rumänien zeigt, daß die Industrialisierung dem Volk nicht immer das Brot bringt. Zwar hat sich Rumänien im Laufe der Zeit gewisse Prioritäten im Rahmen des COMECON gesichert, aber der Versuch einer Art Arbeitsteilung zwischen den sozialistischen Staaten ist offenbar vor allem an Rumänien gescheitert, das seine Quoten nicht einhielt.

Heute ist Rumänien das Land mit den allergrößten Schwierigkeiten, obwohl die Hilfsbereitschaft des Westens Rumänien gegenüber größer ist als gegenüber allen anderen Ländern des Ostblocks. Für die Katastrophe gibt es gewiß mehrere Erklärungen; der Hauptgrund aber scheint mir zu sein, daß Rumänien ein Land geblieben ist, in dem weder Perestroika noch Glasnost auch nur andeutungsweise Gültigkeit haben. Dabei hätte man denken können, daß gerade die nichtslawische Bevölkerung Rumäniens sich als erste vom Stalinismus frei machen würde, aber dies hat sich als ein Aberglaube herausgestellt.

Um so bitterer ist heute die Enttäuschung über den Weg, den die Familie Ceauşescu gegangen ist und noch immer geht. In Rumänien herrscht der übelste Personenkult, wie er in keinem Land des Kommunismus mehr üblich ist. Die Familie Ceauşescu - und man kann in der Tat von einem Familienclan reden - gehört deshalb zu den verhaßtesten Machthabern in Osteuropa.

Auch der Nationalismus Rumäniens - einst Zeichen einer gewissen Liberalisierung - ist längst in sein Gegenteil umgeschlagen, man denke nur an die rigorose Politik gegenüber den deutschen und ungarischen Minderheiten. Wenn Ceauşescu die Gigantomanie seiner Landreform, jene »agro-industrielle Systematisierung«, die die Planierung von 6.000 Dörfern vorsieht, tatsächlich durchsetzen sollte, wird sich der Widerstand im In- und Ausland massiv formieren. Die Kronstädter Aufstände 1987 und die jüngsten Massendemonstrationen sind erste Anzeichen sich regender Opposition. Inwieweit sich diese Bewegung fortsetzen wird, kann ich im Moment freilich nicht sagen. Seit meinem letzten Gespräch mit Ceauşescu 1981 sind jetzt sieben Jahre vergangen, und da ich seither auf Informationen aus zweiter Hand angewiesen bin, kann ich beim besten Willen kein endgültiges Urteil über das heutige Rumänien abgeben.

Tschechoslowakei

Die Tschechoslowakei war für mich so etwas wie eine zweite Heimat gewesen. Ich bin in Wien geboren und in Wien zur Schule gegangen, aber alle meine Verwandten stammten aus Böhmen und Mähren. Mit der großen staatlichen Gemeinschaft der Doppelmonarchie fühlten sie sich freilich sehr viel mehr verbunden als mit irgendwelchen Nationalismen. Die Menschen sind eben nicht bloß Zeitgenossen, sie sind auch Raumgenossen, und kein »gelernter« Österreicher wird das bezweifeln.

In der Donaumonarchie gab es mehrere Gegenden, in denen die Juden in sehr ärmlichen Verhältnissen lebten; dazu gehörte vor allem die Karpato-Ukraine, jenes Gebiet im Nordosten des Reiches, das im Laufe der Jahrhunderte mehrfach zwischen Rußland, Polen und Österreich aufgeteilt worden war. Die Vorstellung vieler Leute war, daß die Juden in ihrer überwiegenden Mehrzahl wohlhabende Leute seien. Anfang der dreißiger Jahre habe ich deshalb im Kreis einiger Freunde den Vorschlag gemacht, diese Frage mit Hilfe eines sogenannten Feldforschungsprojekts näher zu untersuchen.

Im Prager Parlament gab es wenige jüdische Abgeordnete. Einer von ihnen war Angelo Goldstein, dessen »Polnische Sozialistische Arbeiterpartei« bei der tschechischen Sozialdemokratie hospitierte. An ihn wandte ich mich, indem ich ihn bat, ihn auf einer seiner Reisen in seinem Wahlkreis begleiten zu dürfen. So bin ich nach Munkatsch (Mukačevo) in Karpatorußland gekommen und habe dort jene sonderbare Welt kennengelernt, die Martin Buber in seinen chassidischen Geschichten festgehalten hat.

Alles schien mir ungeheuer rückständig; die slowakische Regierung hatte sich großer Unterlassungssünden schuldig gemacht. Wir fuhren mit dem Wagen über schlechte Straßen und durch hohen Schnee. Plötzlich sahen wir weit vorn einen schwarzen Punkt. Als wir näher kamen, erkannten wir einen Kaftanjuden, der bei jedem Schritt im Schnee versank. Dr. Goldstein hielt an und hat ihn gefragt in einer Sprache, die ich kaum verstehen konnte, also auf Jiddisch, ob er einsteigen und bis zum nächsten Ort mitfahren wolle. Da hat sich der Kaftanjude aufgerichtet, hat den Dr. Goldstein mit zusammengekniffenen Augen angeschaut und gefragt: »Was zahlen Sie dafür?« Ich bin nicht gleich draufgekommen, was das bedeutet, aber der Dr. Goldstein hat es mir später erklärt: »Schauen Sie, der Jude sagte sich, der da in dem Auto, der macht das ja nicht mir zuliebe, sondern der will heute ein gottgefälliges Werk vollbringen - auf meine Kosten, also soll er zahlen.«

Wir haben den Juden bewegen wollen, mitzufahren, aber er hat sich beharrlich geweigert, und zahlen wollte der Dr. Goldstein nicht, denn das hätte sich bei den Leuten herumgesprochen. Im nächsten Dorf wohnte ein Kretschmar, ein jüdischer Branntweinbrenner, und bei ihm haben wir haltgemacht. Am Abend sollte Dr. Goldstein in dem Dorf reden. Der Kretschmar ging zu den Buben, die vor seinem Haus herumstanden, und versprach jedem von ihnen eine Krone, wenn sie in die Hütten gingen und alle Bewohner aufforderten, zu kommen; am Abend würde ein Mann aus Prag zu ihnen reden, der viel gescheiter sei als der bekannte Wunderrabbi. Die Buben haben das Geld erhalten und sind losgezogen; nach einiger Zeit kamen sie wieder und standen herum. »Was steht's ihr da herum, was wollt's ihr noch?« fragte der Dr. Goldstein unwirsch. »Lieber Herr«, hat da der Größte von ihnen gesagt, »wenn Sie uns nicht noch eine Krone dazugeben, gehen wir in jedes Haus und sagen: die Versammlung ist abgesagt.«

Ich habe die Welt des Ostjudentums nur sehr peripher kennengelernt und kann aus dieser Welt nur wenig erzählen. Geradezu sprichwörtlich ist ja die vom Talmud geprägte Tiefgründigkeit der osteuropäischen Juden. Mein Freund Dr. Goldschmidt, der ehemalige Chefarzt des jüdischen Rothschild-Spitals in Wien, der ein glanzvolles Haus im intellektuellen Sinn führte, hat mir erzählt, wie er während des Ersten Weltkrieges einen deutschen Prinzen auf einer Inspektionsreise durch Galizien begleitete. Sie kamen durch ein kleines Dorf, und am Wegrand standen ein paar junge galizische Juden mit den ersten Schläfenlocken unter dem Käppi. Der Prinz, hoch zu Roß, betrachtete sie von oben herab und wandte sich an seine Begleiter: »Wetten, meine Herren, die wollen alle Händler werden!« Er wandte sich an den Größten, der am frechsten herumstand, und fragte ihn: »Was willst du einmal

Besuch des Konzentrationslagers Theresienstadt, 17. Februar 1976.

werden?« Der Junge antwortete: »Dasselbe wie Sie, Herr General.« - »Wie? Was redest du da?« Da hat sich der Junge gebückt und hat eine Handvoll Erde genommen; dann öffnete er seine Faust und sagte: »Das!«

Ich will nicht leugnen, daß ich als österreichischer Sozialdemokrat für die Tschechen eine besondere Sympathie empfand. Ein großer Teil der Österreicher - vor allem die Wiener und die Niederösterreicher - hatte noch vor einer Generation Verwandte drüben in Böhmen und Mähren, und bei vielen bestehen die Familienbande noch heute. Nach der Machtergreifung Hitlers war die Tschechoslowakei die einzige demokratische Bastion in Mitteleuropa geblieben; für zahlreiche deutsche und österreichische Emigranten wurde Prag zur ersten Station einer langen und für viele tragisch endenden Odyssee. Nach dem Februaraufstand von 1934 flüchteten einige tausend Schutzbündler in die Tschechoslowakei - eine kleine Armee; ihr Heldenkampf hat bis heute nicht die Anerkennung gefunden, die er hätte finden müssen. Im Gegenteil: Da viele von ihnen am Ende dem Terror Stalins zum Opfer fielen, wäre man fast versucht, darin einen Ausdruck besonderer historischer Ungerechtigkeit zu sehen. Noch gibt es nirgends ein Denkmal für diese Männer; es gibt die Gräber auf den Friedhöfen, aber die Erinnerung an die in den Weiten Rußlands zugrundegegangenen österreichischen Freiheitskämpfer ist nirgendwo lebendig, sieht man ab von dem Buch des österreichischen Historikers Karl Stadler, »Opfer verlorener Zeiten«.

Mit den Tschechoslowaken haben die Österreicher von allen Nachbarstaaten menschlich am meisten gemeinsam; Wien war immerhin einmal eine der großen tschechischen Städte Europas. So schienen wir mehr als irgendein anderes Land dafür prädestiniert, eine Brücke zu bauen. Da das kommunistische Regime in der Tschechoslowakei jedoch Tatsachen schuf, durch die österreichische Staatsbürger ihrer Rechte verlustig gingen, gestaltete sich der Dialog mit der Tschechoslowakei von Anfang an sehr schwierig.

Aufgrund der sehr intimen Beziehungen zwischen Österreich und der ČSR lebten in den zwanziger und dreißiger Jahren Zehntausende österreichischer Staatsbürger in der ČSR, und sie lebten dort gut. Es waren sehr reiche Leute darunter, Gutsbesitzer und Fabrikanten, aber die große Mehrheit bildeten kleine Leute wie Handwerker, Arbeiter, pensionierte Beamte und Bauern. 1945 haben alle ihr Vermögen verloren, und manche lebten seither als Bettler in Österreich. Dieses Problem mußte gelöst werden.

Wir hielten an dem Prinzip fest, daß, ehe es zu einer Normalisierung kommen könne, in dieser Frage gewisse Vorleistungen erbracht werden müßten. Die angemeldeten Forderungen betrugen viele Milliarden Schilling; der Vermögensvertrag von 1974 sah jedoch nur 1,2 Milliarden als Entschädigung vor. Dabei handelte es sich noch nicht einmal um das gesamte österreichische Eigentum, weil die gewaltigen Verluste der österreichischen Aristokratie in der Tschechoslowakei von uns gar nicht geltend gemacht wurden. Die Großgrundbesitzer hatten uns die Vollmacht sozusagen entzogen, und mir war es recht, denn wir hätten überhaupt keine Chance gehabt, für diese gigantischen Vermögensverluste Kompensation zu erlangen. Die Großgrundbesitzer lehnten »Entschädigungen« ab, weil die Tschechen einen gänzlichen Forderungsverzicht zur Bedingung machten. Als schließlich eine Regelung gefunden wurde, kam das Gespräch dennoch nicht in

Gang. Während in unseren Beziehungen zu den anderen kommunistisch regierten Staaten allmählich ein Tauwetter einsetzte, blieben die Beziehungen zur Tschechoslowakei noch lange Zeit frostig.

Dies hatte noch andere Gründe: In der Tschechoslowakei gab es nach dem Einmarsch 1968 eine sehr lebhafte Dissidentenbewegung, die mit besonderer Brutalität niedergehalten wurde. Ich habe erklärt, daß wir für diejenigen unter den Dissidenten, die nach Österreich zu emigrieren wünschten, die Tore offenhielten. Diese Äußerung wurde mir von manchen Journalisten verübelt, die meinten, ich hätte die Dissidenten damit aufgefordert, ihren Kampf einzustellen und das Land zu verlassen. Dies ist ein psychologischer Irrtum. Gerade wenn man weiß, daß einem letzten Endes noch der Weg ins Exil offensteht, ist die Bereitschaft zu energischem Widerstand erfahrungsgemäß größer. Aufgrund meiner eigenen Erfahrung aus der Kampfzeit der illegalen Sozialisten glaube ich von diesen Zusammenhängen ein wenig mehr zu verstehen als sogenannte politische Kiebitze, denen angeblich kein Spiel zu hoch ist. Diese Auffassung teilte übrigens auch der von mir sehr geschätzte ehemalige Außenminister Jiři Hajek. In seinem letzten, deutsch geschriebenen Brief an mich heißt es: »Ich folge ja seit Jahren mit Begeisterung und Bewunderung Ihrer staatsmännischen Tätigkeit, deren Erfolg nicht nur dem Wohl und der internationalen Stellung Österreichs, sondern auch der Sache des Friedens und Fortschritts so viel Gutes gebracht hat. Ihrem Einsatz für die Menschenrechte und Ihrem Entgegenkommen vieler meiner Freunde und Mitarbeiter seit 1977 werden in Kreisen der ›Charta 77‹ immer mit Dankbarkeit gedacht.«

Daß es unter den Emigranten immer Rückkehrwillige gab, muß nicht unbedingt als Verrat ausgelegt werden. Das Leben als Emigrant, auch wenn man es fristen kann, ist eine große psychische Belastung. Der politische Emigrant will zurückkehren und kann es nicht, weil die alte Heimat es nicht zuläßt; viele zerbrechen daran, es sei denn, sie haben mit der Heimat »Schluß gemacht«.

Es waren nur sehr wenige Dissidenten, die sich nach 1968 entschlossen, die Tschechoslowakei zu verlassen, aber diese wenigen haben wir im Rahmen unserer Möglichkeiten tatkräftig unterstützt. Der frühere Sekretär der KP der ČSSR, Zdeněk Mlynář, ein in der Welt hochgeschätzter Autor, gilt heute als einer der hervorragendsten Kenner des Kommunismus. Ihm kam zustat-

Im Gespräch mit Husák, 17. Februar 1976.

ten, daß er ein persönlicher Bekannter Gorbatschows ist und daher früher als andere die Bedeutung von Glasnost erkannte. Jiři Pelikan, dem ich einige Male kurz begegnet bin, wurde von den italienischen Sozialisten aufgenommen, die ihn als Europaratsabgeordneten nach Straßburg schickten. Somit gibt es zwei »Österreicher« im Europarat: den früheren tschechischen Kommunisten Pelikan und Otto von Habsburg als Abgeordneter der CSU.

Daß das Verhältnis zwischen Österreich und der Tschechoslowakei so spröde war, lag vor allem auch an der Haltung der tschechoslowakischen kommunistischen Partei. Sie war, soweit ich das beurteilen kann, die einzige kommunistische Partei, in der überzeugte Stalinisten das Sagen hatten. Husák, der 1969 Erster Sekretär des ZK wurde und 1975 auch das Amt des Staatspräsidenten übernahm, schien ebenso einflußlos wie Ministerpräsident Štrougal. Beide waren außerordentlich wohlwollend und bereit, die Beziehungen zu Österreich zu normalisieren, aber immer wenn es soweit war, hatte man den Eindruck, die wirklichen Machthaber säßen nicht im Hradschin, sondern in der Staré Město, Na příkopě 33, wo das Parteisekretariat untergebracht ist. Es waren immer dieselben Namen, die in diesem Zusammenhang fielen, aber, wie es bei Heine heißt, »nicht gedacht soll seiner werden«.

Eine Bestätigung meiner Vermutung, daß die Partei das Sagen hatte, erhielt ich im Sommer 1969, als ich den finnischen Staatspräsidenten Kekkonen auf Åland besuchte. Beim Essen erzählte mir Kekkonen, daß er seinem Freund Kossygin, den er kurz zuvor getroffen hatte, die Frage gestellt habe, was denn für das Politbüro der Anlaß zum Einmarsch in die Tschechoslowakei gewesen sei. Kossygin habe geantwortet, man sei von maßgebenden Persönlichkeiten des tschechoslowakischen Regimes dringend dazu aufgefordert worden. Kekkonen erinnerte sich der Namen dieser »maßgebenden Persönlichkeiten« nicht, aber es waren offenbar dieselben, die immer genannt wurden. Vielleicht wird die Entwicklung in der Sowjetunion, ähnlich wie in Ungarn, auch in der Tschechoslowakei zu Veränderungen personeller Art an der Spitze führen. Jedenfalls empfand ich es immer als sehr bedauerlich, daß wir mit der Tschechoslowakei nicht zu jenem engen Verhältnis gefunden haben, wie es zwischen Ungarn und Österreich seit langem besteht. Mag sein, daß sich das in nächster Zukunft ändern wird.

Wenn man bedenkt, daß die Tschechoslowakei in der Zwischenkriegszeit die größte kommunistische Partei Europas hatte, daß in dieser Partei - anders als bei den anderen Parteien des Landes - Deutsche, Tschechen und Slowaken vereinigt waren und daß sie noch 1948 über 80% der Stimmen verfügte, dann ist es schon erstaunlich, daß man später kaum einen Tschechen traf, der sich zum Kommunismus bekannte. Am Wahltag 1948 war ich zufällig in Prag; auf dem Weg von Stockholm nach Wien mußte ich damals dort umsteigen. Ich fuhr mit der Straßenbahn vom Flugplatz in die Stadt, wo ich bei Verwandten übernachten sollte. Ich verstand ein bißchen Tschechisch und bekam mit, wie ein Tscheche zum anderen sagte, die Zeiten, als man noch zu Österreich gehört habe, seien »zlaté časy« gewesen, »goldene Zeiten«. Der andere widersprach, aber nur scheinbar: die Zeiten damals seien »diamantové« gewesen, also »diamantene«. Ein Dialog, an dem ich die Wandlungen im tschechischen Volk früh zu erkennen glaubte.

Bei meinen offiziellen Besuchen in der Tschechoslowakei hatte ich immer das Gefühl, daß die österreichische Delegation, wenn sie durch Prag ging, böse, ja feindselige Blicke erntete. Die Menschen auf der Straße schienen ausdrücken zu wollen, daß die Österreicher dem gegenwärtigen Regime zuviel Ehre antun, wenn sie es durch ihren Besuch aufwerten. Sie hatten für unsere

Haltung nur Verständnis, solange wir gegenüber der Tschechoslowakei auf Distanz gingen. Ansonsten aber hielten sie sich eher an den Grundsatz: Die Gäste meiner Feinde sind auch meine Feinde.

Zahlreich sind die Anekdoten, die man über die kommunisten- und sowjetfeindliche Haltung der Tschechen erzählt. Bei irgendeiner Freundschaftskundgebung standen zwei Tschechen im Spalier, und einer rief mit großer Begeisterung: »Lang leben unsere Brüder in der Sowjetunion!« Da stieß ihn der andere an und meinte, er solle nicht übertreiben; die Russen als Freunde zu apostrophieren, würde genügen. »Freunde kann man sich aussuchen«, gab der erste lakonisch zur Antwort. Da von allen Völkern, die heute unter sowjetischer Vorherrschaft stehen, die Tschechen und die Ungarn die von Natur aus witzigsten sind, gibt es bei ihnen die meisten regimefeindlichen Witze. Die Diktatur hat ja die sonderbare Eigenschaft, den bitteren Humor der Menschen zu stimulieren.

Ich habe bereits erzählt, daß ich beim Ausbruch der tschechischen Krise im August 1968 auf Urlaub in Jugoslawien war. Nach meiner abenteuerlichen Rückreise von der Insel Rab nach Wien, habe ich mich noch am Abend des 21. August mit dem Parteivorstand über die Situation beraten. Da wir keine formellen Kontakte zur Regierung hatten und es mithin keine Gesprächsbasis gab, bestand die einzige Möglichkeit, wie ich eingeschaltet werden konnte, darin, daß ein Mitglied des Landesverteidigungsrates zurücktrat, ich seine Stelle einnahm und der Landesverteidigungsrat einberufen wurde. So ist es auch geschehen. Im Landesverteidigungsrat haben hohe österreichische Offiziere den Standpunkt vertreten, daß das Schlimmste zu befürchten sei. Die Russen seien mit so starken Truppenverbänden in die Tschechoslowakei einmarschiert, daß damit gerechnet werden müsse, daß sie weitermarschieren. Jugoslawien sei in Gefahr, Rumänien sei in Gefahr, und das östliche Österreich, die ehemalige Russenzone, natürlich auch, weil unter Umständen Durchmarschrechte verlangt würden.

Ich habe mich zu Wort gemeldet und ungefähr ausgeführt: »Meine Herren, Sie sind alle ehemalige deutsche Offiziere, und nur aufgrund Ihrer Erfahrungen in der deutschen Wehrmacht können Sie zu einer solchen Auffassung gelangen.« Die Offiziere des Landesverteidigungsrates haben mir diese Äußerung nie verziehen; der Irrtum, dem sie erlagen, war in der Tat auf die unterschiedliche Konzeption der deutschen und der sowjetischen Kriegführung zurückzuführen. Die deutsche Armee hatte viele ihrer Eroberungen mit geringen Kräften vorbereitet und durchgeführt - weshalb ja auch der Vorwurf berechtigt ist, die westlichen Regierungen hätten sich einschüchtern lassen. Während die Deutschen nach dem Gesetz des Minimums vorgingen und immer ein ungeheures Risiko auf sich nahmen, ließ es die russische Kriegführung nicht auf einen Zufall ankommen; sie plante jede Aktion mit so überlegenen Kräften, daß nach menschlichem Ermessen nichts schiefgehen konnte. »Wenn die Russen 1956 nicht nach Österreich einmarschiert sind«, so schloß ich, »und damals hätten sie nach ihrer Interpretation sehr viel Grund gehabt, bis zur alten Demarkationslinie zurückzukehren, dann werden sie es jetzt auch nicht tun. Ich halte das für eine vollkommen abwegige Auffassung und alles, was Sie daraus an Konklusionen ziehen, für falsch.«

Der Landesverteidigungsrat hatte kein Konzept; aus allgemeiner Furcht vor den Russen wurde eine Teilmobilmachung angeordnet, aber im Grunde war man ziemlich ratlos.

Noch am gleichen Tag bin ich zu Bundeskanzler Klaus gegangen. Was ich ihm vermitteln wollte, schien ihm jedoch gänzlich unverständlich zu sein. Es sei mir eigentlich unbegreiflich, sagte ich, warum er sich in einer solchen Situation nicht mit der großen Partei der Arbeiterbewegung über die Konsequenzen unterhalte, die man ziehen müßte für den Fall, daß das eintritt, was die Generäle befürchten. »Was meinen Sie damit?« hat er naiv gefragt. »Nun, man müßte beispielsweise Vorsorge treffen, daß, wenn die Russen Eisenbahner brauchen, die Lokomotivführer nicht aufzutreiben sind. Das Personal, das erforderlich ist, um den Eisenbahnverkehr zu bewältigen, sollte in Sicherheit gebracht werden, so daß die Russen erst einmal auf Suche gehen müssen. Hier zählt jeder Tag, denn ohne die Eisenbahnen werden sie große Transportprobleme haben. Ich empfehle also nicht einen militärischen Widerstand, weil ich mir nicht vorstellen kann, was der wert sein soll, sondern ich möchte lieber ein paar unkonventionelle Überlegungen anstellen, wie man im Osten Österreichs - denn um diesen handelt es sich ja vor allem - den Russen das Leben erschweren könnte.«

Klaus hat mich absolut nicht verstanden; ich kann nicht einmal sagen, daß er mich nicht verstehen wollte, ihm fehlte einfach jeglicher Sinn für den Geist des Widerstandes, den ich vertrat. Es war ein sinnloses Gespräch. Dennoch nehme ich für mich in Anspruch, daß ich mir als Parteivorsitzender immerhin Gedanken gemacht habe darüber, was an Widerstand geleistet werden könnte, falls die Russen die österreichische Souveränität mißachten sollten. Die Haltung der Sozialistischen Partei war deshalb von besonderer Bedeutung, weil die überwiegende Mehrheit der arbeitenden Menschen in ihren Reihen stand oder mit ihr sympathisierte und bei einem eventuellen Überschreiten der Grenze durch die Rote Armee das österreichische »Proletariat«, wie wir aus der Vergangenheit wußten, nicht unwesentlich zur Verteidigungsbereitschaft Österreichs beitragen würde. Die Regierung hat dieser Frage offenbar keine objektive Bedeutung beigemessen. Statt dessen wurden Überlegungen angestellt, den Regierungssitz unter Umständen nach Linz und Bad Aussee zu verlegen. Ein unverdächtiger Zeuge dafür, daß derartige Überlegungen angestellt wurden, war der Redakteur der »Kleinen Zeitung«, eines sehr guten, streng katholischen Blattes in Graz, Kurt Vorhofer.

In den über dreißig Jahren seit Abschluß des Staatsvertrages hat Österreich niemals eine Verletzung seiner territorialen Souveränität hinnehmen müssen, es sei denn aufgrund eines Irrtums oder weil Einzelorgane ihre Kompetenzen überschritten. Aber eine tatsächliche Neutralitätsverletzung im territorialen Bereich hat es nicht gegeben. Hingegen kam es zu einer großen Zahl von Verletzungen des Luftraumes, auch 1968. Der Außenminister hieß damals Kurt Waldheim, der österreichische Gesandte in Prag war Rudolf Kirchschläger.

Der drastischste Zwischenfall ereignete sich im Juli 1958, als die amerikanische Luftwaffe von Deutschland aus Marineinfanterieeinheiten in den Libanon flog, um die dort ausgebrochenen neuen Unruhen zu bekämpfen, unbekümmert um die Lufthoheit Österreichs. Unsere Proteste sind verhallt.

Nun ist meiner Meinung nach der neutrale Staat nicht dazu verpflichtet, sich für Luftkämpfe bereit zu halten. Es sollte ihm möglich sein, durch andere Mittel als durch das Abschießen von Flugzeugen einen Eindringling darauf hinzuweisen, daß er sich über österreichischem Territorium befindet. Da die Luftsäule über Österreich ein integrierter Bestandteil unserer Souveränität ist, kann die logische Konsequenz nur lauten, daß man für einen solchen Fall Abfangjäger braucht. Ich will mich nicht in den aktuellen Streit über die Abfangjäger einmischen, sondern nur darauf hinweisen, daß man diese Auffassung legal vertreten kann. Nach wie vor bin ich jedoch der Meinung, daß eine gute Außenpolitik die beste Gewähr für die Neutralität ist.

Natürlich muß man auf das Prestigebedürfnis der Landesverteidigung Rücksicht nehmen. Wenn es also objektiv richtig ist, Abfangjäger anzuschaffen, um die Neutralität wirkungsvoll zu markieren, dann bleibt nur noch zu entscheiden, ob und zu welchem Zeitpunkt eine solche Anschaffung politisch opportun ist. Und natürlich will gut überlegt sein, aus welchem militärischen Lager die Jäger bestellt werden sollen, damit Österreich nicht ins Zwielicht einer Scheinneutralität gerät. Gewiß nicht in einem Land, von dem man dadurch fürderhin abhängig zu werden droht.

Immer wieder war in Österreich die Frage gestellt worden, warum wir eigentlich, nachdem die Österreicher eine so schwere Niederlage im letzten Krieg erlitten hatten, eine Armee brauchten; kleine Einheiten von Berufssoldaten oder einfach eine verstärkte Gendarmerie und Polizei würde es doch auch tun. Ich war ein entschlossener Gegner dieser Vorstellungen, weil die Geschichte des öfteren gezeigt hat, wie manipulierbar ein Berufsheer sein kann. Wenn es überhaupt möglich ist, eine Armee davor zu bewahren, eine Prätorianergarde zu werden, dann kann die allgemeine Wehrpflicht sicher einen wesentlichen Beitrag leisten.

Den Gegnern des österreichischen Bundesheeres, die es noch heute gibt, ist in Erinnerung zu rufen, daß die Errichtung eines Bundesheeres eine der Bedingungen war, um die Zustimmung Dulles' zur Neutralität und zum Staatsvertrag zu bekommen. Wir haben die Situation damals rasch erfaßt und die Verpflichtung freudig übernommen. Als Schärf und ich aus Moskau zurückkamen, fuhren wir direkt vom Flughafen in die Löwelstraße zur Sitzung des Parteivorstandes. Der Parteivorstand nahm einhellig unseren Bericht zur Kenntnis; gleichzeitig wurde der Beschluß gefaßt, daß wir eine Armee der allgemeinen Wehrpflicht anstreben.

Als bloße Augenwischerei habe ich das Bundesheer niemals verstanden, wenngleich ich mir auch heute nicht vorstellen kann, daß es in der Lage wäre, überlegene Streitkräfte einer Großmacht aufzuhalten. Das schien mir aber nicht der für das Bundesheer anzunehmende Ernstfall zu sein. Kriege werden von Großmächten, die einen Krieg entfesseln wollen, durch Stellvertretung begonnen. Falls eines Tages ein Krieg in Mitteleuropa begonnen worden und Österreich dem denkbaren Aggressor ein Hindernis gewesen wäre, hätte sich in einem der Grenzgebiete Österreichs leicht die Handvoll Kommunisten finden lassen, die man gebraucht hätte, Österreich in die Auseinandersetzung hineinzuziehen. In den noch nicht ganz vergessenen Bastionen der kommunistischen Partei wären sicher genug Leute bereit gewesen, eine »Regierung« zu bilden, die dann den Aggressor um »Unterstützung« gebeten hätte. Eine solche Regierung zu bekämpfen, auch mit militärischen Mitteln, wäre eine Aufgabe des Bundesheeres gewesen. Jedenfalls sollte es nie wieder dazu kommen, daß einer Diktatur die Grenzen widerstandslos geöffnet werden. In weiterer Folge wäre dann jener zivile Widerstand zu leisten gewesen, dem man gemeiniglich mit dem anrüchigen Wort »Partisanenkampf« einen militärischen Ausdruck verleiht. Es ist ja eine bekannte Tatsache, daß auch die stolzesten, siegesgewohnten Armeen eine gewisse Scheu vor Wald- und Bergkriegen besitzen, vor allem, wenn ihnen Partisanenverbände gegenüberstehen.

Es gab also meiner Ansicht nach im Ernstfall eine demokratische und republikanische Aufgabe für die Armee. Deshalb sollten die republikanischen Traditionen des österreichischen Militärs geweckt werden, um die sich der ehemalige Generalstabschef Körner gleich nach dem Krieg bemühte. Es stellte sich allerdings sehr bald heraus, daß die Offiziere, die zum großen Teil aus den Reihen der deutschen Armee kamen, von republikanischer Tradition nichts wissen wollten, sondern gemeinsam mit der österreichischen Rechten versuchten, an die Traditionen der Monarchie anzuknüpfen. Zum Glück hatte man es mit einer neuen Jugend zu tun, die von der Monarchie nichts wußte und nichts davon hielt. Ich bin überzeugt, daß man durch einen lächerlichen Traditionsstreit Österreich Schaden zugefügt hätte.

Eine dramatische Probe aufs Exempel hatten wir noch in jüngster Zeit zu bestehen. Der Wiener »Aero-Club« ließ mit stillschweigender Billigung des damaligen Kommandanten der Landesverteidigungsakademie im Dezember 1985 in der Wiener Stiftskaserne eine Gedenktafel für den Schöpfer und Kommandanten der österreichischen Luftstreitkräfte, Generalmajor Alexander Löhr, anbringen. Auf Weisung des Bautenministers Übleis und mit der Unterstützung des neuen Kommandanten, General Schaffer – ein dem republikanischen und demokratischen Österreich zutiefst ergebener Offizier -, mußte die Tafel wieder entfernt werden.

Löhr war wegen grausamer Kriegführung in Jugoslawien hingerichtet worden. Als der Offizier, der die Gedenktafel hatte anbringen lassen, in einen gewissen Argumentationsnotstand geriet, versuchte er sich damit herauszureden, daß einer der ergebensten und nächsten Offiziere Löhrs der spätere Generalsekretär der Vereinten Nationen und mögliche Kandidat für die Bundespräsidentenwahl gewesen sei. Jedenfalls sagte mir das der Generalsekretär des World Jewish Congress, Singer. So ist man überhaupt erst auf die Idee gekommen, nach Waldheims Vergangenheit zu fragen. Damit begann die ganze Waldheim-Misere - aber darüber an anderer Stelle mehr.

Ich habe diesen Exkurs nur deshalb unternommen, weil nicht der Eindruck entstehen soll, daß ich ein Gegner des Bundesheeres gewesen wäre und mich nur aus opportunistischen Gründen gebeugt hätte. Ganz im Gegenteil: ich befürwortete von der ersten Stunde an ein Heer der allgemeinen Wehrpflicht und habe immer wieder versucht, die Existenz des Bundesheeres zu begründen.

11. Kapitel

Dritte Welt

Eines Tages, der Marshallplan hatte noch keine richtige Ausformung erhalten, saß ich mit einem jungen amerikanischen Diplomaten, den ich aus der Zeit in Stockholm kannte, am Kahlenberg oben. Er hieß Arthur A. Compton und war der Sohn des amerikanischen Atomphysikers Arthur Compton, an den jene berühmte Depesche gerichtet war, in der Szilard und Fermi die geglückte kontrollierte Kettenreaktion auf dem Gelände der Universität von Chicago mit den Worten kommentierten: »Der italienische Seefahrer ist gelandet; die Eingeborenen verhalten sich freundlich.« Wir sprachen über den Marshallplan, und ich meinte damals, wenn dieser Plan die in ihn gesetzten Hoffnungen erfülle, werde sich eines Tages die Frage stellen, in welcher Weise die dann gesundeten europäischen Völker in die Pflicht genommen werden sollen. Meine Antwort war, wie ich glaube, klar und einfach: Die Wirtschaft der wiedererstarkten europäischen Staaten hätte die Aufgabe, die Zuwendungen aus dem Marshallplan als Kredite zu betrachten und je nach dem Grad ihrer Retablierung diese Mittel für den wirtschaftlichen Aufbau der sogenannten Entwicklungsländer zur Verfügung zu stellen. Ich war überzeugt davon, daß es sich hier um eines der entscheidenden Probleme der unmittelbaren Zukunft handelte. Und mir war klar, daß dieses Problem nur durch einen Akt der internationalen Solidarität gelöst werden konnte. In der Sozialistischen Partei fand ich einen Gesprächspartner, der mir in höchstem Maße für diese Fragen qualifiziert zu sein schien, den hochbegabten Peter Strasser.

Bereits in den zwanziger Jahren hatte ich mich für die Fragen des Imperialismus und Kolonialismus zu interessieren begonnen und so manches Standardwerk für junge Sozialisten gelesen. Besonders aufregend war der Unabhängigkeitskampf Indiens, über den wir auch aus Schriften Nehrus vieles erfuhren. Es ist äußerst selten in der Geschichte, daß derjenige, der sich mit einem Problem eingehend theoretisch befaßt, später zu einem der Hauptakteure wird. Als das Wort in die Tat umgesetzt wurde, waren wir mit den Ereignissen gewissermaßen vertraut, denn so wie es eintrat, hatte es Nehru weitgehend vorausgesagt.

Nehru war sehr früh einer meiner Lehrmeister geworden. Der Briefwechsel mit seiner Tochter Indira gehört für mich noch heute zum Eindrucksvollsten, was es an politischer Literatur gibt. Es handelt sich um Briefe aus dem Gefängnis; Nehru schrieb diese Briefe in der erklärten Absicht, seiner Tochter aus der Haft heraus eine profunde politische Erziehung angedeihen zu lassen. Das lebendige Symbol für die Befreiung Indiens war Mahatma Gandhi; die Art, wie er seinen Kampf führte, gewaltlos, still, scheinbar passiv, entsprach der Geisteshaltung des indischen Volkes gewiß sehr viel mehr als der realpolitische Sinn Nehrus. Dennoch erlangte für die Staatwerdung Indiens im Guten wie im Schlechten Nehru die entscheidende Bedeutung. Mich jedenfalls hat er von Anfang an mehr fasziniert als die meisten anderen.

Die antikolonialistische Bewegung hat sonderbare Blüten gezeitigt. Dies ging in vielen Fällen so weit, daß man mit den Feinden der jeweiligen Kolonialmacht kooperierte. Der Inder Subhas Chandra Bose zum Beispiel hat lange Zeit die Kriegspolitik Hitlers gefördert; auch mein Freund Sadat, der mit dem ägyptischen Halbbruder eines deutschen Offiziers im Gefängnis saß, von dem er Deutsch lernte, war am Anfang nicht ganz frei von dieser »Neigung«. Andere haben sich nie dazu verleiten lassen. Bourguiba etwa hat in den Tagen seines Kampfes immer wieder davor gewarnt, den antikolonialistischen Kampf gegen Frankreich mit Schützenhilfe für Hitler zu verbinden; alt und krank, ist Bourguiba den Idealen seiner Jugend längst untreu geworden. Auch Léopold Senghor kann man kaum Vorwürfe machen, obwohl er eine besondere Neigung zur Anpassung besitzt. Nehru gehörte ebenfalls zu denen, die sich nicht bereit fanden, den Kampf der Feinde Englands zu unterstützen.

1927 fand im Palais Egmont in Brüssel ein internationaler Kongreß der »unterdrückten Völker« gegen Kolonialismus und Imperialismus statt; viele der Abgesandten aus den Kolonialländern wie der Bruder Senghors oder Sukarno waren später, sofern sie es erlebt haben, an der Befreiung ihrer Heimat vom Joch des Kolonialismus führend beteiligt. Der große Name des Kongresses war Nehru. Die Veranstaltung stand unter dem Patronat des führenden Pazifisten und späteren Labour-Ministers George Lansbury und des wohlmeinenden Labour-Abgeordneten Reginald Bridgeman. In Wirklichkeit zog der Kommunist und, wie man heute sagen würde, »Publicity Manager« der Kommunistischen Internationale, Willi Münzenberg, die Fäden. Willi Münzenberg war der geniale politische Propagandist der KPD, der auf allen Klavieren spielte, linkshändig virtuos und, wenn's sein mußte, eben auch rechtshändig. Münzenberg hat diesen Kongreß gemanagt; ihm zur Seite stand ein in Frankreich lebender ungarischer Emigrant, der unter seinem Nom de guerre Gibarti bekannt war. Ich habe ihn nach dem Krieg durch Klaus Dohrn kennengelernt. Louis Gibarti, der mit Nehru befreundet war und von ihm in den letzten Jahren seines Lebens unterstützt wurde, hat in den fünfziger Jahren zur Vertiefung meines Kontakts mit dem indischen Premier beigetragen.

Gespräche über Entwicklungspolitik führte ich von 1953 an mit vielen Persönlichkeiten aus der sogenannten Dritten Welt. Zu meinen ersten Gesprächspartnern, noch bevor ich Staatssekretär wurde, gehörten die irakischen Studenten in Wien, mehrere hundert an der Zahl, die mir äußerst sympathisch waren. Später hatte ich dann vor allem bei den Vereinten Nationen häufig Gelegenheit, die führenden Vertreter der Entwicklungsländer kennenzulernen, Bandaranaike, Bourguiba, Sukarno und andere. Entscheidender als alles aber war für mich die Begegnung mit dem von mir seit Jahren bewunderten Pandit Nehru.

1953 kam Außenminister Gruber auf die, wie ich glaube, durchaus originelle Idee, Nehru, dessen Wohlwollen für Österreich bekannt war, als Vermittler bei den Staatsvertragsverhandlungen einzuschalten; er sollte die sowjetische Haltung zu einer möglichen Neutralität Österreichs sondieren. Bei seinem Besuch in Wien im Juni 1955 lernte ich Nehru endlich persönlich kennen. Der indische Premier nutzte die Gelegenheit seines Aufenthaltes in Österreich zu einer Konferenz der indischen Botschafter in Europa, die in Fuschl stattfand. Bei einem großen Abendessen der österreichischen Regierung für Nehru machte seine großartige, mir politisch sehr nahestehende Schwester Vijayalakshmi Pandit die ironische Bemerkung, daß ihr Bruder eigentlich einen Verrat an der indischen Revolution begehe, wenn er für den diplomatischen Dienst ehemalige britische Verwaltungsbeamte einstelle. Ich teilte nicht ganz ihre Ansicht und gab zu bedenken, daß der indischen Diplomatie dadurch ein hervorragendes Image verliehen werde. Frau Pandit hat bei den Vereinten Nationen unendlich viel für Indien erreicht.

Um der Entwicklungshilfe, die damals nur eine vage politische Bedeutung hatte, weltweit stärkere Akzente zu verleihen, trug ich mich mit dem Gedanken, in Wien ein Institut ins Leben zu rufen, das sich dieser wichtigen Aufgabe widmen sollte. Es erschien mir zweckmäßig, zunächst eine Konferenz für wirtschaftliche Zu-

Mit Nehru im Gespräch, Neu-Delhi 1963.

sammenarbeit und Partnerschaft zu organisieren, deren erklärtes Ziel die Schaffung eines solchen Instituts war. Sie fand nach langen Vorbereitungen im Juli 1962 in Salzburg und in Wien statt. Zu denen, die mir halfen, gehörte neben Gibarti wiederum Peter Strasser, dessen Personenkenntnis bei der Zusammenstellung der Konferenzteilnehmer unentbehrlich war. Das Ganze wurde ein großer Erfolg, und wenn es einen gab, der weniger von den Dingen verstand als die anderen, so war das ich. Am Schluß der Konferenz wurde ein bedeutungsvolles Dokument verfaßt, die »Wiener Erklärung einer Zusammenarbeit zur Förderung der wirtschaftlichen Entwicklung«, in der es unter anderem hieß: »Die Ungleichheit, die unter den Völkern besteht, könnte niemals innerhalb der Grenzen eines modernen Staates bestehen, weil das menschliche Gewissen nicht mehr duldet, daß größter Luxus von wenigen mit dem Mangel am Notwendigsten der anderen im Gegensatz steht.

Die Ungleichheit wird innerhalb der nationalen Grenzen durch eine Unterteilung der Güter der Reichen gemildert. Die Welt ist so klein geworden, daß politische Grenzen der Solidarität von Mensch zu Mensch nicht Einhalt gebieten können. Die wirtschaftlichen Folgen dieser internationalen Ungleichheit sind ebenso schädlich für die reichen wie für die armen Völker, denn der internationale Handel beschränkt sich dadurch im großen und ganzen nur auf entwickelte Länder.

Es ist nicht vernünftig, eine Situation zu dulden, deren Fortbestand nur die Zerstörung unserer Weltordnung zur Folge hat - durch Krieg, Revolution, Bürgerkrieg und Chaos. Die Regierungen aller Nationen sollen die Versicherung geben, daß sie während der Entwicklungsdekade der Vereinten Nationen ihr möglichstes unternehmen werden, den unterentwickelten Gebieten der Erde zu einem wesentlichen Fortschritt zu verhelfen, um so die Menschheit von der tausendjährigen Geißel der nunmehr unnötigen Armut zu befreien.«

Ich hatte mit Nehru und später vor allem mit seinem Vetter, den ich in New York kennenlernte, wiederholt über diese Konferenz und den Plan der Gründung eines Instituts gesprochen. Bei meinem Besuch in Indien 1963 hatte mir Nehru geraten, das Wiener Institut nicht im Hinblick auf konkrete Entwicklungsaufgaben zu konzipieren, sondern eine Art Public-Relations-Institut für Entwicklungsfragen zu schaffen, das die Welt mit den wirklichen Problemen bekannt mache. Auch erwachse Österreich keinerlei Verpflichtung, selbst Entwicklungshilfe zu leisten. Das sollten andere Staaten übernehmen, die sehr viel reicher als Österreich seien. Es wäre besser, kein rein österreichisches Institut zu errichten, sondern ein Institut mit internationaler Beteiligung; Nehru sah wohl die spätere Situation vieler internationaler Organisationen der UNO voraus. Dem Vorschlag, das Institut Wiener Institut zu nennen, pflichtete er dennoch bei.

Wie groß der Widerhall war, den die im Wiener Institut ausgearbeiteten Vorschläge gefunden haben, kann ich nicht beurteilen, aber eines steht fest: Aufgrund der Tatsache, daß es dieses Institut gab, in dem die Vielzahl der oft sehr komplizierten Probleme der Entwicklungshilfe koordiniert wurde, stand Österreich bald in dem Ruf, sich in besonderer Weise um eine profunde Beschäftigung mit den Problemen der Dritten Welt zu bemühen.

Wir haben uns alles in allem redlich bemüht, dem Problem der Entwicklungsländer auf eine durchaus originäre Art näherzukommen. Ich war ein aufmerksamer Zuhörer zahlreicher Zusammenkünfte des Wiener Instituts und habe vor diesem Forum immer wieder die Idee eines »Marshallplans für die Dritte Welt« vertreten. Mir wurde die große Ehre zuteil, daß die führenden Vertreter der Entwicklungsländer diese Bezeichnung verwarfen

Sitzung des Wiener Instituts für Entwicklungsfragen; am Kopfende Brandt und Kreisky, 1964.

und vorschlugen, den Plan statt dessen »Kreisky-Plan« zu nennen. Am 24. Mai 1984 wurde dies auf Vorschlag Ben Salahs im Kuratorium des Wiener Instituts einstimmig angenommen.

Ich war der Ansicht, daß man den Entwicklungsländern, je nach ihrem Reifegrad, im Wege einer multilateralen Vereinbarung helfen müsse, die ihnen angemessene Infrastruktur zu schaffen. Die betreffenden Länder sollten in jeweils eigener Währung einen Fonds errichten, aus dem weiterführende Aktivitäten hätten finanziert werden können. Dabei waren von Land zu Land andere Faktoren zu berücksichtigen.

In Indien zum Beispiel, wie in allen Ländern, die früher zum britischen Weltreich gehörten, hatte die Eisenbahn einen relativ hohen Entwicklungsgrad aufzuweisen. Nicht zufällig hatte eine österreichische Weltfirma, die spezialisiert ist auf rasches Schienenlegen, einen Zweigbetrieb in Indien; bei meinem Besuch dort war ich stark beeindruckt. Aber nicht nur in Indien, in fast allen Entwicklungsländern sprach ich mich von allem Anfang an gegen den Einsatz von Lastkraftwagen für den zentralen Transport aus; ich argumentierte ganz einfach, daß die Lastkraftwagen, die bei den Straßenverhältnissen in diesen Ländern ja stark hergenommen würden, nur sehr schwer zu reparieren seien. Die Ausbesserung des Streckennetzes und die Reparatur von Eisenbahnwaggons erfordern nun einmal weniger Qualifikation und sind weniger aufwendig als der Straßenbau und die Lkw-Reparatur.

Aufgrund der Erfahrungen, die man um die Jahrhundertwende bei der Erschließung Osteuropas gemacht hatte, habe ich dem Eisenbahnwesen eine neue Zukunft in den Ländern der Dritten Welt vorausgesagt. Inzwischen hat sich gezeigt, daß die Eisenbahn dort tatsächlich ein ideales Verkehrs- und Transportmittel darstellt und daß alle diejenigen, die von einem Anachronismus sprachen, unrecht behalten haben. Ich bin den Verdacht nie ganz losgeworden, daß die einseitige Haltung der Weltbank zugunsten des Lastautotransports nicht so uneigennützig war, wie es schien: auf der einen Seite das Monopol der großen amerikanischen und europäischen Automobilmarken, auf der anderen Seite die Pannen überall auf den Straßen Afrikas und die offensichtliche Hilflosigkeit der Fahrer.

In den zwanziger Jahren gab es eine Phase, in der ich alles, was mir in die Hände kam, zu lesen begann. In der Bibliothek meines Vaters entdeckte ich damals die gebundenen Jahrgänge der »Wage«, einer um die Jahrhundertwende in Wien sehr angesehenen Zeitschrift. Ich erinnere mich noch heute an einen Aufsatz, der sich mit den ständigen Hungersnöten in Rußland beschäftigte. Der Autor, offenbar ein Russe, meinte, die Hungersnöte seien durch die Größe des zaristischen Rußlands zu erklären; das eine Mal herrsche in einem Teil des Landes eine

Dürre, das andere Mal komme es in einem anderen Teil zu Überschwemmungen. Das Problem könne nicht gelöst werden, solange Rußland nicht über ein dichteres Eisenbahnnetz verfüge. Ich glaube, daß man auch in der heutigen Sowjetunion besser daran täte, das Eisenbahnnetz weiter auszubauen, als sich in allem auf die Flugzeuge zu verlassen, die die Transportaufgaben nicht immer optimal erfüllen.

Daß ich mit meiner Empfehlung, den Ausbau des Eisenbahnnetzes voranzutreiben, nicht falsch lag, geht zuletzt auch daraus hervor, daß die Schulden der Länder der Dritten Welt zu einem großen Teil auf die während vieler Jahre sehr hohen Ölpreise zurückzuführen sind. Bekanntlich haben Eisenbahnen einen sehr viel geringeren Ölverbrauch als Kraftwagen; überdies sind sie umweltfreundlicher, ein Argument, das angesichts der zunehmenden ökologischen Belastung auch in den Ländern der Dritten Welt heute von großer Bedeutung ist. Wenn die Länder Schwarzafrikas das Transportproblem einigermaßen kühn in Angriff nehmen, brauchen sie höchstens zehn Jahre, bis die wichtigsten Eisenbahnlinien des Kontinents miteinander verbunden sind. Es handelt sich um insgesamt 15.600 Kilometer, die das vorhandene Streckennetz von 80.700 Kilometern sinnvoll ergänzen würden.

Ein anderes elementares Problem der Infrastruktur ist die Wasserwirtschaft. Einerseits müssen die Flüsse und Seen verstärkt für die Energieproduktion genutzt werden, andererseits gibt es vor allem in Afrika schreckliche Katastrophen, weil die Wassermassen zur Unzeit kommen und eine Regulierung, wie sie sich in Europa und Amerika, aber auch in Indien und Teilen Lateinamerikas als segensreich erwiesen hat, bisher weitgehend fehlt.

Ein weiteres Feld, das sich für einen globalen Plan eignen würde, ist die Berufsausbildung. Um in den Entwicklungsländern sinnvoll arbeiten zu können, bedarf es nicht jener oft langwierigen und komplizierten Ausbildung, die bei uns die Regel ist. Eine differenzierte, vereinfachte Form der Berufsausbildung ist auch deshalb angebracht, weil wir eine beträchtliche Lehrerarbeitslosigkeit haben; so könnte man arbeitslosen Lehrerinnen und Lehrern für einige Zeit eine Arbeitsmöglichkeit in den Entwicklungsländern bieten.

Ich bin oft gefragt worden, warum ich die hier skizzierten Vorstellungen einer globalen Entwicklungspolitik »Marshallplan für die Dritte Welt« genannt habe. Erstens, weil ich das Interesse der Vereinigten Staaten zu gewinnen hoffte, indem ich zum Aus-

Kuratoriumssitzung des Wiener Instituts für Entwicklungsfragen im Juni 1965.

druck brachte, daß es Zeit sei, eine andere Form eines Marshallplanes anzuvisieren. Zweitens, weil ich im Rahmen einer solchen globalen Idee ein wesentlich stärkeres Engagement Europas für möglich hielt. Drittens, weil mir gewisse Verrechnungsmodalitäten des Marshallplans durchaus übertragbar auf die Entwicklungsländer schienen. Und viertens, weil ich glaube, daß die bilaterale Entwicklungshilfe, wie sie in vorbildlicher Weise von den skandinavischen Ländern, Holland und Belgien praktiziert wird, zwar unerläßlich ist, daß aber viele Projekte die Kraft einzelner Länder übersteigen. Nicht unerwähnt will ich in diesem Zusammenhang lassen, daß ich die Kreditpolitik des Westens jahrelang bekämpft habe, weil ich sie aus vielen Gründen für unpassend und moralisch nicht immer einwandfrei halte.

Da man die Entwicklungsländer in die wirtschaftlichen Denkmodelle des Konservativismus hineingezwängt hat, soll man sich über die Folgen nicht wundern. Die Entwicklungsländer haben heute Schulden in Höhe von 1.200 Milliarden Dollar, die sie beim besten Willen nicht zurückzuzahlen in der Lage sind. Weitsichtige amerikanische Banker und deutsche Industrielle sehen dieser Tatsache ins Auge und schlagen einen Schuldennachlaß vor; eigentlich zielen ihre Überlegungen auf einen totalen Schuldenerlaß, nur muten sie das ihren kapitalistischen Freunden nicht zu. Ich bin weit davon entfernt, die Machthaber in den Entwicklungsländern zu verherrlichen, dazu weiß ich zuviel über die unfaßbare Korruption. Wenn es jedoch wahr ist, daß von den Hunderten von Milliarden, die in die Entwicklungsländer geflossen sind, viele Milliarden in den Schlupflöchern der Korruption versickert sind, dann beweist das erneut, um wieviel besser es gewesen wäre, hätten wir einen Bruchteil dieses Betrages einer internationalen Kontrolle unterstellt und für Projekte zur Förderung der Infrastruktur verwendet.

Mit meinen Ideen eines globalen Plans habe ich eigentlich immer Zustimmung gefunden, außer bei internationalen Konferenzen. Während ich zum Beispiel bei einer Veranstaltung der Alfons-Goppel-Stiftung vor süddeutschen Gutsbesitzern und Adeligen sehr viel Beifall erntete, stieß ich bei den beamteten Vertretern der Europäischen Gemeinschaft meist auf taube Ohren. Auch von links gab es heftige Kritik, aber die Argumente waren ebensowenig überzeugend wie die, die gegenwärtig von den Grünen ins Feld geführt werden. Zum einen wurde gefordert, man dürfe der westlichen Wirtschaft überhaupt keinen Zutritt zu diesen Ländern gewähren. Die Erfahrung lehrt aber, daß alle afrikanischen Länder wirtschaftlich heute in einer viel schlechteren Lage sind als im Zeitalter des Kolonialismus. Wir haben es eben unterlassen, ihnen bei ihrem Weg aus der Abhängigkeit eine hilfreiche Hand zu reichen. Zum anderen gab und gibt es natürlich sich für links haltende Kreise, die bewußt oder unbewußt die Interessen der sowjetrussischen Außenpolitik vertreten und die wissen, daß die Sowjetunion auf diesem Gebiet nicht wirklich konkurrenzfähig ist. Der Ressourcentransfer aus den Industriestaaten in die Entwicklungsländer kann um ein Vielfaches größer sein als der Transfer aus den kommunistischen Ländern, die ja selber der Ressourcen bedürfen.

Im übrigen habe ich für mein starkes Engagement in der Entwicklungshilfe, das, wie gesagt, auch Österreich zugute kam, bereits im Oktober 1981 internationale Anerkennung gefunden, als ich zusammen mit dem mexikanischen Präsidenten Lopez Portillo zum Mitvorsitzenden der Konferenz von Cancún bestimmt wurde, an der die Staats- und Regierungschefs aus zweiundzwanzig Ländern teilnahmen. Mit dem Argument, daß er auch in einer langen Amtsperiode kaum Gelegenheit haben werde, an zwei Tagen so viele Menschen auf einmal kennenzulernen, habe ich sogar Ronald Reagan gewinnen können. Noch am Tag zuvor sprach er davon, daß er in Cancún mit einer feindlichen Stimmung rechne, aber obwohl an dieser Konferenz nicht gerade Bewunderer der Reaganschen Politik teilnahmen, war das Gegenteil der Fall.

Da die seit den fünfziger Jahren praktizierte Entwicklungshilfepolitik eindeutig als gescheitert angesehen werden muß, scheinen mir nunmehr die politischen Voraussetzungen gegeben, die Ideen eines globalen Plans allmählich in die Tat umzusetzen. Ich kämpfe weiterhin für die Verwirklichung dieser Ideen, auch wenn ich mir bewußt bin, daß es vorerst nur um Modelle gehen kann, die sich als tragfähig erweisen müssen. Um den österreichischen Vorschlag für ein Programm zur Verbesserung der Infrastruktur und der wirtschaftlichen Basissektoren in Entwicklungsländern (Cancún 1981) heute zu verwirklichen, wären Schenkungen in Höhe von mindestens 244 Milliarden Dollar erforderlich beziehungsweise Kredite zu günstigen Bedingungen mit einer Laufzeit von 15 Jahren.

Anfang November 1963 hatte ich die Möglichkeit, in einem Vortrag vor dem »Indian Council for World Affairs« die Durchführung einer »großen internationalen Solidaritätsaktion der Entwicklungshilfe« zur Diskussion zu stellen. Auf Einladung der indischen Regierung besuchte ich damals unseren wichtigsten Handelspartner im Fernen Osten. Neben Fragen der Finanzhilfe - für 1963/64 waren 7 Millionen Dollar von österreichischer Seite veranschlagt - stand auch das Thema Südtirol auf dem Programm; Indien gehörte zu den wenigen Nationen, die unsere Bemühungen vor der UNO unterstützten.

Am 7. November gaben wir ein Gegenessen auf der österreichischen Botschaft. Nehru, der zugleich das Amt des Außenministers bekleidete, nahm die Einladung an - zur Verwunderung aller Diplomaten in Neu-Delhi. In seiner Rede, in der er eine profunde Kenntnis des Austromarxismus an den Tag legte, würdigte mich Nehru in einer Weise, die mich zutiefst bewegte; Nehru wußte offenbar, daß ich damals heftigen Attacken der Volkspartei ausgesetzt war, und unterstrich deshalb besonders sein herzliches Verhältnis zu mir.

1964 starb Nehru. Auf einer Gedenkveranstaltung am 3. Juli hielt ich eine Rede, die, wie ich feststellen konnte, die Zuhörer sehr bewegte - und eingestandenermaßen auch mich selbst. Ich hatte als Parteivorsitzender später viele Trauerreden zu halten und habe dieses Amt übernommen, wenn ich dem Toten innerlich verbunden war; ohne besonderer Sentimentalität zuzuneigen, habe ich es oft sogar als eine gewisse Genugtuung empfunden, daß gerade ich ausersehen war. Dabei war ich immer bestrebt, der Persönlichkeit des Verstorbenen so gerecht wie möglich zu werden und der Bedeutung, die der Tote im Leben hatte, zu entsprechen. Meine ehrliche Ergriffenheit bei vielen Anlässen hat so manchem, der dabei war, in seinem Schmerz wohlgetan. Begräbnisse und Trauerkundgebungen haben ja für einen Agnostiker nicht den gleichen tröstlichen Charakter wie für religiöse Menschen, die in der einen oder anderen Form doch an eine Reinkarnation glauben.

Wie großartig Trauerreden sein können, habe ich zuletzt beim Begräbnis Tage Erlanders erlebt, wo Olof Palme eine tief ergreifende Rede gehalten hat, die auch deshalb bedeutungsvoll war, weil sie ein Stück der Geschichte der schwedischen Arbeiterbewegung umriß. Ich selbst war dazu ausersehen, im Namen der Sozialistischen Internationale zu sprechen, ein Wunsch, den, wie mir Willy Brandt sagte, Erlander in seinem Testament geäußert hatte. Ich habe in dieser Rede anspielend auf die Frage, was denn das Ziel des Wirkens für den Sozialismus sei, gesagt, auch der Weg sei ein Stück des Zieles - wie es in dem schönen Gedicht von Friedrich Torberg heißt:

> ...Weiter ging der Weg und währte lang.
> Und das Ziel das Ziel? Sie lauschten bang,
> Hielten spähend ein und fragten viel.
> Und das Ziel? Der Weg war schon das Ziel...

Keiner der Nachfolger Nehrus konnte sich wirklich profilieren. Erst Indira Gandhi hat dem Amt des indischen Ministerpräsidenten wieder ein starkes Gewicht gegeben. Ich hatte sie bereits 1955 kennengelernt, und seit meinem ersten Besuch in Indien 1963 verband mich mit ihr eine innige Freundschaft. 1971 war Indira Gandhi unter den ersten, die mich als Bundeskanzler besuchten, und bis zu ihrem Tod sind wir uns immer wieder begegnet. Noch heute ist es mir unverständlich, wie diese Frau mit dem tieftreuen Antlitz es vermocht hat, das schwerste Amt, das es in der Welt

Indira Gandhi in Wien, 26. Oktober 1971.

gibt, das des indischen Ministerpräsidenten, mit so sicherer Hand zu führen. Jeder Regierungschef hatte es leichter als sie, denn die Schwierigkeiten, mit denen der indische Premier täglich konfrontiert ist, übersteigen jedes uns vorstellbare Maß.

1963 führte ich mit Indira Gandhi ein langes Gespräch über Probleme der sozialistischen Bewegung in Indien. Indira meinte, wenn sich die Sozialisten innerhalb der Kongreßpartei mit den außerhalb der Kongreßpartei stehenden Sozialisten zu einer Art Arbeitsgemeinschaft zusammenfinden könnten, wären sozialistische Ideen in der indischen Politik besser zu verwirklichen. Ob ich bereit sei, mit dem mir von seiner Tätigkeit in Österreich her bekannten sozialistischen Abgeordneten aus Bombay, Nath Pai, Kontakt aufzunehmen, um ihm diese Idee zu überbringen. Da ich das Gefühl hatte, daß Indira hier ganz im Geiste ihres Vaters dachte, und überzeugt war, daß sie diese Frage sehr ernst nahm, habe ich meinen Aufenthalt in Bombay dazu benutzt, mit Nath Pai durch die nächtliche Stadt zu wandern und ihm Indiras Vorstellungen zu vermitteln.

Die Wanderung durch das nächtliche Bombay hat mich tief erschüttert: Vor uns gingen ein paar indische Polizisten mit langen Stöcken, um die auf dem Boden Schlafenden zu veranlassen, wenigstens so viel Platz zu lassen, daß wir hindurchgehen konnten. Das Elend der Massen in dieser Stadt und die gespenstische Stille auf den Plätzen blieben nicht ohne Wirkung auf den Verlauf unserer Diskussion. Nath Pai hielt die Gedanken Indiras, die er persönlich offenbar sehr schätzte, für durchaus interessant und begrüßenswert; er werde diese Frage mit seinen Parteifreunden besprechen. Wenige Wochen später starb Nath Pai, und die Vorschläge Indiras wurden meines Wissens nicht weiterverfolgt.

Als Indira Gandhi im Juni 1983 Österreich besuchte, war ich schon nicht mehr Bundeskanzler. Ich lag damals krank in Freiburg im Breisgau in der Universitätsklinik. Da Indira sich nach mir erkundigte, habe ich mich kurzerhand entschlossen, für einen Tag nach Innsbruck zu fliegen, sie dort am Flugplatz zu treffen und mit ihr nach Alpbach zu fahren. Ausführlich konnten wir über die letzten Entwicklungen sprechen. Wir vereinbarten, so etwas wie eine Konferenz der Freunde einzuberufen - ohne Rücksicht auf das Amt, das einer innehatte -, um die tragische Situation der Vereinten Nationen zu diskutieren und zu versuchen, deren zerrütteten Ruf einigermaßen wiederherzustellen. Indira Gandhi hat dieses Thema bei der nächsten Generalversammlung angesprochen und mir darüber einen langen Brief geschrieben. Wenig später wurde sie ermordet; in meiner Trauerrede habe ich über Indiras letzten Brief berichtet.

Meinem besonderen Verhältnis zu Indira Gandhi, zu indischen Politikern, Wissenschaftlern und Gelehrten habe ich es offenbar zu danken, daß ich in diesem zweitgrößten Land der Erde einen guten Namen habe. Man hat mein Wirken dort jahrelang verfolgt und mir 1984 den Jawaharlal-Nehru-Preis verliehen. Die Bedeutung, die man diesem Preis in Indien beimißt, geht daraus hervor, daß er ein Jahr später postum Indira Gandhi verliehen wurde. Als ich zur Preisverleihung nach Indien flog, erhielt ich Gelegenheit, die dritte Generation der Nehrus kennenzulernen.

Rajiv Gandhi, der so ganz anders ist als seine Mutter und auch anders als sein Großvater Nehru, hatte zunächst keine innere Beziehung zur Politik und schon gar nicht zur Macht; vierzehn Jahre lang arbeitete er als Pilot bei der Air India. Als er gerufen wurde, hat er sich nicht ohne Zögern zur Verfügung gestellt. Aber von dem Moment an, in dem er diese Entscheidung akzeptierte, hat er sich vorbildlich verhalten. Die Art, wie er um das Vertrauen des indischen Volkes warb, entsprach seinem Ernst und war dieses jungen Menschen würdig. Heute wird ihm dieses Vertrauen von allen Seiten uneingeschränkt entgegengebracht. Die Souveränität, mit der Rajiv Gandhi anfangs die Staatsgeschäfte führte, ließ vollkommen vergessen, daß es noch gar nicht so lange her war, daß Indien von heftigen inneren Unruhen erschüttert wurde. Der Enkel Nehrus wird es aber auch in Zukunft nicht leicht haben, mit den immer neuen Problemen des Landes fertig zu werden; auch seine Partei in den Griff zu bekommen, wird ihn noch sehr viel Kraft kosten. Anders seine Rolle draußen in der Welt: Sein Besuch in der Sowjetunion war ebenso ein großer Erfolg wie sein Besuch in den Vereinigten Staaten. Ich glaube, daß ihm trotz aller Schwierigkeiten dieser Erfolg treu bleiben wird, denn die Zeit, in der wir leben, ist eine Zeit der Jungen, und Rajiv Gandhi ist einer von ihnen.

12. Kapitel

Einiges über Antisemitismus, »Rassentheorien« und die Zukunft des Staates Israel

I.

Das Judentum in der alten Monarchie umfaßte ein gewaltiges Spektrum. Es reichte, um einen symbolträchtigen Namen zu nennen, von den Rothschilds bis hinunter zu dem kleinen Hausierer im galizischen Schtetl. Ich selbst gehörte zu dem assimilierten Teil des Judentums - meine Vorfahren waren Richter, Advokaten, Fabrikanten, Politiker. Manche gehörten noch der jüdischen Gemeinde an, manche waren zum katholischen Glauben übergetreten, weil sie zum Beispiel nicht Richter hätten werden können, wenn sie nicht katholisch geworden wären; einige waren mit Nichtjüdinnen verheiratet. So hat es in meiner Familie fast alle Religionen gegeben, Juden, Katholiken, Protestanten und natürlich auch Agnostiker; zu ihnen zählte mein bekannter Vorfahr, der deutsch-liberale Abgeordnete im cisleithanischen Reichsrat, Joseph Neuwirth.

Daß die Lebensformen des assimilierten Judentums in Österreich völlig andere waren als die Lebensformen jener Millionen, die in Polen und Rußland lebten, ist eine historische Tatsache. Der geistige Nährboden des Judentums, auch des westlichen, lag zweifellos in Osteuropa; hier gab es ein unverbrauchtes, intellektuelles Potential. Junge Juden in Galizien haben anders denken gelernt und waren sehr viel geschulter im spekulativen Denken als die Söhne reicher assimilierter Juden, die von einer ungeheuren Nachahmungssucht geprägt waren, es den feinen Leuten gleichzutun. Natürlich gab es Ausnahmen, vor allem in der ersten und zweiten Generation, aber die Kraftquelle, aus der das intellektuelle Judentum des Westens gespeist wurde, waren die nie versiegenden Ströme aus dem Ostjudentum.

Für die assimilierten Juden war das Ostjudentum eine ganz fremde Welt, so fremd wie etwa reichen Amerikanern bis in unsere Tage das Leben britischer Hocharistokraten. Ich wage sogar die Behauptung, daß sich der anglikanischen Kirche angehörende englische Hocharistokraten und dem Hochadel angehörende englische Juden in ihren Lebensformen viel näher sind als die englische Oberschicht und die amerikanische Bourgeoisie.

Natürlich hat es in Österreich seit undenklichen Zeiten Antisemitismus gegeben, aber die Juden konnten den Belastungen, die sich aus der Zugehörigkeit zur jüdischen Religionsgemeinschaft ergaben, dadurch entrinnen, daß sie sich taufen ließen. Eines der bekanntesten Beispiele dafür ist Joseph von Sonnenfels, der unter Maria Theresia eine vielfältige administrative Tätigkeit entfalten konnte und unter anderem die Abschaffung der Tortur durchsetzte. Als Theaterzensor, später auch auf dem Gebiet des Polizei- und Finanzwesens, erwarb er sich große Verdienste; 1811 brachte er es zum Präsidenten der Akademie der bildenden Künste. Maria Theresia galt allgemein als große Feindin der Juden; wer jedoch bereit war, sich taufen zu lassen, konnte für sich und seine Nachfolger mit unbegrenzten Möglichkeiten rechnen. Viele Familien, von denen heute die wenigsten wissen, daß sie jüdischer Herkunft sind, haben sich so eine neue Zukunft in Österreich geschaffen.

Die Epoche der Toleranz, in Österreich verbunden mit dem Namen Kaiser Josephs II., hat auch der jüdischen Religionsgemeinschaft ein hohes Maß an Befreiung gebracht. Eine der Voraussetzungen zur Eindämmung des Antisemitismus war, daß den Juden die Möglichkeit zur Assimilation geboten wurde.

Zu den Berufen, die den Juden offenstanden, gehörte vor allem die Medizin, aber auch auf diesem Gebiet mußten sie sich besonders auszeichnen und hatten nur eine Chance, wenn sie besser waren als die anderen. Hierin spiegelt sich eine ganz besondere Art von Antisemitismus. Wie mir ein Freund erklärt hat: Ich habe nichts gegen die Juden im Außenamt, aber ich werde nur einen vorschlagen, wenn er tüchtiger ist als die anderen.

Dieser versteckte Antisemitismus, der es als selbstverständlich betrachtet, daß der Jude anders zu behandeln ist als der Nichtjude, hat in Österreich ärger als in anderen Ländern grassiert, auch unter den Aristokraten. Manch einer hat sich darüber freilich hinweggesetzt, sogar der Sproß einer berühmt antisemitischen Familie, der eine Baronin Gutmann geheiratet hat. Daß es auch in den Kreisen des Adels sehr viele jüdische »Einschlüsse« gab, belegt der sogenannte »Semi-Gotha« aus dem Jahre 1912, ein sehr begehrter Almanach, in dem nachzuweisen versucht wurde, wie viele Adelsfamilien jüdischer Herkunft sind. Die Aufstellung reichte von königlichen Herrscherhäusern (Napoleon III.) über Päpste und Kirchenfürsten (Pius IX.) bis hin zu 5 Marschällen sowie 31 Generälen.

Daß in Österreich zahlreiche Juden geadelt wurden, hatte einen sozialpolitischen Hintergrund. Zum einen war der reiche jüdische Baron verpflichtet, irgendeine allgemeine Wohlfahrtseinrichtung zu begründen, die dann seinen Namen trug; Beispiele sind das berühmte Rothschild-Spital, das Springersche Waisenhaus oder auch das Mautner-Markhofsche Kinderspital.

Zum anderen gab es eine geradezu inflationäre Entwicklung der Adelsprädikate: Weil in Österreich der Adel erblich war und der Adelstitel sehr oft verliehen wurde, tüchtigen Soldaten und Beamten etwa, entstand so etwas wie ein Adelsproletariat, das immer mehr verarmte. Indem man auch Juden adelte und sie damit heiratsfähig machte, konnte manche Familie vor der totalen Verelendung bewahrt werden, was Bismarck zu dem Ausspruch veranlaßt haben soll, daß es wünschenswert wäre, wenn es auch in Deutschland zu einer Auffrischung des ostelbischen Adels durch »jüdische Stuten« käme.

Die eigentliche Quelle des Antisemitismus in Europa ist der Sieg des Christentums. Judentum und Christentum als die beiden führenden monotheistischen Religionen standen zunächst in direkter Konkurrenz zueinander. Das Christentum als die sehr viel »kosmopolitischere« Religion war leichter zugänglich, während der extreme Glaubenseifer des Judentums zu einer immer komplizierteren Art der Gläubigkeit hinführte. Diese Religion mußte unterliegen, erst recht, wenn ihre Anhänger von Verfolgung bedroht waren.

Da sich das Christentum jedoch selbst aus dem mosaischen Glauben herleitet, bestand einerseits ein Legitimationsdefizit, andererseits galten die Juden als diejenigen, die Christus gekreuzigt hatten. Da man im Religionsunterricht, der jahrhundertelang der einzige Unterricht war, der Menschen überhaupt zuteil wurde, immer wieder davon sprach, wie schändlich die Juden den Heiland behandelten, ohne darauf hinzuweisen, daß er und seine Jünger selbst Juden gewesen sind, entstand ein schiefes Bild. Natürlich hat es Judenverfolgungen immer und überall gegeben, schon im alten Rom, aber das Phänomen des Antisemitismus in unseren Breitengraden geht ohne Zweifel auf das Wirken der Kirche zurück, die ihre antijüdische Position erst in unseren Zeiten aufgegeben hat. Dabei soll die Schuld aber nicht nur der katholischen Kirche gegeben werden. Ärger und hemmungslos antisemitisch hat sich Luther über die Juden geäußert: »Wo du nur einen rechten Juden siehst, magst du mit gutem Gewissen ein Kreuz vor dir schlagen und frei und sicher sprechen: Da geht ein leibhaftiger Teufel.«

In unseren Breitengraden gab es noch einen besonderen Grund zum Antisemitismus, nämlich einen soziologischen: die oft drastische Verarmung des Kleingewerbes einerseits und das Überhandnehmen der Industrialisierung durch jüdische Fabrikanten andererseits. Dieser Antisemitismus hat zwar Wurzeln geschlagen, wäre aber zu überwinden gewesen, wenn nicht Anfang dieses Jahrhunderts in Wien ein Mann namens Adolf Hitler das Gift aufgesogen hätte. Zwischen Karl Lueger und dem Holocaust steht nur eine Person, Adolf Hitler. Das hat die Behauptung der Christlichsozialen, ihr Antisemitismus habe niemandem weh getan, gründlich widerlegt. Hitler selbst hat gesagt, daß er den politischen Antisemitismus von Lueger gelernt habe. In Deutschland gab es zwar Antisemitismus, aber nicht jene soziologische Motivierung, die vor allem in Wien so giftige Blüten trieb. Es war ein Österreicher, der den politischen Antisemitismus in Deutschland einführte, und die österreichischen Nazis waren nicht deshalb besonders grausam, weil sie so lange auf Hitler hatten warten müssen, sondern weil hier eben eine gewisse Prädisposition vorhanden war.

Der Zusatz »Jude« macht mich noch heute allergisch. Wenn man in England oder Amerika darauf hinweist, jemand sei Jude oder jüdischer Abstammung, so geschieht das meist nicht in der Absicht, ihm einen gelben Fleck anzuhängen. Bei uns ist das anders, und selbst wenn eine solche »Zuschreibung« in der unschuldigsten Weise verwendet wird, empfinde ich das als ein Relikt aus der Hitlerzeit. Der gelbe Fleck reicht eben bis in unsere Tage. Einen Höhepunkt hat der unterschwellige Antisemitismus bei den Wahlen 1970 gefunden, als die ÖVP in großen Lettern dazu aufforderte, Josef Klaus zu wählen, »einen echten Österreicher«. Damit wurde suggeriert, daß der Gegenkandidat Kreisky kein echter Österreicher wäre.

In letzter Zeit gibt es zahlreiche Untersuchungen über den angeblich neu aufbrechenden Antisemitismus, aber damit malt man, wie ich glaube, den Teufel an die Wand. Ich habe bisweilen das Gefühl, daß sich mancher »Scheinhistoriker« einen Namen machen möchte, indem er sich diesem Thema besonders gründlich widmet, und gerade damit die Geister ruft, die er zu bannen vorgibt. Es liegt mir fern, den Antisemitismus zu ignorieren, aber ich sehe ihn als ein Phänomen, das, ähnlich wie der Fremdenhaß, bei vielen Völkern latent vorhanden ist. Man bekämpft ihn nicht, indem man ihn ununterbrochen als eine besondere Spezialität darstellt.

Im übrigen gibt es in Österreich auch andere Untersuchungen, aus denen hervorgeht, daß unter der Jugend, vor allem der akademischen, der Antisemitismus sehr stark zurückgegangen ist. Ich empfinde dies als große Genugtuung und bin der Meinung, daß es das beste wäre, zu den Juden ein unbelastetes Verhältnis zu entwickeln. Sie sollten so anerkannt werden, wie man in katholischen Ländern heute anerkennt, daß es Protestanten gibt, und in protestantischen Ländern, daß es Katholiken gibt.

In meiner Jugend gab es ungefähr 200.000 Juden in Österreich, von denen über 175.000 in Wien lebten. Politisch gehörten sie sehr verschiedenen Richtungen an. So gab es Menschen jüdischer Herkunft, die die christlichsoziale Partei stützten und die sogar für die Seipelsche Einheitsliste kandidierten, auf der auch Leute mit eindeutig frühnazistischer Gesinnung zu finden waren.

Man soll sich nicht täuschen: die Herkunft aus dem Judentum hat viele nicht daran gehindert, extreme Reaktionäre zu werden. Wer behauptet, exzessive politische Verirrungen wären für Juden gar nicht möglich gewesen, weil sie als Juden abgelehnt wurden, irrt. Der italienische Faschismus zum Beispiel übernahm während vieler Jahre eine Art Schutzfunktion für die Juden; mancher italienische Jude wurde zum leidenschaftlichen Faschisten. Auch in Österreich haben wir das erlebt: Reiche österreichische Juden sind mit der größten Selbstverständlichkeit kryptofaschistischen Bewegungen wie etwa dem Bund jüdischer Frontkämpfer beigetreten, und viele konvertierte Juden – vor allem ehemalige Offiziere der k.u.k. Monarchie – spielten in der faschistischen Heimwehr eine Rolle. Gerade unter den bürgerlichen Juden Österreichs gab es zahlreiche Gegner der Sozialdemokratie; einer ihrer heftigsten Kritiker war Edmund Wengraf, Leitartikler des »Neuen Wiener Journals«.

Im allgemeinen neigten die Juden jedoch dem Liberalismus zu, und in Ermangelung einer liberalen Partei haben viele den Weg zur Sozialdemokratie gefunden. Natürlich hat es auch bei den Juden eine Teilung nach Klasseninteressen gegeben. So haben sich die jüdischen Handels- und Industrieangestellten Österreichs in ihrer überwiegenden Mehrheit als Sozialdemokraten verstanden; ebenso das jüdische Mittelbürgertum, das jedoch im Unterschied zu den Angestellten nicht organisiert war. Daß es auch unter den jüdischen Intellektuellen, Ärzten und Künstlern eine starke Sympathie für die Sozialdemokratie gab, ist ein österreichisches Spezifikum, denn in den meisten Ländern Europas waren die jüdischen Intellektuellen entweder liberal oder rechtsstehend. Es ist sicher kein Zufall, daß drei der bedeutendsten Führer der österreichischen Sozialdemokratie jüdischer Herkunft waren: Victor Adler, der große alte Mann, der in vielem an Nathan den Weisen erinnerte, Otto Bauer, der typische Intellektuelle, dessen analytische Schärfe mich faszinierte, und der bis heute verkannte Robert Danneberg. Keiner von ihnen hat seine Herkunft verleugnet.

Es ist eine Frage der Psychologie, wie stark man sich vom Antisemitismus getroffen fühlt. Ich jedenfalls habe darunter insoweit nicht leiden müssen, als ich mich zu keinem Zeitpunkt meiner Entwicklung durch meine jüdische Herkunft, von der alle wußten und die ich nie geleugnet habe, benachteiligt fühlte. Das ist allerdings nur ein Aspekt dieses sonderbaren Phänomens. Denn daß man selber ein gesundes Selbstvertrauen besitzt, bewahrt einen ja nicht davor, daß man ständig mit den jahrhundertealten Aversionen konfrontiert wird.

Als Kind ist mir der Antisemitismus eigentlich nur einmal bewußt geworden. Mein Vater, der sehr viel von körperlicher Ertüchtigung hielt, wollte aus mir einen »strammen Buben« machen und hat mich bei einem Turnverein einschreiben lassen. Ich habe brav mitgeturnt, nicht sehr stramm, eher unlustig, Brust heraus, Bauch hinein. Nach der Stunde kam ein junger Turner zum Vorturner und meinte, sein Vater habe ihm nur erlaubt, in den Turnverein zu gehen, wenn dort keine Juden turnten. »In unserem Turnverein«, sagte der Vorturner, »werden gar keine Juden aufgenommen.« Dies habe ich meinem Vater erzählt, und der hielt es für das beste, wenn ich aus dem Turnverein austrete. So bin ich später in einen großbürgerlich-liberalen Turn- und Sportverein gekommen, in dem vorwiegend Kinder aus jüdischen Häusern oder aus getauften Familien eingeschrieben waren.

Die latente, stille, oft unbewußte Abneigung hat mich mehr

betroffen gemacht als der Haß. Denn der Haß ist blind, ihm ist nicht beizukommen. Die Abneigung aber ist etwas, was sich nur sehr schwer überwinden läßt und am Ende dann doch wieder zurückkehrt. Ich erinnere mich an einen sozialistischen Jugendfunktionär, einen Transportarbeiter am Donaukanal. Er hatte mich sehr gern und nahm mich in Schutz, schimpfte aber immer ganz furchtbar über die Juden. Von einem meiner Freunde gefragt, wieso er denn, wenn er so über die Juden herziehe, mit mir befreundet sei, meinte er, ich sei einmal in einer Versammlung mit ihm gewesen, und da habe es eine furchtbare Rauferei mit Nazis und SA-Leuten gegeben. »Und da hat der Kreisky hing'haut wie a Christ.« Die Vorstellung von dem, was christlich ist, kann manchmal sehr weit wegführen!

Ich habe in meinem Leben sehr wenige Freunde jüdischer Konfession gehabt. Das war, wenn man so will, »klassenbedingt«, weil ich innerhalb der Arbeiterjugend wirkte. Einer meiner besten und ältesten Freunde jüdischer Konfession ist bis auf den heutigen Tag Egon Breiner - damals ein Schlossergehilfe.

Natürlich ist die Herkunft aus einer Religions- und Schicksalsgemeinschaft wie der jüdischen von bildendem Einfluß auf die Persönlichkeitsformung. Deshalb aber zu schließen, ich müsse mich der jüdischen Gemeinschaft in besonderem Maße verbunden fühlen, weil hier irgendwelche mystischen Kräfte obwalten, ist eigentlich rassistisch gedacht. Es bleibt bei dem Wort von der Persönlichkeit, aber die Bedeutung des Bluts und der Blutsbande ist mir immer fremd geblieben.

Auch eine besondere Form von Ethik, die aus dem Judentum abgeleitet werden könnte, habe ich für mich nie akzeptiert. Gerade in unseren Tagen erlebt man, wie falsch und gefährlich diese in Selbstgefälligkeit ausartende Neigung mancher Israelis ist. So schrieb mir vor kurzem ein hoher israelischer Politiker, daß er die Wünsche der Eltern israelischer Kriegsgefangener, die sich mit der Bitte um Hilfe an mich gewendet hatten, unterstütze, da es sich um einen Akt allgemeiner und insbesondere jüdischer Ethik handle. Ich habe ihm geantwortet, daß ich aus grundsätzlichen ethischen Vorstellungen heraus alles mir Mögliche tun werde, daß ich aber eine spezielle jüdische Ethik eigentlich nicht kenne und auch nicht glaube, daß es eine solche gibt. Im sogenannten »Krieg der Steine« habe ich die ganze Sinnlosigkeit einer besonderen jüdischen Ethik besonders kraß empfunden.

Die Leute, die ununterbrochen von meinem jüdischen »Selbsthaß« reden, vergessen, daß ich mich sehr bewußt zu meiner jüdischen Abstammung bekenne und sie als einen nicht unwesentlichen Teil meiner Persönlichkeitsstruktur betrachte. Im übrigen ist mir der Haß, in welcher Form auch immer, zutiefst fremd, und ich glaube sagen zu dürfen, daß ich alles in allem ein sehr versöhnlicher Mensch bin und dies auch ein Leben lang bewiesen habe. Daß es gewisse Dinge gab, über die ich aus politischen Gründen Enttäuschung empfand, will ich jedoch nicht bestreiten.

Es waren drei große deutsche Persönlichkeiten jüdischer Herkunft, die mir ihres besonders ausgeprägten Patriotismus wegen von Jugend auf bemerkenswert erschienen. Sie stammten aus sehr verschiedenen Kreisen, aber alle drei meinten es mit ihrem Patriotismus so ernst, daß sie ihn mit dem Leben bezahlten. Der eine war Albert Ballin, der Generaldirektor der HAPAG, der späteren Hamburg-Amerika-Linie, die unter seiner Ägide zur größten Schiffahrtsgesellschaft der Welt wurde. Ballin, der mit Kaiser Wilhelm II. befreundet war, beging am Tage der Bekanntgabe der Bestimmungen des Friedensvertrages Selbstmord; aus tiefer Erschütterung darüber, was Deutschland zugemutet werden sollte, schied er freiwillig aus dem Leben.

Ein Beispiel für gelebten Patriotismus gab auch Rosa Luxemburg. Unter allen, die in diesem Jahrhundert in Deutschland eine Rolle spielten - ob Sozialdemokraten oder nicht -, nimmt sie eine Sonderstellung ein, und ich halte sie noch heute für die bedeutendste Figur ihrer Zeit. Wenn sie erfolgreicher gewesen und ihr nicht ein so tragisches Schicksal bestimmt worden wäre, hätte sie diesen Ruf vielleicht nie erlangt. Jedenfalls gehörte sie zu den kritischsten Geistern, die es auf der Linken jemals gegeben hat. Ihre Kritik an Lenin, an der Entartung des Bolschewismus setzte sehr früh ein, so wie sie andererseits mit ihrer Kritik an der deutschen Sozialdemokratie nicht zurückhielt. Und beides entbehrte nicht ganz der Berechtigung.

Die dritte Persönlichkeit, die ich hier erwähnen möchte, ist Walter Rathenau. Mitte der zwanziger Jahre hatte ich meinem Vater Rathenaus gesammelte Werke zum Geschenk gemacht. Es war, wie ich zugeben muß, ein hochstaplerisches Geschenk, dessen Preis ich meinem damaligen Buchhändler Maximilian Ferber nur in Raten abstottern konnte, unter tätiger Mithilfe meiner Mutter. Mein Vater war von Rathenau stark beeindruckt, vor allem wohl von dessen Politik der Annäherung an Rußland. Auch die Schönheit der Rathenauschen Sprache, die Klarheit seiner Gedanken spielte eine Rolle. Am meisten aber imponierte meinem Vater wohl die Synthese, die Rathenau zu finden geglaubt hatte: die Rolle des bewußten Juden auf märkischem Sand, wie er sagte. Rathenau war für ihn der Inbegriff sowohl der Assimilationsbereitschaft als auch des moderaten Fortschrittsglaubens. Vieles, was Rathenau damals über die Zukunft der Gesellschaft äußerte – etwa seine Warnungen vor der Überschätzung der Technik –, hat in der Gegenwart seine Bestätigung gefunden.

Bis zur Veröffentlichung der Kriegsverbrecherlisten hatte Rathenau geglaubt, daß die Alliierten seine Auslieferung als Kriegsverbrecher verlangen würden, weil durch sein Organisationstalent die Widerstandskraft Deutschlands gestärkt und damit der Sieg der Alliierten hinausgezögert worden war. Aber er fiel durch Mörderhand. Vorläufer der Nazis hatten mit einem Lied diesen Mord sozusagen vorbereitet: »Knallt ab den Walter Rathenau, die gottverfluchte Judensau.« Der Haß der nationalistischen Kreise war blind gegenüber dem Patriotismus eines deutschen Juden. Um so mehr bewegte mich die Haltung der Mutter Rathenaus, die, um ihren ermordeten Sohn trauernd, der Mutter von einem der Mörder einen Brief schrieb: »In namenlosem Schmerz reiche ich Ihnen, Sie ärmste aller Frauen, die Hand. Sagen Sie Ihrem Sohn, daß ich im Namen und Geist des Ermordeten ihm verzeihe, wie Gott ihm verzeihen möge, wenn er vor der irdischen Gerechtigkeit ein volles offenes Bekenntnis ablegt und vor der göttlichen bereut. Hätte er meinen Sohn gekannt, den edelsten Menschen, den die Erde trug, so hätte er eher die Mordwaffe auf sich selbst gerichtet als auf ihn. Mögen diese Worte Ihrer Seele Frieden geben.«

Alle drei hier genannten Persönlichkeiten waren deutsche Juden und deutsche Patrioten. Die ganze Tragik dieser Symbiose hat am deutlichsten wohl Albert Einstein formuliert: Wenn seine Theorie ihre Bestätigung finde, dann werde er wahrscheinlich als Deutscher betrachtet werden; sollte sie sich als falsch herausstellen, werde man ihn als Jude bezeichnen. Gewiß, es handelt sich um Reminiszenzen aus meiner Jugend. Aber alle drei haben stark charakterbildend auf mich gewirkt und sollen deshalb in einem Buch der Erinnerungen nicht fehlen.

II.

Das Phänomen, daß eine so irrationale Haltung wie der Antisemitismus durch zwei Jahrtausende sich fortpflanzen konnte, hat mich immer wieder beschäftigt. Und als dann aus diesen Ressentiments eine Pseudowissenschaft wurde, die das gesamte öffentliche Leben durchdrang, reifte mein Entschluß, in der Tradition des Austromarxismus ein Werk über sogenannte »Rassentheorien« zu schreiben. Es gehörte zum austromarxistischen Ideengut, Fragen der aktuellen Politik mit Hilfe des historischen Materialismus und der Dialektik zu behandeln. In dem Augenblick, in dem ich die Bedeutung des Rassismus für die deutsche und österreichische Politik erkannte, zu Beginn der dreißiger Jahre, faßte ich den Entschluß, mich auf diesem Feld sobald als möglich wissenschaftlich zu meritieren. Dies schien mir um so eher möglich, als die entsprechende wissenschaftliche Literatur überschaubar war.

Es war immer schon mein Wunsch gewesen, theoretisch zu arbeiten, und hier nun gab es ein Feld, das brachlag; so wollte ich den Versuch wagen. Ich habe, wie gesagt, angefangen, mich mit diesem Problem zu befassen, als der Rassismus eine wachsende Rolle in Österreich und Deutschland spielte, und die Dampfwalze des Rassismus ging über meine Versuche hinweg. Später hatte ich nicht mehr die Möglichkeit, mich gründlicher mit dieser Frage zu beschäftigen, weil mir nach meiner Emigration die Literatur fehlte. Wenn ich das Thema heute aufgreife, dann in der Hoffnung, daß andere diese Gedanken im wissenschaftlichen Sinne weiterführen. Es geht um den Versuch, dem Antisemitismus und seiner problematischen Geschichte neue Aspekte abzugewinnen.

Es waren vor allem zwei Gründe, die mich veranlaßten, eigene Nachforschungen anzustellen: zum einen das Überhandnehmen des politischen Antisemitismus und die daraus entstehenden Folgen für das politische Klima in Europa; zum anderen die von den Zionisten aufgestellte Behauptung, die Assimilation müsse wirkungslos bleiben, da sie dem Charakter des Judentums widerspreche. Die Zionisten spotteten oft mehr über die Vergeblichkeit der Assimilation, als daß sie sich gegen den Antisemitismus zur Wehr setzten. So hatte ich schon früh das Gefühl, daß den Zionisten der Antisemitismus eine willkommene Erscheinung war, um die Folgerichtigkeit ihrer Ideen zu beweisen.

Nun darf man nicht vergessen, daß in frühen Jahren innerhalb der Judenheit der heftigste Kampf über den Zionismus tobte. Die stärkste politische Bewegung der Juden, der polnisch-russische Bund, hat den Zionismus als kleinbürgerlichen Nationalismus abgetan; statt nach Palästina zu ziehen, sollten die polnischen Juden dort ihre Rechte durchsetzen, wo sie seit Jahrhunderten zu Hause seien, und nicht in irgendeiner artifiziellen Heimat. In anderen Ländern konnte es keine vergleichbare Bewegung geben, weil sich das Judentum dort dem Klassensystem angepaßt hatte. Da aber, wo Millionen von Juden auf relativ kleinem Raum eine mehr oder weniger geschlossene Gesellschaft bildeten, da gab es eine eindeutig antizionistische Tendenz.

In Brünn kannte ich damals einen Lehrer, der aus der deutschböhmischen Arbeiterbewegung kam und der ein kleines Büchlein über das Rassenproblem geschrieben hatte. Er hieß Hugo Iltis. Als Obmann des Reichsbildungsausschusses lud ich ihn mehrfach nach Wien ein. Iltis gab mir zahlreiche Hinweise und machte mich auf das Buch eines jüdischen Gelehrten namens Ignaz Zollschan aufmerksam. Ich arbeitete sein Buch »Das Rassenproblem unter besonderer Berücksichtigung der theoretischen Grundlagen der jüdischen Rassenfrage« gründlich durch, stieß mich aber immer wieder an den zionistischen Schlußfolgerungen. Das ist ja das Schicksal vieler jüdischer Autoren auf diesem Gebiet: Auch wenn sie sich noch so sehr um Objektivität bemühen, so werden sie am Ende aus ihrem Judentum heraus doch von der Verheißung erfaßt, daß es irgendwann einmal wieder einen Staat der Juden geben werde, und so landen sie beim Zionismus.

Die wichtigste Entdeckung, die ich im Zuge meiner vorbereitenden Studien machte, war das 1912 erschienene umfangreiche Werk »Völker, Rassen, Sprachen« von Felix von Luschan. Luschan, Anfang dieses Jahrhunderts Direktor am Berliner Völkerkundemuseum, vertrat den Standpunkt, daß Europa keine Rassen im eigentlichen Sinne kenne. Von einer arischen Rasse zu sprechen, schreibt er in einem großartigen Aufsatz im ersten Band der Ullstein-Weltgeschichte, wäre genauso töricht, als würde man eine blonde Sprache verlangen. Luschans Thesen lassen die Schlußfolgerung zu, daß nicht alle, die aus dem Judentum kommen oder sich zu ihm bekennen, ihre Heimat unbedingt in Palästina haben, daß die Juden der Welt vielmehr aus sehr verschiedenen Völkern stammen. Luschan schreibt:

Titelblatt zu Felix von Luschans Beitrag im ersten Band der Ullsteinschen Weltgeschichte.

»Einer der roten Fäden, der sich durch diese ganze Literatur hindurchzieht, ist die angebliche Rasseneinheit der Juden, ein zweiter ihre so oft behauptete, soziale Minderwertigkeit... Sowenig als es eine oft indogermanische oder ›arische‹ Rasse gibt, sowenig gibt es eine jüdische; es gibt auch keinen jüdischen Typus, sondern nur einen ganz allgemeinen *orientalischen*, an dem genau wie die Juden auch Griechen und Armenier und in geringerem Maße auch viele andere Vorderasiaten beteiligt sind. Die Juden treten als ein Mischvolk in die Geschichte ein, und sie haben seither nie aufgehört, sich mit ihren jeweiligen Nachbarn und ›Wirtsvölkern‹ zu vermischen. Ich habe nie verstanden, warum so viele Juden und gerade auch die meisten Autoren von Schriften zur Judenfrage das nicht begreifen und warum sie mit so zäher Hartnäckigkeit immer und immer wieder die Einheitlichkeit und absolute Rassenreinheit des ›auserwählten Volkes‹ betonen. Wer Augen hat, brauchte sich doch wahrlich nur irgendwo einige Dutzend Juden anzusehen, um wahrzunehmen, wie viele ganz heterogene Typen, blonde und brünette, kurz- und langköpfige, breit- und schmalgesichtige, groß- und kleinnasige unter ihnen vertreten sind; vermutlich ist es der allgemein orientalische Zug, den wir so selten bei den Juden und auch bei den anderen Orientalen vermissen, der jene Autoren verleitet, sich einen einheitlichen Typus zu suggerieren; diesen Kollegen kann ich nur raten, sich einmal an einer religiösen Feier in einer griechischen oder armenischen Kirche zu beteiligen und sich da die frommen Gläubigen gut anzusehen; sie werden erstaunt sein, wie viele ›rein jüdische Typen‹ sie da sehen werden, ohne daß sich auch nur ein einziger wirklicher Jude in der ganzen Gesellschaft befindet...

Überhaupt möge niemand sich einbilden, ›die Juden‹ zu kennen, wenn er nicht auch die russischen Juden kennt. Man braucht dazu nicht nach Sibirien zu reisen, es genügt, nach New York zu fahren, in welcher Stadt ja allein zweimal mehr Juden leben als im ganzen Deutschen Reich. Da kann man in aller Bequemlichkeit in einigen Wochen mehr russische Juden studieren als auf einer monatelangen beschwerlichen Reise in Sibirien. Genau so, wie man in New York niemals in einer Untergrund- oder Straßenbahn fahren kann, ohne nicht mindestens einen oder zwei Fahrgäste zu sehen, die eine in hebräischen Lettern gedruckte jiddische Zeitung lesen, und wie es da ganze Straßenzüge gibt, in denen man überhaupt gar keine anderen als jiddische Zeitungen kaufen kann, so ist New York auch der allein richtige Ort, um die asiatischen Juden und die erstaunliche Menge von fremdem Blute kennenzulernen, das sie per fas (und vielleicht auch per nefas) in sich aufgenommen haben. Es genügt da schon, in der unmittelbaren Nähe der Columbia-University ein paar Dutzend Lebensmittelläden aufzusuchen, die sich da wohl in jedem fünften oder zehnten Hause befinden und fast ausnahmslos von jungen jüdischen Ehepaaren aus dem innersten Rußland betrieben werden, um eine Vorstellung von Rassenmischungen zu bekommen, von denen sich der harmlose Europäer bisher nichts träumen ließ. Ein kleiner Einkauf in einem solchen Laden und ein paar freundliche Worte genügen schon, eine ungezwungene Unterhaltung anzubahnen, und man kann so im nächstbesten New Yorker Charcutierladen mehr lernen als aus einem dicken Bande über das jüdische Rassenproblem. Nebenher wird man sich in der Regel auch über die wirklich schönen und ästhetisch befriedigenden Typen freuen, die man da gelegentlich zu sehen bekommt...

Nun weiß ich sehr wohl, daß es bei uns nicht wenige Juden gibt, die sonst sehr intelligent und durchaus vernünftig sind, die es aber als eine schwere persönliche Beleidigung betrachten, wenn man an der absoluten Rassenreinheit der Juden zweifelt. Ich kann mich in die Psyche dieser Juden völlig hineindenken und begreife, daß sie voll Entrüstung über die Leute sind, die ihnen einen schönen Traum zerstören wollen; dabei übersehen sie freilich vollkommen, daß nirgends in der Welt irgendwelche Kulturen anders entstanden sind als durch Rassenmischung und durch gegenseitigen Austausch von allerhand geistigen und anderen Errungenschaften, also durch Handel und Verkehr. Das gilt nicht nur für Deutschland und England, das gilt genau so gut auch für Ägypten und Babylonien, für das alte Peru und Mexiko, für Indien und Indonesien, ja auch für das tropische Afrika...

Körperlich einheitlich sind nun weder die Sephardim noch die Aschkenasim. In beiden steckt allerhand orientalisches Blut, zunächst das der vorsemitischen Urbevölkerung von Vorderasien und dann das von semitischen Einwanderern, für die Abraham der Heros eponymos ist. Zu diesen beiden Hauptelementen aber sind natürlich im Osten und im Westen noch andere dazu getreten, die eine weitere Spaltung in Untertypen veranlaßt haben. Der Laie pflegt freilich immer von einem einheitlichen jüdischen Typus zu sprechen. Der aber existiert nur in seiner Einbildung...

Soviel also zur angeblichen Rassenreinheit der Juden. In ähnlicher Weise müssen wir uns hier auch mit ihrer angeblich sozialen Minderwertigkeit auseinandersetzen. Da stoßen wir sofort auf ihre bekannte ›Geschäftstüchtigkeit‹; es ist nicht zu bezweifeln, daß diese Eigenschaft sehr vielen Juden in weit höherem Maße eigen ist als dem Durchschnitt ihrer christlichen Nachbarn; aber diese Eigenschaft kommt nicht etwa den Juden allein zu, sondern genau so auch anderen Orientalen, ganz besonders den Griechen und den Armeniern. Das erhellt schon daraus, daß im ganzen Orient in vorwiegend von Griechen und Armeniern bewohnten Städten die Juden nur schwer oder niemals Fuß fassen können. Der Volkswitz drückt das in drastisch übertriebener Weise so aus, daß gesagt wird, auf sieben Juden ginge erst ein Grieche und auf sieben Griechen erst ein Armenier, was besagen soll, daß ein Armenier noch neunundvierzigmal so schlau und geschäftstüchtig sei als ein Jude. Geschäftstüchtigkeit ist nun an sich zweifellos eine sehr gute Eigenschaft - aber jedes Land hat bekanntlich die Juden, die es verdient, und es ist von vornherein ganz selbstverständlich, daß jahrhundertelang andauernde grausame Bedrükkung den Charakter eines Volkes nicht gerade zu seinem Vorteil verändern kann. Aber es ist völlig unwissenschaftlich, vom ›Charakter‹ der Juden zu sprechen... Der in Deutschland in den letzten Jahren wieder hochgekommene Radau- und Geschäfts-Antisemitismus erklärt mit der für ihn bezeichnenden Übertreibung jeden Juden für einen wirklichen oder wenigstens potentiellen Betrüger und Wucherer und übersieht dabei vollkommen, wie viele in jeder Beziehung durchaus einwandfreie Juden es gibt und wie wertvoll ihr Anteil und ihre Mitarbeit an unseren öffentlichen Einrichtungen sowie an wohltätigen und gemeinnützigen Unternehmungen jedweder Art ist.«

Es war Otto Bauer, der davon sprach, daß das Judentum eine Religionsgemeinschaft sei, die zu einer Schicksalsgemeinschaft wurde. Schicksalsgemeinschaften aber sind, je nach dem Schicksal, das sie erdulden mußten, verschieden. Orientalische Juden und europäische Juden, um nur diese beiden Hauptgruppen zu nennen, haben eben sehr unterschiedliche Entwicklungen durchgemacht, und das heißt, daß auch ihr Judentum verschieden ist.

Nehmen wir das Beispiel Spanien, wo es eine relativ große Gruppe von Bekennern des Judaismus gab. Die spanischen Juden sind mit den Arabern nach Spanien gekommen und haben unter den Arabern eine wichtige Rolle gespielt; einige der größten Namen unter den Juden der Welt - Spinoza zum Beispiel - sind spanischen Ursprungs. Als sich im 15. Jahrhundert die Inquisition über Spanien ausbreitete, bildeten sich im wesentlichen zwei große Gruppen: diejenigen, die auswanderten, und diejenigen, die in großer Zahl zum Christentum übertraten. Sogar unter den Inquisitoren selbst sollen mehrere Juden gewesen sein, die, so hieß es, die besten Voraussetzungen mitbrachten, die Wahrhaftigkeit der christlichen Überzeugung der Proselyten zu prüfen; der berüchtigte spanische Großinquisitor Thomas de Torquemada war halbjüdischer Herkunft. Das Mißtrauen unter den katholischen Spaniern war so groß, daß zur Zeit der Inquisition an vielen Orten die Namen der zum Christentum übergetretenen Juden an der Kirchenmauer eingemeißelt wurden, um auch spätere Generationen zur Wachsamkeit diesen Neuchristen gegenüber zu mahnen.

Ob auch Kolumbus Jude gewesen ist, wie die Legende will, läßt sich nicht mehr nachprüfen. Fest steht jedenfalls, daß die spanischen Juden in besonderem Maße an den Entdeckungsreisen beteiligt waren. Einer der aktivsten Förderer der Weltumsegelungen war Jafuda Cresques, der als Erfinder des katalanischen Globus und als einer der bedeutendsten Männer der Balearen gilt. Daß der katalanische Globus von jüdischen Gelehrten entwickelt wurde, hat tiefere Gründe. In Anbetracht der etwa gleichzeitig mit den Entdeckungsreisen einsetzenden Judenverfolgungen haben sich die zahlreichen Juden Spaniens für diesen »Fluchtweg« besonders interessiert. Auf der Suche nach einem neuen Land mußten sie zwangsweise die Entdeckungsfahrten fördern; auch sollen sie in großer Zahl zu den Auswanderern gehört haben, ein später aus der amerikanischen Geschichte hinreichend bekanntes Phänomen.

Von den christlichen Spaniern haben die Konvertierten den wenig schmeichelhaften Namen »marrane« bekommen, Schweine. Jahrhunderte hindurch saßen sie in den Kirchen in eigenen Reihen. Mancher Träger eines uriberisch klingenden Namens ist ein Abkömmling dieser mit dem spanischen Leben so eng verflochtenen Bekenner jüdischen Glaubens. Noch heute gibt es in Spanien viele fromme Christen, deren jüdische Herkunft durchaus kein Geheimnis ist. Ich kenne eine Familie auf Mallorca, die einige katholische Geistliche hervorgebracht hat, während für andere Familienmitglieder die jüdische Tradition besonders wichtig ist. An den Stränden Spaniens habe ich wiederholt junge

Frauen gesehen, die um den Hals ein Kettchen trugen, an dem ein auffallend großes Kreuz hing und klein daneben der Davidstern. Und ein höherer Polizeioffizier auf Mallorca erzählte mir einmal, daß er einen Rabbiner, der in einem der Hotels die koschere Küche für Sommergäste aus der belgischen orthodoxen Judengemeinde kontrollierte, gebeten habe, ihn zu beraten, wie er zu dem Glauben seiner Vorväter zurückkehren könne.

Die vielen tausend aus Spanien ausgewiesenen und ausgewanderten jüdischen Familien, die sogenannten spaniolischen oder sephardischen Juden, nahmen ihren Weg nach Portugal, wurden aber auch von dort vertrieben und verteilten sich über ganz Europa. »Unter diesen Umständen«, schreibt Luschan, »ist es nicht verwunderlich, daß überall im Orient zwischen den Sephardim und den Aschkenasim ein sehr gespanntes Verhältnis besteht... Mischheiraten gelten als ganz ›unmöglich‹, und ebenso hat man mir in Makri, dem alten Telmessos, erzählt, daß die Angehörigen der dortigen aschkenasischen Judenschaft sich einmal länger als ein Jahr jedes Fleischgenusses enthalten hätten, weil ihr eigener Schächter gestorben war und sie von dem Schächter ihrer sephardischen Glaubensgenossen nichts wissen wollten. Ganz ähnliche Verhältnisse haben übrigens noch vor nicht sehr langer Zeit auch in Europa bestanden.«

Während die orientalischen Juden eindeutig an den Küsten des Mittelmeers zu Hause waren, ist die Herkunft der osteuropäischen oder aschkenasischen Juden, deren Zahl in die Millionen geht, ungewiß. Man kann davon ausgehen, daß ganze Völkerschaften mit osteuropäischen Juden vermischt waren. Das Judentum in Osteuropa hat sich jedenfalls nicht zur Gänze aus Palästina-Juden rekrutiert. Wenn es zutrifft, daß im Osten Europas zu Anfang dieses Jahrhunderts ungefähr fünf Millionen Juden lebten, dann muß es ganz andere Völkerquellen gegeben haben, die hier erschlossen wurden.

Besonders aufschlußreich in diesem Zusammenhang ist die Geschichte der jüdischen Chasaren. 1954 hat der amerikanische Historiker D. M. Dunlop ein ausführliches Werk über die jüdischen Chasaren vorgelegt (»History of the Jewish Khazars«); das Thema, das später auch von sowjetischen Wissenschaftlern behandelt wurde, ist bis in unsere Zeit ein Objekt der Forschung geblieben und hat jüngst durch das »Chasarische Wörterbuch« des serbischen Literaturhistorikers Milorad Pavić eine gewisse Aktualität erlangt. Das Reich der Chasaren lag an der Völkerpforte zwischen dem Schwarzen Meer und dem Kaspischen Meer, nördlich des Kaukasus; der Chan residierte in Sarkel, am unteren Don. Um 600 hatte das Reich der Chasaren eine Schlüsselstellung zwischen den verschiedenen Kulturen erlangt. Die Könige der Chasaren wollten sich nicht in die geistige Abhängigkeit bringen lassen, weder von Byzanz noch von Bagdad. Weil für die religiösen Vorstellungen der Zeit nur eine monotheistische Religion in Frage kam, blieb als einzige noch verfügbare Religion zwischen Christentum und Islam das Judentum. So haben die Chasarenherrscher die jüdische Religion angenommen. Zwischen einem der religiösen Führer der Sephardim in Córdoba und dem König der Chasaren, Joseph Kagan, kam es zu einem noch heute erhaltenen Briefwechsel über die verschiedenen Rituale und Bräuche.

Das Reich der Chasaren hat gut dreihundert Jahre bestanden, eine für unsere Vorstellungen sehr lange Zeit, bis es 969 von den Russen zerstört wurde. Um die Jahrtausendwende sind die Chasaren - ähnlich wie die Bulgaren und andere mächtige Stämme - vom Kaukasus nach Ostmitteleuropa gedrängt worden, auf den heutigen Balkan, bis nach Polen und Ungarn. Es ist dieses Reich also untergegangen wie andere Reiche auch, aber viele Chasaren sind Juden geblieben und haben das Judentum in Osteuropa angesiedelt. Es ist gar keine Frage, daß viele der Ostjuden auf die Chasaren zurückgehen, was sich schon an Namen wie Kasarowitsch, Kasar, Kazan ablesen läßt. Das sind jüdische Namen geworden, und ein Nichtjude kann gar nicht so heißen.

In einer Diskussion wurde mir einmal in polemischer Weise entgegengehalten, das Reich der Chasaren sei doch nur ein Detail der Geschichte. Es sei noch lange nicht bewiesen, antwortete ich, daß Israel sehr viel länger als ein halbes Jahrhundert bestehen werde, denn wenn es sich nicht zu einer friedlichen Entwicklung durchringe, würden die Waffen, die heute schon in gleicher Weise beiden Seiten zur Verfügung stehen, früher oder später zu seiner totalen Vernichtung führen.

Die jüdische Religion - so wird manchmal eingewendet - verbietet jegliche Form der Proselytenmacherei, also der Anwerbung Andersgläubiger. Aber bereits in der Zeit vor Christi Geburt muß es zur Religion Israels übergetretene Heiden gegeben haben. Wie soll man sonst erklären, daß die größte Judengemeinde des ersten Jahrhunderts in Alexandria bestand, schätzungsweise vierzig Prozent der Gesamtbevölkerung dieser rund

600.000 Einwohner zählenden Stadt. »Hierosolyma est perdita«, mit diesem Ruf ist man in das Judenviertel von Alexandria eingedrungen und hat die Synagogen zerstört; es war der erste organisierte Pogrom der Geschichte (38 n. Chr.).

Daß es ein Gesetz gab, wonach die Proselytenmacherei verboten war, sagt nicht mehr, als daß die Notwendigkeit eines solchen Gesetzes offenbar bestanden haben muß. So geht es mit allen Verboten, denn was es nicht gibt, muß nicht verboten werden. Nur das, wogegen man sich wehren zu müssen glaubt, etwa gegen eine drohende »Überfremdung«, wird per Gesetz verboten. Also schien es damals Gründe zu geben.

Auch in Algerien, wo ein nicht unbeträchtlicher Teil der Judenheit sich durch Rothaarigkeit auszeichnet, ist es historisch nachweisbar, daß mehrere Berberstämme im Atlasgebirge sich dem Judentum angeschlossen haben. Es handelt sich bei ihnen nicht um rückgewanderte, aus Spanien vertriebene Juden, sondern um autochthone Gemeinden, deren jede ihre eigene Geschichte hat. 1948 gab es rund 10.000 Berber-Juden in Marokko.

Die große Zahl der jemenitischen Juden ist ebenfalls nur darauf zurückzuführen, daß im Süden Arabiens viele Jemeniten zum Judentum übergetreten sind. Noch heute kann man die jemenitischen Juden am Äußeren erkennen; sie gehören zu den schönsten Menschen, die mir begegnet sind. In Israel, vor allem beim Militär, haben sie heute zahlreiche Führungspositionen in ihrer Hand.

Ein letztes Beispiel dafür, daß die Bekenner des Judaismus in der Welt sehr verstreut sind und ursprünglich auf verschiedene Völkerschaften zurückgehen, sind die Falaschen, die schwarzen Juden Äthiopiens. Da sie von ihrer Hautfarbe und ihrem Habitus her ganz anders sind – hier läßt sich nun tatsächlich von verschiedenen Rassenmerkmalen sprechen –, wird von orthodoxen Kreisen in Israel der Standpunkt vertreten, die Religion der äthiopischen Juden sei gar keine jüdische Religion, weil sie den Talmud nicht kennen. Ich glaube nicht, daß man das Recht hat, Leuten, die sich für Juden halten, ihr Judentum abzusprechen. In der Geschichte des Christentums kennen wir viele Beispiele dafür, daß man einander das Recht absprach, Christ zu sein.

Alle Versuche, die äthiopischen Juden als irregeleiteten Stamm zu erklären, können nicht überzeugen; viel naheliegender ist es, daß auch Äthiopier das Judentum angenommen haben. Warum soll es auf palästinensischem Boden keine Schwarzen gegeben haben, wo doch Afrika so nahe liegt? Wenn dem so ist, wäre die ganze Idee der rassischen Einheit des Judentums zerstört, und genau das ist die These, die ich vertrete: Es gibt keine jüdische Rasse, sowenig wie es eine katholische Rasse oder eine islamische Rasse gibt.

Die Zionisten auf der einen Seite, die mit dem Thema weniger Vertrauten auf der anderen Seite und nicht zuletzt die Antisemiten: sie alle gehen gleichermaßen davon aus, daß die Juden auf der ganzen Welt aus Palästina kommen und daß es sich bei ihnen im wesentlichen um die gleiche Menschengruppe handelt. Nichts ist falscher als das. Es gibt in der Welt sehr viele Judentümer, die im Laufe der Geschichte die unterschiedlichsten Schicksale erlitten haben. Nur wenn man die Judenfrage unabhängig von der zionistischen Auffassung beurteilt, wird man zu neuen Erkenntnissen gelangen. Die aber sind nötig, um die Problematik des Staates Israel zu verstehen.

Worauf es mir ankommt, ist die in meinen Augen unbestreitbare Tatsache, daß das heutige Israel zwar die religiöse Heimat des Judentums ist, daß aber die Menschen, die sich zum Judentum bekennen, auf ganz unterschiedliche Art Juden geworden sind und daß sie deshalb von ganz unterschiedlichen Erfahrungen geprägt werden. Wir haben es mit einer ungeheuren Völkervielfalt zu tun, die sich durch eine im wesentlichen ähnliche Religionsausübung auszeichnete.

Ich will gar nicht leugnen, daß die Juden in Europa gewisse Ähnlichkeiten aufweisen und von gemeinsamen Erfahrungen geprägt sind. Aber diese Erfahrungen wurden eben anders verarbeitet, je nachdem, ob Juden in kleinen Gemeinschaften lebten, wie etwa die spaniolischen Juden in Holland, oder im galizischen Schtetl. Und wenn eine solche Schicksalsgemeinschaft Jahrhunderte überdauert, in manchen Teilen der Welt, etwa in Indien oder im Irak, gar seit mehr als tausend Jahren besteht, dann muß sich das auf die Lebensform auswirken.

Niemand kann bestreiten, daß die Juden Europas im späten 19. und 20. Jahrhundert nach den völlig abwegigen, aber um so strengeren Grundsätzen der Rassisten vom Schlage Gobineaus, Chamberlains und Rosenbergs gemessen wurden. In letzter Konsequenz dieser Wahnvorstellungen wurden viele Millionen Juden Opfer des Holocaust. So verschieden die Juden in Ost-, Mittel- und Westeuropa auch waren, die Erfahrung des Holocaust hat die Überlebenden zu einer Schicksalsgemeinschaft zusammengeschweißt. Der Zionismus jedenfalls, den ich auch von seiten der nichtreligiösen Juden für religiös motiviert halte, hat bei vielen Juden wahrscheinlich nur deshalb eine so starke Sympathie für Israel entstehen lassen, weil das erlittene Leid der europäischen Juden ein Identifikationsbedürfnis geschaffen hat.

Im Vergleich zu dem, was den europäischen Juden widerfuhr, sind die orientalischen Juden heil davongekommen; gewiß, auch sie hatten unter Pogromen zu leiden, aber sie liegen weit zurück in der Geschichte. Es könnte also durchaus sein, daß die orientalischen Juden Auschwitz nicht gleichermaßen als ihr Schicksal betrachten wie die Menschen jüdischer Herkunft in Europa, die hier viele ihrer Nächsten verloren.

Das orientalische Judentum als Ganzes war in seiner Existenz eigentlich erst gefährdet, als der Staat Israel geschaffen wurde und die Juden in Gegensatz zur arabischen Welt gerieten. Aus Angst vor Repressalien wanderten die Juden aus den arabischen Staaten aus; so kamen zwischen 1919 und 1948 insgesamt 16.000 jemenitische Juden nach Palästina, 1949/50 waren es 50.000. Unter dem Sammelnamen »orientalische Juden« stellen die Juden aus den arabischen Staaten heute die Mehrheit der israelischen Bevölkerung, während die Gründer Israels aufgrund ihrer zionistischen Ideologie zur Minderheit geworden sind. Wenn man weiß, wie groß die Gegensätze zwischen diesen beiden Gruppen, die man landläufig als aschkenasische und sephardische Juden bezeichnet, schon immer gewesen sind, muß man in den nächsten Jahren mit heftigen innerisraelischen Kontroversen rechnen.

Vielleicht behandle ich die hier aufgeworfenen Fragen in einer für manchen Leser allzu feuilletonistischen Weise, aber man kann mir glauben, daß ich mich mit diesem Komplex sehr lange und sehr intensiv beschäftigt habe. Ich weiß sehr genau, daß meine Auffassungen vielen Leuten in Israel und auch vielen europäischen Juden in der Seele zuwider sind, aber es lassen sich diese Auffassungen mit dem gleichen Recht vertreten wie jene These, wonach alle Juden auf der Welt letzten Endes aus dem Lande Kanaan stammen.

Man kann sogar noch einen Schritt weitergehen und die Behauptung aufstellen, daß es sich bei den heutigen Palästinensern um islamisierte Juden handelt. Warum sollte denn ein blühendes Land wie Palästina, das eine so hohe Zivilisationsstufe erreicht hat, von Juden ganz entleert worden sein? Es wird dort dasselbe passiert sein, was in Spanien und überall passiert ist: Wenn man den Juden in einer Phase der Verfolgung eine Alternative läßt, so ziehen die einen die Emigration vor, die anderen machen Gebrauch von den Möglichkeiten, dort zu bleiben, wo sie seit eh und je zu Hause zu sein glauben.

Begreiflicherweise bekämpfen die Zionisten die Assimilation, weil sie ihren Bestrebungen, daß alle Juden ihre Heimat in Israel sehen müßten, widerspricht. Sie haben ein kaum zu verhehlendes Interesse daran, daß der Antisemitismus giftige Blüten treibt, um das, was sie meinen, zu motivieren. Jede Epoche, in der der Antisemitismus keine lebensbedrohenden Formen annimmt, ist den düsteren Nationalisten in und außerhalb Israels zuwider. Je besser es den Juden geht, auch in materieller Hinsicht, desto schwerer sind sie nach Israel zu bringen.

Es wurde mir oft entgegengehalten, daß Leute wie Léon Blum oder Pierre Mendès-France trotz ihres Patriotismus immer auch große Sympathien für Israel bekundeten. Ich will das nicht leugnen, aber auf der anderen Seite steht, daß ihre Leistungen für das Vaterland von vielen Landsleuten eben aus diesem Grunde doch nicht voll anerkannt wurden. Man kann viel übrig haben für die Israelis und den Aufbau ihres Landes, und man muß auch dafür eintreten, daß dieses Land nicht wieder von der Landkarte verschwindet, aber ein Politiker darf nun einmal auch nicht den geringsten Zweifel an seiner Loyalität aufkommen lassen. Nichts läßt sich mit der Loyalität gegenüber dem Vaterland vereinbaren, außer den Zielen des Internationalismus mit allem, was dazugehört. Als Beispiele seien hier nur der englische Staatsmann Benjamin Disraeli, der spätere Lord Beaconsfield, oder der englische Nationalökonom und Bankier David Ricardo genannt.

Aber die Intransigenten unter den Juden gehen noch weiter: Nicht einmal eine doppelte Loyalität ist ihnen genug; sie verlangen, daß es für einen Politiker jüdischer Herkunft eigentlich nur *eine* Loyalität geben dürfe, nämlich die zu Israel, alles andere sei Opportunismus. Dieser Anspruch ist von mir immer auf das heftigste abgelehnt worden. Ich kann beim besten Willen nicht einsehen, warum mir das Land meiner wirklichen Vorfahren weniger lieb und teuer sein soll als ein Wüstenstreifen, mit dem mich nichts verbindet. Warum sollen diejenigen, deren Vorfahren in diesem Land länger gelebt und gewirkt haben als Millionen, die später von den Stürmen der Geschichte hierher getrieben wurden, die diesem Land im Frieden gedient und für dieses Land im Krieg ihr Leben gelassen haben, warum sollen die nicht den Anspruch erheben dürfen, »echte« Österreicher zu sein?

III.

Ich bin mir bewußt, daß diese wenigen Reflexionen über den Judenhaß und seine verschiedenen Erscheinungsformen das Thema nicht erschöpfen. Aber das, was sich gegenwärtig in Israel abspielt, ist so abscheulich und widerwärtig, daß es mir wirklich schwerfällt, hier ruhiges Blut zu bewahren. Warum sollte ich es auch? Ich habe Gewalt und Ungerechtigkeit, wo immer sie auftraten, aus tiefster Seele gehaßt und bekämpft und fühle die moralische Verpflichtung, diese Haltung auch den Juden gegenüber einzunehmen, die derartige Übeltaten begehen oder sie verteidigen. Daß ich nicht immer und überall mit dem gleichen Engagement gegen die Ungerechtigkeiten dieser Zeit aufgetreten bin, hängt einzig und allein damit zusammen, daß Menschen meiner Gesinnung zu einer Art Arbeitsteilung finden müssen. Man kann nicht mit Effizienz für die Gleichberechtigung von Israelis und Palästinensern eintreten und sich gleichzeitig für die Farbigen in Südafrika einsetzen. Sicher, ich bin ein Gegner der Apartheid; aber soll dieser Kampf erfolgreich sein, so muß ich ihn jenen meiner Gesinnungsfreunde überlassen, die die besseren Voraussetzungen mitbringen. Wir können uns im Kampf um die Menschlichkeit nicht zersplittern, sonst nimmt man uns nicht ernst.

So kam es in der Sozialistischen Internationale, aber auch sonst unter engagierten Menschen zu dieser Arbeitsteilung. Jeder bemüht sich um einen anderen Teil der Welt, und so hat die Internationale unter dem Vorsitz Willy Brandts ihren tieferen Sinn erhalten. Palme war ein leidenschaftlicher Kämpfer gegen die Apartheid und hat auf diese Art vieles vollbracht, um die Welt aufzurütteln. Andere Sozialisten suchen das Leid der lateinamerikanischen Völker zu mildern. Ich für meinen Teil habe mich um die Gleichberechtigung der Palästinenser und Israelis bemüht und viele Jahre meines Lebens dieser Frage gewidmet. Weil meine Vorfahren zu den Bekennern des Judentums gehört haben, wird dieses Engagement von manchen als sonderbar empfunden.

Immer wieder werde ich von arabischen Freunden gefragt, wie ich mir denn die Gleichgültigkeit der sogenannten zivilisierten Welt erkläre. Es gibt keine andere Antwort, als daß die Welt von der unfaßbaren Bestialität und Brutalität des Holocaust so tief betroffen war und ist, daß sie sich verpflichtet fühlt, das, was den Juden widerfahren ist, nicht noch einmal zuzulassen. Diese Art von »Milde« und Verständnis wird von den Machthabern in Israel in brutalster Weise ausgenutzt. Ich bin ausgezogen, um diese Haltung der westlichen Welt zu erschüttern, aber - und ich sage das nicht ohne Trauer - es ist mir nicht gelungen. Israel selbst hat aus dem Holocaust leider nur die Lehren gezogen, die dem eigenen politischen Selbstverständnis dienlich sind.

Der tiefe Widerspruch zwischen mir und vielen Menschen in Israel ist darauf zurückzuführen, daß ich den Zionismus ablehne. Ich lasse ihn bestenfalls als eine Form des Nationalismus gelten, wie es ihn unter allen Völkern gibt. Aber ist deshalb jeder Deutsche oder jeder Engländer Nationalist, oder anders gefragt: Muß man den Extremen des Nationalismus huldigen, um als guter Deutscher oder guter Engländer zu gelten?

Wenn heute mit der Rassentheorie Schindluder getrieben wird, dann vor allem in Israel selbst. Ich habe einen Neffen in Israel; sein Vater ist der Bruder meiner Frau, seine Mutter ist die Tochter eines bekannten sozialdemokratischen Stockholmer Kommunalpolitikers, der vor einigen Jahren starb. Mein Neffe war Departementssekretär im schwedischen Unterrichtsministerium, hat diesen Posten eines Tages aufgegeben, ist nach Israel gegangen und dort ein hoher Beamter geworden. Da er von einer nichtjüdischen Mutter abstammt, gilt er nicht als Jude und bekam deshalb mit dem Rabbinat große Schwierigkeiten; ich verzichte darauf, sie im einzelnen zu schildern. Die religiösen Parteien haben eine solche Macht erlangt, daß es nicht übertrieben ist, wenn man feststellt: Israel ist heute einer der klerikalsten Staaten der Welt.

Das Gerede von der Rasse, die die Juden angeblich darstellen, entbehrt jeder historischen Grundlage. Die Juden in der Welt kommen, wie ich gezeigt habe, aus verschiedenen Völkern und Völkergemischen, und das, was sie zusammenführt, ist jedenfalls nicht die Rasse; was sie jeweils auszeichnete, waren gewisse Ähnlichkeiten ihrer Religionsausübung. Da die Haltung des einzelnen weitgehend durch das Schicksal der Gemeinschaft geprägt wurde, ist es im Laufe der Jahrhunderte natürlich zu einer gewissen Ähnlichkeit unter ihnen gekommen, zu gleichen Denkweisen und Verhaltensmustern. Wenn man Jahrhunderte hindurch dieselben Ängste und dieselben bescheidenen Freuden erlebt hat, entsteht ein bestimmtes Engramm. Und dennoch gibt es für den, der Menschen jüdischer Herkunft nicht über einen Leisten schlägt, nichts Faszinierenderes als die Unterschiede zwischen ihnen. Neben großartigen Persönlichkeiten haben wir es auch hier, wie überall, mitunter mit üblen Erscheinungen zu tun, die ihrer eigenen Umgebung zuwider sind und erst recht denen, die Juden von vornherein ablehnen. Ein zivilisierter und kultivierter Mensch sollte zu den Juden eine Beziehung haben wie zu jedem anderen Menschen auch. Er soll ihn auf das hin prüfen und als das nehmen, was er ist, und danach sein Verhalten richten.

Das Wort Antisemitismus ist übrigens, wenn man ihm auf den Grund geht, falsch. Es müßte eigentlich Antijudaismus heißen, denn das Wort »semitisch« erweckt erstens den Eindruck, daß es sich bei den Juden um eine Rasse handelt, und zweitens gibt es mehrere semitische Völker. Ich will mich nicht derselben Leichtfertigkeit schuldig machen wie manche andere.

Aus dem, was ich hier sage, geht hervor, daß es nicht ein einziges Kriterium des Begriffes »Volk« gibt, das ich für die Juden anerkennen kann. Natürlich bleibt es jedem überlassen, sich dem Volk zugehörig zu fühlen, dessen Kriterien für die Zugehörigkeit er akzeptiert. Ein jüdisches Volk im ethnologischen Sinne aber gibt es nicht. Die Juden hatten jahrhundertelang weder eine gemeinsame Sprache noch einen gemeinsamen Raum. Sobald sie irgendwo vertrieben wurden, haben sie auch die von ihnen bis dahin benutzte Sprache sehr schnell aufgegeben und sich die Sprache ihrer neuen Heimstätte angeeignet. Bei der Gründung des Staates Israel diskutierte man lange Zeit darüber, ob man eine Kunstsprache schaffen soll, das Iwrith, oder ob man bei der Sprache der Mehrheit, beim Jiddischen, bleibt. Mit Recht hat man sich für eine neue Sprache entschieden, weil man anders gar nicht mit den Juden in allen Teilen der Welt hätte kommunizieren können.

Daß die Menschen, die heute Israel bewohnen, aufgrund ihrer Religion ein Volk sind, kann niemand bestreiten, und wenn viele Juden draußen in der Welt glauben, sich diesem Volk zugehörig fühlen zu müssen, so will ich auch dagegen keine Einwände erheben. Nur muß man sehr genau unterscheiden zwischen religiösen Motiven auf der einen und zionistisch-nationalistischen oder gar rassistischen Motiven auf der anderen Seite. Abzulehnen aber ist die in Israel verbreitete Auffassung, daß jeder, der aus der jüdischen Religionsgemeinschaft kommt, von vornherein ein Zionist zu sein habe und als erstes seine Loyalität zum Staate Israel unter Beweis stellen müsse. Daß ich in dieser Frage zu keinem Entgegenkommen bereit bin, hat zu Kontroversen mit Israel und israelischen Politikern geführt.

Die gescheite Golda Meir soll einmal gefragt worden sein, welcher Unterschied zwischen einem israelischen und einem israelitischen Außenminister bestehe: »Das läßt sich an zwei Personen demonstrieren. Außenminister Kreisky ist ein Minister israelitischer Herkunft, und ich bin eine Israeli.« Daß sich meine Vorfahren als Israeliten oder Juden verstanden, aber dennoch als Österreicher wirkten, lehnte Golda Meir als in sich widersprüchlich ab.

Israel ist ein Staat ähnlich den Vereinigten Staaten von Amerika. Niemand würde auf die Idee kommen, den Anspruch der USA auf Eigenstaatlichkeit in Zweifel zu ziehen. Die Vereinigten Staaten sind ein Ergebnis fünfhundertjähriger Einwanderungsgeschichte, die Verwirklichung eines Traumes vieler Menschen, sich ein neues Land zu schaffen. Dasselbe trifft für Israel zu: Israel ist ein artifizieller, künstlich geschaffener Staat, dessen historische Motivation der Holocaust ist. Da es den Staat Israel nun einmal gibt, kann man nicht umhin, diesem Staat seine Existenzberechtigung zuzubilligen; diese Existenz zu sichern, erfordert große Anstrengungen.

In Israel vollzieht sich zur Zeit ein sehr komplizierter Integrationsprozeß, von dem ich nicht weiß, ob er gelingen wird. Schon heute kann in Israel keine Regierung mehr gebildet werden ohne Unterstützung der orientalischen Juden. Für die Araber dürfte es interessant sein, zu wissen, daß die größte ethnische Gemeinschaft in Israel die marokkanischen Juden sind; bei vielen von ihnen hängt noch immer das Bild des Königs von Marokko in der Wohnung.

Israel unternimmt seit Jahren große Anstrengungen, um den russischen Juden Auswanderungsmöglichkeiten zu verschaffen und so das europäische, sprich russische Element in Israel zu verstärken. Ähnlich große Anstrengungen, was etwa die Zehntausende Juden im Iran oder die von Hungersnot bedrohten äthiopischen Juden betrifft, sind nicht unternommen worden, ja, ich hatte sogar das Gefühl – und dabei kann ich mich auf Persönlichkeiten aus dem World Jewish Congress berufen –, daß man mit einem gewissen Zögern an die Rettungsaktion für die äthiopischen Juden herangegangen ist. Vielleicht wollte man sich in Israel zu all den Problemen, die man schon hatte, nicht auch noch mit dem Problem der schwarzen Juden belasten.

Aber das Spiel der Zionisten ist verloren; der hohen Geburtenrate der orientalischen Juden haben sie ebensowenig entgegenzusetzen wie jener der Palästinenser. Hinzu kommt, daß die russischen Juden nur zögernd nach Israel auswandern. Die Desintegration Israels wird um so schneller fortschreiten, als die demokratischen Traditionen unter den orientalischen Juden nur sehr mangelhaft ausgebildet sind, da sie alle aus Ländern kommen, die Demokratie nie gekannt haben.

Der schwindende Einfluß der europäischen Juden erklärt aber auch, warum Shamir und andere so großen Wert darauf legen, daß es ein antisemitisches Land geben muß. Dadurch wird Israel indirekt zum letzten und einzigen Refugium der Juden; neuerdings ist Österreich der sehr willkommene Prügelknabe. Zugleich ist man bemüht, ein gemeinsames Schicksal zu konstruieren und eine Art Solidarität in Israel selbst zu entwickeln, um die ständige Kriegführung (»belligerency«), wie sie von den Machthabern in Israel proklamiert wird, politisch zu rechtfertigen. Während Israel die anderen bedroht, erklärt es immer, selbst bedroht zu sein - und manche wollen es glauben.

Das Ansehen des Staates Israel in den ersten Jahren nach seiner Gründung war nicht zuletzt auch deshalb so groß, weil hier eine Gesellschaftsform sich zu entwickeln schien, in der neue Ideen verwirklicht werden konnten, zum Beispiel der Kibbuzgedanke. Den europäischen Zionisten war sehr daran gelegen, weg von jenen Berufen zu kommen, die als typisch jüdisch galten, und so war man stolz auf manuelle Arbeit, vor allem in der Landwirtschaft. Israel hat Bewunderswertes in diesem Bereich vollbracht, vor allem, was die Urbarmachung von Wüstengebieten betraf. Diese Pionierleistung hat vielen imponiert, auch mir, trotz meiner kritischen Haltung zur Existenz des Staates Israel.

Als in einer zweiten Entwicklungsphase auch Industrie und Technik gefördert werden sollten, wurden wiederum viele wissenschaftliche Kreise in Europa angesprochen - man darf nicht vergessen, daß Israel nur aus einem relativ kleinen Bevölkerungspotential schöpfen konnte -, und für viele Intellektuelle war es geradezu eine Selbstverständlichkeit, nach Israel zu gehen.

Die neuerwachte Sympathie für den sogenannten Judenstaat hatte auch einige kuriose Aspekte. Vielen in Europa hat nicht so sehr imponiert, daß es den Juden in Palästina gelungen war, die Wüste zu begrünen, sondern daß sie sich als so tüchtige Militärs erwiesen; damit hielten sie die Grundthese des Rassismus, daß die Juden a priori feige wären, für widerlegt. Ich will nicht leugnen, daß die Zähigkeit der Israelis anfangs auch auf mich einen gewissen Eindruck gemacht hat; andererseits hat mich dies in meiner Grundauffassung bestärkt, daß unter anderen Voraussetzungen eben auch ein anderer Menschenschlag entsteht.

Israel verdankt seine Gründung im völkerrechtlichen Sinne einer Resolution der Vereinten Nationen, auf die sich seinerzeit gemäßigte arabische Staatsmänner beriefen, um die Existenz Israels im eigenen Lager plausibel zu machen. Die Resolution sieht die Schaffung zweier Staaten vor, eines arabischen und eines jüdischen. Diesem Beschluß der Vereinten Nationen hat Israel bisher nicht entsprochen, und deshalb wird und kann es einen Frieden für Israel vorerst nicht geben.

Als nach dem Krieg die Idee eines palästinensischen Staates entstand, glaubte mancher palästinensische Führer, daß dieser Staat auf dem Boden der Westbank und des Gaza-Streifens eine Art Piemont Palästinas werden könnte. Ähnlich wie bei der Befreiung und Einigung Italiens unter der Führung Viktor Emanuels II., des Königs von Piemont, sollte von diesem Staat eine Einigungsbestrebung aller Palästinenser ausgehen. Allmählich ist aus dieser propagandistischen Forderung eine realistische geworden, um so mehr, als es gerade im Mittleren Osten sehr viele kleine Staaten gibt, die ihre »Lebensfähigkeit« bewiesen haben, obwohl sie, wie Jordanien und der Libanon etwa, über keine eigenen Bodenschätze verfügen.

Die Träumereien gingen seinerzeit so weit, daß man sich ausmalte, das friedliche Israel, der friedliche palästinensische Staat und das friedliche Jordanien könnten eine Art Wirtschaftsgemeinschaft bilden; gerade weil sie nicht über das kostbare Rohöl verfügen, glaubte man, daß sie sich besonders intensiv um eine Zusammenarbeit bemühen würden. Daß eine solche Völkergemeinschaft in diesem Teil der Welt, der ja zu den reichsten gehört, ungeheure Chancen hätte, wurde mir immer wieder bestätigt.

Wir befinden uns an einem Wendepunkt: Entweder man schafft einen Staat Palästina, der mit Jordanien oder, was sehr viel besser wäre, mit Israel liiert sein müßte, oder man einigt sich mit Syrien auf einen Zustand der »non-belligerency«. Im Hinblick auf seine Verwundbarkeit wäre eine solche Lösung für Syrien durchaus interessant, aber sie ginge auf Kosten der Palästinenser, der Libanesen und schließlich der Jordanier.

Wie lange das heutige Israel angesichts der grenzenlosen Intoleranz gegenüber den palästinensischen Mitbewohnern des Landes und angesichts der Weigerung, die Voraussetzungen einer friedlichen Koexistenz mit den arabischen Staaten zu schaffen, bestehen wird, wage ich nicht vorauszusagen. Die große Bewegung der arabischen Welt, der Fundamentalismus, wird Israel sehr bald zu schaffen machen. Nur wenn zwischen den arabischen Staaten und Israel ein Friede zustande käme - Voraussetzung dafür ist die Lösung des Palästinaproblems -, ließe sich der sonst unaufhaltsame Vormarsch des Fundamentalismus vielleicht verhindern.

Andernfalls werden eines Tages vor der El-Aksa-Moschee in Jerusalem 50.000 junge Moslems stehen. Die stehen dann dort so, wie sie in Teheran gestanden sind und den Schah vertrieben haben - und der Schah schien ursprünglich mächtiger zu sein als die israelische Regierung heute. Wenn diese jungen Leute vor die Moschee ziehen und dort stehenbleiben, wie lange wohl können die israelischen Soldaten schießen? Es ist ein ungeheures Verbrechen, die Jugend Israels in den Soldatenrock zu stecken und sie zu zwingen, ein Problem zu lösen, das sie nicht lösen kann, weil nämlich die Politiker es lösen müßten.

Die konservative arabische Welt - und sie ist vorwiegend konservativ - war eine Zeitlang durch die Entwicklung im Iran in höchstem Maße beunruhigt. Was in weiterer Folge mit dem iranischen Fundamentalismus geschehen wird, ist die große Frage. Den iranischen Expansionismus hat man allerdings schon früher, zu Zeiten des Schahs, zu fürchten begonnen. Als ich den Schah von Persien 1974 in Teheran besuchte und mit ihm über seine fieberhaften Rüstungsbestrebungen sprach, gestand er mir, sein wichtigstes politisches Ziel sei es, aus Persien eine Supermacht zu machen. Auf meine erstaunte Frage, ob er mit den bestehenden Supermächten konkurrieren wolle, lachte er und meinte, das nicht, aber er strebe eine Supermachtstellung am Golf an. Dies schien nach dem Stand der damaligen Entwicklung ein durchaus realistisches Ziel zu sein. Einer der klügsten Staatsmänner am Golf, dem ich dies berichtete, zog daraus die Schlußfolgerung, der Todfeind der arabischen Welt stehe eigentlich nicht in Israel.

Sicher wäre das mit den Vereinigten Staaten eng liierte Persien als Wächter am Golf sehr willkommen gewesen. Aber auch die Sowjetunion hatte zum Schah ein ausgezeichnetes Verhältnis.

1975 kam der Schah von Persien zu einem sechstägigen inoffiziellen Besuch nach Österreich; Kreisky beim Schah im Hotel »Imperial« in Wien.

Ich erinnere mich noch an die freimütigen Unterhaltungen mit Chruschtschow Anfang der sechziger Jahre. Für Chruschtschow war der Schah von Persien russischer Herkunft. Um mich davon zu überzeugen, meinte er: »Sie können sich nachher bei Marschall Budjonny erkundigen. Er hat mit dem Vater des jetzigen Schahs in einem Regiment gedient und weiß alles über den ersten Schah.«

Chruschtschow führte weiter aus, daß in dem Maße, wie das Erdgas an Bedeutung gewinne, Persien als Handelspartner für Europa immer wichtiger werde. Die europäischen Länder, die mit Persien einen Erdgasvertrag zu schließen wünschten, sollten mit russischem Erdgas versorgt werden, und die Russen sollten dafür aus dem persischen Erdgas Kompensation erhalten; das wäre billiger als dessen sehr kostspieliger, nur mit Hilfe komplizierter chemischer Technologien möglicher Transport nach Europa.

Der Schah hatte nicht nur ein herzliches Verhältnis zu den beiden Supermächten, er war auch ein offener Freund Israels und hat sehr viel technische Hilfe von dort bezogen, vor allem auf dem Gebiet der Wasserwirtschaft. Da er in allem versuchte, den Traditionen zu entsprechen, wollte er offenbar auch die aus der Geschichte überlieferte projüdische Haltung Persiens wiederbeleben. Die Vorliebe des Schahs für alles in der Weltgeschichte längst Vergangene korrespondierte auf fast unheimliche Weise mit dem Niedergang seiner Macht: Je weniger das persische Volk den Schah als seinen natürlichen Herrscher empfand, desto mehr bemühte er sich um die Lebendigmachung der großen persischen Geschichte; man denke nur an die pompöse 2500-Jahr-Feier in den Ruinen von Persepolis 1971. Wie mir der spanische König - damals noch Prinz von Spanien und designierter Nachfolger Francos - erzählte, hat ihn der Schah mehrmals gewarnt, sich bei der Verwirklichung der Demokratie in Spanien allzuviel von Willy Brandt und mir beeinflussen zu lassen. Das ginge ihm zu rasch. Als mir König Juan Carlos davon erzählte, meinte ich: »Und die Entwicklung in Persien wird wahrscheinlich zu langsam gehen.«

In der arabischen Welt fürchtet man, daß sich der islamische Fundamentalismus vor allem in den kleineren Ländern, die über einen beachtlichen Reichtum verfügen, durchsetzen könnte. Die sogenannten Suks, die Handelszentren der arabischen Staaten, werden meist von Persern geführt; wer die Bedeutung dieser gutorganisierten wirtschaftlichen Einrichtungen kennt und weiß, in wie vielen Läden heute das Bild des Ajatollah Khomeini hängt, wird die Sorge vieler Araber verstehen.

Es gibt viele historische Belege dafür, daß sich zwei Staaten lange Zeit heftig bekämpften, um schließlich in engster Freundschaft miteinander zu leben. Auch zwischen einem friedlichen Israel und einem autonomen Palästinenserstaat könnte eine solche Entwicklung durchaus möglich sein, vor allem, da sie kulturell auf fast gleicher Stufe stehen. Vor allem wären die Intelligenten der gebildeten Palästinenser nicht sehr verschieden von den Gebildeten in Israel. Überdies sind die Palästinenser wahrscheinlich das einzige arabische Volk, das eine Demokratie ähnlich wie in Israel aufbauen könnte.

Würde auf beiden Seiten die politische Verantwortung von Menschen übernommen, die sich von solchen Erwägungen leiten lassen, hätte die Region durchaus eine Zukunft. In Israel gibt es manche, die das ganz ähnlich sehen, allerdings nicht in den Kreisen, die im Augenblick regieren. Einer von ihnen ist sicher der Minister ohne Portefeuille, Ezer Weizman, der im Geiste seines Onkels eine Annäherung zustande bringen könnte. Auch von dem hochintelligenten, sehr vornehmen Abba Eban, der südafrikanischen Ursprungs ist, könnte man sich ähnliches erwarten, und von einigen anderen. Sie alle haben jedoch nicht genügend Durchschlagskraft, um mit dem brutalen Chauvinismus der Sharons, Shamirs und Rabins fertig zu werden. Peres nenne ich in diesem Zusammenhang nur ungern, da er meiner Erfahrung nach eine allzu schillernde Persönlichkeit ist.

Natürlich werden die erforderlichen Strukturen nicht in unmittelbarer Zukunft geschaffen werden können. Zunächst wäre ein Zustand der Autonomie für die Palästinenser herbeizuführen, der es ihnen erlaubt, ihre eigenen Geschäfte zu besorgen, so daß sie sich mit einer transitorischen Lösung zufrieden geben könnten, die dann zur Selbständigkeit führen müßte. Neue Staaten in diesem Teil der Welt sind gewiß nicht ohne sogenannte Souveränitätsbeschränkungen denkbar, etwa was die Bewaffnung betrifft; aber daß dies nicht unbedingt als Belastung empfunden werden muß, zeigt das Beispiel des österreichischen Staatsvertrags. Arafat hat verschiedentlich zu verstehen gegeben, daß man derartige Souveränitätsbeschränkungen im Interesse Israels durchaus akzeptieren würde. Ich möchte allerdings noch einmal betonen, daß mir das Argument von der angeblichen Bedrohung Israels und die daraus abgeleiteten Sicherheitsinteressen die tatsächlichen Verhältnisse in euphemistischer Weise in ihr Gegenteil zu verkehren scheinen, denn im Augenblick stellt ja die Politik Israels die eigentliche Bedrohung dar.

Ich glaube, daß ein autonomer Palästinenserstaat auch für Israel die beste Lösung wäre. Sein Platz wäre jedenfalls sicherer, als gegenwärtig denkbar ist. Die militärische Stärke Israels, die heute für seine Nachbarn eine Gefahr darstellt, könnte ein Stabilitätsfaktor für die gesamte Region werden. Ein ständig auf Expansion bedachtes Israel muß sich diesen Gedanken natürlich verschließen. Aber ein friedliches Israel würde bald wieder jene Sympathie in der demokratischen Welt finden, wie das in den ersten Jahren nach der Staatsgründung der Fall war.

So wie sich die heutige Bevölkerung Israels von derjenigen unterscheidet, die den Aufbau des Staates in Angriff genommen hat, so hat sich auch der Geist gewandelt. Die Vorstellung, wonach die Juden in aller Welt etwas ganz Besonderes darstellen, ist schon wenige Jahre nach Gründung des Staates Israel desavouiert worden. Kaum daß sie ihren eigenen Staat gebildet haben, sind sie rasch allen Lastern eines modernen Staatswesens erlegen. Viele stereotype Ansichten über die Juden sind damit passé. Arthur Koestler scheint also recht gehabt zu haben, wenn er in seinem Buch »Diebe in der Nacht« prophezeite, daß für die Juden die Stunde der Entscheidung gekommen sei: entweder sich zu Israel zu bekennen und grundsätzlich bereit zu sein, dorthin auszuwandern, oder aber definitiv die Assimilation zu besiegeln. Israel versucht mit allen Mitteln, die Assimilation zu behindern, aber ich glaube nicht, daß diese Entwicklung aufzuhalten ist.

Ich möchte dieses Kapitel abschließen mit der deutlich geäußerten Meinung, daß das Palästinaproblem lösbar ist. Alle Probleme sind lösbar; wenn sie unlösbar zu sein scheinen, dann oft nur deshalb, weil niemand sich die Mühe macht, sich eingehend damit zu befassen - und auch weil es den meisten Politikern an Phantasie mangelt. Politiker sollten sich das berühmte Wort Einsteins zu Herzen nehmen: »Imagination is more important than knowledge.« Wer sich dazu nicht bereit findet, wird sein Leben lang ein kleiner Handlungsreisender in politischen Fragen bleiben, wie wir sie im Überfluß kennen. Natürlich stellen sich die Ergebnisse nicht von heute auf morgen ein; dazu bedarf es des langen, beharrlichen Arbeitens. Aber eines hat die Imagination dem Kleinmut des Krämers voraus: sie schafft langfristige Perspektiven, für die es sich politisch einzusetzen lohnt.

13. Kapitel

Grundlagen der Nahostpolitik

Für mein Engagement in der Mittelostfrage gibt es drei Hauptgründe. Erstens ist es für mich als Sozialist unerträglich, daß Menschen mit Gewalt aus ihrer Heimat vertrieben werden. Dieses Schicksal habe ich 1938 persönlich erlitten, und wenn auch das Leben in Schweden am Ende sehr angenehm war, so habe ich seither dennoch eine ganz unpathetische Formel für Heimweh: Heimweh heißt, nicht nach Hause fahren zu dürfen. Kein Emigrant wird dieses Gefühl jemals ganz loswerden. Daß Hunderttausende aus ihrer Heimat vertrieben werden, sollte niemand gutheißen, schon gar nicht ein Mann sozialistischer Gesinnung, der selbst jahrelang im Exil hat leben müssen.

Zweitens bin ich sehr früh zu der Überzeugung gekommen, daß das neue Israel nur als eine Art Kreuzfahrerstaat existieren kann und sich ununterbrochen im Kampf mit Nachbarn wird behaupten müssen, falls es sich nicht zu einer friedlichen Politik der guten Nachbarschaft entschließt. Es ist nur eine Frage der Zeit, bis Israel in einer solchen Auseinandersetzung untergehen wird. Soll der Staat Israel Bestand haben, muß man über die Bedingungen nachdenken, unter denen die Existenz dieses Staates gesichert werden kann. Eine Überlebenschance hat Israel nur in einer friedlichen Umwelt, bestenfalls in einer Welt der Koexistenz.

Drittens, so habe ich mir immer wieder gesagt, können wir der arabischen Welt gegenüber nicht gleichgültig bleiben. Da dort wesentliche Reserven der europäischen Energiewirtschaft liegen und man in einer gewissen Abhängigkeit steht, kann man die politischen Konsequenzen nicht ignorieren. Man kann das arabische Öl nicht isoliert sehen. Daß ich mit dieser Auffassung recht behielt, zeigte sich 1973, als ich infolge des Ölschocks einen Durchbruch bei der Sozialistischen Internationale erreichte.

Die Anerkennung der wirtschaftlichen Realität und die politische Erkenntnis, daß die Existenz Israels nur gewährleistet ist, wenn es gelingt, das Verhältnis mit den arabischen Staaten zu normalisieren, sind die Grundpfeiler einer erfolgreichen Politik im Mittleren Osten. Ein entscheidender Schritt ist insofern getan, als heute in Europa niemand mehr ernsthaft bezweifelt, daß der Nahostkonflikt ein zentrales Problem der Gegenwart ist. Sogar die Amerikaner beginnen das langsam zu begreifen. Einer der ersten, die meine Ansichten teilten, war George Ball.

Unsere sichtbare Übereinstimmung in Fragen des Nahen Ostens war keine Selbstverständlichkeit, denn die Haltung, die George Ball einnahm, wich in vielem von der offiziellen amerikanischen ab. So trat er zum Beispiel dafür ein, die Nahostfrage unter Einschluß des Palästinenserproblems zu lösen. 1981 schrieb er darüber in »Foreign Affairs«: »Wenn wir unsere erklärten Grundsätze als humane Nation nicht ad absurdum führen wollen, so darf die Sicherstellung der territorialen Unversehrtheit Israels innerhalb der Grenzen, wie sie vor 1967 bestanden, nicht bedeuten, daß wir - aus dem Wunsch heraus, vergangenes und andernorts geschehenes Unrecht gutzumachen - Unrecht entschuldigen oder ermutigen. Unsere diplomatischen Bemühungen müssen daher auf das feste Ziel gerichtet sein, die 1,2 Millionen Palästinenser im Westjordanland und im Gazastreifen von den in zweifacher Hinsicht erschwerenden Umständen zu befreien, die aus einer 13jährigen, zunehmend repressiven, militärischen Besetzung und einer Siedlungspolitik resultieren, welche die palästinensischen Bewohner des Westjordanlandes mehr und mehr von ihrem Land und ihren Wasserreserven ausschließt und sie zwingt, ihre Heimat zu verlassen. Logische Überlegung und praktische Erfahrung dürften eigentlich keinen Zweifel mehr daran lassen, daß ein ehrenhafter und dauernder Friede nur möglich ist, wenn die Sicherheit Israels mit der Selbstbestimmung der Palästinenser in Einklang gebracht wird [...] Die Grundsätze der zivilisierten Welt verlangen eine direkte Vertretung der Palästinenser bei allen Verhandlungen, die ihr Schicksal betreffen.«

In den vielen Jahren, in denen mich diese Frage beschäftigt, habe ich auf amerikanischer Seite keinen so entschiedenen Verfechter einer vernünftigen friedlichen Lösung gefunden wie George Ball. Auch was die Sowjetunion und die wirtschaftlichen Beziehungen zu ihr angeht, bewies George Ball sehr viel Weitblick. 1966 ist er als einer der letzten Großen der Ära Kennedy aus der aktiven Außenpolitik ausgeschieden, kam seither jedoch wiederholt nach Wien.

Viele meiner Landsleute haben meine Haltung in der Nahostfrage als politischen Exzeß empfunden. Aber ohne diese »kosmopolitischen Exzesse« wäre mir meine ganze politische Tätigkeit in höchstem Maße inhaltslos erschienen. Für mich war das Palästinaproblem immer eine historische, politische und wirtschaftliche Einheit, und sonderbarerweise haben das viele Menschen außerhalb Europas eher verstanden als die meisten Europäer, im besonderen meine eigenen Landsleute. Im übrigen will ich nicht verschweigen, daß mein Engagement nicht nur mir persönlich, sondern Österreich insgesamt ein gewisses Ansehen draußen in der Welt verschafft hat.

Man muß sich ja immer wieder bemühen, zu einer globalen Betrachtungsweise der Probleme zu gelangen. So war ich sehr früh der Auffassung, daß es die Aufgabe des demokratischen Europa sei, die arabische Welt auf ihrem mehr oder weniger langsamen Weg aus der Feudalität hin zu einem gewissen demokratischen Verständnis zu begleiten. Die arabische Welt und Europa schienen mir von Anfang an natürliche Partner zu sein, zumal da sie sich kulturell sehr nahestehen. In meinen Augen war es daher geradezu eine Pflicht der Sozialistischen Internationale, über der Aufrechterhaltung guter Beziehungen zu Israel nicht die arabische Welt zu ignorieren. Das hat mich zu einer doch sehr beträchtlichen Aktivität veranlaßt. Die Bedeutung, die ich dieser Frage beimaß, schien mir die Strapazen zu rechtfertigen.

Im übrigen hat es in der Geschichte Österreichs immer eine gewisse Neigung gegeben, sich mit der arabischen Welt zu beschäftigen. 1683 wurden die Türken, die auf dem Höhepunkt ihrer politischen und militärischen Macht ein Reich von Algerien bis weit hinein nach Europa beherrschten, vor Wien zurückgeschlagen. Wenn Österreich unter der Regierung Maria Theresias eine Art Blütezeit erlebte, dann nicht zuletzt deshalb, weil spätestens mit der Eroberung Belgrads durch Prinz Eugen 1717 die »Türkengefahr« endgültig gebannt war. Das hat sich unter anderem auch in der Kunst niedergeschlagen: Das mariatheresianische Barock war letzten Endes eine Manifestation des Sieges über die »Ungläubigen«; hier verkündete die jubelnde Kirche - »ecclesia triumphans« -, daß das Abendland sich nicht mehr zu fürchten brauchte. In den folgenden Jahrhunderten entwickelte sich ein nachbarschaftliches Verhältnis zur islamischen Türkei, und in gewissen Teilen des türkischen Reiches wurde Österreich sogar als eine Art Schutzpatron empfunden.

Während meiner Zeit als Staatssekretär hatte ich als Leiter des Büros einen Freund aus der sozialistischen Mittelschulbewegung, Karl Hartl. Er war ein skurriler und geistreicher Mensch, der trotz seiner hohen Intelligenz im Laufe seiner Karriere nur auf zweitrangige Posten kam. Von 1950 bis 1955 war er auf seinem dritten Posten als Generalkonsul in Israel gewesen und hatte sich dort um den Ausbau der diplomatischen Beziehungen verdient gemacht. Von Tel Aviv kam er direkt zu mir. Immer wieder erzählte er mir von den Problemen, mit denen der Staat Israel eines Tages zu ringen haben werde, aber ich gestehe, daß ich mich für die Entwicklung in dem neuentstandenen Staat damals nicht besonders interessierte. Im übrigen hatte ich als Staatssekretär nicht sehr viel Bewegungsfreiheit. Später, in meiner Zeit als Außenminister, war ich zwar unabhängiger, aber alles, was ich unternahm, mußte in direktem Zusammenhang mit der österreichischen Außenpolitik stehen.

Erste Kontakte mit Vertretern der arabischen Staaten nahm ich bei den Vereinten Nationen auf; das war im Jahre 1960 im Zusammenhang mit dem Befreiungskampf Algeriens. Ich versuchte damals, den Block der arabischen Staaten, die als erste geschlossen auftraten, für die Südtirolfrage zu gewinnen. Daß ich mich im Gegenzug für eine Anerkennung der algerischen Freiheitsbewegung FLN einsetzte, war freilich alles andere als Opportunismus: es entsprach meiner politischen Gesinnung.

Ich traf damals nicht nur mit tunesischen und marokkanischen Diplomaten zusammen, deren Länder bereits die Unabhängigkeit erlangt hatten, sondern auch mit Vertretern verschiedener Freiheitsbewegungen; unter ihnen war die algerische die größte und militanteste, ihr Kampf in jeder Hinsicht einer der dramatischsten der Epoche. Interessant war die Haltung der Vereinigten Staaten: Während ihre Sympathien in Indochina den nichtrevolutionären Kräften galten, hat der Kampf Algeriens in eindeutiger Weise, wenn auch nicht offiziell, die Unterstützung der amerikanischen Diplomaten gefunden. Für die Sozialistische Internationale hingegen war die Haltung im algerischen Freiheitskampf kein Ruhmesblatt.

Die Diplomaten in meiner Umgebung standen großteils auf der Seite Frankreichs. Dem Befreiungskampf der Algerier gab man wenig Chancen; viele kenntnisreiche Diplomaten meinten sogar, man könne billigerweise gar nicht von einem Freiheitskampf sprechen, da doch Algerien den Charakter eines französischen Departements anstrebe. Wenn ich mit den Algeriern zusammenkam, die alle ein makelloses Französisch sprachen – nur der Akzent der Senegalesen klang noch französischer –,

Besuch des ägyptischen Außenministers Fawzi in Wien 1964.

schien auch mir eine gewisse Diskrepanz zwischen den Normen der Kultur und den Idealen der Freiheit vorzuliegen. Dennoch habe ich den algerischen Freiheitskampf unterstützt. Dabei lernte ich auch den Staatspräsidenten von Tunesien, Bourguiba, kennen, der während vieler Jahre mein »Kontaktmann« zur arabischen Welt blieb.

Einer der ersten Araber, zu denen ich ein besonderes Nahverhältnis empfand, war Fawzi, den General Nagib zum Staatssekretär im ägyptischen Außenministerium ernannt hatte. 1958 lernte ich ihn kennen. Er war ein freundlicher, hochkultivierter Mann, dem ich sehr viele Einsichten in die Probleme des Mittleren Ostens verdanke. Diejenigen, die einem die Dinge erklären sollten, waren ja nicht immer diejenigen, die einem auch zu Einsichten verhalfen; man spürte allzu deutlich die Vorurteile, die sie bewegten.

Als Fawzi einige Jahre später als Außenminister nach Wien kam, äußerte er als großer Wagner-Liebhaber den Wunsch, in der Wiener Staatsoper eine Aufführung der »Meistersinger« zu sehen. Auch ich war inzwischen aufgestiegen. In meiner Jugend hatte ich noch das letzte Nachbeben des Kampfes zwischen

Wagnerianern und Nicht-Wagnerianern mitbekommen und war entsetzt über die Art und Weise, wie dieser Streit ausgetragen wurde; meine letzten Sympathien für Wagner wurden mir dann von den Deutschnationalen vergällt. So sah ich dem Abend in der Wiener Staatsoper mit sehr gemischten Gefühlen entgegen.

Ich begleitete Fawzi in die Oper, ließ die Ouvertüre über mich ergehen, schlich mich dann aus der Loge und besuchte ein Musical. Rechtzeitig zum Preislied am Ende des 3. Akts kehrte ich in die Staatsoper zurück. Ein glücklicher Fawzi war dann mein Gast beim anschließenden Souper. Ich kann nicht sagen, daß ich ein Gegner der Musik Richard Wagners bin; ich bin nicht musikalisch genug, um ein so apodiktisches Urteil zu fällen. Die Wagner-Opern sind mir einfach zu lang, und mein Musikverständnis reicht nicht aus. An Musicals hingegen empfand ich immer großes Vergnügen.

Nach dem Essen habe ich Fawzi nach seiner Meinung über Israel gefragt. Er war überraschend gemäßigt und meinte, Juden und Araber seien ja doch Vettern, und es müßte durchaus möglich sein, hier ein friedliches Verhältnis zu schaffen. Trotz seines später engen Verhältnisses zu Nasser hat Fawzi immer eine gewisse Versöhnlichkeit Israel und den Juden gegenüber bewahrt. Die Ägypter schienen mir damals überhaupt sehr viel gemäßigter, als man aufgrund der Reden Nassers allgemein annehmen mußte.

Ein hohes Maß an Verständnis für die Probleme im Mittleren Osten verdanke ich auch dem ägyptischen Botschafter in Wien, Tohami. Er war ein hoher Offizier aus der Umgebung Nassers, der, wie ich erfuhr, eine besondere Rolle in den arabischen Staaten spielte und an verschiedenen Umsturzplänen beteiligt war. Bei seinem Antrittsbesuch 1963, dem viele andere folgen sollten, hat sich Tohami der Mühe unterzogen, mich mit den Problemen der arabischen Welt vertraut zu machen. Er war offensichtlich ein harter, unnachgiebiger Mann, ein sehr leidenschaftlicher Verfechter des Islam und der arabischen Welt; zudem war er sehr fromm und hätte, von heute aus betrachtet, durchaus führend in einer fundamentalistischen Gruppierung werden können. Israel schien er zu akzeptieren; nur der deutlich erkennbare Wille Israels, Jerusalem zur Hauptstadt zu machen, mißfiel ihm wegen der heiligen Stätten der Araber. Ich hatte das eindeutige Gefühl, daß er im Kommunismus den eigentlichen Feind der arabischen Welt sah und dem entgegenzuwirken suchte.

Antrittsbesuch des ägyptischen Botschafters Tohami am 22.4.1963.

Es wurde damals viel über die Jordanwasserableitung gerätselt. Auf einer Gipfelkonferenz der Arabischen Liga vom 13. bis 16. Januar 1964 in Kairo beschlossen 13 arabische Staaten Maßnahmen gegen israelische Pläne, mit Hilfe von Jordanwasser die Wüste Negev zu bewässern. Die Quellflüsse des Jordan sollten soweit wie möglich abgeleitet werden, um das israelische Projekt zu verhindern. Die Empfindlichkeit Israels in diesem Punkt war außerordentlich groß. Für Ägypten hätte die Ableitung des Jordans keinerlei Bedeutung gehabt, nur wollte man sich von einer aktiven Solidaritätsaktion der Araber nicht ausschließen.

Tohami versuchte mir zu erklären, warum eine solche Aktion ein sehr gefährliches Unterfangen wäre. Die Jordanwasserableitung werde die Vereinigten Staaten nämlich dazu veranlassen, einem alten Wunsch Israels zu entsprechen und das Geheimnis eines Verfahrens zur Meerwasserentsalzung preiszugeben, bei dem Plutonium freigesetzt wird. Es hieß damals, die Vereinigten Staaten hätten bei einer Übernahme dieses Verfahrens durch Israel sehr ernste Bedenken. Nasser kenne die amerikanischen Überlegungen und stehe dem Plan der Jordanwasserableitung

Nehru, Tito und Nasser im Gespräch über die Bildung einer Gruppe der Blockfreien, Brioni, Juli 1956.

deshalb skeptisch gegenüber. Im übrigen glaube er nicht, fügte Tohami hinzu, daß Israel so bald in den Besitz der Atombombe gelangen werde. Allerdings könnte Plutonium auch als Artilleriemunition verwendet werden; die Wirkung wäre angesichts der geographischen Verhältnisse vernichtend. Ich hörte interessiert zu und glaubte, die Bedeutung dieser Frage zu verstehen.

Im März 1964 besuchte ich zum ersten Mal Ägypten. Nasser hatte mich wiederholt eingeladen, und ich wollte ihn dafür gewinnen, von seinem einseitigen Standpunkt abzurücken, sich nur mit den Blockfreien zu beschäftigen. Nachdem bereits auf der Konferenz von Bandung 1955 entsprechende Ideen diskutiert worden waren, hatte Tito 1959 die Initiative zu einer ersten Konferenz der blockfreien Staaten ergriffen. An der im September 1961 in Belgrad stattfindenden Konferenz nahmen Repräsentanten von 24 Staaten teil, darunter Tito, Nehru, Nasser und Sukarno; drei Länder schickten Beobachter.

Ich versuchte, Nasser deutlich zu machen, daß sich vieles klären lassen würde, wenn sich die Blockfreien entschließen könnten, einen Schritt auf die sozialistischen Parteien Westeuropas

Treffen mit Präsident Nasser; im Hintergrund der damalige Leiter der politischen Abteilung des Außenministeriums, Kurt Waldheim; März 1964.

zuzugehen. Im Gespräch mit ihm führte ich auch aus, daß man vom Antisemitismus sehr deutlich werde abrücken müssen, wolle man nicht allzusehr in die Nähe vergangener Regime kommen. Nasser hörte mir aufmerksam zu, sprach dann aber über Kairo, die neuen Hotels und die Skyline. Ägypten befinde sich in einem Prozeß fieberhafter Entwicklung, und daher freue er sich besonders, daß ich mich entschlossen hätte, das Land und seine Politik gründlicher kennenzulernen. Das Besichtigungsprogramm war dementsprechend. Einen großen Teil hatte ich bereits absolviert, so daß ich Nasser sagen konnte, wie sehr mich der »große Damm« beeindruckt habe. Am Assuan-Damm bauten nach dem fehlgeschlagenen amerikanischen Erpressungsmanöver vor allem russische Techniker und Arbeiter. Sie lebten streng abgesondert in eigenen Siedlungen und hatten ihre eigene Verpflegung; dieses »unsolidarische« Verhalten hat den Russen später auch in anderen Teilen der Welt sehr geschadet.

Nasser erschien mir als sehr schweigsam; wenn er sprach, dann auf eine nüchterne Art und mit einer sanften Stimme, was mich für ihn einnahm. Ich hatte das Gefühl, daß er sich – und das

Am Assuan-Damm, März 1964.

nicht zu Unrecht - als Führer der revolutionären arabischen Bewegung sah. Über die Jordanwasserableitung sagte er mir dasselbe, was mir Tohami erzählt hatte; ich habe es natürlich peinlich vermieden, auch nur anzudeuten, daß ich die Geschichte schon kannte.

Um so unverständlicher war es für mich, daß bei der arabischen Gipfelkonferenz wenige Wochen zuvor die Ableitung des Jordanwassers beschlossen worden war - und zwar mit der Stimme Ägyptens. Bei einem Abendessen, das ich für Außenminister Fawzi gab, habe ich meinem Gast aufgrund unserer langjährigen Verbindung die Frage gestellt, wie das denn zusammenpasse. Ich müsse wissen, meinte Fawzi, daß für eine solche Konferenz in erster Linie der Grundsatz gelte, Beschlüsse zu fassen, um die Aufmerksamkeit der Welt auf sich zu lenken; in den nächsten sechs Monaten würde den Teilnehmern dann Gelegenheit gegeben, darüber nachzudenken. Diese Erklärung hat mich sehr beeindruckt und mir die Problematik arabischer Gipfelkonferenzen bewußtgemacht.

Ich sprach mit Fawzi unter anderem auch über die Palästinenser. Die Palästinenser außerhalb der Lager, also diejenigen, die Berufe in arabischen Ländern ausüben können, hätten vor allem ein Interesse: einen palästinensischen Paß zu erhalten, der ihre Nationalität bestätigt. In Parenthese möchte ich bemerken, daß mir Golda Meir als eines der ersten Argumente entgegenhielt, Palästinenser gäbe es nicht, denn sie wären schlicht und einfach Araber. Sollte es jemals zu einer Verständigung kommen, meinte Fawzi, würde nur ein kleiner Teil der Palästinenser zurückkehren; Fawzi schätzte ihre Zahl auf wenige hunderttausend, und dies sei von Israel leicht zu verkraften.

Vorerst komme es darauf an, vertriebenen Palästinensern das Recht zu verschaffen, jederzeit und ungehindert ihre in Israel lebenden Verwandten und die Gräber ihrer Vorfahren zu besuchen. Fawzi war, auf eine vorsichtige, aber dennoch offenherzige Art, Anhänger einer friedlichen Lösung mit Israel. Eine Verständigung über das Palästinaproblem könne dieses Gebiet zu einem der florierendsten Märkte des östlichen Mittelmeers machen. Auch wenn es ihm schwerfalle, daran zu glauben, man müsse unablässig nach einer Lösung suchen.

Mit reichen Eindrücken und verbesserten Kenntnissen über die aktuellen Fragen des Mittleren Ostens - es war eigentlich nur um die Beziehungen Ägyptens zu Israel und um die Palästinenser gegangen, das Problem Jordanien hatte keine besondere Rolle in unseren Gesprächen gespielt - kehrte ich nach Wien zurück. Es war mir klargeworden, daß die häufige Erwähnung der geplanten Ableitung des Jordans dazu dienen sollte, mir eine Botschaft mitzugeben. Bekanntlich ist es bis zum heutigen Tage nicht zur Ableitung des Jordanwassers gekommen. Offenbar befürchtete man in Kairo jedoch einen Präventivschlag der Israelis, denen ich so deutliche Aggressionsabsichten damals allerdings nicht zutraute; die Übermittlung der ägyptischen Haltung würde, so hoffte man wohl, einen gewissen Eindruck auf die Amerikaner machen.

Der israelische Botschafter in Wien, ein Deutscher namens Michael Simon, der durch sein sehr korrektes Auftreten und in seiner Steifheit eher wie ein königlich preußischer Gesandter wirkte, nahm meine Schilderung mit einer gewissen Ironie entgegen. Er sei erstaunt ob meiner Naivität, derartiges in einen Besuch hineinzugeheimnissen; auch müsse er den Besuch eines österreichischen Außenministers in Ägypten als einen unfreundlichen Akt betrachten.

In lebhafter Erinnerung ist mir noch heute der Sechs-Tage-Krieg im Juni 1967, in dem es zunächst so aussah, als ob Israel mit dem übermächtigen Gegner Nasser nur sehr schwer fertig werden würde. Man konnte es sich eigentlich nicht recht vorstellen;

die Kampfkraft der israelischen Armee galt allgemein zwar als vorbildlich, aber der Krieg gegen die Armee eines 30-Millionen-Volkes schien mancherorts ein neuer Makkabäerkrieg zu werden. Abba Eban erklärte wenige Tage nach dem Sieg, als er auf dem Wiener Flughafen Station machte, einigen Funktionären des Außenministeriums, daß die ägyptische Luftwaffe durch eine besondere Taktik der israelischen total zerstört worden sei.

Im ehemaligen Eisenbahnerheim, dem heutigen Kongreßhaus Margareten, fand zum selben Zeitpunkt eine Kundgebung statt. Viele Besucher erfaßte ein geradezu patriotischer Rausch für Israel. Der so sympathische Bürgermeister Marek, ein leidenschaftlicher Freund Israels mit deutlich philosemitischen Tendenzen, hielt eine glühende Brandrede, mit der er die Anwesenden zu Beifallsstürmen hinriß. Mir waren solche Töne in der Seele zuwider. Da ich als Vorsitzender der Sozialistischen Partei ebenfalls das Wort ergreifen sollte, gab ich der Meinung Ausdruck, daß Kriege keine Probleme lösen, vor allem nicht im Mittleren Osten, und daß man so rasch als möglich versuchen müsse, zu Friedensverhandlungen oder Waffenstillstandsverhandlungen zu kommen. Meine Rede fand eigentlich nur die Zustimmung der wenigen dort anwesenden arabischen Studenten, die mit einer Feindseligkeit sondergleichen vom Publikum beobachtet wurden.

Ich gehöre zu denen, die bis heute nicht davon überzeugt werden konnten, daß es sich bei dem Sechs-Tage-Krieg wirklich um einen Akt der persönlichen Aggression Nassers handelte; Nasser wußte zu genau, daß er einen solchen Krieg nicht gewinnen konnte. Ich glaube vielmehr, daß Israel diesen Eindruck erwekken wollte, weil es umfassende präventive Maßnahmen ergriffen hatte. Einige Zeit nach der Niederlage bot Nasser seinen Rücktritt an, der jedoch nicht angenommen wurde. Nasser war damals schon dem Tode geweiht; er litt an einer schweren, unheilbaren Krankheit. Da dies vor der Weltöffentlichkeit geheimgehalten werden sollte, hat einer der Ärzte Nassers »den Tod gefunden«. Dies wurde mir von einem befreundeten ägyptischen Arzt bestätigt.

Wer sollte Nassers Nachfolger werden? Einer seiner außerordentlich radikalen Minister oder ein neuer General? Man wußte es nicht. Sadat war damals in Europa gänzlich unbekannt. Der Mann, der für Sadats Wahl von ausschlaggebender Bedeutung war, soll Tohami gewesen sein. Ob die Entscheidung auf Sadat fiel, um auf Nassers Stuhl einen relativ konzilianten Mann zu setzen, der ein Erfüllungsgehilfe des Führungsstabes zu sein versprach, oder ob man von seinen besonderen Fähigkeiten bereits wußte, konnte ich damals nicht beurteilen.

Die Hoffnung, daß es nun für lange Zeit keinen Krieg zwischen Arabern und Israelis geben werde, war trügerisch. Der Nachfolger Nassers konnte sich, wie er mir im März 1974 in der Wüste bei Alexandria erzählte, mit der schmählichen Niederlage im Sechs-Tage-Krieg nicht abfinden; auch war der Stolz der ägyptischen Armee zutiefst verletzt. Sadat fand einen Gleichgesinnten in Assad; die anderen ließen es bei starken Worten der Solidarität bewenden.

Zu jener politischen Mittlerrolle, die in vielen Teilen der Welt lange Zeit auf soviel Unverständnis stieß, fand ich über die Sozialistische Internationale. Ich hatte bis weit in die sechziger Jahre hinein selten Gelegenheit, den Sitzungen beizuwohnen, und wenn, stand ich im Schatten des Vorsitzenden der Sozialistischen Internationale, Bruno Pittermann. Meldete ich mich zu Wort, vertrat ich grundsätzlich die Auffassung, daß die sozialdemokratischen Parteien Westeuropas nicht in den großer Fehler verfallen dürften, wegen ihrer Sympathien für Israel die Verbindungen zur arabischen Welt zu ignorieren. Schon damals fiel mir auf, daß die Haltung der europäischen Parteien einseitig proisraelisch war, und das hielt ich für kurzsichtig und gefährlich. Immer wieder machte ich auf dieses Problem aufmerksam, über das ich als Außenminister sehr viel besser informiert war als die meisten europäischen Sozialdemokraten. Tage Erlander und vor ihm der frühere internationale Sekretär der schwedischen Partei, Kaj Björk, waren die einzigen, die für meine Haltung ein gewisses Maß an Verständnis zeigten, ohne dies jedoch öffentlich zum Ausdruck zu bringen.

Lange bevor ich Parteivorsitzender wurde, verlangte ich zum ersten Mal, die Internationale möge endlich eine Expertenkommission in die arabischen Länder entsenden, auch auf die Gefahr hin, daß ihr ein unfreundlicher Empfang bereitet werde. Es stehe der Internationale schlecht zu Gesicht, sich in diesen Fragen von vornherein auf die Auskünfte derer zu beschränken, zu denen man Beziehungen unterhalte. Mein Vorschlag einer fact-finding mission stieß immer wieder auf Ablehnung. Die Vertreter Israels hätten es gar nicht nötig gehabt, sich zu engagieren, dies nahmen ihnen die Vertreter anderer Länder ab. Besonders israelfreundlich und besonders negativ mir gegenüber verhielten sich vor allem die Holländer. Ich erwähne sie deshalb, weil einer ihrer führenden Köpfe, der Präsident der Zweiten Kammer des niederländischen Parlaments, Anne Vondeling, 1975 an der zweiten fact-finding mission teilnahm, um mich zu kontrollieren. Beim Abschiednehmen sah er sich veranlaßt, mir aufrichtig und herzlich für das Maß an Objektivität zu danken; besonders beeindruckt hatte ihn, wie er sich ausdrückte, mein »großer Mut«, den Arabern die Lage Israels näher zu bringen.

Golda Meir, die sich schon bei der Südtirolfrage vor den Vereinten Nationen als wenig hilfreich erwiesen hatte und die mir, fast möchte ich sagen, mit Verständnislosigkeit begegnete, weil sie es als abnormal empfand, daß ich mich in den Dienst eines Landes stellte, dessen Bevölkerung sich nach ihrer Vorstellung recht willig von Hitler hatte unterwerfen lassen, widmete ihre ganze Eloquenz der Sache des israelischen Volkes. Sie war bei den meisten Sitzungen der Internationale anwesend und hat mir eine rhetorische Niederlage nach der anderen bereitet.

Am 11. November 1973, gut einen Monat nach dem Jom-Kippur-Krieg, trafen sich in London die Parteivorsitzenden der Sozialistischen Internationale. Brandt, Wilson, Palme, Jörgensen, den Uyl und andere, die Regierungsverantwortung trugen, waren gekommen, und es war abzusehen, daß das Thema Ölkrise zur Sprache gebracht werden würde. Da ergriff Golda Meir nahezu intuitiv das Wort und meinte, da sie die Schwächen ihrer sozialdemokratischen Freunde kenne und damit rechnen müsse, daß sie angesichts der Entwicklung am Ölmarkt früher oder später umkippen, wolle sie von sich aus den Vorschlag machen, mich zum Führer einer fact-finding mission zu bestellen. So weit hatte ich mich ursprünglich gar nicht engagieren wollen, mußte aber angesichts der Worte Golda Meirs schließlich annehmen. Sie hat lediglich eine Bedingung gestellt: daß bei dieser ersten fact-finding mission in demonstrativer Weise auch Israel besucht werde.

Wenige Wochen vor Ausbruch des Jom-Kippur-Krieges war es in Niederösterreich zu einem ersten Terrorakt der Palästinenser gekommen. Auf dem Bahnhof Marchegg hatten zwei arabische Terroristen am 28. September aus einem Zug mit jüdischen Emigranten aus der Sowjetunion vier Geiseln entführt, drei Auswanderer und einen Zollbeamten. Unter dem Eindruck dieser Aktion ließ ich aus Sorge, weitere Anschläge könnten folgen, das Lager

Schönau sperren, das der Jewish Agency als direktes Durchgangslager für russische Juden nach Israel diente. Die jüdische Auswanderung aus der UdSSR über österreichisches Hoheitsgebiet sollte nicht unterbunden werden. Deutliche Hinweise auf organisierte Terroraktionen lagen unseren Sicherheitsbehörden schon seit 1972 vor.

Mit der Sperre des Durchgangslagers Schönau kam ich scheinbar einer Forderung der Terroristen nach. Mein oberster Leitsatz in der Politik war es immer gewesen, Menschenleben unter allen Umständen zu schützen, und von dem Augenblick an, in dem ich in die Geiselaffäre verwickelt wurde, habe ich danach gehandelt. Auch bei dem Anschlag auf die OPEC am 21. Dezember 1975, bei dem es drei Tote zu beklagen gab, habe ich versucht, weiteres Blutvergießen zu verhindern; im übrigen konnte ich mich darauf berufen, daß die in Betracht kommenden Regierungen mich dringend aufgefordert hatten, so zu verhandeln, daß keine weiteren Menschenleben gefährdet waren. Dennoch wurde ich beide Male heftig kritisiert. Aber, so frage ich, hat man denn in den Ländern, in denen sofort hart durchgegriffen wurde, weitere terroristische Aktionen verhindern können?

Als im Oktober 1977 eine Maschine der Lufthansa nach Mogadischu entführt wurde, entschied Helmut Schmidt, die Geiseln gewaltsam zu befreien. Man weiß heute, wie unglücklich viele der Geiseln über die Befreiungsaktion gewesen sind, weil es sehr leicht zu zahlreichen Toten hätte kommen können. Nun, es ging gut, aber jeder muß auf seine Weise mit solchen Situationen fertig werden und dafür auch die Verantwortung übernehmen. Ich habe die Sache eindeutig anders gehandhabt als meine Freunde in Deutschland. Dadurch, daß Österreich von 1956 bis 1973 fast 200.000 Auswanderern aus Osteuropa und der Sowjetunion als Durchreiseland diente, waren wir einer zusätzlichen Gefahr ausgesetzt. Der Flugplatz Schwechat bei Wien war für Terroristen geradezu eine Herausforderung.

Zu der OPEC-Tragödie wäre es im übrigen nie gekommen, wenn wir die prekäre Situation der OPEC ernster genommen hätten; aber wer konnte sich vorstellen, daß eine Konferenz, auf der es hauptsächlich um arabische Angelegenheiten ging, gefährdet war? Mit dem politischen Terrorismus hatte der OPEC-Überfall ja auch nichts zu tun; er diente dem Weltterroristen Carlos lediglich dazu, seine Terroristenkasse aufzufüllen. Einige führende Mitglieder der OPEC wollten nach dem Zwischenfall Wien verlassen, und ich hatte große Mühe, das zu verhindern; ich fürchtete, daß dann andere internationale Organisationen dem Beispiel folgen würden.

Der Fall Schönau hatte übrigens noch ein sehr ernstes Nachspiel. Von vielen Seiten wurde mir damals heftige Kritik zuteil. Und wieder waren es die Holländer, die sich besonders hervortaten. Nun muß man wissen, daß die holländische Botschaft in Moskau die Pässe russischer Juden bereitwillig mit den notwendigen Durchreisevisastempeln versah; wir aber mußten diesen Visastempeln erst einen Sinn geben, indem wir Einreisegenehmigungen erteilten, zu denen sich sonst niemand bereit fand. In aller Bescheidenheit muß ich anmerken, daß das Stempeln eines Passes sicherlich ein Zeichen der Sympathie und Freundschaft mit Israel war, aber eine Einreisegenehmigung zu erteilen und all die damit verbundenen Sicherheitsrisiken sowie die immensen Kosten auf sich zu nehmen, war sicherlich etwas anderes. Angegriffen wegen meiner Haltung im Schönau-Fall, schlug ich vor, daß meine Kritiker in der UNO und anderwärts ihren guten Willen und ihre Hilfsbereitschaft beweisen könnten, indem sie die Bürde, die wir auf uns genommen hatten, mit uns teilten. Es hat sich niemand gemeldet.

Ich gebe zu: die Tätigkeit der Jewish Agency in Österreich war mir ein Dorn im Auge. Ihre Vertreter traten immer anspruchsvoller auf, so als ob das Lager Schönau exterritorial wäre und die österreichischen Behörden hier nichts verloren hätten. Auch war das Recht der russischen Juden, ihr Reiseziel selbst zu bestimmen, durch die Aktivitäten der Jewish Agency höchst umstritten. Wenn Juden aus der Sowjetunion auswandern wollten, die nicht zur Weiterfahrt nach Israel bereit waren, legte man ihnen Steine in den Weg. Ich habe dafür Sorge getragen, daß jeder jüdische Auswanderer, einmal in Österreich angekommen, sein endgültiges Reiseziel in voller Freiheit bestimmen konnte.

Eines Tages erschienen bei mir einige Rabbiner einer ziemlich bedeutenden orthodoxen Sekte in den Vereinigten Staaten und dankten mir für meinen Einsatz, russischen Flüchtlingen die Möglichkeit zu geben, über Wien zu reisen und hier zu entscheiden, wo sie sich niederlassen wollten. Sie gehörten der Raw-Tov-Organisation an, die den »voreiligen Besuch« Israels für sündhaft hält, weil es der Überlieferung widerspricht, vor der Ankunft des Messias nach Jerusalem zurückzukehren. Es sei die Aufgabe des Messias, das Volk zurückzuführen.

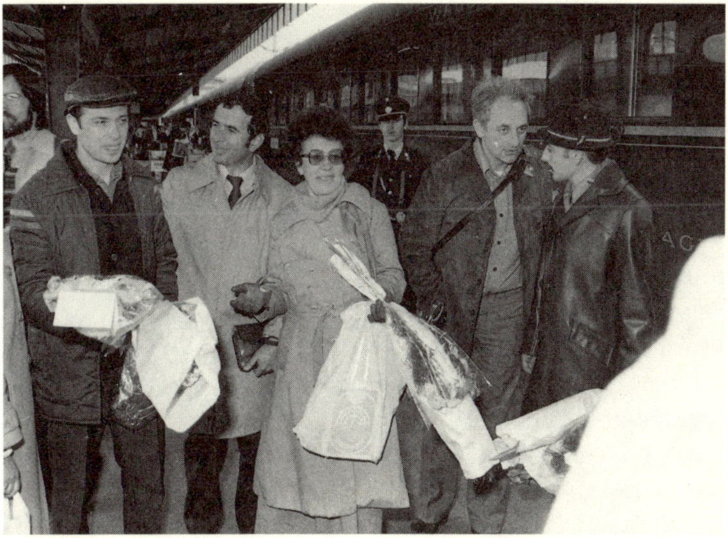

Ankunft jüdischer Emigranten aus der Sowjetunion in Wien.

Mehrere arabische Botschafter boten im September 1973 ihre Vermittlung an. Die Terroristen akzeptierten allerdings nur die Intervention des libyschen Botschafters Al-Ghadamsi, von den anderen wollten sie nichts wissen. Mir kam es vor allem darauf an, daß keine Menschenleben geopfert wurden und die von den Terroristen aus dem Zug gekidnappten Personen die Freiheit wiedererlangten. Da ich den Terroristen lediglich die Auflösung des Transitlagers Schönau versprach, die ich ohnehin ins Auge gefaßt hatte, habe ich mich also weder erpressen lassen, noch habe ich sie getäuscht.

Ich weiß nicht, ob ich übertreibe, aber ich glaube, daß die Sperre von Schönau in der ganzen Welt mit Empörung registriert wurde und zu Ausbrüchen besonderer Art führte; jedenfalls betonten die Zeitungen des Westens mit Nachdruck, daß der Verantwortliche ein »Mann jüdischer Herkunft« sei und man es wohl mit einer Form von »jüdischem Selbsthaß« zu tun habe. Vor allem holländische Journalisten beschuldigten mich in der wüstesten Art und wiederholten auch noch die primitivsten Argumente, die von israelischer Seite gegen mich vorgebracht wurden.

Wir haben damals sehr viel Pressearbeit leisten müssen, um Golda Meirs Behauptung zu widerlegen – die dafür am 2. Okto-

Am 2. Oktober 1973 kam Golda Meir eigens nach Wien, um mit Kreisky über die Schließung des Durchgangslagers Schönau zu sprechen. Die Versicherungen Kreiskys, daß Österreich weiterhin als Durchreise- und Asylland für russische Juden zur Verfügung stehen werde, akzeptierte sie erst zwei Jahre später bei einem Besuch Kreiskys in Israel.

ber eigens nach Wien kam –, die Sperre bedeute das Ende der Durchreise russischer Juden durch Österreich. In Wirklichkeit hatte ich nur die Sperre des Lagers Schönau verfügt und ausdrücklich erklärt, daß auch in Zukunft die Ein- und Durchreise möglich sein werde, aus Gründen der Sicherheit der Auswanderer freilich unter Benutzung österreichischer Einrichtungen. Das wollte man mir nicht glauben; die Tatsachen aber sprechen eine deutliche Sprache.

Aus der gesamten arabischen Welt erreichten mich damals Glückwunschschreiben, in denen mein Mut gepriesen wurde. Mein Verhalten hat mir viele neue Sympathien eingebracht; man verstand, daß meine Reden zum Mittelostproblem nicht leere, inhaltslose Phrasen waren, wie das sehr oft bei Diplomaten und Politikern der Fall ist, sondern daß ich auch bereit war, für meine Einstellung deutliche Beweise zu liefern. Von diesem Zeitpunkt an wurden meine Nahostvorschläge sehr viel ernster genommen, und die Behandlung, die man mir zuteil werden ließ, war von nun an mehr als nur ein Akt der puren Höflichkeit.

Sadat schickte nach dem Schönau-Fall einen seiner späteren Außenminister, Ismael Fahmi. Beim Weggehen machte Fahmi, wie mir schien, kryptische Andeutungen über einen bevorstehenden Krieg. Ich mußte ihn hastig verabschieden, weil ich in Ried im Innkreis an einer Wahlversammlung teilnahm. Trotz rasender Fahrt kamen wir zu spät. Im Auto besprachen mein Mitarbeiter Botschafter Thalberg und ich die Ereignisse, und ich meinte, das sei doch eine merkwürdige Äußerung gewesen, die Fahmi da am Schluß gemacht habe. Offenbar rechne man in nächster Zeit mit einer militärischen Konfrontation. Schon am nächsten Tag brach der Krieg aus.

Der Jom-Kippur-Krieg im Oktober 1973 war sicher einer der blutigsten; die Siege der gleichzeitig vormarschierenden ägyptischen und syrischen Armeen waren bemerkenswert, und mit den Erfolgen Israels schien es vorbei zu sein. In der Tat kostete es Israel beträchtliche Anstrengungen, um die weit über den Suezkanal vorgedrungenen ägyptischen Armeen zurückzuwerfen. Der sagenumwobene Geheimdienst Israels, Mossad, hatte nichts entdecken können, was auf einen bevorstehenden Angriff hindeutete, und auch der Generalstab schien vollkommen überrascht. Die Eröffnung der Kampfhandlungen am höchsten jüdischen Feiertag empfand man als besonders frevelhaft. Ich hielt das für naiv. Warum sollten die Araber auf einen jüdischen Feiertag Rücksicht nehmen? Im Gegenteil. An diesem Tage sollten der israelischen Armee die ersten Niederlagen bereitet werden.

Im März 1974, fünf Monate nach Beendigung des Jom-Kippur-Krieges, brach ich mit der fact-finding mission auf; Ägypten, Syrien und Israel standen auf dem Programm. In Ägypten angekommen, wurden wir zu einer Sitzung der Parteiführung der Regierungs- und Staatspartei Sadats eingeladen, wo man uns ein langes Sündenregister vorhielt. Es begann mit dem Angriff auf den Suezkanal 1956, an dem Vertreter von zwei Parteien beteiligt gewesen waren, die der Sozialistischen Internationale angehören, nämlich die Sozialisten Israels und Frankreichs (der englische Premier war damals der Konservative Eden). Dann wurden die Sünden Guy Mollets, der 1956/57 französischer Ministerpräsident war, und der »schändliche Verrat«, den er an den Algeriern begangen habe, wortreich geschildert. Wir nahmen diese Bemerkungen sehr ernst. Trotz allem, so wurde am Schluß betont, begrüße man die Initiative der Sozialistischen Internationale, von der man sich allerdings bei der Dominanz Israels nichts erwarte. Ägypten jedenfalls werde seinen guten Willen unter Beweis stellen. Die Möglichkeit, Präsident Sadat zu besuchen, wurde offengelassen - er befinde sich zur Erholung in einem kleinen Wüstenhaus in Alexandria.

Nach dem Treffen gestattete man mir, an den Suezkanal zu fahren, um die österreichischen Blauhelme zu besuchen, die gerade als UNO-Truppen eingekleidet wurden und inmitten der Trümmer ihre Gulaschkanone zum Einsatz brachten. Später habe ich Angehörige des österreichischen Bundesheers auch auf den Golanhöhen besucht. Ich war außerordentlich glücklich über diese Aufgabe, die dem Bundesheer Gelegenheit zu einer weithin sichtbaren Bewährungsprobe gab. Manche, die einem weltfremden Pazifismus und Defätismus huldigten, lehnten diese Funktion ab, weil sie die Notwendigkeit eines eigenen Heeres grundsätzlich in Zweifel zogen.

Die Blauhelme strahlten Frieden aus. Dennoch unterzogen sie sich einer lebensgefährlichen Aufgabe, die einige von ihnen, die auf den Golanhöhen und später auf Zypern eingesetzt waren, mit dem Leben bezahlten. Insgesamt waren es knapp 26.000 österreichische Offiziere und Soldaten, die von der Kongokrise bis heute im Dienst der UNO standen; 25 mußten ihr Leben lassen - davon 15 in Ausübung ihres Dienstes. Wenn wieder einmal eine Geschichte der UNO geschrieben werden sollte, wird man - bei aller Kritik - den Einsatz der UNO-Truppen in besonderer Weise hervorheben müssen. Man braucht sich nur vorzustellen, was alles hätte geschehen können, hätten diese friedensbewahrenden militärischen Einheiten aus aller Herren Länder nicht zur Verfügung gestanden.

Am 10. März 1974 besuchte ich Sadat in seinem Feriendomizil in der Nähe von Alexandria. Es wurde eine mühsame Fahrt durch die Wüste. Sadat, so hatte man mir deutlich zu verstehen gegeben, wolle nur mich allein empfangen; nicht einmal vorstellen durfte ich die Mitglieder unserer elfköpfigen Delegation. Aus Angst vor eventuellen Mißverständnissen war mir das gar nicht recht, aber ich beugte mich. Die Ägypter waren hinsichtlich des Protokolls äußerst vorsichtig: Sadat werde mich zu keiner Mahlzeit bitten, hieß es, sondern lediglich ein paar Erfrischungen reichen lassen. Man wollte vermeiden, daß in diesen Besuch irgendwelche Intimitäten hineingeheimnißt wurden.

Irgendeine Mitschuld am Marsch an den Suezkanal 1956

konnte man mir nicht vorwerfen, hatte ich doch seinerzeit in aller Form dagegen Stellung genommen. Zwar war ich damals nur ein kleiner Staatssekretär gewesen, dessen Wort nicht viel zählte, aber ich war bekannt dafür, auch in den besten Tagen meiner Beziehungen zu England, Frankreich und Amerika immer ein Gegner des Imperialismus gewesen zu sein. Es schien mir während der ganzen Zeit meines Wirkens wichtig zu sein, daß ich trotz guter persönlicher Beziehungen zu maßgebenden Politikern der konservativen Parteien Kritik üben konnte und daß meine Kritik als die eines Freundes verstanden wurde.

Eindrucksvoll legte mir Sadat dar, daß er zwar ein Feind des Krieges sei und daß es ihn schmerze, so viele Menschen leiden zu sehen, daß er den Krieg aber habe führen müssen. Bevor nicht die Ehre der ägyptischen Armee wiederhergestellt sei und in weiterer Folge auch die Ehre der anderen arabischen Armeen, könne man den nächsten Schritt nicht tun. Als diesen nächsten Schritt bezeichnete Sadat nicht den Frieden, den man wohl erst in der nächsten Generation werde schaffen können, sondern einen Zustand der »non-belligerency«, der Nichtkriegführung.

Das Gespräch mit Sadat hatte in höchstem Maße aufklärenden Charakter: Er war der Interpret und Künder, ich war der schweigend und fasziniert Zuhörende. Für einen kurzen Augenblick kam Frau Sadat, um sich zu verabschieden; sie war offenbar auf dem Weg nach Kairo. Bei dem brennenden politischen Interesse dieser schönen und klugen Frau ist anzunehmen, daß sie einen Blick auf den Gast werfen wollte, denn es hätte sicher andere Möglichkeiten gegeben, sich von ihrem Mann zu verabschieden. In den Tagen nach dem Jom-Kippur-Krieg hatte Frau Sadat als Antwort auf den Brief einer israelischen Mutter, deren Sohn gefallen war, einen bewegenden Brief nach Israel geschickt; die Mütter der Toten schienen sich die Hand zu reichen. Solche Taten, gleichsam wundersame Blüten zwischen den Schlachtfeldern, ließen einen für die Zukunft hoffen.

Dieser 10. März 1974 war einer der ereignisreichsten und nachhaltigsten Vormittage, die ich je erlebt habe. Sadats elegante, leicht negroide Erscheinung war überaus faszinierend; der wahrscheinlich sudanesische Einschlag verlieh seinen Zügen eine besondere Lebhaftigkeit, und seine Aufgeschlossenheit, die Art, mir seine Ansichten darzulegen, hat mich für diesen Mann sofort eingenommen.

Sadat erzählte mir von seinem Gespräch mit Kissinger, für den

Sadat in Wien, April 1976.

er offenbar große Sympathien hegte, und berichtete über die Haltung der Sowjetunion; der Wortführer des Kreml in allen Fragen, die den Mittleren Osten betrafen, war offenbar Kossygin, was mir später auch durch andere Quellen bestätigt wurde.

Auf ausdrücklichen Wunsch Sadats traf ich einen Tag später den Führer der Palästinenser, Jassir Arafat, und seine wichtigsten

Mitarbeiter, darunter seinen damaligen Schattenaußenminister Abdul Loutouf. Das war wahrscheinlich die riskanteste Begegnung der ganzen Reise, weil Arafat und die PLO in einer Weise diskriminiert wurden, von der man sich heutzutage, obwohl es noch immer genug Diskriminierung gibt, keine Vorstellung macht. Arafat und seine Leute waren recht abweisend.

Arafat verwies zunächst auf die Leidensgeschichte der 3,5 Millionen Palästinenser, von denen 2 Millionen nicht in ihrem Lande wohnten. Seit 1967 seien 36.000 Tote zu beklagen und 19.000 Häuser zerstört worden. 17.000 Gefangene seien in israelische Gefängnisse verschleppt worden. Die PLO befürworte die Schaffung eines demokratischen palästinensischen Staates, in dem Juden, Christen und Moslems zusammenleben. Dies sei möglich, wie am Beispiel Pakistans und des Libanon gezeigt werden könne. Ein gemeinsamer jüdisch-palästinensischer Staat würde von vielen Ländern unterstützt, nicht zuletzt von der islamischen Gipfelkonferenz und von der Organisation afrikanischer Einheit. Auch in Israel gebe es Stimmen der Vernunft, freilich nicht in der Regierung Golda Meirs. Die Palästinenser seien jedenfalls nicht die »red indians«, zu denen sie von den Israelis gestempelt würden, und die Behauptung, sie wollten die Israelis »ins Meer treiben«, sei nicht mehr als eine propagandistische Verdrehung.

Ich fragte Arafat, wie er sich denn einen gemeinsamen Staat vorstelle - nicht einmal die Europäer seien in der Lage, sich auf einen Staat zu einigen. Außerdem wollte ich wissen, ob die PLO an der Genfer Konferenz teilnehmen werde und wie viele Palästinenser tatsächlich bereit seien, in einen neuen Staat umzusiedeln.

Arafat antwortete, es würden so gut wie alle in einen palästinensischen Staat zurückkehren; dies sei nicht eine Frage materieller Vorteile. Er selbst sei ein gutbezahlter Ingenieur in Kuwait gewesen, aber das Streben nach nationaler Identität habe ihn nicht ruhen lassen; seine Familie habe sich seit 26 Jahren nicht sehen können, da sie verschiedenen Nationalitäten angehöre. Jeder der sieben im Saal anwesenden Palästinenser besitze einen anderen Reisepaß.

Auf die Frage nach der Möglichkeit eines separaten palästinensischen Staates außerhalb der in der UNO-Resolution 242 erwähnten Grenzen Israels erklärte Arafat, er kenne keine Grenzen Israels; die Resolution 242 erwähne auch keine Palästinenser. An diesem Punkt der Diskussion griff Loutouf ein und hielt eine sehr polemische Rede über die Notwendigkeit eines einzigen palästinensischen Staates. Auf meine Frage, ob ein palästinensischer Staat das ganze frühere Palästina umfassen müsse oder ob auch ein separater Staat aus Westufer und Gaza denkbar sei, antwortete Arafat, unterstützt von den anwesenden Palästinensern, dies sei als »settlement« denkbar, nicht aber als »solution«. Die einzige endgültige Lösung sei ein großer palästinensischer Staat. Israel aber wolle die Araber vertreiben, fördere die Immigration und erzeuge dadurch erhöhte Spannungen; die »sicheren Grenzen« der Resolution 242 seien nur ein Vorwand für weitere Expansionen. Die PLO bemühe sich daher, die Bande zwischen Israel und den anderen Juden zu zerschneiden.

Die Begegnung hatte in keiner Weise Eindruck auf mich gemacht, und das Ganze erinnerte mich an meine eigene Emigrationszeit: Wenn sich bekämpfende Gruppen aus Gründen der Opportunität gemeinsam auftreten, dann pflegen sie nicht den Stärksten unter sich zum Führer zu wählen, sondern einen, der für alle wählbar ist, und das ist meistens der Schwächste. Damit bringt man die Gegensätze auf einen gemeinsamen Nenner. Nach der Begegnung gefragt, ob ich denn mit dem Ergebnis zufrieden sei, antwortete ich wahrheitsgemäß, daß ich in Arafat nicht den starken, unbestrittenen Führer der Palästinenser erkennen könne; die Palästinenser seien in meinen Augen eine nicht sehr homogene Gruppe mit divergierenden politischen Ansichten. Sadat versicherte mir jedoch, daß ich beruhigt auf Arafat bauen könne, denn das, was ihm noch fehle, die uneingeschränkte Anerkennung der Palästinenser, das werde durch das Prestige, das er unter den arabischen Freunden besitze, ausgeglichen. Sadat war sehr glücklich über Arafat, der zu den Freunden seiner Familie gehörte.

Ich traf Arafat später bei verschiedenen Gelegenheiten, dramatischen und undramatischen, und hatte so Gelegenheit, zu erkennen, wie sonderbar verschlungen die Wege der Freundschaft in der arabischen Welt sein können. Einmal deutete er an, daß er zu Gesprächen mit Israel oder mit Vermittlern bereit sei. Wie ich diese Gesprächsbereitschaft der anderen Seite glaubwürdig vermitteln könne, wollte ich von ihm wissen. Da meinte Arafat vor seinen Freunden, der Kampf mit Hussein habe die Palästinenser 30.000 Tote gekostet, 17.000 seien es jetzt im Libanon, im Kampf gegen die Syrer, gewesen. »Niemals haben wir soviel Menschen in unserem Kampf gegen Israel verloren. Das muß Ihrer Vermitt-

Die von Kreisky vermittelte Begegnung zwischen dem Präsidenten der Sozialistischen Internationale, Willy Brandt, und Jassir Arafat am 7. Juli 1979 in Wien führte zu einer Annäherung zwischen der Sozialistischen Internationale und der PLO - trotz heftigster Widerstände von israelischer Seite.

lung doch eine gewisse Glaubwürdigkeit verleihen, vor allem, wenn Sie sich auf die Worte Arafats berufen können.«

Arafat und ich sind uns immer nähergekommen. Den Höhepunkt dieser Annäherung gab es im Jahr 1979 in Wien, als ich Arafat mit Willy Brandt zusammenbrachte; Brandt hatte eine Sitzung der Nord-Süd-Kommission in Wien geleitet. Unser Dreiergespräch, das dann in eine Pressekonferenz mündete, führte zu einer ersten Annäherung zwischen der PLO und der Sozialistischen Internationale. Von israelischer Seite wurde alles unternommen, um dies zu sabotieren.

Eine Krise in meinem Verhältnis zu Arafat gab es im Jahre 1982, als Arafat den Libanon verließ. Ich vertrat den Standpunkt, ein Führer in der Situation Arafats müsse bei seinen Leuten bleiben. Sein Vertrauen, daß die Amerikaner Grausamkeiten in den Palästinenserlagern verhindern würden, gründete auf leeren Versprechungen der Amerikaner. Im Interesse der Sache habe ich Arafat gern die Hand zur Versöhnung gereicht, und seither bin ich wieder mehrfach mit ihm zusammengekommen.

Wir blieben insgesamt vier Tage in Ägypten und flogen am 12. März mit unserer kleinen französischen Mystère, die wir in der Schweiz gemietet hatten, nach Damaskus. Vor dem Hotelzimmer, in dem ich untergebracht war, saß Tag und Nacht ein einsamer, meist schlafender Polizist. Meinen beunruhigten Freunden gegenüber meinte ich, man solle diese Vorsichtsmaßnahme nicht überbewerten; in unmittelbarer Nähe befinde sich das syrische Flüchtlingslager Baal Dver. Mögliche Terroristen unter ihnen würden ihrem Gastgeber sicher keine Schwierigkeiten bereiten wollen.

Wir mußten uns im wesentlichen die gleichen Vorwürfe anhören, wie sie bereits in Ägypten gegen uns erhoben worden waren, nur daß die Syrer jede diplomatische Eleganz vermissen ließen. Das Wort führte der damalige Außenminister und heutige Vizepräsident Khaddam. Er stellte mir die rhetorisch gemeinte Frage, was wir denn getan hätten, wenn uns ähnliches widerfahren wäre wie den Palästinensern. Ich mußte ihm darauf antworten, daß ein sehr ähnliches Schicksal den Deutsch-Böhmen beschieden gewesen sei, die nach dem Krieg zu Millionen ihre angestammten Wohnorte hätten verlassen müssen. Bereits nach dem Ersten Weltkrieg habe Österreich die Abtrennung des deutschsprachigen Südtirols akzeptieren müssen. Khaddam hatte von beidem nie etwas gehört, aber schließlich konnte man es ihm nicht verübeln, daß ihm die innereuropäischen Wanderungen oder auch das Schicksal der europäischen Juden nicht gleichermaßen nahegingen wie das Schicksal der Palästinenser.

Daß Syrien die Anfangserfolge auf den Golanhöhen als Sieg über Israel verstand, veranlaßte mich zu einer weiteren österreichischen Reminiszenz. In Österreich war es lange Zeit üblich, die Schlacht von Aspern als den großen Sieg über Napoleon zu feiern, wenngleich die Schlacht nicht verhinderte, daß die Franzosen nach wenigen Wochen in Wien einzogen. Es war ein Teilsieg, gewiß, aber kein wirklicher Sieg über die Große Armee.

In den anschließenden Gesprächen sollte von der Delegation geprüft werden, inwieweit es friedliche Lösungen geben könne und was alles unternommen werden müsse, um Verhandlungen zu ermöglichen. Nach der Sitzung kam es zu einem dreistündigen Gespräch mit Assad, dem eine längere Aussprache unter vier Augen folgte. Der syrische Staatschef hatte in der westlichen Welt, vor allem in den USA, lange Zeit eine sehr gute Presse; ich führe dies darauf zurück, daß Kissinger von ihm persönlich stark beeindruckt war und viele Hoffnungen auf ihn setzte. In der Tat vermittelte Assad auch mir den Eindruck einer besonderen Persönlichkeit. Im Unterschied zu Sadat wirkte er »europäisch«, eine Bezeichnung, die ich allerdings für hochmütig halte, zumal da sie historisch nicht korrekt ist. Assad stammt von den Alawiten ab, einer schiitischen Sekte, der rund 7 Prozent der syrischen Bevölkerung angehören.

Wie alle meine Gesprächspartner im Nahen Osten wußte Assad, daß ich jüdischer Herkunft bin, aber keinerlei Sympathien für den Zionismus hege. Assad legte Wert darauf, mir zu sagen, daß seine Haltung und die seines Landes niemals einen antijüdischen Akzent gehabt habe, im Gegenteil, jahrhundertelang seien die Juden in Syrien willkommen gewesen. Er bitte mich, bei meiner Aufklärungsarbeit, die er sehr schätze, diese Auffassung zu vermitteln. Syrien sei ein Feind des Staates Israel, aber kein Feind des Judentums. Vieles hänge allerdings davon ab, in welchem Maße sich das Judentum in der Welt mit Israel identifiziere. Man wisse um die Bedeutung der Juden in der Geschichte, vor allem in der Kulturgeschichte, man wisse natürlich auch um die Bedeutung der »Jewry« in Amerika. Ich habe nicht viel dazu bemerkt.

Am zweiten Tage hatte unsere Delegation das Lager Baal Dver besucht, in dem etwa zehntausend Flüchtlinge aus Kuneitra, der größten Stadt Syriens am Golan, lebten. Solle der Waffenstillstand eine gewisse Chance haben, so gab man mir zu verstehen, dann müsse Kuneitra zurückgegeben werden. Ich habe diesen Standpunkt in Israel vertreten, und man zeigte ein gewisses Verständnis. In der Tat wurde die Waffenstillstandslinie am 31. Mai 1975 so gezogen, daß Kuneitra und Rafi auf syrischer Seite lagen. Moshe Dajan machte mir in New York später den Vorwurf, ich hätte die israelische Regierung in diesem Punkt getäuscht: Es habe sich niemand gefunden, der nach Kuneitra zurückgehen wollte. So ließ man die Wunde bewußt weiter schwelen. Was Dajan verschwieg und was mir erst später bewußt wurde, war, daß die israelischen Soldaten, bevor sie Kuneitra räumten, alles dem Erdboden gleichgemacht hatten. Kein Stein war auf dem anderen geblieben, und die Einwohner von Kuneitra haben ihre Stadt begreiflicherweise nicht wieder aufbauen wollen, die so hart an der Grenze liegt und ein ständiges Mittel der Pression für die Israelis geworden wäre.

Von Damaskus starteten wir in Richtung Zypern, denn ein direkter Anflug auf Tel Aviv war unmöglich. Kurz nach dem Start gaben uns die syrischen Behörden die Erlaubnis, direkt nach Tel Aviv zu fliegen. Wir empfanden das, nicht zu Unrecht, als einen Akt der Freundlichkeit. Auf dem Flugplatz in Tel Aviv waren außerordentliche Sicherheitsmaßnahmen getroffen worden. Ich glaube nicht fehlzugehen, wenn ich behaupte, daß dieser besondere Polizeischutz - selbst auf dem Beifahrersitz des Wagens, mit dem ich fuhr, lag eine Maschinenpistole - vor allem mir galt. Ich genoß zu dieser Zeit wieder einmal ein hohes Maß an Unpopularität und Abneigung in Israel.

Golda Meir hatte die oberste Parteileitung einberufen, dazu diejenigen Regierungsmitglieder, die der Parteileitung nicht angehörten, wie Rabin und Peres. Ich berichtete von meinen Erfahrungen in Ägypten und Syrien. Sadats Äußerung, einen Friedensschluß müsse man der nächsten Generation überlassen, zunächst könne nur ein Zustand der Nichtkriegführung erzielt werden, wurde sehr kritisch aufgenommen. Vor allem Golda Meir war von großer Skepsis erfüllt; mit jenem unnachahmlichen, ironischen Kopfwackeln, das für jüdische Menschen aus dem Osten so typisch ist, gab sie ihren Zweifeln und ihrer Ablehnung Ausdruck. Sie meinte, entweder werde Sadat dieser Haltung wegen sehr bald einem anderen Platz machen müssen, oder es sei schlichtweg ein Täuschungsmanöver. Ich bestritt beides: Sadat scheine mir fest im Sattel zu sitzen und seine Friedensbeteuerungen seien glaubhaft. Auch ersparte ich es mir nicht, die ernste Warnung auszusprechen, daß Israel diese Grundhaltung Sadats wenigstens als Arbeitshypothese anerkennen müsse, da sonst eine große Chance vertan wäre. Sadat hat seine Haltung mit dem Leben bezahlt, während die israelischen Politiker aller Parteien in meinen Augen schon damals eine ganz und gar falsche politische Einstellung vertraten.

Golda Meir meinte, ich sollte auch die Opposition treffen. Ich habe mich dazu bereit erklärt, so wie ich mich bereit erklärt hatte, Arafat zu treffen. Der Sprecher der Opposition war ein sehr sympathisch aussehender österreichischer Jude namens Dr. Rimalt, der vor dem Krieg in Innsbruck als Rabbi tätig gewesen war.

Das Gespräch mit der Opposition war sinnlos; es scheiterte sowohl am grundsätzlichen Desinteresse der führenden Likud-Leute als auch an der Feindseligkeit, die man mir, dem »Verräter«, entgegenbrachte. Besonders frostig gab sich Begin, indem er fast die ganze Zeit über schwieg. Das, was an Argumenten vorgebracht wurde, bestärkte mich in der Annahme, daß es zwischen den Sozialisten und dem Likud-Block Querverbindungen gab.

Wie sich später herausstellte, hatten Peres und Rabin in der Tat die Beziehungen nie abbrechen lassen. Labour und Likud waren keine wirklichen Gegner, wie uns immer erzählt wurde - trotz der Heftigkeit der Auseinandersetzungen zwischen Ben Gurion und der extremen Rechten. Ben Gurion hatte nach dem Sechs-Tage-Krieg öffentlich erklärt, für einen Frieden alles herzugeben: die Westbank und den Sinai, niemals aber die Golan-Höhen und Jerusalem.

Eine Begegnung mit den Vertretern der großen, das Land dominierenden Gewerkschaftsbewegung schloß sich an, und dort schlug mir eine Welle der Sympathie entgegen. Wir fühlten uns sehr viel stärker unter Genossen, als das bei der Zusammenkunft mit der Parteiführung der Fall gewesen war. Hinzu kam eine große Österreichfreundlichkeit. Die österreichischen Gewerkschaften unterhielten seit langem regelmäßige Kontakte mit Israel und haben hier eine Pionierleistung vollbracht. So wenig aufgeschlossen sich der österreichische Staat, vor allem unter Raab und Schärf, jüdischen Forderungen gegenüber zeigte, so sehr haben die einzelnen Gewerkschaften in Österreich sich zu Solidarität bereit gefunden. Sie verstanden sich als Botschafter eines neuen Österreichs, das viel gutzumachen hatte.

Es war mein erster Aufenthalt in Israel. Besonders gern denke ich zurück an den Besuch im Kibbuz Ginossar; der stellvertretende Ministerpräsident Yigal Allon hatte als Hausherr ein wunderbares Nachtmahl arrangiert. Alles, was ich über die Kibbuzim und ihre Einwohner gehört hatte, fand ich bestätigt: die Schlichtheit ihrer Lebensweise, die Opferbereitschaft, den Geist der Solidarität. Zum Nachtmahl waren auch arabische Ehrengäste geladen, ein Ereignis, auf das Allon sehr stolz war. Allon war mir der liebste unter den israelischen Spitzenpolitikern, denn er trat mit einer gewissen Entschlossenheit dafür ein, daß sein Land den Frieden brauche. Wenn auch der Allon-Plan als solcher sehr mangelhaft war, so hat er dennoch sehr klar und deutlich erkennen lassen, daß Israel territoriale Zugeständnisse werde machen müssen; da er die Rückgabe arabischen Landes ins Auge faßte, besaß Allons Vorschlag den Charakter eines Verhandlungsangebotes.

Geradezu ergreifend für mich war es, als ich am See Genezareth einen bärtigen Fischer traf, der gerade seine übervollen Netze einzog. Er war ein Grazer Kaufmann aus einer wohlhabenden Familie, ein hochkultivierter, nobler Mensch. Wenige Monate zuvor hatte er seinen über alles geliebten Sohn im Krieg verloren.

Am letzten Abend empfing uns Golda Meir mit einigen ihrer Mitarbeiter in Jerusalem, im berühmten King-David-Hotel. Dort lernte ich auch die Journalistin Hanna Semer kennen, eine hübsche Slowakin, die mir von allem Anfang an sehr sympathisch war; dies beruhte, wie mir schien, auf Gegenseitigkeit, und immer, wenn ich später Gelegenheit hatte, sie zu treffen, fand ich das bestätigt. Sie hat auch nie irgendwelche Gehässigkeiten in ihren Artikeln geschrieben, was an sich schon auf beträchtlichen Mut schließen läßt.

Golda Meir fand, ganz im Gegensatz zu dem, was sie in ihren Memoiren schrieb, einige freundliche Äußerungen über mich. Sie pries Österreich als das Land, das als Durchreiseland einen großen Beitrag zur Emigration der russischen Juden leiste, und sie vergaß auch nicht, meinen Einsatz hervorzuheben, den sie ursprünglich mißverstanden hatte. Ich war ehrlich berührt von ihren Äußerungen, und möchte an dieser Stelle gern hinzufügen, daß die Behauptung, wonach ich ihr bei ihrem Wien-Besuch nicht einmal ein Glas Wasser angeboten hätte, reine Erfindung ist. Ganz im Gegenteil. Neben seinem Arbeitszimmer hatte sich Bundeskanzler Raab nach seinem Schlaganfall einen Ruheraum eingerichtet, und diesen stellte ich Golda Meir zur Verfügung; außerdem lud ich sie ein, wenn es ihr irgendwie möglich wäre – sie wollte ja gleich weiterfliegen –, eine Jause mit mir einzunehmen. Statt dessen verließ sie wutentbrannt mein Arbeitszimmer.

Ich hätte mehr Grund, mich über Taktlosigkeiten aufzuregen. In brüskem Ton hatte sie die sofortige Zurücknahme der Sperre von Schönau gefordert, was natürlich nicht in Frage kommen konnte und von mir als eine unerlaubte Einmischung aufgenommen wurde. Meine Ankündigung, daß Österreich in verstärktem Maße als Durchzugsland für die sowjetischen Juden und gleichzeitig als Asylland mit schier unbegrenzter Aufenthaltsmöglichkeit zur Verfügung stehe, bezweifelte sie, ja mehr als das, sie hielt meine Worte für nicht glaubwürdig. In den folgenden Monaten hat sie sich vom Gegenteil überzeugen müssen.

Im Februar 1977 war ich noch einmal in Israel. Die Sozialistische Internationale war von der israelischen Arbeitspartei aufgefordert worden, möglichst zahlreich am Parteitag aufzutreten; zu der nicht unbeachtlichen Delegation gehörten unter anderen Brandt, Palme und der niederländische Regierungschef Joop den Uyl. In meiner Rede sagte ich: »So wie Ihr euer Gemeinwesen anerkannt wissen wollt, so will es das palästinensische Volk auch ... und ich glaube, Ihr könnt euch auch nicht aussuchen, wer dieses Volk vertritt.« Es gab weniger Zwischenrufe, als ich erwartet hatte, aber am Schluß wurde ich von einem kühlen Rabin, der zum Parteiführer gewählt worden war, verabschiedet. Abba Eban fand meine Rede mutig.

Eine geplante dritte Reise nach Israel kam nicht zustande. Ich war eingeladen vom International Center for Peace in the Middle East sowie von den Universitäten in Tel Aviv und Jerusalem, wo ich Vorträge halten sollte. Nach einigen Komplikationen waren wir schließlich einig, und meine Freunde glaubten, daß es einen verständnisvollen Empfang für mich geben werde, zumal da ich in der Frage der israelischen Kriegsgefangenen einiges erreicht hatte. In Wirklichkeit war das Gegenteil der Fall: Die extreme Rechte kündigte Demonstrationen gegen die Regierung an, weil sie sich auf einen Gefangenenaustausch überhaupt eingelassen hatte. Meine Freunde fürchteten, daß sich die Demonstrationen gegen mich richten könnten, und am Ende wurde die Reise abgesagt.

Meine Person hat sicherlich zu einer Spaltung in Teilen der israelischen Öffentlichkeit geführt. Auf der einen Seite stehen Leute wie Begin, Sharon und Shamir, echte Gegner, ja Feinde. Auf der anderen Seite – und dies habe ich immer wieder als Entschädigung empfunden – gibt es die großen Sympathiebeweise, die mir aus den Reihen der Peace-Now-Bewegung und auch von Teilen der Labour Party entgegengebracht wurden. Zu meinen Freunden in Israel zähle ich Lowa Eliav, Jossi Sarid, Shulamit Aloni, Uri Avnery, Latif Dori und einige andere.

Im Anschluß an die erste fact-finding mission habe ich der Sozialistischen Internationale Bericht erstattet. Hans Eberhard Dingels, ein Freund, der im internationalen Büro der SPD arbeitete und der einer meiner verläßlichsten Begleiter war, stand mir dabei hilfreich zur Seite. Als wir in der Frühlingssonne am Arlberg den Schlußbericht fertigstellten, kamen wir zu dem Ergebnis, daß man sich für die Lösung in Form eines Palästinenserstaates einsetzen müsse. Uns war klar, daß diese Lösung nicht so rasch gefunden werden würde. In der Schlußbemerkung hieß es:

»Daß man in der arabischen Welt für notwendig befunden hat, dieser Delegation große politische und publizistische Aufmerksamkeit zu schenken, ist ein Beweis dafür, daß man ihre Bedeutung sehr hoch eingeschätzt hat. Daß es möglich war, in jedem einzelnen der besuchten Staaten Diskussionen in der durchschnittlichen Dauer von vier bis sieben Stunden zu führen, zeugt von der Gründlichkeit, mit der die aktuellen Fragen behandelt wurden. Daß man uns nicht nur mit ausgesuchter Höflichkeit, sondern mit großer Freundlichkeit, ja wir möchten fast sagen, Freundschaftlichkeit verabschiedet hat, zeugt von der Nützlichkeit dieser Aktion. Daß man schließlich zur Kenntnis genommen hat, daß die Sozialistische Internationale und die sozialistischen Parteien entschlossen sind, der israelischen Arbeiterbewegung zwar unverbrüchliche Loyalität zu halten, aber dennoch die Entwicklungen in der arabischen Welt kennenlernen wollen, zeugt nicht nur vom realistischen Sinn der maßgebenden Staatsmänner in der arabischen Welt, sondern auch von ihrem Wunsche, zu uns Kontakte zu etablieren.

Wir kommen also zu dem Schluß, daß das Bemühen um friedliche Lösungen in dieser blutigen Auseinandersetzung heute sinnvoller wäre als jemals zuvor, aussichtsreicher als jemals zuvor in den letzten dreißig Jahren, daß es allerdings beträchtlichen Mutes bedarf, diese Absichten den eigenen Völkern gegenüber zu vertreten.

Wir kamen zu der Überzeugung, daß die wirtschaftliche Zusammenarbeit Europas und der arabischen Welt im Interesse beider Teile nicht nur in den üblichen Formen des Handelsverkehrs zu entwickeln wäre, sondern darüber hinaus einen viel systematischeren partnerschaftlichen Charakter erlangen müßte. Und wir kamen schließlich zu der Auffassung, daß, so wandelbar die politischen Verhältnisse in diesem Teil der Welt auch sein mögen, es sich lohnt, mit geeigneten Partnern Kontakte zu etablieren, weil so sozialdemokratisches, das heißt demokratisch-sozialistisches Gedankengut weitere Verbreitung finden könnte.

Alles das muß das Interesse der Sozialistischen Internationale an einer Öffnung zur arabischen Welt rechtfertigen, und das war schließlich Ausgangslage der seinerzeitigen Entscheidung in London und Auftrag der Delegation.«

In zwei weiteren fact-finding missions suchten wir nach Möglichkeiten und Chancen für eine friedliche Lösung dieses so schweren Konfliktes. Bei einer zweiten Erkundungsmission vom

8. bis 15. Februar 1975 führte ich in Begleitung von Delegierten aus Deutschland, Holland, Schweden und Italien Gespräche mit führenden Politikern in Marokko, Algerien, Tunesien und Libyen. Die dritte Reise schließlich vom 16. bis 22. März 1976, an der Delegierte aus Schweden, der Bundesrepublik, Frankreich und Italien teilnahmen, ging in die Staaten Kuwait, Irak, Jordanien, Saudi-Arabien und in die Vereinigten Arabischen Emirate.

Hans Janitschek, der Generalsekretär der Sozialistischen Internationale, faßte die Ergebnisse der zweiten fact-finding mission folgendermaßen zusammen:

»a) *Marokko:* König Hassan von Marokko ist der Meinung, daß die Palästinenser den Nahostkonflikt unter sich beilegen müssen: Sowohl israelische als auch arabische Palästinenser haben einen Anspruch auf das Land. Seine Idee einer Lösung liegt etwa in Richtung eines palästinensischen Staates.

b) *Algerien:* Die algerische Führung nimmt die klarste Haltung ein. Für Boumedienne gibt es eine Lösung nur unter Einbeziehung der arabischen Palästinenser. Ohne ihre Zustimmung ist ein Übereinkommen unmöglich. Eine Intervention der Großmächte muß vermieden werden. Israel muß erkennen, daß seine Existenz nicht mehr bedroht ist, sobald es sich in die Grenzen vor 1967 zurückzieht.

Nach Meinung der Algerier erfüllt die Mission der Internationale zwei nützliche Funktionen:

1.) sie eröffnet der arabischen Welt neue Möglichkeiten und neuen Handlungsspielraum

2.) sie löst die Israelis aus ihrer starren Position.

c) *Tunesien:* Die tunesische Position ist ähnlich wie die algerische. Die allgemeine Meinung geht dahin, daß das Westjordanland dem arabischen Oberbefehlshaber übergeben werden muß, wie im Fall Kilometer 101. Verhandlungen mit König Hussein werden abgelehnt. Es besteht großes Interesse an einem arabisch-israelischen Dialog. Tunesien ist bereit, eine Vermittlerrolle zu übernehmen. Die Israelis haben immer wieder gesagt: ›Wir wollen mit den Arabern reden.‹ Jetzt sind die Araber dazu bereit, und man sollte die Chance nützen.

d) *Libyen:* Präsident Gaddafi erklärt, ›man sollte statt dessen vom Kampf reden‹. Keine sichtbaren Anzeichen von Haß. Die Rückkehr der seit 1948 Eingewanderten und auch ihrer Kinder ist eine Notwendigkeit, aber seine Haltung bezüglich der Frage, wer das Land verlassen muß, ist flexibel, und er ist bereit für Einwanderer aus baltischen und arabischen Ländern Ausnahmen zu machen. Sollten sich die Israelis und Palästinenser auf einen Kompromiß einigen, habe er nichts dagegen einzuwenden. Es besteht jedenfalls Interesse an einem Dialog zwischen europäischen und arabischen Sozialisten (nach Meinung Gaddafis sind Senghor und Bourguiba keine Sozialisten, sondern Bourgeois). Gaddafis ›Dritte Theorie‹... sieht einen Mittelweg zwischen Kapitalismus und Kommunismus vor... Er würde sich eine Zusammenarbeit zwischen Europa und der arabischen Welt wünschen, um so der Vorherrschaft der beiden Großmächte zu entgehen. ›Wir haben die Energie: Ihr habt die Technik.‹«

Meine Beschäftigung in der fact-finding mission hat, das sei zugegeben, zu besonderen Sympathien mit der arabischen Welt geführt. Dabei sind Freundschaften entstanden, die für ein Leben gezimmert wurden. An erster Stelle möchte ich Sadat nennen, dem ich sehr viel verdanke. Er zeigte nicht nur Verständnis für meine Mission, er verlieh ihr auch große Bedeutung, weil er den Beziehungen zu europäischen Politikern einiges Gewicht beimaß. Er war ein Mensch, der sehr weit voraussah und der sich dem Prinzip des wahren Politikers, eine Synthese zwischen Idealismus und Nüchternheit zu finden, verpflichtet fühlte. Er war sich der Notwendigkeit eines Modus vivendi mit Israel bewußt und hatte erkannt, daß dies auch im Interesse Ägyptens lag. Auf der einen Seite erkannte er, daß ein Dauerkrieg zwischen Israel und Ägypten trotz der zahlenmäßigen Überlegenheit Ägyptens letzten Endes zu einer Ausblutung seines Landes führen müsse. Auf der anderen Seite war Sadat der Meinung, er sei zum Jom-Kippur-Krieg mehr oder weniger gezwungen gewesen und er habe ihn eigentlich gewonnen.

Nach meinem ersten Besuch in der Wüste bei Alexandria bin ich mehrmals mit Sadat zusammengekommen: in Wien, in Salzburg, das er besonders liebte, in Kairo. Er lebte in einem schönen kleinen Palast in Kairo, in dem ich nach seiner Ermordung seine Frau aufsuchte. Sie zeigte mir dort die letzte Aufnahme: Sadat blickt hinauf in den Himmel, um die Formationen der ägyptischen Luftwaffe zu betrachten. Sekunden später fielen die tödlichen Schüsse.

Als er sich Anfang Juni 1975 mit Gerald Ford auf Schloß Kleßheim bei Salzburg traf, holte ich ihn im Schloßhotel Fuschl ab. Es regnete in Strömen, und ich habe mich bei ihm für das

Anläßlich des Treffens von Präsident Ford mit Sadat am 1. Juni 1975 lud Kreisky die beiden Präsidenten zu einem Diner in die Salzburger Residenz.

schlechte Wetter entschuldigt. Aber Sadat war voller Begeisterung und Bewunderung für das Wetter: »Sie brauchen sich nicht zu entschuldigen, ich liebe dieses Wetter. Ein solcher Regen ist für mich eine große Seltenheit.« Er sagte meistens, die englische Sprache benützend, »chancellor«, ohne Anrede; später nannten wir uns beim Vornamen.

Ich war für Sadat ein sehr willkommener Vermittler – allerdings weniger ein Vermittler *seiner* Wünsche und Absichten als ein Vermittler *meiner* Ansichten über ihn, und das war für Sadat fast noch nützlicher. Sadat trug sein Herz, wie man in Skandinavien sagt, auf der offenen Hand, und alle, die mit ihm zusammentrafen, waren von ihm beeindruckt. Ich halte ihn für die bedeutendste moralische Persönlichkeit, die mir in der zweiten Hälfte dieses Jahrhunderts begegnet ist.

Sadat ist einen weiten Weg gegangen; er hat den Frieden erreicht, obwohl er ihn ursprünglich für seine Generation gar nicht erwartet hatte. Immer stärker in den ägyptisch-israelischen Friedensprozeß eingebunden, verkannte er jedoch einige wesentliche Voraussetzungen. Nach dem Camp-David-Abkommen war er sehr enttäuscht über meine Zurückhaltung. Ich habe zwar die Bedeutung des Friedensprozesses zwischen Israel und Ägypten im höchsten Maße anerkannt, habe ihn aber nicht für endgültig gehalten; der Lösung des eigentlichen Problems nämlich, der Palästinenserfrage, kam man damit nicht näher. Sadat versicherte mir immer wieder, daß man auf dem besten Wege sei.

In der Nacht vom 17. September 1978 sandte mir Präsident Carter eine Nachricht, in der er mein starkes Engagement in der Palästinenserfrage hervorhob. Man habe diese Frage in Camp David nicht vergessen: »Diese Verabredungen erkennen die legitimen Rechte des palästinensischen Volkes an und werden ihm erlauben, an der Bestimmung seiner eigenen Zukunft mitzuwirken. Die Palästinenser werden entscheiden, wie sie sich selbst regieren, ihre Vertreter werden an den Verhandlungen über ihre Zukunft direkt teilnehmen, und ihre gewählten Vertreter werden über die Vereinbarung über den endgültigen Status der Westbank und des Gaza-Streifens abstimmen.«

Mein Standpunkt war ein anderer: Solange die israelische Regierung nicht sehr viel stärker verpflichtet wurde und solange die Palästinenser von den Verhandlungen über die ihnen zu gewährende Autonomie ausgeschlossen blieben, schienen mir die Vereinbarungen nicht viel wert zu sein. Auch war zu befürchten, daß aufgrund dieser Unterlassung die anderen arabischen Staaten gegen Sadat Stellung beziehen würden. In einem späteren Gespräch meinte Sadat: »Ich kenne die arabischen Völker besser, ich kenne ihre Stärken und vor allem ihre Schwächen. In sechs Monaten werden die meisten von ihnen mir folgen.«

Es sei für mich unvorstellbar, antwortete ich, daß ein Land wie Kuwait zum Beispiel es sich leisten könne, die Wünsche der Palästinenser zu ignorieren; die Palästinenser seien ein integrierender Bestandteil der Bevölkerung Kuwaits und übten dort maßgebende Funktionen aus. In den anderen arabischen Ländern sei das ganz ähnlich; Scheich Zaid etwa, das Staatsoberhaupt der Vereinigten Arabischen Emirate, stehe Sadat sicher wohlwollend gegenüber, aber er wisse die Realität sehr genau einzuschätzen. Ich habe mich nicht getäuscht; in Kuwait war man so lange zurückhaltend, bis ich mich bereit erklärte, die Vertreter der Palästinenser zu einer gründlichen Aussprache zu treffen. Sadat verstand, worum es ging, schließlich war er es ja gewesen, der mich 1974 überredet hatte, auch mit Arafat zusammenzukommen.

Als ich 1977 zu einem offiziellen Besuch in Syrien war, wo ich

April 1976: Sadat in Wien.

unter anderem auch Arafat und seine Freunde wiedersah, sandte mir Sadat ein Telegramm nach Damaskus, in dem er mich bat, dringend nach Kairo zu kommen. Ich sagte zu. In Kairo, wo ich ganz unerwartet mit offiziellen Ehren empfangen wurde, traf ich mich zunächst mit meinem Freund Fahmi, der sich später von Sadat lossagte, als dieser nach Israel ging. Er könne mir schon im vorhinein sagen, was Sadat von mir wolle; er werde mich bitten, eine Begegnung mit prominenten nichtisraelischen Juden zu ermöglichen. So engagierte Leute wie die Rothschilds sollte man freilich nicht einbeziehen.

Am Abend gab Sadat ein kleines Essen für sechs Personen. Anschließend, als ich mit ihm allein war, teilte er mir in der Tat diesen Wunsch mit. Ohne mich auf Fahmi zu berufen, dem das vielleicht nicht recht gewesen wäre, fragte ich Sadat, ob auch einer der Rothschilds dabei sein könnte. Das wäre ihm ganz gleich, meinte Sadat. Ihm komme es darauf an, zu beweisen, daß seine Haltung gegenüber Israel und seine Haltung gegenüber den Juden zwei verschiedene Dinge seien. Er habe nicht die Absicht, den Eindruck zu erwecken, als ob er sich im falschen Lager bewege; er wolle mit einem solchen Treffen nur zeigen, daß er kein Vertreter des Antisemitismus sei.

Unser Gespräch drehte sich dann um die bevorstehenden Wahlen in Israel. Weil Rabin Schwierigkeiten wegen Devisenvergehen seiner Frau hatte, mußte er trotz besserer Chancen Peres bei der Kandidatur den Vortritt lassen. Ich ging davon aus, daß Peres die Wahlen vermutlich knapp gewinnen und dann eine Koalition eingehen werde, weil mir eine Nichtbeteiligung der israelischen Labour Party an der Regierung ziemlich ausgeschlossen schien. Da meinte Sadat, der Peres nicht kannte, wörtlich: »Sagen Sie Peres, daß ich bereit bin, mich nach den Wahlen mit ihm in Salzburg zu treffen. Dann wird sich zeigen, daß über alles oder doch das allermeiste verhandelt werden kann (everything would be negotiable).« Ich habe Peres einige Zeit später beim Abendessen bei meinem Freund Karl Kahane von dieser Äußerung erzählt. Noch war keine Rede davon, daß Sadat nach Israel gehen könnte. Peres, der die Wahlen verloren hatte, schien über diese verpaßte Gelegenheit in hohem Maße betrübt zu sein. Als sich später die Gespräche zwischen Sadat und Begin aufgrund der hinhaltenden Politik Begins immer wieder hinauszögerten, machte ich Peres, der nach seiner Wahlniederlage sehr rasch zu einem »dark horse« geworden war, den Vorschlag, mich um ein Treffen mit Sadat in Salzburg zu bemühen. Salzburg war in der Zwischenzeit der Lieblingsaufenthaltsort Sadats geworden.

So großartig Sadats Mut und sein Wunsch nach einem dauerhaften Frieden auch waren, in einigen Punkten irrte er sich grundlegend. Seine Fehleinschätzung der arabischen Staaten habe ich bereits erwähnt. Auch seine Hoffnungen, den Palästinensern gewisse transitorische Möglichkeiten und damit einen Ansatz zur Autonomie bieten zu können, sind bekanntlich in krasser Weise gescheitert. Die Vorstellung, daß Amerikaner und Ägypter den Palästinensern eine Autonomielösung sozusagen auf dem Präsentierteller reichen, schien mir übertrieben naiv zu sein. Hinzu kam, daß die Israelis ein Bild der Uneinigkeit boten. Alle Vorschläge der Amerikaner wurden nicht nur von dem die Regierung beherrschenden Likud-Block abgelehnt, sondern groteskerweise auch von der Labour Party, die den Eindruck erweckte, für eine »umfassendere« Autonomie einzutreten.

So konnte bei manchen die Hoffnung entstehen, daß die Labour Party, wenn sie wieder an die Macht käme, eine substantielle Autonomielösung möglich machen werde. Daß die allgemeine Konzentrationsregierung, die vom September 1984 an zwei Jahre lang unter dem Vorsitz von Peres stand, viel erreichen würde, war von Anfang an nicht zu erwarten. Aber daß Peres nicht einmal einen Versuch unternahm, das war die große Enttäuschung. Wenn Peres damals wenigstens eine sukzessive Lösung angeboten hätte, wäre wahrscheinlich vieles ganz anders geworden. Ich will mich keinen Illusionen hingeben, aber es wäre immerhin eine Geste gewesen, die wahrscheinlich auch in der Sowjetunion einen gewissen Eindruck gemacht hätte. Die Frage der Lebensfähigkeit des palästinensischen Staates schien mir, nebenbei bemerkt, nicht entscheidend. Nicht einmal Syrien, der militärisch stärkste Staat der Region, ist lebensfähig im landläufigen Sinne des Wortes; es ist abhängig von den Milliarden, die die Ölstaaten jährlich nach Damaskus überweisen.

Nicht zuletzt hat sich Sadat der irrtümlichen Auffassung hingegeben, daß er mit Begin ein menschlich mögliches Maß an Zusammenarbeit erreichen könne. In den Tagen vor den israelischen Parlamentswahlen 1981 wollte er sich mit Begin treffen. Ich habe ihn dringendst gebeten, davon abzusehen, sein Gewicht zugunsten des Likud in die Waagschale zu werfen. Es wäre am klügsten, zu warten, bis die Entscheidung gefallen sei. Sadat aber entschied anders: Seine Begegnung mit Begin kurz vor den Wahlen hat Peres und seiner Labour Party außerordentlich geschadet und hatte schließlich auch katastrophale Konsequenzen für Sadat selber, da Begin wenige Tage später den Überfall auf den irakischen Atomreaktor durchführen ließ und der fatale Eindruck entstehen mußte, als hätte Sadat davon gewußt.

1977 wurde Menachem Begin zum ersten Mal israelischer Ministerpräsident. Er betrieb vom ersten Tage an eine hinhaltende Politik, und der Gesprächsprozeß stockte. Im August 1978 besuchte mich auf Mallorca der Journalist James Dorsey, ein polyglotter, äußerst begabter Reporter, der eine Nase dafür hatte, wo Sensationen zu holen waren. Ich gebe zu, daß meine Emotionen gegen Begin zu dieser Zeit auf dem Höhepunkt waren; einen Mann wie Sadat so zu brüskieren, hielt ich nicht nur für höchst arrogant, sondern auch für dumm und gefährlich. Dies verleitete mich im Gespräch mit Dorsey zu sehr offenherzigen Äußerungen, eine Angewohnheit, die ich bis heute nicht lassen kann, wenn etwas eine verhängnisvolle Entwicklung zu nehmen scheint. Wenn es um meine Person geht, bin ich sehr viel weniger empfindlich; ich pflege immer wieder zu sagen, ich bin beleidigt, wenn ich beleidigt sein will, nämlich dann, wenn es mir um die Sache geht. Aber auch wenn ich in meinen Äußerungen gelegentlich nicht ganz frei von Emotionen war, habe ich es nie bereut.

Ich sagte zu Dorsey, daß Präsident Sadat es »mit politischen Greißlern [Krämern] zu tun hat sowie mit Begin, einem kleinen, aus Warschau stammenden polnischen Advokaten, oder was immer er gewesen ist«. Durch seine Politik bringe Begin Sadat in eine unerträgliche Situation; Sadat müsse nun mit starkem Widerstand der anderen arabischen Staaten rechnen. »Die Leute, die von einem Groß-Israel träumen, vergessen, daß noch kein einziger Staat mit Protektoraten standgehalten hat ... So ein ›Reich‹, ein israelischer Staat mit einer Million Arabern, birgt eine enorme Sprengladung in sich. Nur wer von einer faschistischen Mentalität hoffnungslos befallen ist, kann dies nicht sehen. Man kann doch nicht glauben, daß es eine israelische Demokratie geben kann, wenn die Araber Staatsbürger zweiter Klasse sind und gleichzeitig in einem Polizeistaat leben. Was auch geschehen mag, es muß ein Polizeistaat sein, geteilte Demokratie gibt es nicht.« Ein Aufschrei in der Weltpresse war die Folge dieser kritischen Äußerungen.

Es war kein Geringerer als David Ben Gurion, der bereits 1963 über Begin urteilte, er sei »ein vollendeter Hitler-Typ, rassistisch und um der Idee der Unteilbarkeit des Landes willen bereit, alle Araber auszurotten. Sein ganzes Streben ist einem einzigen, heiligen Ziel gewidmet: absolute Herrschaft. Ich sehe in ihm eine große Gefahr für Israel, sowohl innenpolitisch als auch auf internationaler Ebene. Was ich über seine Aktivitäten weiß, kann ich niemals vergessen, sie sprechen eine klare Sprache: die Ermordung von dutzenden Juden, Arabern und Engländern damals bei der Sprengung des King David Hotels (22.7.1946); das Pogrom von Deir Jassin und das Niedermetzeln von arabischen Frauen und Kindern (9.4.1948); die Altalena-Kampagne (20.6.1948), die inszeniert wurde, um die Macht mit Gewalt an sich zu reißen; die Steinigung der Knesset durch einen von Begin gesteuerten Mob (7.1.1952, während der Debatte über Wiedergutmachung)... Sollte Begin die Regierung übernehmen, wird er seine Schläger in die Armee und die Polizei einschleusen und wird herrschen, genau wie Hitler in Deutschland geherrscht hat... Als ich Begin zum ersten Mal im Radio hörte, glaubte ich, die Stimme und das Kreischen Hitlers zu hören« (zitiert nach M. Bar-Zohar: *Ben Gurion,* Tel Aviv 1977, Bd. 3, S. 1547).

Bei meiner letzten Begegnung mit Sadat habe ich auf seinen

Wunsch an einer gemeinsamen Pressekonferenz teilgenommen, auf der er den Vorschlag machte, die Palästinenser sollten eine Exilregierung gründen. Die Motive waren mir nicht ganz klar. Sadat war mit der PLO auf das schwerste zerstritten, und ich hatte das Gefühl, daß dieser Vorstoß vor allem gegen sie gerichtet war. Die PLO und ihre Bemühungen sollten sozusagen links liegengelassen werden. Als mir bei dieser Pressekonferenz die Frage gestellt wurde, wie ich zu diesem Vorschlag stehe, war meine selbstverständliche Antwort, daß ich mir hierüber kein Urteil anmaße; das sei Sache der Organisationen der Palästinenser, andere könnten hier meiner Meinung nach keine Entscheidung herbeiführen. Sadat war ein bißchen verstimmt ob dieses deutlichen Widerspruchs. Dennoch trennten wir uns wie stets als gute Freunde.

Sadat schien mir innerhalb der arabischen Welt in höchstem Maße isoliert zu sein. Besonders deutlich wurde dies, als in Ägypten religiöse Streitigkeiten zwischen verschiedenen Moslembewegungen auftraten und Sadat sehr hart durchgreifen mußte. Es ist keine Frage, daß Sadat von sehr militanten islamischen Gruppen aus tiefster Seele gehaßt wurde. Um so beliebter war er bei der großen Masse der Ägypter.

Das Malheur war, daß Ägypten auch unter Sadat nicht in der Lage war, die wirtschaftliche Entwicklung voranzutreiben. Die Probleme Ägyptens übersteigen noch heute alle Kräfte. Wer über Ägypten fliegt, sieht von oben einen winzig schmalen Streifen fruchtbares Land, rechts und links davon nichts als Wüste. Vor einigen Jahren scheint man einen subterranen Nil entdeckt zu haben, dessen Nutzung aber offenbar nie ins Auge gefaßt wurde.

Demgegenüber hat Libyen ein gigantisches Wasserprojekt zu entwickeln begonnen, den sogenannten Man-Built-River. Gewaltige Wassermassen, die fast 2000 Kilometer entfernt unter dem Wüstenboden liegen, sollen angezapft werden. Um zu verhindern, daß das Wasser unterwegs verdunstet, will man es mit Hilfe von Druckrohren unterirdisch durch die Wüste leiten; auf dem letzten Stück gelangt es dann ins Freie und wird zum Fluß. Die Fachleute Gaddafis haben mir versichert, daß eine ähnliche Möglichkeit für Ägypten bestünde. Aber die Feindschaft zwischen den Libyern und den Ägyptern, von der schon die Sage berichtet, reicht bis in unsere Zeit.

Wie immer man die Entwicklung der letzten Jahrzehnte betrachtet, Libyen hat die Wasserwirtschaft vorangetrieben und in den Green Mountains große zivilisatorische Leistungen vollbracht. Das Land verfügt über außerordentliche Fachleute auf vielen Gebieten. Man denke etwa an die Ölwirtschaft. Die libyschen Ölmanager haben die Amerikaner in den letzten Jahren in die größte Verlegenheit gebracht. Auf Druck von Präsident Reagan haben sich die amerikanischen Ölgesellschaften aus Libyen zurückgezogen; Reagan wollte Libyen damit den Todesstoß versetzen. Eine törichtere Politik habe ich selten erlebt, denn wie vorauszusehen, wurde genau das Gegenteil erreicht.

Als die amerikanischen Ölgesellschaften blutenden Herzens ihre Interessen in Libyen opferten, haben die Libyer sehr geschickt den Eindruck zu vermitteln gewußt, daß ihnen die Zusammenarbeit mit den Amerikanern sehr wertvoll gewesen sei und daß sie den Abbruch der wirtschaftlichen Beziehungen bedauerten. Reagan war blamiert, die großen amerikanischen Ölgesellschaften erlitten riesige Verluste und der beabsichtigte Bankrott Libyens blieb aus, ja mehr noch, Libyen strich bei den Transaktionen fette Gewinne ein. Die Reagan-Administration hatte nämlich verlangt, daß die amerikanischen Interessen nur an Libyer transferiert werden dürfen. Da aber Libyer, was man hätte wissen müssen, als Käufer nicht zur Verfügung standen, gab es keinen Markt; die Interessen waren praktisch wertlos, und die Amerikaner mußten obendrein auch noch Abrechnungen akzeptieren, die den Libyern zusätzliche Millionen einbrachten.

Ich habe von allem Anfang an den Versuch gemacht, eine Gesprächssituation mit Gaddafi herbeizuführen, obwohl es mir zunächst wenig sinnvoll erschien. Seine Position in der Palästinenserfrage war meiner Meinung nach unrealistisch, aber darauf schien es ihm nicht anzukommen. Noch Mitte der siebziger Jahre vertrat er die Auffassung, die einzig denkbare Lösung wäre es, wenn die aus Europa stammenden Juden Israels in die Länder zurückgingen, aus denen sie gekommen seien. Diese Alternative war schon deshalb wenig konstruktiv, weil heute in Israel sehr viel mehr orientalische als europäische Juden leben, die einer solchen Aufforderung gar nicht nachkommen könnten. Ich glaube aber, daß sich Gaddafi über dieses Problem nie viele Gedanken gemacht hat. Gaddafi fühlt sich vielmehr als arabischer Revolutionär, für den der Islam eine wichtige, wenn auch nicht die allein ausschlaggebende Rolle spielt.

Dem Unverständnis der Europäer für die Position Gaddafis habe ich immer entgegengesetzt, daß man Gaddafi als eine Art

Am 10. März 1982 kam Gaddafi zu einem viertägigen inoffiziellen Besuch nach Wien; Kreisky empfing den libyschen Revolutionsführer am Flughafen.

arabischen Robespierre sehen müsse. Wenn man die Lage in der arabischen Welt betrachtet, gibt es eigentlich nur einen einzigen Mann, der für sich die Rolle eines »Überrevolutionärs« beanspruchen kann, nämlich Gaddafi. Assad genießt sicherlich eine besondere Machtposition in der arabischen Welt, aber er verbindet damit keinerlei ideologische Betrachtungen; ähnliches gilt für Ägypten, für den Irak und, anders, für Khomeini.

Am 15. Februar 1975 startete die Delegation der Sozialistischen Internationale in einem zweimotorigen Militärflugzeug von einer ehemals britischen Militärbasis in Richtung Wadi Jarf, Oberst Gaddafis Wüstenrefugium etwa dreihundert Kilometer nördlich von Tripolis, wo Gaddafi zwei Wochen lang meditiert hatte. Die Maschine landete auf der von Militärfahrzeugen abgesperrten Straße außerhalb von Wadi Jarf, und in einem Konvoi von etwa zehn Landrovern jagte die Delegation, begleitet von Ministerpräsident Jalloud und zwei oder drei Parteifunktionären, unter starkem Militärschutz in die Wüste. Nach einer etwa halbstündigen Fahrt, auf der wir mehrere Militärkontrollen passieren mußten, erreichten wir eine neugebaute gelbe Villa auf einem kleinen Hügel. Die Fahrzeuge wurden auf der gekiesten Auffahrt geparkt, und die Gruppe stieg über einige Stufen zur Terrasse hinauf, von der Flügelfenster ins Innere des Hauses führten. Es war ein Kommen und Gehen von adrett gekleideten, gutaussehenden und gut gebauten jungen Soldaten, an denen die kleinen Maschinenpistolen wie Spielzeug wirkten. Das Haus, ein offensichtlich eilig errichteter Bungalow mittlerer Größe mit dünnen Wänden, war mit dicken Teppichen auf Marmorböden und bequemen Sesseln komfortabel eingerichtet. Die Bilder an den Wänden wirkten eher billig, und die Decke wurde von protzigen, geschmacklosen Lustern geziert, die auch bei Tage alle brannten. Die Delegation wurde gebeten, auf den Oberst zu warten, der sein Mittagsgebet offenbar noch nicht beendet hatte.

Als Gaddafi schließlich aus seinem Arbeitszimmer trat, machte er den Eindruck, als sei er in leichter Trance; es fiel ihm anscheinend schwer, die Augen offen zu halten. Während die Fernsehlampen aufgedreht wurden und ein Blitzlichtgewitter losbrach, ging er langsam auf seine Gäste zu. Er trug eine Khakihose mit Hemd und sehr elegante, wahrscheinlich handgearbeitete braune Stiefel. Er murmelte einige englische Höflichkeitsfloskeln und reichte allen Delegierten der Reihe nach die Hand, wobei er sich für die Verspätung entschuldigte. Dann nahm er zwischen Janitschek und mir Platz. Die Fernsehleute und die Photographen waren noch immer am Werk. Allmählich wurde Gaddafi lebendiger, winkte Jalloud zu und dirigierte die Journalisten von einer Ecke des Zimmers in die andere, wobei er den Aufruhr um seine Person sichtlich genoß. Von den tiefen Linien in seinem ovalen Gesicht abgesehen, wirkte Gaddafi eigentlich noch jünger als auf Photos.

Schließlich führte Gaddafi die Delegation in ein geräumiges Sitzungszimmer. Entlang der Wände waren viel mehr Stühle aufgestellt, als gebraucht wurden; in der Mitte standen niedrige Kaffeetische und mindestens zwei Aufzeichnungsanlagen, die bereits eingeschaltet waren. Helles Tageslicht durchflutete den Raum durch vorhanglose Fenster. Die Atmosphäre war ähnlich der im Gesellschaftsraum eines Schiffes – unwirklich und zeitentrückt. Es gab kein Protokoll, kein Papier, keine Bleistifte. Man hatte das Gefühl, am Ende eines Weges angekommen zu ein, ein Gefühl der Leere, als habe man den Punkt erreicht, von dem es kein Zurück gab.

Ich wies Gaddafi darauf hin, daß von Portugal bis Athen überall Sozialdemokraten Regierungschefs seien und daß Libyen als Anrainerstaat des Mittelmeeres dieser Tatsache Rechnung tragen müsse. Gaddafi schien überrascht und meinte: »Nun, so verschaffen Sie mir eine Verbindung zu diesen Leuten.« Die innere Mechanik unserer internationalen Bewegung sei recht kompliziert, erwiderte ich. Er könne nicht mit dem kleinsten Staatschef beginnen, mit dem in Malta, und dann darauf warten, daß die anderen von sich aus kämen.

Bei einem späteren Treffen in den frühen achtziger Jahren wies ich darauf hin, daß, wenn er zum Beispiel mit dem französischen Präsidenten Mitterrand ins Gespräch kommen wolle, er sich darüber im klaren sein müsse, daß der Tschad-Konflikt zwischen ihnen stehe. So konnte ich einen Beitrag dazu leisten, daß zwischen Mitterrand und Gaddafi ein Zustand der Nichtkriegführung im Tschad geschaffen wurde. Heute verblutet kein französischer und libyscher Soldat mehr im Wüstensand des Tschad, und es werden keine Flugzeuge mehr abgeschossen, deren Anschaffung gewaltige Kosten verursacht hat. Mein Beitrag wurde von Mitterrand öffentlich honoriert.

Im Augenblick gibt es eine gewisse Entspannung im Mittelmeerraum. Die amerikanische Politik, Gaddafi sozusagen auszubomben, hat nicht den Erfolg gebracht, den sich Reagans Ratgeber davon versprachen. Inwieweit die Verschwörungstheorie der CIA einfach konstruiert war und inwieweit Gaddafi gewisse Bewegungen tatsächlich gefördert hat, läßt sich nicht eindeutig feststellen, um so weniger, als ihm selbst eine gewisse Undurchsichtigkeit durchaus zweckmäßig scheint.

Selbst wenn man von vornherein davon ausginge, daß die Mittelostfrage unlösbar ist, so wäre es dennoch möglich, eine Art Bestandsaufnahme durchzuführen, um Unlösbarkeit zu »beweisen«. Sich mit dem Schicksal abzufinden, ist mir jedenfalls eine ganz fremde Vorstellung. Bevor man einen neuen Anlauf unternimmt, muß jedoch der tote Punkt überwunden werden. Der Schlüssel scheint mir seit langer Zeit schon eine Konferenz zu sein, die in der einen oder anderen Form von den Vereinten Nationen vorgeschlagen werden müßte. Ich glaube, daß in einer Phase der Entspannung, wie sie sich im Augenblick abzuzeichnen scheint, von den beiden Supermächten auch auf diesem Gebiet neue Anstrengungen unternommen werden sollten.

14. Kapitel

Vier Präsidenten und ein Kardinal

Die Verfassung der Republik Österreich war von Anfang an die einer extrem *parlamentarischen* Demokratie und enthielt wenig Elemente der *direkten* Demokratie. Das ist sicher auf den Einfluß der Sozialdemokratie und des ihr nahestehenden berühmten Staatsrechtlers Hans Kelsen zurückzuführen. Sozialdemokraten verspürten eine Abneigung gegen plebiszitäre Tendenzen, weil sie die Manipulation der Meinungsbildung durch die Massenpresse fürchteten und die rasche Wandelbarkeit der Volksmeinung nur allzugut kannten. Etwa im Hinblick auf die Todesstrafe: Jedesmal wenn Morde sich häufen, ertönt der Ruf nach der Todesstrafe, und die Menschen, die für sie eintreten, sind Vernunftargumenten nicht mehr zugänglich. Es bedarf eines beträchtlichen Maßes an Aufklärungsarbeit, um die »brodelnde Volksseele« zu beruhigen, und dies kann die Kräfte einer Regierung sehr schnell überfordern. Nach dem Hitlerterror war es ein Leichtes gewesen, die Menschen für die Abschaffung der Todesstrafe zu gewinnen; aber wer garantierte, daß der Ruf nach der Guillotine nicht schon bald wieder laut werden würde?

Im übrigen werden gewisse Fragen, wenn sie einer Volksabstimmung oder der direkten Volksentscheidung überlassen werden, sehr oft nur von denen wahrgenommen, die ein direktes Interesse an diesen Fragen haben. Das heißt, man ist auf diese Weise gegen Verzerrungen nicht gefeit. Andererseits hat die indirekte Demokratie den großen Vorteil, daß Entscheidungen meist nicht aus einer Augenblicksstimmung getroffen werden, sondern nach sehr reiflicher Überlegung. Sicher wünschen viele Schweizer Politiker fast aller Parteien die Mitwirkung der Schweiz in der UNO unter Berücksichtigung des Neutralitätsstatus, aber die Mehrheit der Stimmbürger, die zu einer solchen Entscheidung aufgerufen werden müssen, läßt sich von anderen Gesichtspunkten leiten, von den hohen Beiträgen bei internationalen Organisationen etwa oder von der Sorge, in schwierige Entscheidungen verwickelt zu werden.

Ich bin jedenfalls der Auffassung, daß durch Volksabstimmung herbeigeführte Entscheidungen nur für einen begrenzten Zeitraum, etwa für eine oder zwei Legislaturperioden, Geltung haben sollten, weil die Menschen in der Lage sein müssen, ihre Meinung zu ändern. Das läßt sich sehr deutlich am Beispiel der Volksabstimmung über die Kernenergie zeigen. Ich kann mir durchaus vorstellen, daß es bei einer zweiten Volksabstimmung Anfang der achtziger Jahre eine Entscheidung zugunsten Zwentendorfs gegeben hätte; es hatte damals ein deutlicher Erziehungsprozeß stattgefunden. Dann kam Tschernobyl, und die Stimmung ist total umgeschlagen, wie ich glaube, mit Recht. Die Sorge um die Zukunft ihrer Kinder hat die Menschen erfaßt, und da die Kernenergie in absehbarer Zeit nicht sicherer werden wird, wird die Angst derer, die sich heute Sorgen machen, noch wachsen. Wenn man in diesen Fragen nicht entsprechend Rücksicht nimmt, besteht die Gefahr, daß sich ein Zukunftspessimismus breitmacht, der, wenn er genügend viele Menschen erfaßt, sehr unerfreuliche Folgen für die Demokratie haben könnte.

Als ich in die Jugendbewegung eintrat, war ein Lied populär, das da lautete: »Den Feind, den wir am tiefsten hassen, der uns umlagert schwarz und dicht, das ist der Unverstand der Massen.« Es ist ein bürgerliches Vorurteil, daß der Gebrauch des Wortes »Masse« das Heruntersteigen der Sozialdemokraten in die Tiefen des Volkes kennzeichne; es ist vielmehr eine Redewendung, die sozialistischer Gesinnung entspricht, ähnlich wie auch die Parole »Alle Räder stehen still, wenn dein starker Arm es will«. Vielleicht verbirgt sich dahinter eine Überschätzung der »Masse«, aber dennoch bekenne ich mich noch heute zu dieser Gesinnung. Auch wenn die Elementarschulen besser geworden sind und die Leute heute schreiben und sehr viel mehr lesen können, so ist doch auch nach hundert Jahren die Aussage dieses Liedes nicht bedeutungslos geworden, man denke nur an die Verführbarkeit der Masse durch die Medien.

Die berechtigte Sorge der Sozialdemokratie im Hinblick auf die Massenmanipulation war jedenfalls einer der Hauptgründe für die Ablehnung der in der direkten Demokratie üblichen Mechanismen. Das hat seinen besonderen Ausdruck auch in der Verfassung gefunden, und dies wiederum hat dazu geführt, daß dem Bundespräsidenten fast keine Kompetenzen gelassen wurden außer denen der Repräsentation des Staates, und auch das nur mit Einschränkungen. Während meiner Studienzeit wurde beim Kapitel Staatsrecht folgende Anekdote erzählt: Bundespräsident Michael Hainisch, ein sehr angesehener Agrarwissenschaftler, auf den sich die Parteien geeinigt hatten, weil er ein nicht parteipolitischer Mann war, besucht die Oper und verliert im Treppenaufgang sein Taschentuch. Ein Student, der dies bemerkt, hebt es auf, läuft dem Bundespräsidenten nach und reicht ihm das Taschentuch. Der Bundespräsident dankt dem Studenten in überschwenglicher Art für den Fund und die Rückgabe seines Taschentuchs, und da der Finder ein fragendes Gesicht macht, meint der Bundespräsident: »Wissen Sie, das ist mir sehr kostbar, dieses Taschentuch. Es ist das die einzige Sache, in die ich meine Nase hineinstecken kann.«

Als Ende der zwanziger Jahre von der Rechten im Lande der Ruf nach dem starken Mann erscholl, hat Prälat Ignaz Seipel, der eine dominierende Rolle auf dem rechten politischen Flügel spielte, auf das Amt des Bundespräsidenten spekuliert. Bei der von ihm vorgeschlagenen Verfassungsänderung von 1929 wurde dem Bundespräsidenten eine Fülle von Kompetenzen übertragen, die alle heute noch gültig sind. Bei extensiver Interpretation der neuen Verfassung hätte Seipel eine große Machtstellung erlangt und wäre dem Streit entrückt gewesen.

Bei der ersten geplanten Volkswahl des Bundespräsidenten im Oktober 1931 stellten die Christlichsozialen den amtierenden Bundespräsidenten Wilhelm Miklas auf, den Nachfolger Hainischs, einen Parlamentarier, der eher zu den Farblosen im Lande gehörte; die Sozialdemokraten nominierten ihren permanenten Präsidentschafts- und Kanzlerkandidaten Dr. Karl Renner. Ich erinnere mich noch an die ersten Plakate in den Räumen der Parteizentrale auf der Rechten Wienzeile. Die Linken liebten Renner nicht, weil er trotz seiner bedeutenden Leistungen für den Austromarxismus ein zu starkes Bedürfnis nach Repräsentation empfand. Überdies sah es so aus, als wolle man Renner loswerden.

Wie dem auch sei, Renner wurde von der Sozialdemokratischen Partei einstimmig als der richtige Kandidat angesehen, und es besteht kein Zweifel, daß unter einem Bundespräsidenten Renner mit all den neuen Vollmachten und Kompetenzen der Heimwehrfaschismus nicht an die Macht gekommen wäre, daß es keinen Februar '34 und nach meiner Überzeugung auch keinen »Anschluß« gegeben hätte. Renner, 1931 gewählt, hätte bis 1937 das Präsidentenamt ausgeübt und wäre ohne Zweifel wiedergewählt worden. Er wäre der ruhende Pol im Wirrwarr der politischen Erscheinungen gewesen: Auch dies gehört mit in das große Kapitel, was geschehen wäre, wenn...

Es war ein großer Fehler der Sozialdemokratie, daß sie den falschen Beratern folgte und sich dazu entschloß, statt der geplanten Volkswahl wieder zur Bundesversammlung, also Nationalrat plus Bundesrat, als Wahlkörperschaft des Bundespräsidenten zurückzukehren. Man war eben das Opfer längst überholter staatsrechtlicher Vorstellungen. Damit haben die Sozialdemokraten die Wahl von Miklas ermöglicht; Miklas aber fiel weder Dollfuß noch Schuschnigg in die Parade, wozu er verfassungsmäßig berechtigt, ja verpflichtet gewesen wäre. Zwar hat er am 4. Oktober 1935 einen Brief an Schuschnigg geschrieben, in dem er zum Ausdruck brachte, daß er mit dieser Entwicklung Österreichs nicht einverstanden sei - die »rechtliche und moralische Zwangslage« lasse ihm im »gegenwärtigen Augenblick keine Möglichkeit, in Ehren« aus dem Amt zu scheiden –, aber mit einer so schwachen Gegenwehr exkulpiert man sich in so entscheidenden Fragen nicht. Am Beispiel Miklas läßt sich zeigen, was alles ein entscheidungsschwacher Mann in einem solchen Amt anrichten kann.

In Österreich kursierten denn auch zahlreiche Witze über den Bundespräsidenten Miklas und seine Bedeutungslosigkeit. Einen davon möchte ich wiedergeben. Die Rotunde ist ein berühmtes Bauwerk im Wiener Prater, das zur Weltausstellung 1873 errichtet wurde. Eines Tages, 1937, brannte die Rotunde. Der Bundespräsident fuhr hinaus zum Prater, und vor der brennenden Rotunde angelangt, sagte er zu den zahlreich versammelten Schaulustigen: »Ich erkläre den Brand der Rotunde für eröffnet.« Solche Anekdoten haben im Augenblick ihres Entstehens ausschließlich Heiterkeit hervorgerufen; in dem Maße, wie das Gras der Geschichte darüber gewachsen ist, erkennt man das Charakteristische, ihren zutiefst politischen Charakter. Immerhin hatten die Nationalsozialisten, als sie im März 1938 an die Macht kamen, noch so viel Respekt vor der Person des Bundespräsidenten, daß sie ihm den Gang in ein Konzentrationslager ersparten. Miklas war meines Wissens der einzige Würdenträger des Klerikofaschismus, dem die Folgen des Nazismus erspart blieben.

Als im April 1945 die erste Provisorische Staatsregierung gebildet wurde, stand an deren Spitze der »alte« Renner; er war damals 74 Jahre alt, und mir erschien es als ein Wunder, daß er für so schwere Aufgaben in so schweren Zeiten zur Verfügung stand. Er entledigte sich dieser Aufgaben mit großem Geschick, und ich kann mir niemanden vorstellen, der das besser getan hätte. Seinem ungeheuren Erfindungsreichtum verdanken wir unter anderem auch den Begriff »Staatsvertrag«; Renner brachte auf diese Art zum Ausdruck, daß Österreich, da es keinen Krieg geführt habe, auch keinen Friedensvertrag schließen könne. Dieser Grundgedanke hatte bereits 1919 in St. Germain den Siegermächten eingeleuchtet: Bei Österreich handele es sich nicht um den De-facto-Nachfolgestaat des alten Reiches und folglich habe das Österreich von 1918 nicht den Krieg verursacht. Gigantische Reparationsforderungen, wie sie die Alliierten Deutschland gegenüber geltend machten, blieben Österreich somit erspart. Ähnlich war die Einstellung 1945: Für den Jubel über den »Anschluß« könne man die Wiener nicht verantwortlich machen. Sind es nicht immer wieder die Irregeführten, die dem Ansehen ihres Landes in der Welt Schaden zufügen?

Renners große Leistung als Kanzler war es, daß er so rasch wie möglich Wahlen ausrufen ließ und daß es ihm gelang, dafür die Russen zu gewinnen. Wie genial dieser Schachzug war, geht daraus hervor, daß die österreichischen Kommunisten in beträchtlicher Selbstüberschätzung kandidierten und am Wahltag ihr großes Debakel erlebten; statt der erwarteten 25 Prozent erhielten sie ganze 5,4 Prozent und damit vier Sitze.

Die Westmächte hatten anfänglich gezögert, der Ausrufung der Wahlen zuzustimmen. Otto von Habsburg schien dies der richtige Augenblick zu sein, das State Department vor einer solchen Wahl zu warnen, wie überhaupt vor der Provisorischen Regierung. In einem Brief vom 2. Juli 1945 an Präsident Truman erhob er die Forderung, daß »die selbstherrlich ernannte provisorische Wiener Regierung, die unter dem Vorsitz von Dr. Renner steht, von den Alliierten nicht anerkannt« werde; er erklärte, daß die Russen in Wien einseitig ein »kommunistisches Regime« errichtet hätten, und verlangte die Schaffung »starker Länderregierungen im Westen des Landes« unter Ausschluß der russisch besetzten Gebiete - nämlich Wiens, Niederösterreichs und des Burgenlandes. Ich will daraus nicht allzuviel Schlußfolgerungen ziehen; aus der Spontaneität heraus unterläuft einem manches, wenn einem der Instinkt fehlt, und das ist ja die Ursache vieler mißglückter Aktionen. Wir in Schweden beurteilten die Wahl damals anders, weil wir die Realität der sowjetischen Besatzung in Österreich vorerst in Kauf nahmen und uns auf den Widerstand gegen die politischen Folgen vorbereiteten.

Die im April bestätigte Verfassung der Ersten Republik sah einen Bundespräsidenten vor, und bei dessen Wahl im Dezember kam es zu einem Akt politischer Noblesse von der Rechten, den ich nicht verkleinern möchte: Mit der bis auf eine Ausnahme einstimmigen Wahl Karl Renners zum Bundespräsidenten durch die Bundesversammlung hat man sozusagen gutgemacht, was seinerzeit mit der Wahl von Miklas verschuldet worden war. 1945 fungierte die Bundesversammlung das letzte Mal als Wahlkörperschaft; da das Parlament berechtigt war, mit Zweidrittelmehrheit Verfassungsgesetze zu beschließen, war dies möglich, ohne daß die Verfassung vergewaltigt wurde.

Im Mai 1951 wurde in der ersten Volkswahl Theodor Körner als Nachfolger des im Dezember verstorbenen Karl Renner gewählt. Der damals 78jährige Bürgermeister von Wien hatte, wie er mir zwei Tage nach der Stichwahl vom 27. Mai gestand, nur kandidiert, weil er überzeugt war, daß er nicht gewinnen würde. Auf Wunsch meiner Freunde in der Partei wechselte ich aus der wirtschaftspolitischen Abteilung des Außenministeriums hinüber in die Präsidentschaftskanzlei, wo ich mich um die politischen Geschäfte des Bundespräsidenten kümmerte. Ich habe darüber im ersten Band meiner Erinnerungen ausführlich geschrieben und will den zweiten Band nicht durch allzu viele Wiederholungen belasten.

Körners erster Besuch außerhalb Wiens galt der Stadt Linz, wo er seinem unterlegenen Gegenkandidaten, dem Landeshauptmann von Oberösterreich, Heinrich Gleißner, einem sehr liebenswürdigen und gescheiten Menschen, die Hand reichte. Ich habe Gleißner im Jahre 1954 näher kennengelernt, als es in Oberösterreich zu der großen Überschwemmungskatastrophe kam und wir einen Tag lang miteinander über Land fuhren, um uns ein Bild von dem entstandenen Schaden zu machen. Hätte Gleißner die Stichwahl gewonnen, so wäre er bestimmt ein ausgezeichneter Bundespräsident geworden; wie bei vielen anderen wäre auch in seinem Fall nach vollzogener Wahl das ganze österreichische Volk hinter ihm gestanden und die Präsidentschaftswahlkampagne hätte keinerlei Spuren hinterlassen. Das ist eine Tugend des österreichischen Volkes, die sich immer wieder bewährt hat, die man neuerdings jedoch aufs Spiel setzt, indem man die Österreicher mit der unverantwortlichen Wiederbelebung nazistischer Phrasen irreführt.

Am 4. Januar 1957 starb Körner. Obwohl er bereits im hohen Alter von 84 Jahren stand, kam sein Tod unerwartet. Die Partei war ratlos. Zu den potentiellen Kandidaten gehörten Männer wie Ernst Koref, Oskar Helmer oder auch der noble niederösterreichische Landesparteiobmann Franz Popp. Sie hätten die Pflichten des Bundespräsidenten sicher großartig wahrgenommen, aber sie waren außerhalb ihres eigenen Bundeslandes - mit Ausnahme Helmers - nicht bekannt genug. Die Entscheidung war nicht leicht. So hat in der Partei ad hoc eine Gruppe junger Sozialisten die Initiative ergriffen. Man nannte sie scherzhaft und nicht ohne einen gewissen Neid die »Jungtürken«: Franz Olah, mit dem ich auf das engste befreundet war, damals als Gewerkschafter Vorsitzender der Bau- und Holzarbeiter, Felix Slavik, der in der Wiener Partei eine wichtige Rolle spielte, Bruno Pittermann, Sekretär des SPÖ-Klubs im Parlament, Eduard Weikhart, Staatssekretär im Bundesministerium für Handel und Wiederaufbau, der Rechtsanwalt und spätere langjährige Justizminister Christian Broda sowie einige andere, von denen ich nicht weiß, ob sie heute genannt werden wollen.

Wir waren enge Freunde aus der Zeit der Illegalität; es beflügelte uns, daß wir von dem Geist der Zeit, in der wir im Untergrund gewirkt hatten oder später in der Emigration, manches herüberretten und lebendig erhalten konnten. Wir kamen zu der Überzeugung, daß man den Stier bei den Hörnern packen müsse und daß ein politisches Amt auf jeden Fall von einem Politiker geführt werden sollte, der sich der Tragweite seiner Handlungen bewußt ist. Unser Vorschlag lautete, den Vorsitzenden der Sozialistischen Partei, Vizekanzler Adolf Schärf, zum Kandidaten zu ernennen. Schärf, ein nüchterner, erfahrener Politiker von großer Integrität, war der denkbar beste erste Vorsitzende der Sozialistischen Partei nach dem Krieg. Er war ihr großer Baumeister und gleichzeitig ihr rationalster Demokrat. Die österreichische Demokratie und ihre Verfassung waren für ihn geradezu ein Bestandteil seiner politischen Existenz.

Ich hatte die Aufgabe, Schärf unseren Vorschlag näherzubringen. Sein Entsetzen war groß. Er hing an seiner Funktion als Vorsitzender der Partei, und er war ja auch, was so vielen abging, ein überaus gewiegter Taktiker im guten Sinne des Wortes. Schärf wollte nicht. Meine Argumentation, die ihn schließlich, glaube ich, umstimmte, war die: In seiner Funktion als Parteivorsitzender sei er nicht gefährdet, wenn er kandidiere, denn auf jeden Fall bekäme er sehr viel mehr Stimmen als die Partei bei den letzten Wahlen; ein Mann, der mehr Stimmen auf sich vereine als die

Partei, die er führt, werde auch bei einer Niederlage mit nicht nachlassendem Respekt von seiner Partei als Vorsitzender anerkannt werden.

Schärf war damals 67 Jahre alt und hätte nach den sehr strengen parteiinternen Gepflogenheiten das Amt des Vorsitzenden bald abgeben müssen. »Wenn du zum Bundespräsidenten gewählt werden solltest«, sagte ich, »kannst du mindestens sechs Jahre im Amt bleiben, und sicher wirst du dann ein zweites Mal gewählt werden. So wirst du dem Lande dienen, und wer dem Land dient, dient auch der Partei.« Letzteres schien mir eine unentrinnbare Logik zu sein, und daß sie bestätigt wurde, verdanken wir nicht zuletzt Adolf Schärf. Man kann diese Logik auch umkehren: Es kann der Partei nichts nützen, was dem Lande schädlich ist. Die Sozialdemokratische Partei ist eben so stark mit der Zweiten Republik verbunden, daß eine gewisse Einheitlichkeit der Interessenlage herbeigeführt wurde.

Bevor wir uns auf einen Kandidaten festlegten, haben wir durch ein Meinungsforschungsinstitut eine Befragung durchführen lassen. Die Gewerkschaft hat mitgeholfen, diese recht teure Aktion zu finanzieren. Auf meinen Vorschlag wurde dem Institut eine provokante Liste übergeben, die folgende Kandidaten zur Auswahl stellte: den sehr beliebten, großartigen Gewerkschaftsführer Johann Böhm, den sehr klugen Linzer Bürgermeister Ernst Koref, Schärf und, als Kandidaten der Gegenseite, den bekannten Wiener Chirurgen Professor Wolfgang Denk, der damals eine beträchtliche Popularität genoß und vor allem ein Lebensziel hatte: Bundespräsident zu werden. Um zu testen, inwieweit der monarchische Gedanke noch lebendig war, hatte ich überdies einen der sympathischsten Männer aus der Zeit der Monarchie vorgeschlagen, Herzog Max von Hohenberg. Seine Stimmanteile waren völlig unerheblich; weit vorn lag Denk, relativ wenig Unterstützung fand Böhm.

Alles in allem hat mich das Ergebnis auch für die Zukunft eher skeptisch gestimmt: Ein populärer Gewerkschaftsführer zu sein, genügte der Bevölkerung offenbar nicht, die Österreich noch immer für ein Agrarland hielt; und daß eine Persönlichkeit aus der kaiserlichen Familie, die eine so großartige Haltung bewiesen hatte wie Max von Hohenberg, den die Nazis 1938 ins KZ verschleppt hatten, offenbar weniger Anklang fand als der populäre Arzt, hat mir ebenfalls zu denken gegeben. Die größte Enttäuschung aber war, daß eine Kandidatur Adolf Schärfs aussichtslos zu sein schien. Wir haben trotzdem an ihm festgehalten und uns eine gründliche Argumentation zurechtgelegt.

In meiner Zeit als Kabinettsvizedirektor hatte ich eine Art politische Spieltheorie entwickelt und bin seither, wenn man so will, ein Spezialist für Fragen der Präsidentschaft. Im März 1957 schrieb ich in der »Zukunft« einen Artikel über die Rolle des Bundespräsidenten, in dem ich darlegte, was alles geschehen könnte, wenn ein Bundespräsident die Verfassung ausschöpfen würde, und daß es das Ziel eines aus der Sozialistischen Partei kommenden Bundespräsidenten sein müsse, diese Verfassungsmöglichkeiten nicht wahrzunehmen, weil sie das Kainsmal des beginnenden Faschismus trügen.

Wenn der gegenwärtige Bundespräsident, der es, wie immer man die Dinge sieht, mit einem zutiefst gespaltenen Volk zu tun hat und der die Spaltung mit seiner Wahl noch vertiefte, tatsächlich daran denken sollte, die »präfaschistischen« Verfassungsbestimmungen auszunützen - denn sie sind in diesen Jahren und aus den Bedürfnissen des beginnenden Faschismus heraus entstanden -, dann droht die große Gefahr, daß die österreichische Demokratie eine nicht unwesentliche Einschränkung erfährt. Und niemand kann im Augenblick beurteilen, was daraus werden würde. Ein so urdemokratisches Land wie Frankreich brauchte den Bonapartismus de Gaulles nicht auf die Dauer zu fürchten und hat gewisse Verfassungsbestimmungen immer vernünftig zu interpretieren gewußt. Ein in Sachen Demokratie erst seit kurzer Zeit erfahrenes Volk wie das österreichische hingegen muß sich gegen den Bonapartismus - das Wort ist schon eine Verniedlichung - wappnen. Hier sind alle politischen Parteien aufgerufen, Anklänge an die Vergangenheit zu vermeiden.

Wenige Wochen vor der Nominierung sind Schärf und ich zu Innenminister Oskar Helmer gefahren, der damals im Hanusch-Krankenhaus lag. Bundeskanzler Raab habe ihn vor kurzem besucht, erzählte Helmer, und gemeint, falls die SPÖ der Bundesversammlung als Wahlkörperschaft des Bundespräsidenten zustimme, würde die ÖVP für Helmer stimmen. Auf dem Nachhauseweg sagte ich zu Schärf: »Wenn wir von der Volkswahl abgehen, haben wir zum letzten Mal einen Bundespräsidenten. Schon der nächste kann dann von einer Mehrheit gewählt werden, die wir nicht beeinflussen können. Ich warne davor.« Raabs Vorschlag einer Verfassungsänderung im Sinne der alten Verfassung wäre für viele in der SPÖ gar nicht so abwegig gewesen, denn in der Ersten Republik waren die Sozialisten grundsätzliche Gegner der Volkswahl gewesen.

In der Meinungsbefragung lag der Gegenkandidat der ÖVP, Wolfgang Denk, noch immer weit vorn, zumal da auch die Freiheitliche Partei für ihn eingetreten ist. Er war ein Mann ohne politische Erfahrung, und die ÖVP hatte ihn aufgestellt, weil sie an die angebliche Neigung der Österreicher zum Unpolitischen glaubte und hieraus Profit zu schlagen hoffte. Die Rechnung sollte nicht aufgehen. Am 5. Mai wurde Schärf mit einer sehr kleinen, aber immerhin eindeutigen Mehrheit gewählt. Franz Olah und ich waren von Anfang an der Meinung gewesen, daß er weit über den Kreis der eigenen Anhänger hinaus Stimmen gewinnen könne, und wir sollten recht behalten.

Eines Sonntags nachmittags war bei mir Professor Ernst Haeusserman erschienen, der spätere Direktor des Burgtheaters, mit dem ich zwar nicht häufig zusammentraf, zu dem ich aber doch gute Beziehungen hatte; wir lagen, wie man so sagt, auf gleicher Wellenlänge. Haeusserman machte einen ungewöhnlichen Vorschlag: Angesichts der großen Angst vor der Atombombe sollte der Bundespräsidentschaftskandidat Schärf erklären, daß er, wenn er gewählt werde, eine Konferenz von international anerkannten Wissenschaftlern einberufen wolle, um die Frage der friedlichen Nutzung dieser neuen Energie zu diskutieren. Ich glaube, daß diese Idee viele österreichische Intellektuelle angesprochen hat.

Gerade wegen der sogenannten marginalen, aber letztlich entscheidenden Wählergruppe der Intellektuellen und Akademiker habe ich immer wieder das Prinzip der offenen Partei vertreten. Es ist ja furchtbar schwer, diese letzten zwei oder drei Prozent zu gewinnen, denn hier sind soziologische und intellektuelle Barrieren zu überwinden. Der erklärte Nachholbedarf an Liberalität hat uns in den von mir mit Erfolg geführten Wahlkämpfen von 1970 bis 1983 denn auch die Unterstützung der Intellektuellen gebracht.

Schärf war der erste führende Sozialdemokrat, mit dem ich nach dem Krieg in einen engeren Kontakt gekommen war. Ich erinnere mich vieler Spaziergänge mit ihm während seiner recht zahlreichen Besuche in Skandinavien, bei denen er mir die Zusammenhänge der österreichischen Nachkriegspolitik erläuterte. Obwohl er mit Kritik an seinen Mitarbeitern, auch Freunden, nicht zurückhielt, war Schärf auf besondere Art dennoch ein

Mit Bundespräsident Schärf beim Heurigen, 1958.

gütiger Mann, und auch mir wurde diese Güte in der für ihn typischen, zurückhaltenden Weise zuteil. Schließlich war er derjenige, der die Entscheidung traf, mich zum Staatssekretär für die Auswärtigen Angelegenheiten vorzuschlagen, und der mir damit sozusagen den Weg zur »Höhe« frei machte.

Schärf hat uns Jungen, ganz nebenbei und unprätentiös, viel an politischer Weisheit vermittelt. Seine politischen Grundsätze waren einfach, aber prägnant. So pflegte er in Parteikreisen immer wieder zu sagen: »Wir müssen eine Politik in der Koalition betreiben, die wir, wenn wir einmal in der Opposition sein werden, nicht zu bereuen haben. Es kann passieren, daß wir nur noch eine begrenzte Zeit in der Regierung sind, aber lange in der Opposition.« Schärf war für beides gewappnet.

In meiner Zeit als Staatssekretär und Minister bin ich fast täglich mit Schärf zusammengewesen. Als ich 1959 nur unter der Bedingung das Außenamt übernehmen wollte, daß es endlich in ein eigenes Ministerium verwandelt wird, war Schärf nicht begeistert. Dennoch hat er das Außenministerium, nachdem es einmal geschaffen worden war, nicht nur zur Kenntnis genommen, sondern auch respektiert. So wie einem manchmal die Kinder, mit denen man's am schwersten hat, am stärksten ans Herz wachsen, so schien es auch in diesem Fall zu sein: Schärf spendete mir Lob. Zwar nie direkt und immer so, daß man das Gefühl hatte, er ringt es sich ab, aber dennoch empfand ich Schärfs Äußerungen als eine besondere Auszeichnung.

Ich werde den Tag nie vergessen, an dem ich zu ihm kam und das erste Mal allgemeine Anerkennung als Außenminister fand. Die Volkspartei hatte sich gerade auf mich eingeschossen - aus Gründen, die leicht zu durchschauen waren. Ich war nicht gekränkt, daß sie sich mich ausgesucht hatten, war ich doch in ihren Augen ganz der Antityp: ein bewußter Intellektueller, seit Jahrzehnten in der Arbeiterbewegung verwurzelt, ein Mann jüdischer Herkunft. Die ÖVP war schließlich die Nachfolgerin der sich oft antisemitisch gebenden christlichsozialen Partei, und manch einer in der Parteispitze rechnete wohl damit, daß, wenn man sich auf mich konzentrierte, diese Assoziation den Menschen schon kommen werde; zumindest war das die Spekulation derer, die die Anti-Kreisky-Hetze damals betrieben.

Ich ging also zu Schärf, auf die andere Seite des Ballhausplatzes, und fragte, ob es nicht gut wäre, wenn ich mit meinem starken Gespür für das, was der Partei nütze und was sie brauche, in die Redaktion der »Arbeiter-Zeitung« hinüberwechselte, um sie stärker als bisher zu einem täglichen Sprachrohr der Partei und ihrer Menschen zu machen. Schärf sprang auf und meinte: »Jetzt, wo Österreich seit Kaunitz zum erstenmal wieder einen Außenminister hat? Nein, dazu gebe ich mich nicht her. Das will ich dir nicht raten, und der Partei will ich's nicht wünschen.« Damit war das Gespräch beendet. Auf der Treppe des Ballhausplatzes Nr. 1, die ich sehr oft in meinem Leben hinauf- und hinuntergegangen bin, schoß es mir plötzlich durch den Kopf, daß es sich um das schönste Lob handelte, das mir je zuteil geworden ist, gespendet von einem Mann, dem Lob schwer über die Lippen kam.

Anfang 1965 starben, nur wenige Wochen hintereinander, Adolf Schärf und Leopold Figl, der erste Bundeskanzler der Zweiten Republik; sein Nachfolger, Bundeskanzler Raab, seit 11. April 1961 nicht mehr im Amt, war ein Jahr zuvor ebenfalls gestorben. Bei allem, was man als Zeitgenosse gegen sie einwenden konnte, waren sie doch im Bewußtsein Österreichs Große, jeder auf seine

Art. Schärf und Figl, weil sie während der Nazizeit ein heroisches Leben geführt und vieles hatten erdulden müssen, Raab, weil er sich, obwohl er als junger Politiker ein eindeutiger Klerikofaschist gewesen war und den sogenannten Korneuburger Eid geschworen hatte, später bekehrte; aus einem Saulus war ein Paulus geworden, der mit seinen schlichten, etwas grobschlächtigen Bemerkungen sehr oft den Nagel auf den Kopf traf.

Bei der Bundespräsidentenwahl im Mai 1965 standen sich der Bürgermeister von Wien, Franz Jonas, und Altbundeskanzler Alfons Gorbach gegenüber. Jonas war kein sehr aussichtsreicher Kandidat, denn der Wiener Bürgermeister hat es grundsätzlich schwer, im Westen des Landes Sympathie zu finden. Die Dummheit und Kleinkariertheit so mancher ÖVP-Politiker aber hat Gorbach schwer geschadet; seine Partei hat es einfach an Unterstützung fehlen lassen. Daß dieselbe Partei, die ihn als ihren Kandidaten hochpries, ihn kurz vorher als Kanzler gestürzt hatte, hat Gorbach in den Augen der Wähler ohnehin disqualifiziert. Gorbach besaß sicherlich Meriten für das Amt des Bundespräsidenten; es ist nicht so, daß ich immer nur Sozialisten oder Kandidaten der SPÖ für die geeigneten gehalten hätte. Die Wahl wurde zu einem Kopf-an-Kopf-Rennen, und erst als das Kärntner Resultat vorlag, stand Jonas als Sieger fest.

Jonas war wie alle Bundespräsidenten bemüht, der mariatheresianischen äußeren Pracht seines Amtssitzes Schlichtheit entgegenzusetzen und ein volksnaher Bürgerpräsident zu sein. Verkörperte Renner den gelehrten Politiker, dessen Wurzeln noch in die Zeit der Monarchie reichten, Körner den Offizier aus der k.u.k. Armee, der durch die Schrecken des Krieges zum Mann des Friedens und schließlich zum Sozialdemokraten geworden war, und Schärf den erfahrenen Taktiker und Parlamentarier, so war Jonas der Inbegriff des wißbegierigen und durch Bildung gereiften Arbeiters. Der ehemalige Buchdrucker hatte die Bildungseinrichtungen der Arbeiterbewegung bis zum äußersten ausgeschöpft. Er sprach ein wohlklingendes, für österreichische Verhältnisse bemerkenswert gutes und kultiviertes Deutsch, und wenn er das Wort ergriff, so war es ein Vergnügen, ihm zuzuhören. Um so gräßlicher waren die persönlichen Verunglimpfungen, die aus den Reihen der Konservativen über ihn und seine Frau verbreitet wurden; zum Beispiel behauptete die Propaganda, daß er zu Hause mit seiner Frau tschechisch spreche.

Es war Franz Jonas, der im April 1970 den Weg frei machte für

Franz Jonas, 1965–1974 Bundespräsident der Republik Österreich.

die erste sozialistische Alleinregierung in der Geschichte der Republik. Am Abend des 20. April ging ich zu ihm. Wir hätten nun sieben Wochen mit der ÖVP verhandelt, sagte ich, haarscharf dieselbe Zeit wie im Frühjahr 1966, als die Große Koalition an der Maßlosigkeit der ÖPV-Forderungen zerbrach, und ich sei gekommen, ihn zu bitten, mich mit der Bildung einer Minderheitsregierung zu betrauen. Ich wolle dann versuchen, jeweils eine parlamentarische Mehrheit zu finden, und sollte das nicht möglich sein, würde ich dem Parlament den Vorschlag machen, sich aufzulösen und Neuwahlen auszuschreiben. Meiner Meinung nach habe es keinen Sinn, noch einmal das Experiment einer Großen Koalition zu versuchen; selbst wenn die Koalition unter großen Opfern und Zugeständnissen zustande käme, werde man ihre Arbeit blockieren und damit eine gefährliche Paralysierung herbeiführen. Der Umstand, daß die Volkspartei zum ersten Mal in der Geschichte nicht die führende Rolle in der Regierung spiele, werde diese der Opposition ungewohnte Partei zu gefährlichen Manövern verleiten.

Schließlich führte ich an, daß die Volkspartei bei den letzten Wahlen von 1966 mit 48,35 Prozent der Stimmen 85 Mandate erlangt habe, weil sie von den Segnungen eines ungerechten Wahlsystems profitierte, während die Sozialistische Partei bei den Wahlen am 1. März 1970 mit 48,42 Prozent, also fast der gleichen Stimmenzahl, aufgrund eben dieser Ungerechtigkeiten nur auf 81 Mandate gekommen sei. Eine sozialistische Regierung wäre unter anderem auch in der Lage, eine Wahlreform durchzusetzen, die zu einem gerechteren Proportionalsystem führe. Jonas dachte über alles nach und war schließlich bereit, mich mit der Regierungsbildung zu betrauen.

1971 wurde Jonas mit großer Mehrheit wiedergewählt, ein Beweis dafür, daß von der Polarisierung, die jeder Präsidentschaftswahlkampf mit sich brachte, bei der Wiederwahl des amtierenden Präsidenten nur noch wenig zu spüren war. Allerdings wurde nach der Wahl des Präsidenten in der Regel immer ein Konsens erreicht, indem ihm alle Parteien jenen Respekt zollten, der dem Inhaber dieses Amtes gebührt und der ihm jene Würde verleiht, die es ihm ermöglicht, überall auf der Welt im Namen Österreichs aufzutreten.

Es ist nicht auszudenken, was geschehen wäre, wenn ein seiner Partei weiterhin sehr verbundener Konservativer die Wahl gewonnen hätte. Schließlich galt es, Gesetze zu unterschreiben, gegen die sich gläubige Katholiken heftig zur Wehr setzten, etwa die Regelung über die Schwangerschaftsunterbrechung im Rahmen des neuen Strafgesetzes, die am 1. Jänner 1975 in Kraft treten sollte. Übrigens eine Regelung, gegen die ich in einer Rede auftrat und bei der ich nur unter ernstem Vorbehalt dafür stimmte, weil ich die weitere Kriminalisierung der meiner Meinung nach höchst privaten Entscheidung einer Mutter nicht hinnehmen, sondern statt der Fristenlösung die Streichung des gesamten Paragraphen erreichen wollte. Die Terminierung eines Schwangerschaftsabbruchs auf drei Monate schien mir irgendwie unlogisch, und ich wunderte mich, daß meine Partei sich mit diesem Dissens abfand. Es handelte sich um eine auch weiterhin sehr heftig umstrittene Regelung, und ich habe die Sache nicht leichtgenommen.

Als Jonas 1974 starb, wurde mir von einzelnen der wohlmeinende Vorschlag gemacht, den ich allerdings nicht als solchen empfand, daß ich mich um die Präsidentschaft bewerben sollte. Mit an Sicherheit grenzender Wahrscheinlichkeit würde ich gewählt werden. Ich hielt meine Arbeit noch nicht für vollendet, ja, in vielem stand ich noch am Anfang, und so habe ich dieses Ansinnen demonstrativ abgelehnt, indem ich meinte, daß ich als Bundeskanzler mehr für Österreich tun könne. Spekulationen habe ich mich gar nicht erst hingegeben.

Viel interessanter war die Frage, wen die Sozialistische Partei als Kandidaten für das Amt des Bundespräsidenten vorschlagen sollte. Ich war der Auffassung, daß wir äußerst behutsam vorgehen mußten, um nicht des Machthungers geziehen zu werden. Die personelle Situation in der ersten Hälfte der siebziger Jahre sah so aus: Bundespräsident der sozialdemokratische ehemalige Bürgermeister von Wien, Franz Jonas; Bundeskanzler der Vorsitzende der Sozialistischen Partei Österreichs, Kreisky; Präsident des Nationalrates der Präsident des Gewerkschaftsbundes, der Sozialist Anton Benya. Dazu kamen die vielen Einflüsse, die ich zu den »invisibles« der Politik rechne, Machtpositionen oder auch Positionen, die von den Menschen als solche empfunden werden. Ich meinte daher, es müsse ein Mann gesucht werden, der für alle wählbar sei, vor allem auch für praktizierende Katholiken. Es gab zum Beispiel immer wieder unschöne Diskussionen über die mangelnde Bereitschaft der Regierung, an religiösen Veranstaltungen wie Fronleichnamsprozessionen teilzunehmen, die in Österreich eine besondere Bedeutung und geradezu offiziellen Charakter haben.

Hier ist vielleicht der Platz, über mein Verhältnis zum Vatikan zu sprechen, oder besser gesagt, über das Verhältnis Österreichs zum Heiligen Stuhl. Ich habe das Spannungsverhältnis zwischen Sozialdemokratie und Kirche immer bedauert und daher mit gro-

Neujahrsempfang beim Bundespräsidenten: Bundespräsident Schärf und Außenminister Kreisky nehmen die Grußadresse des päpstlichen Nuntius Dellepiane als Sprecher des diplomatischen Corps entgegen. 1960.

ßer Sympathie die Versuche einiger katholischer Wissenschaftler und Kleriker verfolgt, die Türen zu öffnen. Im Vordergrund stand natürlich ihr Interesse, den Arbeitern den Weg zur Kirche zu erleichtern, und dies machte sie in unseren Kreisen verdächtig. Ich war jedoch der Meinung, wenn einzelne Kirchenvertreter für eine Öffnung zur Sozialdemokratie eintreten, sollten wir uns nicht sperren. So habe ich die Bemühungen des großen holländischen Sozialdemokraten Koos Vorrink unmittelbar nach dem Krieg, zu einer Synthese zwischen Arbeiterbewegung und Kirche zu kommen, mit großem Interesse verfolgt. Als Vorrink 1950 zum Parteitag der österreichischen Sozialisten nach Wien kam, sprachen wir ausführlich über dieses Problem, und Vorrink erklärte sich bereit, eine Brücke zu bauen. In der Wohnung der Tante von Willy Lorenz, dem späteren Chefredakteur der katholischen Wochenzeitung »Die Furche«, trafen wir uns mit einigen Vertretern der Kirche; obwohl sie sehr vorsichtig waren und sich zurückhielten, war dieses Gespräch für mich der Anfang einer

Entwicklung, die ich heute als äußerst positiv und erfolgreich bezeichnen möchte.

Im wesentlichen gab es drei Motive für die Annäherung. Erstens wollte ich der Sozialdemokratie in der Zweiten Republik jene Auseinandersetzungen ersparen, wie sie während der zwanziger Jahre in oft hemmungsloser Weise von beiden Seiten geführt worden waren. Inbegriff der klerikalen Intoleranz war für die Sozialdemokraten das Wort des Prälaten Seipel im Zusammenhang mit den blutigen Unruhen am 15. Juli 1927: »Verlangen Sie nichts vom Parlament und von der Regierung, das den Opfern und den Schuldigen an den Unglückstagen gegenüber milde scheint, aber grausam wäre gegenüber der verwundeten Republik.« Daß ihnen dies ein Mann der Kirche sagte, schien den Sozialdemokraten besonders horribel. Aber auch die Kirche hat daraus ihre Konsequenzen gezogen, nämlich geistlichen Herren in der Zweiten Republik nicht mehr zu erlauben, in die Politik zu gehen. Sie bekämpfte die Sozialdemokratie seinerzeit nur noch von der Kanzel - ihre effizienteste Methode -, und die Sozialdemokratie versuchte sich durch die Kirchenaustrittsbewegung zu revanchieren.

Zum zweiten hatte ich das Gefühl, daß viele Menschen in Österreich, Frauen vor allem, die Sozialdemokratie gern unterstützt hätten, wenn sie dadurch nicht in einen Zwiespalt mit ihrer Religion geraten wären. Dieser Druck mußte von ihnen genommen werden. Und schließlich galt es, in den jungen Katholiken und ihrer Bewegung einen potentiellen Verbündeten in vielen politischen Fragen zu sehen: so in der Einstellung gegenüber der Dritten Welt und der Verpflichtung der Industriestaaten zu Hilfeleistungen und Solidarität oder in der Haltung zum Krieg. Das so stark erwachte soziale Gewissen innerhalb der katholischen Kirche, das sich unter Johannes XXIII. und seinem Nachfolger weltweit sichtbar manifestierte, bot jedenfalls zahlreiche Ansätze zur Diskussion.

Es hat zu vielerlei Mißverständnissen geführt, daß ich mich in religiösen Dingen immer als Agnostiker bezeichnet habe. Damit wollte ich zum Ausdruck bringen, daß ich den Atheismus ablehne, der mir eine kämpferische Note zu haben scheint und die Menschen ihres Glaubens berauben möchte. Ich will das nicht. Auch wenn ich mir das, was ich als Metaphysik betrachte, nicht zu eigen machen kann, weil mir die Vorstellung oder, wie ein gläubiger Katholik wahrscheinlich sagen würde, die Gnade fehlt, weiß ich um die große Bedeutung der Religion für alle Teile unseres Lebens. Deshalb war ich stets darum bemüht, klar zum Ausdruck zu bringen, daß wir Sozialisten uns nicht hineindrängen wollen in die Sphäre des Religiösen. Dies haben mir viele im katholischen Lager geglaubt; jedenfalls ist es zu einer Aussöhnung mit der Kirche gekommen, wenn auch gelegentlich Sand ins Getriebe gestreut wurde.

Mir war immer klar gewesen, daß unser Verhältnis zum Vatikan ein besonderes sein mußte, nicht so sehr deshalb, weil Franz Joseph die Apostolische Majestät gewesen ist, sondern weil die überwältigende Mehrheit der Österreicher mehr oder weniger gute Katholiken sind. Aber ich habe es nicht leicht gehabt, den Frieden mit dem Vatikan zu schließen. Man darf nicht vergessen, daß für Pius XII., den früheren Kardinalstaatssekretär Pacelli, das österreichische Konkordat vom 5. Juni 1933 eine besondere Bedeutung gehabt hatte. Auf dieses Konkordat war er sehr stolz gewesen, weil Österreich damit wieder ein sehr katholisches Land wurde, etwa was die Ehegesetzgebung betraf. Nun vertraten nach dem Krieg viele die These - allen voran Bundespräsident Schärf -, beim »Anschluß« Österreichs 1938 habe es sich nicht um eine Okkupation, sondern um eine Annexion gehandelt; damit habe Österreich zu existieren aufgehört und alle völkerrechtlichen Verträge einschließlich des Konkordats seien null und nichtig geworden. Als Außenminister durfte ich mich dieser These nicht anschließen.

Als ich 1961 als Mitglied der österreichischen Delegation bei Papst Johannes XXIII. war, hat er mich zur Seite genommen und gemeint, die Österreicher seien doch gute Kinder der Kirche; wie es denn komme, daß sein Vorgänger solche Ressentiments gegen sie gehabt habe. Ich versuchte nicht, dem Papst das völkerrechtliche Problem zu erklären, sondern sagte, es gebe bei uns eine große Abneigung, die Gültigkeit des Konkordats anzuerkennen. Viele Sozialdemokraten, auch Abgeordnete des Parlaments, hätten seinerzeit infolge des Dollfußputsches im Gefängnis gesessen; ihre Reserviertheit sei daher menschlich verständlich. Ich werde nie die Worte des Papstes vergessen: »Doucement, doucement«, was soviel bedeutet wie vorsichtig, behutsam an die Sache heranzugehen. Dieses kleine Erlebnis machte mir die bemerkenswerte Toleranz des Heiligen Vaters auf die schlichteste Art deutlich.

Mit Hilfe des dem katholischen Glauben sehr ergebenen

9. Juli 1962: Unterzeichnung des Vertrages über Fragen zur Regelung des Schulwesens zwischen dem Heiligen Stuhl und der Republik Österreich: Außenminister Kreisky, der Leiter der Völkerrechtsabteilung des Außenministeriums, Rudolf Kirchschläger, Botschafter Bielka sowie der päpstliche Nuntius Rossi.

Leiters der Völkerrechtsabteilung, des späteren Bundespräsidenten Kirchschläger, haben wir einen Weg gefunden, die Gültigkeit des Konkordats anzuerkennen, ohne uns etwas zu vergeben. Allerdings war es nicht ganz einfach, diese Lösung in meiner Partei durchzusetzen. Wir haben die Formel geprägt, das Konkordat gelte zwar international, innerstaatlich aber nur insofern, als es in die österreichische Rechtsordnung Eingang gefunden habe. Das traf eigentlich auf die meisten Punkte nicht zu. Aber für die Kirche war wichtig, daß das Konkordat seine Gültigkeit behielt, weil sonst auch alle anderen Konkordate, vor allem das italienische, problematisch geworden wären.

Wir haben dann mehrere Verträge mit dem Vatikan geschlossen. Einmal ging es um Verpflichtungen, die Joseph II. Ende des 18. Jahrhunderts im Zusammenhang mit der Säkularisierung des Kirchenvermögens übernommen hatte, ohne sie zu erfüllen; es bedurfte kurioserweise eines sozialdemokratischen Außenministers, um das kaiserliche Versprechen einzulösen, nämlich daß der Staat einen Beitrag zur Erhaltung der Kirchen leisten werde. Auf ähnliche Weise wurden auch andere Fragen geregelt, etwa die Subventionen für die konfessionellen Schulen, die Aufsicht über den Religionsunterricht sowie die Errichtung von Diözesen.

Im Laufe der Verhandlungen wurde der damalige Nuntius Dellepiane zu meinem aufrichtigsten Freund, fast möchte ich sagen, zu einer Art Schutzpatron. Ich war einer der letzten, die ihn an seinem Wiener Totenbett besuchten: einer der bewegendsten Momente in meiner Zeit als Außenminister.

Aber es gab auch heitere Erlebnisse. So machten wir einmal zufällig im gleichen Hotel am Semmering Urlaub. Eines Nachts klopfte es an meiner Tür, und draußen stand ein Mitarbeiter des Nuntius, Ottavio de Liva, der aus seiner Rocktasche zwei Flaschen erstklassigen Rotwein aus dem Keller des Nuntius hervorholte und sie mir mit den besten Gutenachtwünschen überreichte. Der Nuntius erinnere sich, daß ich bei einem Essen diesen Rotwein besonders gelobt hätte.

1961 begleitete ich Bundeskanzler Dr. Alfons Gorbach zur Feier des 80. Geburtstages des Papstes nach Rom. Bei der anschließenden Privataudienz sollte der Fotograf des Heiligen Stuhls, der beim Fotografieren kein Ende fand, von einem der Zeremonienmeister aus dem Saal gewiesen werden. Papst Johannes XXIII. meinte angesichts der ordengeschmückten Diplomaten und Minister, man möge den Mann doch ruhig fotografieren lassen, er sei immerhin der einzige hier, der etwas arbeite. – Bei einer anderen Gelegenheit erzählte der Papst von einem lange zurückliegenden Besuch des Stephansdoms. Sie hätten mühsam den Turm erklommen und seien schon fast oben gewesen, als ihnen ein gleichfalls sehr umfangreicher geistlicher Würdenträger von oben entgegenkam und ihnen den Weg verstellte. Sie überwanden diese Schwierigkeit durch das schöne Wort: durch Mühsal zum Licht, per aspera ad astra. In allen Situationen zeichnete sich Papst Johannes XXIII. durch einen weisen Humor aus.

Es ist weithin bekannt, daß zwischen dem großen Wiener Kardinal Franz König und mir ein außerordentlich gutes Verhältnis besteht. Schon als Außenminister hatte ich öfters erfolgreich mit ihm zusammengearbeitet, und in den 13 Jahren meiner Kanzlerschaft konnten wir vieles gemeinsam regeln. Ich bilde mir ein, daß mir der Kardinal meinen Agnostizismus verziehen hat, weil ich durch Taten bewiesen habe, dem Guten auf meine Art zu dienen.

Bundeskanzler Kreisky und Kardinal König im Gespräch mit Teilnehmern der UCIP-Tagung (Weltunion Katholische Presse), Oktober 1977.

Kardinal König war mit zahlreichen, weit über den Kreis des österreichischen Episkopats hinausreichenden Aufgaben betraut; 1965 wurde ihm die Leitung des vatikanischen Sekretariats für die Nichtglaubenden übertragen, wenig später rief er zur Verstärkung des Dialogs mit der orthodoxen Kirche die Stiftung »Pro Oriente« ins Leben. Bei allen seinen Aktivitäten vertrat Kardinal König eine Richtung, die mir in höchstem Maße sympathisch war. Hinzu kam seine warme Menschlichkeit. Bei jedem meiner Besuche im erzbischöflichen Palais herrschte eine besondere Atmosphäre des Wohlwollens - sehr zum Mißvergnügen mancher Klerikaler, die die Feindschaft gegen die Sozialdemokratie noch immer als eine der Aufgaben der Kirche ansahen. Kardinal König hat mir seine Zuneigung bei vielen Gelegenheiten zum Ausdruck gebracht, etwa wenn er mir im Augenblick einer schweren Koalitionskrise bei der Garderobe sagte, es komme jetzt darauf an, die Nerven zu behalten.

Der Wiener Humor ist manchmal etwas zynisch und rüde. Vor einiger Zeit waren Kardinal König, Altbundespräsident Kirchschläger und ich zu einem Vorweihnachtsfest eingeladen - drei »Ehemalige«. Ich hörte, wie jemand in der Reihe hinter uns flüsterte: »Drei, die nichts mehr zu sagen haben.« Ob er das bedauernd meinte? Ich kann es nicht mit Bestimmtheit sagen, nur soviel weiß ich: Es war ein großes Glück, daß wir in der Zweiten Republik - seit Einführung der Volkswahl - nicht nur vier Ehrenmänner als Bundespräsidenten besaßen, sondern auch diesen Kardinal. Es wird nicht leicht sein, noch einmal ihresgleichen zu finden.

1974 schlug ich aus den genannten Gründen als Kandidaten für das Amt des Bundespräsidenten einen Mann vor, den ich seit vielen Jahren kannte und der zu meiner nächsten Umgebung gehörte. Es war Dr. Rudolf Kirchschläger, der ehemalige Leiter meines Kabinetts im Außenministerium, ein außerordentlich kluger Mann von großer Loyalität und persönlicher Würde. Diese Wertschätzung Dr. Kirchschlägers hatte ich durchaus nicht von Anfang an empfunden, zunächst war ich sogar skeptisch gewesen. Als nämlich der bewährte Leiter des Völkerrechtsbüros, Universitätsprofessor Stephan Verosta, nach Abschluß des Staatsvertrages, um den er sich große Verdienste erworben hatte, den Wunsch äußerte, eine Auslandsvertretung zu übernehmen, und als seinen möglichen Nachfolger im Völkerrechtsbüro Rudolf Kirchschläger nannte, meinte ich etwas abschätzig, wie er denn für ein solches Amt, das für das neutrale Österreich von ganz besonderer Bedeutung sei, einen »Bezirksrichter« vorschlagen könne. Auf Zureden Verostas stimmte ich schließlich zu, und alsbald wurden alle meine Zweifel zunichte gemacht. Dr. Kirchschläger bewährte sich in hervorragender Weise, so daß ich ihn 1963 zum Kabinettschef meines Ministeriums machte. 1967 verließ er das Außenamt und ging als Gesandter nach Prag.

Als ich 1970 das Minderheitskabinett bildete, rief ich ihn an - er war, wenn ich mich richtig erinnere, gerade auf einer Ausstellung in Brünn - und stellte ihm die Frage, ob er Außenminister meines Kabinetts werden wolle; es könne freilich passieren, fügte ich hinzu, daß er das Parlament als Außenminister betrete, um es am Abend als gestürzter Minister wieder zu verlassen. Kirchschläger gab mir nach sehr kurzer Bedenkzeit sein Ja. Trotz mancher Einwände gegen einen Parteilosen nahm der Parteirat meinen Vorschlag schließlich an; bei meinem vorrangigen Interesse für Fragen der Außenpolitik wollte man mir hier nicht dreinreden.

Kirchschläger war ein ausgezeichneter Außenminister, aber er hatte sich sehr gehässiger Angriffe von seiten der ÖVP zu erwehren, die in ihm, einem gläubigen Katholiken, einen Abtrünnigen sahen. Es ist ja eine alte Erfahrung, daß diejenigen, die man früher einmal als »Klassenverräter« bezeichnete, besonders heftig kritisiert werden. Das war im übrigen auch das tragische Schicksal Olof Palmes; obwohl die schwedische Arbeiterklasse damals einen gewissen Wandel durchmachte und auch das schwedische Bürgertum der Arbeiterschaft gegenüber eine neue Haltung einnahm, kannte der Haß auf Palme keine Grenzen. Ich halte es deshalb auch nicht für ausgeschlossen, daß irgendein Wahnsinniger mit Methode, beeinflußt durch das vergiftete politische Klima, zu seiner Ermordung bereit war.

Nach dem Tode von Jonas gelang es mir, den Parteirat davon zu überzeugen, daß Außenminister Kirchschläger der richtige Kandidat für das Amt des Bundespräsidenten sei. Bei der Wahl am 23. Juni 1974 siegte er über einen der populärsten Männer der Konservativen, den Innsbrucker Bürgermeister Alois Lugger. Es war wie immer: die Präsidentschaftswahl war sozusagen die Heerschau der Linken und der Liberalen auf der einen, der Konservativen auf der anderen Seite.

Kirchschläger hatte das Glück, zwei volle Perioden, also insgesamt zwölf Jahre im Amt zu sein. Er war ein sehr guter Präsident, und dieses Urteil wird auch dadurch nicht getrübt, daß er am 22. April 1986, also im letzten Augenblick, de facto ein Votum für Waldheim abgab: »Wäre ich in die Funktion eines Staatsanwaltes versetzt, würde ich es, ganz abgesehen von der in Österreich bestehenden Gesetzeslage, nicht wagen, aufgrund dieser mir vorliegenden Beweise eine Anklage vor einem ordentlichen Gericht zu erheben!« Es ist meiner Meinung nach nicht Sinn des Amtes, daß der Bundespräsident eine Volksentscheidung zu beeinflussen sucht; die Parteien können ihren Streit in der Kampagne austragen, der Bundespräsident aber muß bis zum letzten Tag seines Amtes in voller und unzweifelhafter Objektivität verharren.

So kam es also zur Wahl Waldheims. Ich möchte meine persönliche Haltung eindeutig klarstellen. Als ich gefragt wurde, ob ich bereit wäre, mich von der Sozialistischen Partei vorschlagen zu lassen, lehnte ich ab. Ob diese Frage rein formaler Natur oder ernst gemeint war, sei dahingestellt. Ein Amt mit einer Funktionsdauer von sechs Jahren anzustreben, ist für einen Mann meines Alters eigentlich nicht richtig; nach all den Krankheiten, die ich hinter mir hatte, wäre ich vielleicht gar nicht in der Lage gewesen, dieses Amt mit allen Kräften auszuüben. Überdies schien mir dieses Amt nicht erstrebenswert, weil ich, wie gesagt, der Auffassung bin, daß der Bundespräsident seine Kompetenzen, die aus einer anderen politischen Epoche stammen, möglichst restriktiv auslegen sollte. Und drittens meinte ich, ein wenig scherzhaft, aber nicht ohne Grund, daß manche in der Partei vielleicht froh darüber wären, einen so unbequemen Mann endlich loszuwerden. Die Presse äußerte die Vermutung – wie so oft, wenn es um Äußerungen von mir ging, in völliger Verzeichnung dessen, was ich tatsächlich gesagt hatte –, daß ich mich würde »breitschlagen« lassen.

Die Frage, ob ich kandidieren wolle, stellte mir auch Waldheim. Er besuchte mich am 7. Mai 1985, und ich teilte ihm mit, er könne sicher sein, daß er nicht gegen mich werde antreten müssen. Das hat ihn sicherlich beruhigt und in seiner Entscheidung bestärkt, denn man darf nicht vergessen, daß Waldheim mit der Niederlage aus der Bundespräsidentenwahl von 1971 belastet war, als er gegen den amtierenden Bundespräsidenten Jonas kandidiert hatte. Wäre damals Waldheim gewählt worden, wäre alles ein bißchen weniger dramatisch verlaufen. Die später über ihn zutage geförderten Akten lagen ja schon damals in den National Archives in Washington, und sicher hätten sich bald leidenschaftliche Archivdurchstöberer gefunden, um sich mit der Person des neuen Bundespräsidenten zu beschäftigen. Da Waldheim von seiner Kriegsvergangenheit nie gesprochen hatte, wäre man zu dem Ergebnis gelangt, daß er der österreichischen Öffentlichkeit nicht alles über seine Person mitgeteilt habe.

Der Geist Waldheims schwebte, wenn ich so sagen darf, über den Wassern der österreichischen Politik, und immer wieder fiel sein Name im einen oder anderen Zusammenhang. Dabei konnte er eigentlich keine anderen Meriten vorweisen als die, daß er von 1968 bis 1970 kurzfristig Außenminister gewesen war. Während der Tschechenkrise hatte er keine ruhmreiche Rolle gespielt und sich durch seine Nachgiebigkeit den Russen gegenüber nach Meinung vieler disqualifiziert. Einer von denen, die ihn deshalb angriffen, war der damalige Gesandte in Prag, Rudolf Kirchschläger, der offen erklärte, daß ihm Waldheim als Außenminister verboten habe, Tschechoslowaken Einreisebewilligungen auszustellen. Um so erstaunlicher war Kirchschlägers späteres Verhalten.

Nach dem Regierungswechsel 1970 besuchte mich Waldheim. Ich wies ihn darauf hin, daß er als ehemaliger Außenminister das Recht auf einen besonderen Botschafterplatz habe, und schlug ihm London vor. Waldheim wollte nicht recht anbeißen; er zog den weniger bedeutenden Posten eines Botschafters bei der UNO vor, den er nach dem Weggang Haymerles im gleichen Jahr noch erhielt. So kam Waldheim wieder nach New York, wo er bereits zwischen 1964 und 1968 gearbeitet hatte.

Eines Tages berichtete er mir, er habe gehört, daß ein Österreicher Chancen hätte, als Kandidat für den Posten des UNO-Generalsekretärs nominiert zu werden, auch wenn seine Wahl damit noch nicht gewährleistet sei. Wenn dem so wäre, meinte ich, würde die österreichische Regierung ihn unterstützen, unter Umständen sogar vorschlagen. Dem Antrag lag ein Curriculum vitae bei, gegen das nichts einzuwenden war. Mehr wußte ich nicht, und auf inoffizielle Fragen, die ich unter anderem sowjetischen Diplomaten stellte, erhielt ich recht positive Antworten.

Es gab so manche, die schon damals genauer Bescheid wußten über Waldheims Vergangenheit und auch darüber, daß man ihm - zu Recht oder Unrecht - sehr früh bereits Kriegsverbrechen vorgeworfen hatte. Später traten sie als Zeugen auf für sein untadeliges Verhalten in der deutschen Wehrmacht. Ich denke hier vor allem an den ehemaligen österreichischen Außenminister Karl Gruber, dessen Sekretär Waldheim von Anfang Dezember 1945 bis Mitte Jänner 1948 gewesen war, und an den Verleger Fritz Molden, der seinen zweifellos mutigen Einsatz im Widerstand dazu benützte, zu einem sehr frühen Zeitpunkt an der Reinwaschung Waldheims mitzuwirken.

Es war die letzte Chance, einen Europäer zum UNO-Generalsekretär zu wählen. Über verschiedene Kanäle erfuhr ich, daß sich für den hochqualifizierten finnischen Diplomaten Max Jakobson keine Mehrheit finden würde. Die einen meinten, weil er ein hochdekorierter Offizier aus dem zweiten russisch-finnischen Krieg sei, würde ihn die Sowjetunion nicht akzeptieren; andere Gerüchte wollten, daß Jakobsons verwandtschaftliche Beziehungen zu Finnen jüdischen Glaubens die Araber in der UNO davon abhalten würden, für ihn zu stimmen. Der UNO ist dadurch eine hervorragende Persönlichkeit vorenthalten worden, die in sehr würdiger Weise das Erbe des 1961 bei einem mysteriösen Flugzeugabsturz im Kongo ums Leben gekommenen Dag Hammarskjöld fortgesetzt hätte. Wie dem auch sei,

Waldheim wurde vorgeschlagen, und Waldheim wurde akzeptiert.

Die UNO-Zeit Waldheims, seine Nominierung zum Kandidaten für die Bundespräsidentenwahl 1986, die »Entdeckung« seiner Kriegsvergangenheit, der Verlauf des Wahlkampfs und die zunehmende Polarisierung: all das füllte monatelang die Spalten der Weltpresse. Ich verzichte hier darauf, die Details zu wiederholen. Statt dessen scheinen mir einige Betrachtungen grundsätzlicher Art angebracht. Zum ersten Mal in der Geschichte der Zweiten Republik hat Österreich, konstitutionell einwandfrei, einen Bundespräsidenten bekommen, mit dem sich große Teile des österreichischen Volkes - durchaus nicht nur Sozialdemokraten - nicht abfinden wollen: das ist das Neue an der Situation.

Wenn Österreich, wie es in der Präambel des Staatsvertrages festgeschrieben steht, von »Hitler-Deutschland am 13. März 1938 mit Gewalt annektiert« wurde, dann paßt es damit nicht recht zusammen, die Pflichterfüllung hervorzuheben. Viele Österreicher haben sich im nachhinein exkulpieren wollen, indem sie von der Pflichterfüllung gesprochen haben. Der gegenwärtige Bundespräsident hat das Wort zu interpretieren versucht und damit eine Wandlung erkennen lassen, aber es ist gefallen und gilt in Österreich in sehr weiten Kreisen. Niemand, der an einem lebensgefährlichen Unternehmen beteiligt war, will nachher diesen Einsatz abwerten müssen, auch dann nicht, wenn er dazu gezwungen wurde. Das ist menschlich. Manchmal geht das sogar so weit, daß man die Zweideutigkeit der Pflichterfüllung unter Zwang als besonders heroisch interpretiert und beides gleichzeitig geltend machen will.

Österreicher sein heißt eben auch, die Schwächen unseres Volkes zu kennen, sich mit solchen Zweideutigkeiten auseinanderzusetzen und zu hoffen, daß die apodiktische Art der Jugend diese Charaktereigenschaft des »so und so« überwinden hilft. Zum Glück sind gewisse nationale Eigenschaften auf gewisse Klassen begrenzt, und die lauwarme Haltung des Sich-nicht-Festlegens ist ein typischer Charakterzug des österreichischen Klein- und Mittelstandsbürgertums, jener Menschen, die es sich immer wieder richten und die die Kunst, jeweils im breitesten Strom mitzuschwimmen, zur Maxime ihres Handelns oder besser: ihres Nicht-Handelns gemacht haben. Die Arbeiterklasse - ich verwende bewußt diesen alten Ausdruck - hat derartigen Auffassungen nie zugeneigt, ja, sie ist nicht einmal durch die bisweilen etwas wankelmütige Politik ihrer Partei dazu veranlaßt worden. Erst als die Bürokratisierung sich auch der sozialistischen Parteien bemächtigte, haben diese Laster zugenommen. Zweideutigkeiten, die Angst, sich festlegen zu müssen, der Wunsch, immer zur Mehrheit zu gehören, all das sind jedenfalls keine Laster der »Unterdrückten«.

A propos Pflichterfüllung: Was ist denn geworden aus den berühmten Worten »Rot-Weiß-Rot bis in den Tod«, aus der Ankündigung, Österreichs Grenzen bis zum letzten Atemzug zu verteidigen? Angesichts der Legenden, die sich nach dem Sieg des gegenwärtigen Bundespräsidenten um Österreichs Schicksal in den dreißiger Jahren ranken, muß daran erinnert werden, wie es wirklich war. Die falsche Deutung der Ereignisse hat die Geschichte um ein Beträchtliches zurückgedreht - wieder einmal ein eindringliches Beispiel dafür, wie nahe die historische Analyse der Legendenbildung steht. Man wäre fast versucht zu meinen, sie wüchsen aus ein und demselben Holz. Das bestärkt mich in meiner grundsätzlichen Auffassung, daß Geschichte faszinierend ist, daß aber nicht der Fehler begangen werden darf, sie als exakte Wissenschaft zu betrachten.

Ich mache mich nicht zum Richter über die Funktionen der deutschen Wehrmacht auf dem Balkan, weil ich vieles nicht beurteilen kann und weil ich mich nur dann gern einmische, wenn ich in der Lage bin, etwas nachzuvollziehen. Wahrscheinlich hat der junge Waldheim gemeint, er habe es mit dem tausendjährigen Reich zu tun, aber, wie gesagt, ich möchte das nicht beurteilen, weil ich nicht weiß, wie ich mich in dieser Situation verhalten hätte. Für mich ist nur eines entscheidend: daß Waldheim im Zuge der Vorbereitungen auf das so wichtige Amt des Generalsekretärs, das eine gewisse Reife voraussetzt, seinen Lebenslauf nicht nur nicht vollständig wiedergegeben, sondern gewisse, sehr wesentliche Zusammenhänge bestritten hat bis zuletzt.

Spätestens bei seiner Kandidatur für die Bundespräsidentschaft hätte Waldheim meiner Ansicht nach darauf hinweisen müssen, daß nicht die volle Wahrheit über sein Leben bekannt sei. Er hätte die Gründe dafür aufzählen, die Lücken schließen und um Verzeihung oder Entschuldigung bitten können, je nachdem. Dann hätte man Bescheid gewußt und sich wahrscheinlich zufriedengegeben. Deshalb ist ja die Ehrenbeleidigungsklage von Sinowatz gegen einen Journalisten meiner Ansicht nach so sinnlos gewesen, weil es ja zu den Aufgaben eines Politikers gehört, sich ein richtiges Bild über einen Kandidaten für ein öffentliches Amt zu machen.

Immer wieder wurde ich aufgefordert, Proklamationen gegen Waldheim zu unterschreiben, aber ich unterschreibe nichts. Erstens weil ich kein Unterschreiber bin, sondern meine Meinung dann öffentlich zum Ausdruck bringe, wenn ich es für richtig halte, und zweitens, weil ich nicht Forderungen stelle, die konstitutionell nicht durchsetzbar sind. Mir kommt es darauf an, daß die Sozialistische Partei als solche Stellung bezieht. Auf einen einfachen Nenner gebracht, lautet diese Stellungnahme: Das ist kein brauchbarer Präsident für Österreich. Er gereicht uns zum Schaden, und daraus müssen Konsequenzen gezogen werden.

Wenn es nach der Wahl Waldheims eine Rettungsmöglichkeit gab, um wenigstens das Gewicht Österreichs in der Welt auszutarieren, dann die, dem nach außen verantwortlichen Bundespräsidenten einen Außenminister der anderen Partei gegenüberzustellen. Die naiven Vorstellungen, wonach der Bundeskanzler in der Lage wäre, die Außenpolitik zu kontrollieren und zu lenken, sind nicht zu vereinbaren mit einer Verfassung, die nur die Ministerverantwortlichkeit kennt, aber nicht die Richtlinienkompetenz, wie sie etwa in der deutschen Verfassung vorgesehen ist. Ein gelegentlicher Ausflug des Bundeskanzlers in die Außenpolitik reicht bei den Problemen, die gegenwärtig zur Diskussion stehen, nicht aus.

Schon bei den Verhandlungen über die Regierungsbildung 1962 waren viele der Meinung gewesen, man solle zwar auf mich als Mitglied der Bundesregierung nicht verzichten, aber es stehe nicht dafür, bis zum äußersten um das Außenministerium zu kämpfen. Die besondere Bedeutung des Außenministeriums war der österreichischen Sozialdemokratie nie recht bewußt. Nur Schärf hatte damals seine Bedeutung in besonderem Maße erkannt; er vertrat seit 1953 die »bipartisan policy« einer gemeinsamen Außenpolitik, die auch in personeller Hinsicht deutlich gemacht werden müsse.

Ein Prinzip, das bei den Koalitionsverhandlungen 1987 aufgegeben wurde – in einem für Österreich ganz besonders gefährlichen Augenblick. Dies wird leider erst jetzt in steigendem Maße erkannt. Und warum verzichtete man? Der Eitelkeit eines einzigen Mannes zuliebe. Die ÖVP hätte nämlich, wie mir einige sehr einflußreiche Persönlichkeiten dieser Partei versicherten, die

Koalition nicht an der Frage der Besetzung des Außenministeriums scheitern lassen. Der unnötige Verzicht auf das Außenministerium war einer der Gründe, die mich veranlaßten, im Jänner 1987 meinen Rücktritt als Ehrenvorsitzender der SPÖ öffentlich zu machen.

15. Kapitel

In der Opposition (1966–1970)

Die Große Koalition, die nach der Auffassung vieler ihre Funktion mit dem Staatsvertrag erfüllt hatte, war schon Anfang der sechziger Jahre ins Wanken geraten. Die eine Regierungspartei trat als Opposition der anderen auf; dies wirkte auf die Menschen unaufrichtig und raubte dem Parlamentarismus seine Glaubwürdigkeit. Daß dem österreichischen Parlamentarismus nicht jene Bedeutung eingeräumt wurde, die er in der Demokratie verdient, daran ist ohne Zweifel die Große Koalition schuld. Zudem war die Presse, obwohl sie sich als überparteilich ausgab, immer antisozialdemokratisch eingestellt und hatte sich die Rolle der Opposition angeeignet, eine Aufgabe, die den Journalisten viel Freude machte.

1957 erlitt Raab einen schweren Schlaganfall, dem eine lange Rehabilitationsphase folgte, und als er zurückkehrte, konnte jedermann sehen, daß er nicht mehr der alte war. In dem Moment vollzog sich das, was die Fabel berichtet: Als die Tiere merkten, daß dem Löwen die Zähne zu wackeln begannen, wurden sie übermütig. Es krachte im Gebälk der Großen Koalition, und Bundeskanzler Gorbach, der Raab am 11. April 1961 ablöste und als kraftvoller Politiker sie retten sollte, scheiterte an dieser Aufgabe. Waren die Sitzungen unter Raab die kürzesten gewesen, so wurden sie unter Gorbach von Mal zu Mal länger; es schien, als ob die Dämme, die Raab errichtet hatte, gebrochen waren. Jedenfalls begann eine Phase, in der die Geschäfte der Koalition immer schwerer zu handhaben waren.

In dieser Zeit machten sich die sogenannten Reformer stark, die ihren Hauptsitz wieder einmal in Graz hatten; Raab nannte sie die Fußmaroden der Awaren. Obwohl Gorbach bei den Wahlen 1962 zwei Mandate hinzugewinnen konnte, wurde er anderthalb Jahre später gestürzt. Der vorwärtsdrängende Reformflügel unter dem alten steirischen Landeshauptmann Krainer und Generalsekretär Withalm erhob Josef Klaus auf den Schild, der im April 1964 Bundeskanzler wurde.

Ein sehr freimütiger ÖVP-Politiker meinte damals auf meine Frage, worauf er es zurückführe, daß seine Partei neuerdings so gut organisiert sei, der Generalsekretär Withalm, der starke Mann der ÖVP, habe es verstanden, die ehemaligen Hitlerjugendführer für die ÖVP zu gewinnen. Tatsächlich hatten sich die Führer der Hitlerjugend als gute Organisatoren erwiesen; daraus allerdings den Schluß zu ziehen, die Hitlerjugendführer seien ausschließlich bei der ÖVP zu finden gewesen, ist falsch. Hitlerjugendführer gab es allerorten. Sie haben zum Teil Bewährungsproben abgelegt, und man hat ihnen gern verziehen. Dies stimmte mit meiner Auffassung überein, daß Irrtümer in der Jugend durch konkretes Handeln beim Neuaufbau der österreichischen Demokratie gutgemacht werden konnten. Wer auf österreichischem Boden aufwuchs, der wuchs in einer politischen Atmosphäre auf, die einen derartigen Wandel möglich machte.

Die Koalitionsverhandlungen nach den 62er Wahlen zogen sich über fünf Monate hin. Die ÖVP wollte, daß ich das Außenministerium aufgab, aber der Widerstand meiner Parteifreunde war groß. An der Spitze derer, die sich für mein Verbleiben im Außenministerium einsetzten, stand der Führer der Gewerkschaft Franz Olah, der kurz vor Weihnachten öffentlich erklärte, daß für die »Schwarzen« das Außenministerium »nicht am Christbaum« hänge. Ohne ihn hätte die SPÖ wahrscheinlich aufgegeben und mich für irgendein anderes Ministerium vorgeschlagen, denn man wollte mich unter allen Umständen in der Regierung unterbringen. Ich habe jedoch deutlich gemacht, daß ich für keinen anderen Ministerposten in Betracht käme. Ich war immerhin seit dreieinhalb Jahren Außenminister und auf den Posten gewissermaßen vorbereitet; für andere Ministerien wie Inneres oder Justiz hatte ich weder Neigung noch Qualifikation.

Ende März 1963 endlich einigte man sich: Ich blieb Außenminister. Zwar waren meine Kompetenzen sehr stark zurechtgestutzt worden - in der Frage der europäischen Integration zum Beispiel -, aber die Unabhängigkeit des Außenministeriums, die ich 1959 durchgesetzt hatte, blieb erhalten. Dies schien mir vorerst das Wichtigste zu sein; die Kompetenzen würde ich mir ein anderes Mal zurückerobern. Es war eine Bewährungsprobe insoweit, als ich trotz der verminderten Kompetenzen, die teilweise zu Mitkompetenzen degradiert worden waren, die Aufgaben wahrnehmen und das Beste daraus machen mußte. Die Frage der Teilnahme an der europäischen Integration wurde schließlich zur Kabinettsfrage.

1962/63 hatte sich die Koalition nur mit Mühe retten lassen. Am 6. März 1966 dann erreichte die Volkspartei mit 48,35 Prozent der Stimmen die absolute Mehrheit im Parlament, und die Koalitionsverhandlungen scheiterten. Damit verließen die Sozialdemokraten nach zwanzig Jahren die Regierung und gingen in die Opposition.

Nach meiner Abschiedsrede an die Beamten des Außenministerium im Rittersaal der Hofburg verließ ich am Mittag des 21. April 1966 zu Fuß jenes Gebäude, von dem aus ich dreizehn Jahre lang die Geschicke der österreichischen Außenpolitik erst mitzulenken versucht und dann als Minister gestaltet hatte. Erich Bielka, der 1974 selbst Außenminister wurde, erzählte mir später, daß ich sehr langsam gegangen sei und daß er das Gefühl gehabt habe, ich sei traurig gewesen; retrospektiv muß ich sagen, daß Traurigkeit tatsächlich mein Gefühlszustand war. Das Haus am Ballhausplatz hatte ich nie geliebt, vom ersten Tag an nicht. Dennoch verließ ich das Amt, das ich aufgebaut und von einer Sektion des Bundeskanzleramts in ein selbständiges Ministerium verwandelt hatte, nur schweren Herzens. Ich ging ins Parteisekretariat in der Löwelstraße.

Wenige Tage nach meiner Demission erreichte mich ein sehr ehrenvolles Angebot, über das zu berichten im Lichte der Affäre Waldheim von gewissem Interesse sein dürfte. Am 29. Juli 1966 kam der österreichische Botschafter in Bern, Dr. Johann Tursky, zu mir und teilte mir mit, daß verschiedene Botschafter, der iranische, der indische, der polnische und andere, gemeint hätten, ich sei ein geeigneter Kandidat für den Posten des UNO-Generalsekretärs. Die langjährigen Erfahrungen, die ich als Staatssekretär und Außenminister gesammelt hätte, würden mich für dieses Amt prädestinieren. Ich hörte mir mit Interesse an, was Tursky zu berichten hatte, äußerte mich aber nicht dazu.

In diesen Wochen bat mich auch der neue ÖVP-Außenminister Tončić-Sorinj am Rande einer Parlamentssitzung, in sein Zimmer zu kommen. Dort stellte er mir die Frage, ob ich mich nicht von der österreichischen Regierung als Generalsekretär der UNO nominieren lassen wolle. Ich antwortete, daß die Großmächte nach den Erfahrungen, die sie mit Hammarskjöld gemacht hätten, meiner Meinung nach kein zweites Mal bereit wären, einen selbständigen politischen Kopf an der Spitze der UNO zu dulden; ich aber hätte nicht den Ehrgeiz, erster Beamter der Welt zu werden. Im übrigen habe meine Partei zwei Niederlagen hintereinander erlitten, und ich würde es vorziehen, dabei mitzuhelfen, sie aus diesem Debakel herauszuführen. Ich dankte Tončić, zu dem ich ein gutes Verhältnis hatte, für das Vertrauen: »Ich weiß das zu schätzen«, sagte ich, als ich mich verabschiedete.

Besuch U Thants in Wien, September 1962. 1966 war Kreisky von verschiedenen Seiten als Kandidat für das Amt des UNO-Generalsekretärs genannt worden; rechts Staatssekretär Steiner.

Am 19. September hielt ich in Zürich die Rede zum zehnjährigen Jubiläum der berühmten Churchillrede vor dem Züricher Münster. Ich traf dort meinen alten Freund Klaus Dohrn, der mir erzählte, der in New York lebende Libanese Simon Malley - Herausgeber der Zeitschrift »L'Afrique Asie« - habe ihn gebeten, mir mitzuteilen, daß meine jüdische Herkunft für die Wahl zum UNO-Generalsekretär kein Hindernis sei. U Thant habe sich kürzlich mit Nasser darüber unterhalten, ob die Araber einen Mann wie Kreisky, der jüdischer Herkunft sei, als Generalsekretär akzeptieren würden, und Nasser habe ihm geantwortet, da Kreisky kein Zionist sei, wäre er für sie akzeptabel. Ich hatte damals das Gefühl, daß U Thant nicht sehr glücklich über diese Mitteilung zu sein schien.

1966 also erlitt die Partei eine schwere Niederlage. Nachdem sie bereits in der Wahl vom November 1962 um zwei Mandate zurückgefallen war, verlor sie im März 1966 noch einmal zwei Mandate; sie stand jetzt bei 42,56 Prozent. *Eine* Niederlage konnte man tolerieren, bei der zweiten aber, zumal sie in einem ursächlichen Zusammenhang mit der ersten stand, aus der die Parteiführung keine Konsequenzen gezogen hatte, begann es zu kriseln. Die 66er Wahl war deshalb besonders tragisch, weil sie der Volkspartei eine eindeutige, absolute Mehrheit brachte und die Große Koalition damit zum Untergang verurteilt war.

Unsere Vertrauensmänner sind damals einem immer wieder zu beobachtenden Irrtum unterlegen. In ihren Augen sind »Bombenversammlungen« oft genug ein Beweis dafür, daß auch die allgemeine Stimmung der Sozialistischen Partei günstig ist. Ich bin nicht ganz dieser Meinung. Sehr oft haben wir in einer Wahlbewegung eine sehr gute Stimmung, und die Veranstaltungen werden von sehr vielen Menschen besucht; das zeugt aber nicht unbedingt von großem Siegesbewußtsein, sondern eher von einem gewissen argumentativen Notstand, denn viele Anhänger der Partei gehen auf Versammlungen, um neue Argumente zu hören, die sie sich dann zu eigen machen können. In Gebieten, in denen die Partei eindeutig dominiert, gilt das natürlich viel weniger. Aber hier leben die Parteivertrauensmänner und -frauen - ein schöner Name, der mir lieber ist als das Wort Funktionär - oft zu sehr im Kreise der Gesinnungsfreunde, als daß sie sich über die wirkliche Stimmung Rechenschaft ablegen könnten. Deshalb schienen mir die Berichte von Vertrauensmännern und -frauen aus Gebieten, in denen der politische Gegner stark ist, oft sehr viel ergiebiger; Stimmen aus Tirol oder Vorarlberg habe ich jedenfalls immer sehr beachtet.

Hinzu kommt noch etwas anderes: Leute, die aus irgendwelchen Gründen zu Gegnern einer bestimmten Partei werden, pflegen sich in Österreich infolge der vielen politischen Veränderungen nicht gern zu deklarieren. Sie ziehen das Schweigen vor, und die Irreführung ist dann komplett. Das hat sich bei den letzten Nationalratswahlen 1986 sehr deutlich in den sogenannten Kerngebieten gezeigt. Die extreme Demagogie, wie sie von Jörg Haider praktiziert wurde, hat zu dem sonderbaren Phänomen geführt, daß jüngere Leute, die das Parteibuch der SPÖ in der Tasche trugen, nicht einmal ihren Austritt demonstrierten, bevor sie diesen Mann wählten.

Ich hatte beide Male gewarnt, und zwar in sehr konkreter Weise. Im Vorfeld des 66er Wahlkampfs hatte die Kommunistische Partei am 9. Jänner erklärt, nicht kandidieren zu wollen, und ihren Wählern empfohlen, ihre Stimmen den Sozialdemokraten zu geben. Bei manchen Mitgliedern des Parteivorstandes herrschte darob große Befriedigung und ein hohes Maß an Zuversicht über den zu erwartenden Erfolg. Bruno Pittermann und einige andere schlugen vor, daß dieser Beschluß der Kommunisten zwar nicht begrüßt, aber stillschweigend zur Kenntnis genommen werden sollte. Ich aber habe meine Einstellung zu den Kommunisten auch damals nicht aufgegeben, als sie eine Politik zu machen schienen, die den Sozialdemokraten nützlich und hilfreich hätte sein können. Ich erhob im Parteivorstand meine Stimme und erklärte, »daß die kommunistische Wahlempfehlung uns nichts bringen wird. Die ›rote Katze‹ hat es immer gegeben, aber sie hat uns auch immer geschadet. Ich bin für eine Distanzierung. Keine Fronten in der Politik, weil Politik kein Krieg ist.«

Ältere Parteifreunde, vor allem Pittermann und Waldbrunner, schienen mir einem psychologischen Irrtum verfallen zu sein. Sie verstanden nicht, daß die kommunistische Wahlempfehlung manchen Wähler zu der Annahme verleiten mußte, eine Partei, die von den Kommunisten unterstützt werde, sei diesen irgendwie verpflichtet oder zumindest sympathisch. Die Zahl derer, die aufgrund solcher Erwägungen der Sozialistischen Partei den Rücken kehrten, mußte sehr viel größer sein als die Zahl derjenigen, die dem Aufruf der Kommunisten folgten. Eine Frage, die übrigens auch im Zusammenhang mit den Grünen von nicht zu unterschätzender Bedeutung ist: Eine Koalition mit den Grünen anzuvisieren, scheint mir deshalb gefährlich zu sein, weil die Zahl derer, die man vertreibt, in keinem Verhältnis zu den möglichen Zugewinnen steht. Im übrigen bin ich gar nicht davon überzeugt, daß die kommunistische Gefolgschaft die Wahlempfehlung tatsächlich annahm – dafür war der Haß auf die Sozialdemokraten, der jahrzehntelang gepredigt worden war, viel zu groß.

Pittermann, Waldbrunner und andere machten eine falsche Rechnung. Aus dem Umstand, daß man die Wahlunterstützung stillschweigend angenommen hatte, zogen sie den Schluß, daß uns die absolute Mehrheit sicher war. Das schien mir mehr als naiv zu sein. Da bereits während der Olah-Krise 1964 eine gewisse Entfremdung eingetreten war, sind meine Freunde und ich weiter auf Distanz gegangen. Diese Distanzierung war so sichtbar, daß es nach der Wahlniederlage 1966 zu einer offenen Gegnerschaft kommen mußte.

Die sogenannte »Olah-Affäre« war ein die sozialdemokratische Bewegung zutiefst aufwühlendes Ereignis. Da das Ganze glücklicherweise einen versöhnlichen Ausgang nahm, möchte ich hier nicht endgültig Stellung beziehen. Auch mir von Anfang an übelwollende Kommentatoren können nicht bestreiten, daß ich »bis zuletzt zu Olah hielt«. Ich werde mich bei späterer Gelegenheit zu innerparteilichen Konflikten äußern.

Ich gebe zu, daß ich auf dem außerordentlichen Parteitag am 15. April einen entscheidenden Fehler begangen habe, indem ich meine Bereitschaft, mit der Partei in die Opposition zu gehen, nicht deutlich genug unterstrich. Zwar habe ich als erster den Standpunkt vertreten, daß wir bereit sein müßten, die Koalition notfalls zu verlassen, aber ich war der Meinung, daß die Schuld dafür eindeutig die anderen treffen sollte. Ich würde daher versuchen, sagte ich, in den Verhandlungen Lösungen zu finden, um den Weiterbestand der Koalition wenigstens kurzfristig zu ermöglichen.

Die Große Koalition war jedoch, wie sich zwei Tage später herausstellte, unrettbar verloren. Zu den Verhandlungen mit der ÖVP am 17. April wurden Bruno Pittermann, der steirische Landeshauptmannstellvertreter Schachner und ich als Unterhändler bestimmt. Damit war für mich klar, daß einige meiner Freunde erfolgreiche Verhandlungen eigentlich nicht wünschten, hatte ich doch im Parteivorstand, wie gesagt, erklärt, daß man notfalls auch in die Opposition gehen müsse. Daß ich zunächst dennoch für Koalitionsverhandlungen mit der ÖVP eintrat, hing mit meinen Erlebnissen aus der Ersten Republik zusammen; ich hielt es für sehr riskant, die Volkspartei allein regieren zu lassen, weil ich die Gefahr eines Rückfalls in vergangene Zeiten nicht ganz ausschließen konnte. Diese Sorge erwies sich damals glücklicherweise als unbegründet. Am Ende sah ich ein, daß uns von der siegreichen ÖVP, die über eine absolute Mehrheit im Parlament verfügte, in einer Großen Koalition keine Chance gelassen würde.

Die Koalitionsverhandlungen begannen, als wäre nichts geschehen. In dem Maße jedoch, wie die Volkspartei ihre eigene Politik durchsetzen zu können glaubte, wollte sie keine gemeinsamen Beschlüsse mehr fassen. Statt dessen stellte sie maßlose Forderungen. Nicht einmal eine Vereinbarung über die Dauer einer Koalitionsvereinbarung kam zustande; mein Vorschlag, daß die Koalitionsvereinbarung für die Dauer der Budgeteinigung gelten solle, wurde nicht angenommen. Klaus, der zu einer gewissen Versöhnlichkeit neigte, jedenfalls nach außen hin, war von dem damals sehr mächtigen Generalsekretär der ÖVP, Hermann Withalm, offenbar überzeugt worden, daß es gar keinen Sinn hätte, unter den gegenwärtigen Umständen eine Koalition fortzusetzen; die ÖVP müsse die Gelegenheit wahrnehmen, zu zeigen, was sie könne, und das sei nur durch eine Alleinregierung möglich. Der Wortführer der ÖVP, Klaus, spielte in den Verhandlungen eine eher zurückhaltende Rolle; es war Withalm, der keinen Zweifel daran ließ, daß man unter Umständen zwar bereit sei, die Sozialdemokraten in die Regierung hineinzulassen, aber zu so entwürdigenden Bedingungen, daß sie zu totaler Machtlosigkeit verdammt wären.

Im Verlauf der Verhandlungen wurde mir immer deutlicher, daß Withalm der Großen Koalition keine wirkliche Chance gab und uns nur hineinnehmen würde, um uns zu desavouieren. So erklärte ich dem Parteivorstand am 18. April, daß mein Votum unter den gegebenen Umständen nicht mehr für die Große Koalition ausfalle, weil die politischen Nachteile die möglichen Vorteile, an der Regierung beteiligt zu sein, überwögen. Die Antwort der ÖVP sei »zweifellos eine Ablehnung unserer Vorschläge. Allerdings eine geschickte Ablehnung. Wenn wir jetzt den Regierungseintritt ablehnen, müssen wir zumindest für die Öffentlichkeit sagen, warum wir ablehnen.«

Allmählich begann ein Erwachen, und in der Partei breitete sich das Bewußtsein einer Niederlage aus. Unzufrieden mit der Entwicklung war man vor allem in den Bundesländern, in Tirol, Vorarlberg, Kärnten, in der Steiermark, im Burgenland sowie in Ober- und Niederösterreich, am wenigsten in Wien, weil die Vertrauensmänner und -frauen in Wien eben keine Warnzeichen erhielten. Wiener Landesparteiobmann war Felix Slavik, ein guter und verläßlicher Freund aus der Zeit der Jugendbewegung und der Illegalität, mit dem ich mich bis zum Schluß sehr gut verstand, sieht man von unseren Meinungsverschiedenheiten über den Fall Androsch ab, die uns in den letzten Monaten seines Lebens zu Gegnern werden ließen.

Im Sommer 1966 gingen die Wogen hoch. Es war ein offenes Geheimnis, daß der Parteivorsitzende Bruno Pittermann, der einen schweren Nervenzusammenbruch erlitten hatte und ausfiel, zum geeigneten Zeitpunkt zum Rücktritt veranlaßt werden mußte. Wer aber sollte folgen? Königsmacher war damals der Präsident des Österreichischen Gewerkschaftsbundes, Anton

Mit dem SPÖ-Vorsitzenden Bruno Pittermann beim Heurigen, 1958.

Benya; er war nach dem Sturz Olahs der »mächtige Mann« geworden. Der Gewerkschaftsflügel unter Benya wollte Waldbrunner als Nachfolger haben, und ich selber stimmte dem zu. Aber auch Waldbrunner war krank geworden und bat von sich aus, nicht in Betracht gezogen zu werden. So begann eine Phase dramatischer Auseinandersetzungen in der Partei. Benya und seine Freunde sowie die mit ihm Verbündeten versuchten, die Landesparteien zu mobilisieren, was aber nicht gelang. Ganz im Gegenteil: Die Bundesländer hatten ihre eigenen Vorstellungen und nannten immer häufiger meinen Namen. So kam es, daß ich zu einem der offenbar aussichtsreichsten Kandidaten für das Amt des Parteiobmanns wurde.

Ich selbst hielt mich sehr zurück, weil ich der Meinung war, daß bei der Neigung vieler Österreicher, Menschen nach ihrer religiösen Herkunft zu beurteilen, meine Wahl eine Belastung für die Partei darstellen würde. Zwar hatte ich mich immer mit dem österreichischen Volk identifiziert, aber ich wußte um gewisse antisemitische Tendenzen und wollte meiner Partei nicht im Wege stehen. Auch in meinen erfolgreichsten Zeiten hatte ich den Standpunkt vertreten, bestenfalls die Rolle eines der

Zweiten für mich in Anspruch nehmen zu wollen und nicht die des Ersten. Eben aus diesen Gründen. Zu meiner großen Überraschung waren antisemitische Tendenzen von 1970 bis zum Ende meiner Regierungszeit nicht ausschlaggebend, wenngleich sich die Volkspartei dieser Regungen bediente.

Nachdem Waldbrunner als Kandidat ausgefallen war, wurden andere Namen genannt. Als ich Christian Broda, den ich für einige Funktionen vorgeschlagen hatte, unter anderem auch zum Justizminister, die Frage stellte, er möge mir doch bitte erklären, warum er denn einen der Kandidaten - ich will seinen Namen nicht nennen - für besser halte als mich, zuckte Broda nur die Achseln und meinte, es wäre eben manchem sehr Einflußreichen in der Partei jeder andere lieber als ich. Ich wußte Bescheid.

Meine Bereitschaft zu kandidieren war, wie gesagt, nicht sehr groß, aber da eine fortgesetzte Weigerung die Partei in noch größere Verwirrung gestoßen hätte, habe ich am Ende entschieden, mich zur Verfügung zu stellen. Ende des Jahre 1966 beschloß ich, dem Drängen meiner Freunde nachzugeben und mich aufstellen zu lassen. Die Diskussion auf dem Parteitag am 1. Februar 1967 war hart; die sogenannten starken Männer der Partei standen, so schien es, auf der Gegenseite. Und dennoch, als die Stimmen am Abend ausgezählt wurden, konnte ich 347 von 497 Stimmen auf mich vereinen. Die Empfehlung des Parteivorstandes war mit 32 von 54 Stimmen ausgesprochen worden; daraus kann man ersehen, daß der Parteivorstand nicht ganz die Stimmung der Delegierten wiedergab.

Meine erste Rede als Parteivorsitzender, noch am Tag der Wahl, stand im Zeichen der Versöhnung; ich war von der ersten Stunde an bemüht, meine Wahl nicht als Niederlage für Anton Benya, Karl Waldbrunner und andere erscheinen zu lassen. Es müsse unser gemeinsames Ziel sein, der Partei wieder jene Stellung zu verschaffen, die sie einmal hatte. Um das Mißtrauen auf der Gegenseite zu bekämpfen, verzichtete ich sogar darauf, den Posten des Chefredakteurs der »Arbeiter-Zeitung« mit einem zu meiner Gruppierung gehörenden Mann zu besetzen.

Ich entschied mich schließlich für Paul Blau, der ein loyaler Mitarbeiter Anton Benyas in der Gewerkschaftsbewegung war. Paul Blau war irgendwie ein Enttäuschter. Man hatte das Gefühl, daß er nirgends die Anerkennung fand, die er verdiente. Schließlich versprach man, ihn zum Leiter des gewerkschaftlichen Bildungswesens zu machen, ein Versprechen, das, wie so manches andere, nicht eingehalten wurde. Wieso Paul Blau bei seinen Freunden immer wieder »durch den Rost fiel«, ist mir unerklärlich. Nachdem er als Chefredakteur der »Arbeiter-Zeitung« kein großes Glück hatte, schickte ich ihn auf seinen eigenen Wunsch 1970 als Presse- und Kulturattaché nach Paris; ich wußte nicht, daß der eigentliche Grund seine persönliche Beziehung zu Freda Meissner war, die er im selben Jahr heiratete. Seither steht er Freda Meissner-Blau, der Vorsitzenden der Grünen, mit Rat und Tat zu Seite.

Wie heftig die innerparteilichen Auseinandersetzungen nach der verlorenen Wahl 1966 geführt worden waren, kann an folgendem Beispiel illustriert werden. Pittermann war, wie berichtet, ein gebrochener Mann, und turnusmäßig war ich an der Reihe, die Stellvertretung des Parteivorsitzenden zu übernehmen. Zur Erledigung der damit verbundenen Aufgaben habe ich das sehr kleine Zimmer Pittermanns in der Parteizentrale in der Löwelstraße benützt; sein großes Büro hatte Pittermann am Ballhausplatz. Eines Tages wurde mir vom Parteisekretär Leopold Gratz mitgeteilt, Waldbrunner habe ihm zu verstehen gegeben, daß man es Pittermann nicht antun könne, mich in seinem Zimmer sitzen zu lassen. Also richtete ich mich an der Ecke eines großen Schreibtischs im Zimmer von Leopold Gratz ein. Wenige Stunden später teilte mir Gratz jedoch mit, daß ihm Waldbrunner den Auftrag gegeben habe, mir praktisch ein Hausverbot zu erteilen - eine mir im höchsten Maße unfaßbare Entscheidung, die Waldbrunners Kompetenzen weit überschritt.

Gratz war nicht der Mann, der bereit gewesen wäre, zu kämpfen, wenngleich er des öfteren deutliche Beweise seiner Sympathie für mich zum Ausdruck brachte. Ich habe mich rasch entschlossen, die paar »Papierln« zusammenzupacken, und bin mit meiner Mitarbeiterin Margit Schmidt in die Zentrale der niederösterreichischen Landespartei in der Grillparzerstraße übersiedelt. Ich war stellvertretender Landesparteiobmann und sollte in wenigen Wochen dem hochkarätigen Parteifunktionär Ernst Winkler als Obmann nachfolgen. Ernst Winkler war für mich die Personifikation des Jimmy Higgins aus Upton Sinclairs gleichnamigem Roman: treu und der Partei zu allen Zeiten ergeben, versöhnlich nach allen Richtungen hin. Ich hatte mich lange geweigert, seine Funktion zu übernehmen, aber schließlich blieb keine andere Möglichkeit mehr. Winkler mußte aus Alters- und Gesundheitsgründen zurücktreten, und so entschied man sich für mich.

Ich habe mich sogleich an die Arbeit gemacht. Das damals noch sozialdemokratisch regierte Hessen schien mir ein Vorbild für moderne Landespolitik zu sein; Ministerpräsident Zinn empfahl mir, ich solle mich an den mir bereits bekannten und seither eng befreundeten Ministerialdirigenten Otto Georg wenden, der mir das hessische Modell erläutern würde. Das war mir sehr willkommen, weil ich den Ehrgeiz hatte, die geradezu unerschütterliche Macht der ÖVP in Niederösterreich zu brechen. Der Landesparteisekretär Fritz Marsch und der Landesrat Otto Rösch standen mir hilfreich zur Seite; in fast allen Fragen vertraten wir übereinstimmende Auffassungen. Niederösterreich war damals ein Ort der Korruption, eine Affäre jagte die andere, und die Sozialistische Partei wollte als Partei der Sauberkeit ihre Grundsätze auch in der Landespolitik durchsetzen. Wie nahe wir unserem Ziel kamen, belegten die Wahlergebnisse.

In Niederösterreich hatte ich schon früh meine politische Heimat gefunden - 1930 war ich Obmann der SAJ in den zu einer Gebietsorganisation zusammengefaßten Bezirken Purkersdorf, Klosterneuburg und Tulln geworden -, und ich kannte die Verhältnisse gut. Einzelheiten der unzähligen Intrigen, die zwischen den führenden Männern in Niederösterreich damals gesponnen wurden, erfuhr ich während der Emigration von Hans Menzl, mit dem ich in Schweden fast täglich zusammenkam. Hans Menzl war der niederösterreichische Arbeiterfunktionär, »wie er im Buche steht«; er war Schlosser bei den Daimler-Werken in Wiener Neustadt gewesen und als Parteifunktionär zwischen die Fronten geraten.

Niederösterreich hatte Anfang der dreißiger Jahre ohne Zweifel eine überdurchschnittlich begabte Führungsspitze, ohne daß es jedoch eine schlagkräftige niederösterreichische Landespartei gab. Einer der Gründe dafür war das Bedürfnis der führenden Männer, ihre eigenen Wahlkreisorganisationen hinter sich zu haben: Der spätere Innenminister Oskar Helmer war der Herr von Wiener Neustadt, der imponierende Franz Popp, der spätere Landeshauptmannstellvertreter, hatte jenseits der Donau das Sagen. Daneben gab es noch einige weitere, sehr eindrucksvolle Persönlichkeiten, zum Beispiel Leopold Petznek, den Lebensgefährten und späteren Gatten der Erzherzogin Elisabeth Windisch-Graetz.

Genau wie 1930 auf dem Eisenstädter Verbandstag wurde ich auch 1967 von den Bundesländern auf den Schild gehoben. Daß mir die Wiener zu einem Teil reserviert gegenüberstanden, war wohl darauf zurückzuführen, daß sie es mir verübelten, ein Funktionär der »Gscherten« geworden zu sein - eine Dialektbezeichnung für Landbewohner aus der Zeit, als die leibeigenen Bauern keine langen Haare tragen durften. Die Wiener meinten wohl, ich hätte mir bei ihnen die Sporen der Kleinarbeit verdienen sollen. Aber in Wien wachte der Favoritner Jugendobmann Otto Probst mit großem Eifer über seine Stellung, und er hätte auch nach dem Krieg alles getan, um eine besondere Funktion für mich zu verhindern. Da ich keine sinnlosen Kämpfe führen wollte und Wien außerdem über eine Reihe von sehr geeigneten Funktionären verfügte, habe ich meine Tätigkeit nach dem Krieg in Niederösterreich fortgesetzt. Seit nunmehr 58 Jahren verbindet mich mit Niederösterreich ein Gefühl großer und warmer Sympathie.

Die Volkspartei hat in den vier Jahren ihrer Alleinregierung alles in allem korrekt regiert, sieht man ab von den üblichen Attributen des Machtmißbrauchs in Österreich, Protektion und Korruption, wobei sich letztere, die früher kennzeichnend für die Volkspartei war, in Grenzen hielt. Was immer man über die maßgebenden Persönlichkeiten der Regierung Klaus sagen mag, es handelte sich um untadelige Politiker, man denke nur an einen Mann wie Stephan Koren, der der Regierung als Staatssekretär und später als Finanzminister angehörte. Wahrscheinlich war es der größte Fehler der Volkspartei, daß sie sich nach 1970 seiner nicht in stärkerem Maße bediente; aber Koren, frei von den üblichen Lastern des Politikers, war nicht nach dem Geschmack der Konservativen und hatte sich überdies mit der von ihm zu verantwortenden Steuererhöhung von 1968, dem sogenannten »Korenschen Paukenschlag« unbeliebt gemacht.

Viele glaubten, daß mein Vorschlag 1978, Stephan Koren zum Präsidenten der Österreichischen Nationalbank zu bestellen, taktischen Überlegungen entsprang, der Volkspartei einen begabten Führer zu rauben. Koren war viel zu klug, um sich zu einem solchen Spiel herzugeben; überdies war er der ewigen Intrigen in seiner Partei müde geworden. Wenn man so will, hat sich seine eigene Partei seiner »entledigt«.

Einer der Gründe dafür, daß die Jahre 66 bis 70 politisch im wesentlichen korrekt verlaufen sind, war der Umstand, daß die österreichischen Gewerkschaften eine ungeheure Machtstellung erlangten und das, was in Österreich Sozialpartnerschaft genannt wird, stark gewachsen ist. Es war ein Glück, daß in der Zeit der Opposition die Kraft der Gewerkschaften ungebrochen blieb; die Regierung Klaus mußte sehr große materielle Opfer für ihre Ruhigstellung aufbringen. Einer der führenden Gewerkschafter, Robert Weiß, kam nach den Verhandlungen zu mir und meinte, sie hätten so erfolgreich abgeschlossen, wie das unter einer Regierung mit sozialistischer Beteiligung niemals möglich gewesen wäre. Die Volkspartei hatte damit einen Schritt getan, über dessen Folgen sie sich nicht im klaren war: Um die entstandenen Haushaltslücken zu schließen, wurden Steuererhöhungen unumgänglich.

Ich habe die Sozialpartnerschaft einmal als Sublimierung des Klassenkampfes bezeichnet. Das schien vielen österreichischen Beobachtern, die, wenn sie das Wort »Klassenkampf« hören, sofort an Revolution denken, ein Rückfall in düstere Vergangenheit zu sein. Dabei hätte ihnen auffallen müssen, daß die Ökonomen in der ganzen Welt, wenn sie von den »Verteilungskämpfen der Sozialpartner« reden, dasselbe zum Ausdruck bringen. In Österreich jedenfalls wurde ein Verteilungsmodus gefunden, der gut funktionierte, und so hat man sich in der schon damals in einem gewissen Aufwärtstrend liegenden österreichischen Wirtschaft kostspielige soziale Auseinandersetzungen ersparen können. Der außerordentlichen Geschicklichkeit von Gewerkschaftsführern wie Johann Böhm, Anton Proksch, Franz Olah, Karl Maisel und zahlreichen anderen ist es zu danken, daß unter dem Strich für die österreichischen Arbeiter und Angestellten mehr herauskam als bei den traditionell geführten Arbeitskämpfen, wie sie etwa in Italien und Frankreich noch heute üblich sind.

Die Politik der Volkspartei zwischen 1966 und 1970 ließ keinerlei Reminiszenzen an die dreißiger Jahre erkennen. Es entstand ein wirkliches Verhältnis zwischen Regierung und Opposition, wie es in alten Demokratien üblich ist, und man war peinlich bemüht, keine falschen Töne anzuschlagen. Erst nach einer langen Periode sozialdemokratischen Regierens, in der die Volkspartei vergeblich gegen die starke Stellung der Sozialdemokratie anzukämpfen versuchte, sind die Mißtöne aus der Zeit Luegers wieder zum Leben erwacht. Ganz so unrecht hatte ich mit meiner Befürchtung, daß die österreichischen Konservativen ihrer Gesinnung treu geblieben waren, also nicht. Übrigens äußerte auch Anton Benya, der als Abgeordneter seinen Platz neben mir hatte, bei manchen Sturmszenen, die populistischen Methoden der Volkspartei ließen Schlimmes befürchten.

In den siebziger Jahren habe ich den damals noch jungen Parteiführer der ÖVP, Alois Mock, einige Male auf diese Entwicklung aufmerksam gemacht. Wenn sich eine solche Politik erst einmal einbürgere, meinte ich, werde man nur schwer wieder davon wegkommen, und das müsse die Volkspartei für die Mitwirkung an einer künftigen Regierung disqualifizieren. Mock erwiderte, da die Volkspartei so viele Jahre von der Macht ferngehalten worden sei, müsse man Verständnis haben für eine gewisse Demagogie unter den Jüngeren in der Partei. Ich hatte dafür kein Verständnis.

Die ganze Kampagne hat der Volkspartei im übrigen furchtbar geschadet und mit dazu geführt, daß sie siebzehn Jahre lang nicht mehr an einer Regierung beteiligt war. Eine unerträgliche Vorstellung: siebzehn Jahre lang nicht die Politik gestalten zu können muß frustrierend wirken und eine Partei entweder spalten, wozu es in Österreich allerdings sehr selten gekommen ist, oder sie auf eine Linie drängen, die sie noch weniger zur Regierung legitimiert, als das bei einer Oppositionspartei ohnehin schon der Fall ist.

Ich muß noch einmal sagen, daß ich antisemitische Äußerungen in sehr ordinärer Form auch von maßgebenden Persönlichkeiten der ÖVP gehört habe, so daß mich die zweideutige Propaganda, die von dieser Partei bedenkenlos eingesetzt wurde – und zwar führend von ihrem für die Partei verantwortlichen heutigen Außenminister –, nicht überrascht hat. Aus den Reihen der Freiheitlichen Partei hingegen, wie kritisch man ihr sonst gegenüberstehen mag, wurden mir in der politischen Auseinandersetzung derartige »Töne« niemals zur Kenntnis gebracht. Es ist gar keine Frage, daß auch heute noch innerhalb der Volkspartei ein gewisser latenter Antisemitismus vorhanden ist, vor allem bei den Älteren, die in den dreißiger Jahren herangewachsen sind und die aus bäuerlichen Kreisen stammen.

Nach dem Wahlkampf 1966 mußte sich ein führender Abgeordneter der Volkspartei namens Scheibenreif bei mir entschuldigen, weil er sich in irgendeinem Wirtshaus in Niederösterreich in einer sehr rüden Art über mich geäußert hatte. Withalm hat ihn zwar nicht in Schutz genommen, aber seine Rede im Parlament war alles andere als eine Entschuldigung: »Meine Damen und Herren! Lassen Sie mich hier mit einer vielleicht ungewohnten Offenheit einmal folgendes aussprechen: Jude zu sein ist kein Privileg, aber noch weniger eine Schande. Jeder Katholik, der die

Magna mater Austriae verehrt, jeder Christ, jeder Österreicher, der den Beitrag hervorragender österreichischer Juden auf den Gebieten der Kunst und der Wissenschaft zu schätzen weiß, und jeder Bürger dieser Welt, der human genug ist, sich der millionenfachen Opfer der Konzentrationslager und Gaskammern zu schämen, muß den Antisemitismus als eine primitive Form der Pauschalverurteilung einzelner Menschen verurteilen.«

Mitte der sechziger Jahre war ein Flugblatt bekanntgeworden, das Klaus im Juni 1932 als katholisch-deutscher Student mitunterzeichnet hatte. In diesem Flugblatt wurde die Forderung erhoben, daß ein berühmter Professor jüdischer Herkunft auf die akademische Würde eines Dekans der medizinischen Fakultät verzichte: »Die deutschen Studenten anerkennen nur deutsche Lehrer als ihre Führer.« Klaus, zu dem ich ein relativ gutes Verhältnis hatte, ließ mich rufen und meinte, es dränge ihn, mir zu sagen, daß das eine Jugendsünde gewesen und daß er heute kein Antisemit, sondern ein Philosemit sei. Ich erinnerte ihn an das Wort Masaryks, der Antisemit hasse die Juden, der Philosemit liebe sie mehr als notwendig. Dies sei eigentlich meine Antwort, meinte ich und verabschiedete mich in höflicher Weise.

Vier Jahre lang führte die Partei einen erfolgreichen Kampf in der Opposition, und Pittermann erfuhr eine große persönliche Genugtuung als ihr parlamentarischer Stratege. Ich verzichtete seinetwegen auf eine Funktion, die immer mit dem Amt des Parteivorsitzenden verbunden gewesen war, nämlich die Funktion des Führers der Parlamentsfraktion, das, was man Klubobmann nennt. Dieses Amt war Pittermann, wie mir schien, lieber als alle anderen. Gerade in der Zeit der Opposition fand der Klubobmann Gelegenheit zu agieren, während die Koalition eine volle Ausübung der Geschäfte eigentlich immer unmöglich gemacht hatte. Da ich rasch zu friedlichen Verhältnissen in der Partei zurückkehren wollte und es mir auf Prestigefragen nicht ankam, konnte sich Pittermann rehabilitieren. Er war darüber hinaus auch Präsident der Sozialistischen Internationale, eine Funktion, die ihn ganz erfüllte, bis er sie infolge seiner Krankheit immer weniger wahrzunehmen vermochte.

Das Parlament bedurfte dringend einer Aufwertung, und hierbei kam der Opposition eine entscheidende Bedeutung zu. Ich selbst meldete mich im Parlament immer dann zu Wort, wenn es mir notwendig erschien. So bereits am 22. April 1966, als ich in meiner ersten Rede als Oppositionspolitiker die Regierung mit gebotener Schärfe angriff: »Die Zusammenarbeit gibt es also nicht mehr. Ich glaube, es war notwendig, zu sagen, wie sie zu Ende gegangen ist. Ich bedauere es zutiefst und mit mir alle meine Freunde in der Sozialistischen Partei. Wir haben das von verschiedenen Seiten her beurteilt und gesehen ... Wir hätten an der Zusammenarbeit nicht aus Respekt vor ihrer historischen Leistung festhalten sollen, wir sind auch nicht der Meinung gewesen, daß man an der Zusammenarbeit festhalten solle, damit wir auf unseren Ministersesseln bleiben, sondern weil wir glauben – das hat schon der Herr Abgeordnete Benya gesagt –, daß dieser Staat die Zusammenarbeit auch in Zukunft dringend notwendig hat. Denken Sie an die Probleme, die sich aus der wirtschaftlichen Neustrukturierung Europas ergeben, aus dem Einbau Österreichs in diese neue europäische Wirtschaft, aus dem Bemühen, ihn so friktionsfrei wie möglich zu gestalten. Denken Sie an die schwierigen innerösterreichischen Probleme, die kommen werden. Wir werden alles tun müssen, um eine wirtschaftliche Zweiteilung Österreichs zu verhindern ... Unterschätzen Sie nicht die Aufgaben der Reorganisation der verstaatlichten Industrie und der Bundesbahnen, geben Sie sich in der Außenpolitik nicht der Euphorie hin, daß es zu einem Wegwittern des Kommunismus kommen werde.« Ich betonte, daß es eine »harte, aber faire Opposition« von unserer Seite geben werde und »eine ständige, sich immer wieder erneuernde Auseinandersetzung über eine bessere Politik für Österreich. Die letzte Entscheidung darüber aber werden die Wähler treffen. Herr Bundeskanzler, bei Philippi sehen wir uns wieder.« Ein verheißungsvoller Satz.

In den Jahren der Opposition konnte ich, was mir als Mitglied der Regierung dreizehn Jahre lang verwehrt war, mit einer gewissen Leidenschaftlichkeit auftreten. Die Partei erwachte zu neuem Leben; von der Lethargie, die sie erfaßt hatte, war bald nichts mehr zu spüren, und man konnte in der Tat ausrufen, daß es eine Lust war, zu leben.

Nach meiner Wahl zum Parteivorsitzenden wollte ich Fritz Marsch aus dem niederösterreichischen Parteisekretariat in die Löwelstraße herüberholen. Fritz Marsch ist ein Mann von großer Loyalität, der sich immer durch besonderen Fleiß auszeichnete. Als ich den Vorschlag im Parteipräsidium machte, meinte Waldbrunner, mit dem mich allmählich wieder die alte Freundschaft verband, der Parteivorsitzende habe das Recht, einen Parteisekretär seiner Wahl zu bestimmen. Leopold Gratz übersiedelte später in den Parlamentsklub. Zweiter Präsident des Nationalrats war seit 1962, nach einem kurzen Zwischenspiel des hervorragenden Friedrich Hillegeist, Karl Waldbrunner; er war des langen und schweren Kampfes für die Verstaatlichte Industrie und den Aufbau der Wirtschaft müde geworden. Waldbrunner war im Parlament als einziger sozialistischer Würdenträger eine unentbehrliche Stütze, so wie er es einst in der Regierung gewesen war.

Waldbrunner hatte in der Frage der Verstaatlichten Industrie als der starke Mann der Koalition gegolten; er war derjenige, der die Idee des Industriestaates vertrat. Wollte Österreich ein Industriestaat werden, dann mußte es seine Großbetriebe wieder errichten. Dies war nicht leicht in die Tat umzusetzen, weil es manche gab, die meinten, in Linz - dem Standort der VOEST nach dem Kriege - sei nie Eisen und Stahl gemacht worden, und deshalb solle dort auch kein Eisen und Stahl gemacht werden. Ich stand voll und ganz auf der Seite Waldbrunners.

Waldbrunner hatte auch insofern eine große Bedeutung für Österreich, als er sich für den Ausbau der Energiereserven einsetzte. Der Kampf um die Mittel für das Stauwerk Kaprun hat die Koalitionsregierung lange Zeit ungeheuer beschäftigt. Waldbrunner plädierte für langfristige Investitionen, mit denen Österreichs Infrastruktur modernisiert werden sollte; Kamitz, das Wirtschaftsorakel der Volkspartei, vertrat hingegen die Auffassung der sofort konsumwirksamen Investitionen. Dieser Gegensatz überschattete die Budgetverhandlungen der Großen Koalition und gab ihnen ihren tieferen Sinn. Man erkannte daran die fundamentalen Unterschiede der Politik von SPÖ und ÖVP - etwas, was man heute vermißt, was für die Große Koalition jedenfalls nicht kennzeichnend ist. Während damals die kleinere Sozialdemokratie gegen die politisch stärkere ÖVP sich in hohem Maße durchzusetzen in der Lage war, hat man heute das Gefühl, daß die wesentlich kleinere ÖVP der SPÖ ihren Willen aufzwingt.

Ich verlegte meine Aktivitäten ganz bewußt vom Parlament weg und suchte engen Kontakt zur Basis. Die Partei war sichtlich erschöpft, und es dauerte einige Zeit, um den über 700.000 Mitgliedern zu beweisen, daß eine neue Partei im Entstehen war. Unermüdlich habe ich darauf hingewiesen, daß in der langen Geschichte der Sozialdemokratie auf Perioden der Schwäche immer wieder Aufschwungperioden gefolgt waren. Während ich

Waldbrunner und Kreisky während einer Plenarsitzung im Parlament.

mich auf diese Weise bemühte, die Partei an ihre Kraftreserven zu erinnern und sie von der Lähmung, die sie erfaßt hatte, zu befreien, versuchte ich gleichzeitig, den Freunden in den Parteigremien die Leitmotive meiner Politik näherzubringen.

So vertrat ich etwa die Auffassung, daß der Gebrauch des

Wortes »Arbeiterklasse« nicht mehr zeitgemäß sei. Sicher gebe es sie, aber mit dieser Klassenvorstellung gleichzeitig auch die Angestellten zu vereinnahmen, sei politisch falsch. Aufgrund meiner schwedischen Erfahrungen versuchte ich meinen Zuhörern begreiflich zu machen, daß die Angestellten eine soziale Gruppe für sich darstellten, auch wenn dies in Industriegebieten vielleicht nicht sichtbar sei. Dieser Auffassung trägt man in einem gewissen Sinne dadurch Rechnung, daß man die Angestellten als »Aufsteiger« bezeichnet; das kann man, nach harter Klassenkampfmanier, als eine Art sozialen Eskapismus bezeichnen, aber ich würde es eher positiv deuten, als Ausdruck der natürlichen Neigung vieler Menschen, »etwas zu werden«.

Wir leben heute in einer Gesellschaft, in der der Bedarf nach »Aufsteigern« relativ groß ist; der Produktionsprozeß ist so kompliziert geworden, daß man auf allen Ebenen hochqualifizierter Fachkräfte bedarf. Diese Entwicklung kommt durchaus nicht von ungefähr. Schon vor vierzig Jahren konnte man die Beobachtung machen, daß die Vorstellung, wonach die wachsende Zahl der Angestellten auf Kosten der Arbeiter geht und ein Ausdruck der Verbürokratisierung der Wirtschaft ist, sich nicht würde halten lassen. Die Funktionen, die einst der Meister in der Fabrik ausübte, wurden auf viele verteilt, das heißt, der Kreis der Meister wurde durch die neuen Angestellten erweitert. Betrug der Anteil der Arbeiter unter den Lohnabhängigen zunächst weit mehr als die Hälfte, so hat sich dieses Verhältnis umgekehrt. 1987 gab es in Österreich 1.283.502 Arbeiter und Arbeiterinnen und 1.501.855 Angestellte.

Wollte die Sozialistische Partei in Österreich neue Wählerschichten erschließen, mußte dieser Entwicklung Rechnung getragen werden. Das Blue-and-white-collar-Prinzip jedenfalls schien mir nicht flexibel genug. Die Partei mußte sich öffnen, freilich nicht nur in Richtung auf die Angestellten. Es galt, auch anderen gesellschaftlichen Gruppen verstärkte Aufmerksamkeit zuzuwenden, vor allem den Bauern. Innerhalb der Bauernschaft vollzog sich damals ein allgemeiner Verarmungsprozeß. Einige wenige Bauern wurden immer größer und reicher - wenn auch ihr Reichtum aufgrund starker Verflechtungen mit den bäuerlichen Geldinstituten oftmals fiktiv war -, und die Wirtschaft kleinerer Bauern reichte nicht mehr aus, den Lebensunterhalt der Familie zu sichern. Die Einbeziehung der Bauernschaft in den Wohlfahrtsstaat war ein Gebot der Zeit, auch wenn dies manchen

Arbeit an der Basis...

überflüssig zu sein schien. Ein besonderes Problem stellte die wachsende Zahl der Nebenerwerbsbauern dar: Sie überließen die bäuerliche Arbeit den Frauen, was infolge der Mechanisierung und Technisierung möglich war, und suchten sich in den nahe gelegenen Großbetrieben Arbeit. Da sie in der Regel nicht qualifiziert waren, wurden sie schlecht entlohnt und mußten oft genug Schwerarbeit, Schichtarbeit oder Nachtarbeit in Kauf nehmen.

Sechs Wochen nach Amtsantritt der Regierung Klaus kam es zu einer ersten heftigen Auseinandersetzung im Parlament, als das Innenministerium einen Reisepaß für Dr. Otto Habsburg-Lothringen ausstellte. »Der Fall Habsburg« hatte die Große Koalition während ihrer letzten Phase sehr belastet, insbesondere nachdem der Verwaltungsgerichtshof im Unterschied zum Verfassungsgerichtshof, der sich für nicht zuständig erklärt hatte, die Thronverzichts- und Loyalitätserklärung Otto Habsburg-Lothringens gegenüber der Republik Österreich für ausreichend ansah, um die im sogenannten Habsburgergesetz festgelegte Landesverweisung ex lege aufzuheben. Die Freiheitliche Partei ließ uns wissen, daß sie in der Habsburgfrage bereit sei, mit uns zu kooperie-

Vortrag in einem Schulungsheim 1963.

ren. Am 4. Juli 1963 stimmten FPÖ und SPÖ nach einer von Tumulten gekennzeichneten Debatte gegen die Rückkehr des Sohnes Kaiser Karls.

In den Gesprächen mit den Freiheitlichen sollten von uns als Gegenleistung drei Punkte erfüllt werden: Erstens sollte den Freiheitlichen als der einzigen Oppositionspartei die Funktion des Rechnungshofpräsidenten zugestanden werden, ein Wunsch, der unsere Zustimmung fand, weil er sich auch in der Öffentlichkeit vertreten ließ. Die zweite Forderung der Freiheitlichen betraf den Abgeordneten Gredler, einen sehr intelligenten Mann, den aber die Diplomatie mehr interessierte als das Parlament. Seinen Wunsch, zum ständigen Vertreter Österreichs beim Europarat in Straßburg ernannt zu werden, konnte ich als Außenminister ebenfalls erfüllen. Als dritten Punkt nannten die Freiheitlichen eine Wahlrechtsänderung, die sicherstellte, daß sie nicht wieder aus dem Parlament verschwinden. Das damals herrschende Wahlrecht war den kleinen Parteien abhold: Man mußte in irgendeinem Wahlkreis ein Grundmandat erlangen, und obwohl die Wahlkreise nicht sehr groß waren, bedeutete dies eine Hürde, die mir persönlich immer als zu hoch erschien.

Die alte Idee des Zweiparteienparlaments, die mit diesem Wahlrecht verfolgt wurde, war in meinen Augen eine Gefahr für die Demokratie. Wenn man nämlich die Zahl der Parteien auf zwei reduziert, besteht immer wieder die Gefahr, daß die Gruppierungen der linken Mitte und die für die Mitte gleichermaßen aufgeschlossenen Sozialdemokraten einander zu ähnlich werden in ihrer politischen Argumentation. Abgesehen davon, daß die Unterscheidungsmerkmale der Parteien verwischen, hat bei einem Zweiparteiensystem immer eine Partei die absolute Mehrheit, jedenfalls für vier Jahre, und ein politischer Wechsel wird dadurch sehr erschwert. Die Fronten zwischen Regierung und Opposition erstarren. Und schließlich ist es meine demokratische Überzeugung, daß die Wähler die Möglichkeit haben sollten, ihrer differenzierten politischen Auffassung durch eine im Parlament vertretene dritte oder vierte Partei Ausdruck zu geben. Insofern ist das gegenwärtige österreichische Parlament ausgewogen. Und es ist auch gar keine Frage, daß die Debatten eine starke Belebung erfahren haben.

Allmählich werden die großen Parteien auch einsehen lernen müssen, daß sie den qualifizierten Parlamentariern in ihren Reihen sehr viel mehr Chancen bieten sollten. Ich habe dem Klubobmann Heinz Fischer immer wieder nahegelegt, auch die Stillen im Parlament zum Einsatz zu veranlassen. Das Hinterbänklertum sollte im österreichischen Parlament eigentlich verpönt sein. Das war auch der Grund, warum ich in meiner letzten Legislaturperiode den sehr schwer herbeizuführenden Beschluß durchsetzte, daß Mitglieder der Bundesregierung auf ihr Mandat verzichten müssen, so daß begabte jüngere Kräfte nachrücken können. Damit wird Platz gemacht für mehr als zehn Parlamentarier, was bei einer Fraktionsstärke von etwa 90 Abgeordneten schon ins Gewicht fällt.

1963 hatten wir in zwei Punkten den Freiheitlichen Konzessionen machen können. In der Frage des Wahlsystems aber wurden Olah und ich durch Waldbrunner und Pittermann desavouiert. Nach den Wahlen von 1970 beeilte ich mich, mit den Freiheitlichen zusammen jene Änderungen im Wahlgesetz, die mit einfacher Mehrheit beschlossen werden konnten, durchzuführen. Dazu gehörte eine neue Wahlkreisverteilung: die ursprünglich 25 Wahlkreise wurden auf die neun Bundesländer reduziert, die Zahl der Wahlkreisverbände von vier auf zwei. Damit war die FPÖ vor dem Untergang als parlamentarische Partei gerettet und die Minderheitsregierung der Sozialistischen Partei gesichert. Von 1971 an bedurfte es der Freiheitlichen Partei nicht mehr, die Sozialistische Partei gewann die absolute Mehrheit der Stimmen. Die Wahlgesetzänderung hat sich also auch für die Sozialistische Partei bezahlt gemacht.

Von dem Augenblick meiner Wahl zum Parteivorsitzenden an habe ich versucht, eine neue Politik zu inaugurieren. Die Schwierigkeiten der Sozialistischen Partei bei der österreichischen Wählerschaft definierte ich einmal so: viele Wähler seien der Meinung, die SPÖ wäre lediglich eine gute Partei für schlechte Zeiten. Deshalb müßten wir bis zu den nächsten Wahlen den Beweis erbringen, daß die Sozialistische Partei auch eine gute Partei für gute Zeiten sei, und vor allem, daß sie gute Zeiten gewährleiste.

Viele Österreicherinnen und Österreicher waren damals wohl auch der Auffassung, die Sozialistische Partei sei eine hervorragende Partei für die Opposition, aber regieren, das könne sie möglicherweise gar nicht. Auch hier galt es, den Gegenbeweis zu erbringen. Wir haben uns an die Arbeit gemacht und in verschiedenen Kommissionen unter Hinzuziehung zahlreicher, auch ausländischer Fachleute, die keineswegs alle Sozialisten waren, konkrete, verständliche Programme entwickelt. Auf diese Weise wollten wir demonstrieren, daß es sich um eine neue Partei handelte, die mit sehr konstruktiven Vorstellungen um die Mehrheit warb. Am Ende konnten wir ein reiches Spektrum von Programmen für »ein modernes Österreich« anbieten, die im Laufe von zwei Jahren von 1.400 Fachleuten ausgearbeitet worden waren: das Humanprogramm, das Wohnbauprogramm, das Kultur- und Bildungsprogramm, das Wirtschaftsprogramm mit dem Verkehrskonzept, die Programme zur Verbesserung der staatlichen Einrichtungen wie Parlament, Justiz, Verwaltung und Bundesheer und so weiter. Wenn man diese Programme heute im Lichte der geleisteten Regierungsarbeit prüft, wird man erkennen, daß die gesteckten Ziele auf vielen Gebieten erreicht wurden. Es begannen gute Zeiten. In Abwandlung eines berühmten Churchill-Wortes habe ich damals den Satz geprägt: Niemals vorher ist es so vielen so gut gegangen wie in diesen Jahren.

Zu den »Vorbereitungshandlungen« für die siegreichen Wahlen von 1970 gehörte unter anderem die sogenannte Eisenstädter Erklärung vom 2. Oktober 1969. Ich selber habe sie in jener

Landeshauptstadt formuliert, die der ungarischen Grenze am nächsten liegt. Dort hieß es: »Die Sozialistische Partei wünscht bei allem Bemühen um das Vertrauen einer möglichst großen Zahl von Österreichern und Österreicherinnen nur die Unterstützung jener, die sich zu ihren Zielen der sozialen Gerechtigkeit und der uneingeschränkten Freiheit bekennen. Sie lehnt daher jegliche Unterstützung oder Empfehlung durch die Kommunisten mit aller Entschiedenheit ab.« Nicht nur ich, sondern viele mit mir waren der Auffassung, daß die Eisenstädter Erklärung mit ihrer eindeutigen Absage an den sogenannten real existierenden Sozialismus mit dazu beigetragen hat, Klarheit zu schaffen bei vielen Wählern, die dieser Klarheit bedurften.

Viele Leute sind der irrigen Auffassung, daß man die größten Erfolge in der Bekämpfung des Kommunismus erzielt, wenn man ein möglichst gruseliges Bild der Verhältnisse in den kommunistischen Staaten entwirft. Sie vergessen dabei, daß der Kampf gegen den Kommunismus nicht in den Reihen des Bürgertums gewonnen werden muß, das ja nicht anfällig dafür ist, sondern innerhalb der Arbeiterschaft, und zwar für diejenigen, die nichts oder wenig zu verlieren haben. Noch können sie sich den Kommunismus nicht vorstellen und glauben nicht, daß sie durch ihn viel gewinnen, aber sie haben eben auch nicht viel zu verlieren.

Es gibt heute 17 Millionen Arbeitslose in den europäischen Industriestaaten, und wenn diese Arbeitslosigkeit längere Zeit andauert, könnte bei vielen eine gewisse Gleichgültigkeit gegenüber den Segnungen der Demokratie entstehen. Viele werden sich fragen, was denn so kostbar sein soll an der Demokratie, wenn man innerhalb dieser Demokratie für sich keinen Platz orten kann.

Den weltweiten Kampf gegen den Kommunismus gewinnt man nicht mit noch so wohlziselierten Reden gegen die »rote Gefahr«, sondern der Kampf gegen den Kommunismus muß in jedem demokratischen Staat in den Reihen derer gewonnen werden, die durch ihn am meisten gefährdet sind. Das scheint mir vor allem jener Teil der Arbeiterschaft zu sein, der entweder arbeitslos ist oder unter besonders schlechten ökonomischen Bedingungen lebt. Darum haben sich Willy Brandt und Helmut Schmidt, Mitterrand und González, Papandreou und Craxi größere Verdienste in der weltweiten Auseinandersetzung mit dem Kommunismus erworben als die Konservativen vom Schlage Reagan,

Im Wahlkampf, 1975.

Thatcher und Kohl. Die Leistung der österreichischen Sozialdemokratie kommt darin zum Ausdruck, daß es die Kommunistische Partei 1986 nach sechzehn Jahren sozialistischer Regierung nur auf 0,72 Prozent der Stimmen gebracht hat.

Als wir 1970 mit den Wahlkampfvorbereitungen begannen, war die Stimmung innerhalb der Partei auf einem Höhepunkt. Aus unerfindlichen Gründen kam mir plötzlich ein alter Schlager aus dem Jahre 1942 in den Kopf, den ich viele Jahrzehnte nicht mehr gehört hatte: »When the lights go on again«. Mit allen Mitteln habe ich nach diesem Schlager suchen lassen, aber kein Mensch hat sich erinnert. Als er schließlich gefunden wurde, machten wir ihn zu unserer Wahlkampfmelodie. Auch um die Kinowerbung kümmerte ich mich, obwohl ich jahrelang kein Kino von innen gesehen hatte. Unser erster Vorspannfilm zeigte ein sich in die Lüfte erhebendes AUA-Flugzeug, was unbewußt einen gewissen patriotischen Effekt auslöste.

Der Wahlkampf wurde bis ins kleinste Detail durchdacht. Das Wahlprogramm selbst war auf fünf Slogans konzentriert: Besser wohnen, besser leben, bessere Bildung, besseres Gesundheitswesen, bessere Justiz. Auch der Gedanke der »Europareife« wurde nach allen Seiten hin ventiliert. Es wurden fünf Plakate entworfen, und zwar reine Schriftplakate. Ich hatte Spezialisten in Fragen der Meinungsbildung und der Werbung gebeten, Vorschläge zu machen; unter ihnen war auch der Medienexperte Josef von Ferenczy. Einen ganzen Sonntagvormittag sind sie bei mir im großen Zimmer auf dem Boden gelegen und haben Layouts entworfen. »Plakate brauchen wir«, habe ich gesagt, »nicht Jasmin.« »Jasmin« war eine neue Zeitschriftenlinie, die damals in Deutschland kreiert worden war, weich und süßlich. »Wer da vorbeifährt, muß gleich wissen, daß nicht ein Kopfwaschmittel gemeint ist, sondern daß es um Politik geht. Dafür brauchen wir ganz kurze Texte, sonst nichts.« So haben wir die Programme in Slogans und Plakate umgesetzt, der Leitgedanke aber blieb: eine gute Partei, auch für gute Zeiten. Wir wollten aus der Opposition heraus, ohne zu sagen, daß wir dann an der Macht wären, denn Macht korreliert mit dem Gefühl der Angst.

Um den Nachweis zu erbringen, daß die Sozialdemokraten auch eine gute Partei für gute Zeiten und nicht nur für die Opposition geeignet sind, mußten wir frühzeitig ein bis ins Detail ausgearbeitetes Regierungsprogramm vorlegen. Die Menschen sollten erkennen, daß wir über fähige und fortschrittliche Leute verfügten. Das Humanprogramm, das wir erstellten, war zum Beispiel stark beeinflußt von den damals noch weitgehend unbekannten Ideen und Prognosen des Club of Rome. Wir sahen ein Umweltschutzministerium, ein Gesundheitsministerium, ein Wissenschaftsministerium vor, neue Ressorts, an die bis dahin niemand gedacht hatte und die heute in Österreich eine Selbstverständlichkeit sind.

Aus der Tatsache, daß ich mich von Anfang an um die Erstellung eines sehr ins Detail gehenden Regierungsprogramms bemühte, wurde von vielen der Schluß gezogen, dies geschehe vor allem, um auf die Menschen Eindruck zu machen. Aber: die Erstellung von Zukunftsprogrammen hat nur dann einen Sinn, wenn man überzeugt ist, daß die Partei tatsächlich auch eine Zukunft hat. Wenn dieser Glaube fehlt, ist die Arbeit der Klügsten nutzlos. Es bestand damals jedoch eine gewisse Offenheit, die der Partei jene Glaubwürdigkeit verlieh, die das Programmemachen verlangt.

Die Wahl brachte den österreichischen Sozialdemokraten einen bis dahin nicht vorstellbaren Erfolg und hat das Selbstbewußtsein der Partei in einem solchen Maße gestärkt, daß auch die vorsichtigsten Parteiführer fast ausnahmslos von Hochstimmung erfaßt wurden. Und dennoch: Nichts war so gefürchtet in Österreich wie eine Minderheitsregierung. Eine solche Regierung trage den Charakter der Zufälligkeit und mache sich von anderen politischen Kräften abhängig. Viele meinten, man solle wieder eine Große Koalition anstreben und die vier Jahre der ÖVP-Alleinregierung als eine Episode betrachten; die Regierungsform Österreichs sei nun einmal die Große Koalition. Da die SPÖ zum ersten Mal der stärkere Partner sei, komme ihr zusätzliches Gewicht zu. Dies hielt ich jedoch für einen Trugschluß: Die größere Partei in einer Koalition ist schon deshalb nicht der dominierende Faktor, weil der größere Partner im höheren Maße von dem kleineren abhängig ist als umgekehrt und der kleinere immer versucht ist, diese Stellung zu mißbrauchen. Die größere Partei kann nur bis zu dem Tag regieren, an dem die kleinere davonläuft.

Ich meinte, man müsse einen anderen Weg gehen: Man müsse sich auf den Standpunkt stellen, daß die Wahlen einen eindeutigen Trend zum Ausdruck gebracht hätten, nämlich den Wunsch der Wähler, die Sozialisten regieren zu lassen. Wenn das im Parlament verhindert werden sollte, dann müsse man den Parteien erklären, daß man eine SPÖ-Regierung nicht als eine kurze Episode betrachte, sondern daß man eine Nachentscheidung des Volkes anstrebe. Den Wählern werde man dann die Frage stellen, ob sie nun den nächsten Schritt wünschten: die Sozialdemokraten in Österreich so stark zu machen, daß sie zum ersten Mal in ihrer langen Geschichte ihre Politik auf den Prüfstand bringen könnten.

Es war nicht leicht, eine Partei, die sich zwanzig Jahre lang daran gewöhnt hatte, in einer Großen Koalition zu regieren, davon zu überzeugen, daß eine Minderheitsregierung die große Chance wäre. Man wollte zumindest eine knappe Mehrheit. Mein Argument, daß die ÖVP einst mit demselben Stimmenanteil die absolute Mehrheit bekommen hatte, wollten viele nicht gelten lassen. Sie haben einfach nicht genug Phantasie aufgebracht, zu verstehen, worin meine Taktik bestand, nämlich zu beweisen, daß die Sozialdemokratie in Österreich regieren kann. Wir hatten vier Jahre lang gute Oppositionsarbeit geleistet, waren als stärkste Partei aus den Wahlen hervorgegangen und mußten es nun darauf anlegen, durch gute Regierungsarbeit bei den nächsten Wahlen die absolute Mehrheit zu gewinnen. Sollten wir als Minderheitsregierung gestürzt werden, würden wir mit Neuwahlen drohen. Das unterstrich ich gleich in der Regierungserklärung, weil ich überzeugt war, daß wir bei der nächsten Wahl, je früher sie käme, spielend die absolute Mehrheit erreichen würden. Es gab Stimmen, die meinten, diese Rechnung ginge nicht auf, weil die Österreicher nicht fortwährend zur Wahl gehen wollten. »Das mag schon stimmen«, räumte ich ein, »daß sie nicht wieder wählen wollen. Und deshalb werden sie diejenigen verurteilen, die sie zu Neuwahlen zwingen, nämlich die Opposition.«

Da eine vorgezogene Neuwahl nur von der Mehrheit des Parlaments beschlossen werden kann, sicherten wir uns rechtzeitig die Stimmen der Freiheitlichen, indem wir mit ihrer Hilfe die längst fällige Änderung des Wahlsystems durchsetzen. Damit habe ich ihnen konzediert, was ich ihnen seinerzeit in den Gesprächen im Zusammenhang mit dem Fall Habsburg versprochen hatte. Außerdem versprachen wir den Freiheitlichen den Posten des Botschafters in Bonn sowie den des Präsidenten des Rechnungshofs.

Im übrigen war ich der Meinung, daß innerhalb der Freiheitlichen Partei denen eine Chance eingeräumt werden müsse, die aus ihr eine liberale Partei machen wollten. Dies schien mir um so notwendiger, als der politische Liberalismus in Österreich seit langem tot war und es diesbezüglich keinerlei Traditionen mehr gab. Die katastrophale Folge davon war, daß bürgerliche Liberale, mit denen man ein ganzes Stück des Weges hätte gemeinsam gehen können, in die bürgerliche Front gedrängt worden waren und damit zur Verstärkung des klerikalen Elements beitrugen. Hätte man eine Partei gehabt, die ihnen einerseits in ihrer bürgerlichen Gesinnung entsprach, andererseits aber auch ihren Liberalitätstendenzen entgegenkam, so hätte man einen Partner gefunden. Das zumindest schwebte mir vor, aber durch schwere Fehler der Freiheitlichen wurde eine solche Entwicklung verhindert, und als es vor den letzten Wahlen zu einem Richtungswechsel kam, war dies manchen auf sozialistischer Seite sehr willkommen, um die ungeliebte Koalition zu beenden.

1971 trat ein, was ich vorausgesagt hatte, und wir mußten die Wähler auffordern, klare Verhältnisse zu schaffen. Bei den Wahlen am 10. Oktober erreichten wir knapp über 50 Prozent der Stimmen und mit 93 Mandaten die absolute Mehrheit im Parlament: ein Jahrhundertereignis in der Geschichte der österreichischen Demokratie.

Zum Schluß

Was ist geblieben? Müßte ich mein Leben rückblickend in wenigen Zeilen zusammenfassen, ich könnte es nicht schöner als mit dem Lied des Türmers aus *Faust II*:

Zum Sehen geboren,
Zum Schauen bestellt,
Dem Turme geschworen,
Gefällt mir die Welt.

Und noch eine zweite Stelle kommt mir in den Sinn. In der Vorrede zum *Buch der Lieder* von 1837 schreibt Heinrich Heine, alle seine Schriften, die poetischen ebenso wie die politischen und philosophischen, seien »einem und demselben Gedanken entsprossen ... Nur gewissen bornierten Geistern konnte die Milderung meiner Rede, oder gar mein erzwungenes Schweigen, als ein Abfall von mir selber erscheinen. Sie mißdeuteten meine Mäßigung, und das war um so liebloser, da ich doch nie ihre Überwut mißdeutet habe. Höchstens dürfte man mich einer Ermüdung beschuldigen. Aber ich habe ein Recht müde zu sein.« Und dann borgt sich Heine einen Vers des Österreichers Ferdinand Raimund, den ich mir wiederum von Heine borge, um ihn jederzeit zurückzugeben:

Und scheint die Sonne noch so schön,
Am Ende muß sie untergehn!

Wien, im September 1988

Auslandsreisen 1953-1970

18.-21.5.1953	Bundesrepublik Deutschland, Staatsbesuch Gruber
30.5.-5.6.1953	Großbritannien, Krönung, Begleitung von Gruber
28.-30.9.1953	Frankreich, Staatsbesuch Raab
9.-21.2.1954	Berlin, Außenministerkonferenz
5.-13.1.1955	Stockholm, mit Dr. Koref
3.-5.2.1955	München, Referat
11.-15.4.1955	Moskau, Staatsvertragsverhandlungen
4.4.1956	Rom, Referat
11.4.1956	Genf, Konferenz der ECE
16.-18.4.1956	Straßburg, Europaratssitzung
29.10.-5.11.1957	New York, UNO-Vollversammlung
6.-8.11.1957	Mexiko
13.11.1957	New York, UNO
14.-16.1.1958	Paris, Begleitung von Figl Intergouvernementales Komitee
10.-13.3.1958	Paris, OEEC
15.-19.4.1958	Genf, Tagung der Europ. Wirtschaftskommission ECE
5.-8.5.1958	Brüssel
1.-3.6.1958	London
3.-5.6.1958	Stockholm
21.-28.7.1958	Sowjetunion, Staatsbesuch Raab
25.8.1958	Zürich
6.-12.9.1958	Bozen, Meran, Vorträge
29.11.-2.12.1958	Berlin, Vortrag
17.-18.12.1958	Brüssel
14.-17.3.1959	Bern, Basel
18.3.1959	Hamburg, Vortrag
18.-23.3.1959	Bonn
17.-20.4.1959	Stockholm, Tagung der Sozialdemokratischen Partei Schwedens
6.-7.6.1959	Bad Wildungen, Vortrag
19.-23.7.1959	Stockholm
18.-28.9.1959	New York, UNO-Generalversammlung
5.-14.10.1959	Sowjetunion, Staatsbesuch Schärf

18.-22.11.1959	Stockholm, EFTA-Verhandlungen
14.12.1959	Paris
12.-14.1.1960	Paris, OEEC
7.-10.2.1960	London
11.-13.2.1960	Paris
1.-3.3.1960	Polen
6.3.1960	Brüssel
7.-9.3.1960	Bonn
16.-20.3.1960	Jugoslawien
22.4.1960	Paris
4.-5.5.1960	Zürich/Bern
19.-22.5.1960	Lissabon
3.-7.6.1960	Kopenhagen, Malmö
7.-9.6.1960	Stockholm
20.-22.6.1960	Hamburg, Vortrag
21.-23.7.1960	Paris - OEEC-Ministerkonferenz
18.9.-8.10.1960	New York, Generalversammlung der Vereinten Nationen
11.-12.10.1960	Bern, EFTA
25.-27.10.1960	New York, UNO
6.-7.11.1960	London, »Wirtschaftliche und Politische Konferenz der Sieben«
9.-10.11.1960	München, SPD-Wirtschaftsbeirat
12.-15.12.1960	Paris, OECD
25.-28.1.1961	Mailand, Südtirolverhandlungen
1.2.1961	Brüssel, Vortrag
5.2.1961	Aachen, Vortrag
14.-16.2.1961	Genf, Konferenz des Ministerrats der EFTA
22.-23.4.1961	Köln, Bonn
15.-19.5.1961	Niederlande, Staatsbesuch Schärf
19.5.1961	Brüssel
20.-22.5.1961	Bonn
11.-13.6.1961	Bad Kreuznach
14.6.1961	Heidelberg, Vortrag
15.-16.6.1961	Berlin-Aufenthalt, Vortrag
16.-18.6.1961	Hamburg, Vortrag
24.-25.6.1961	Zürich, Südtirolverhandlungen
26.-28.6.1961	London, Konferenz des Ministerrats EFTA
27.-30.7.1961	Genf
2.8.1961	Tegernsee, Besuch Erhard
19.-22.9.1961	New York, UNO
26.-29.9.1961	Stuttgart, Straßburg - Europarat
7.10.1961	Zürich
3.-6.11.1961	Rom, Vatikan
12.-28.11.1961	New York, UNO

16.-18.11.1961	Paris, OECD
20.-21.11.1961	Genf, EFTA
8.-11.12.1961	Finnland, Besuch
2.-3.3.1962	Genf, Tagung des Ministerrats der EFTA
14.3.1962	Frankfurt/Main, Vortrag
15.3.1962	Stockholm, Vortrag
20.-23.3.1962	Großbritannien, Staatsbesuch Gorbach
3.-4.5.1962	USA, Staatsbesuch Gorbach
5.-8.5.1962	Stockholm, Ministerkonferenz der EFTA
21.-22.6.1962	Kopenhagen, EFTA-Ministerratstagung
24.-27.6.1962	Frankreich, Staatsbesuch Gorbach
28.6.-4.7.1962	Sowjetunion, Staatsbesuch Gorbach
16.-17.7.1962	Kopenhagen, Vortrag
28.7.1962	Brüssel, EWG
31.7.1962	Venedig, Südtirolbesprechung
16.9.-3.10.1962	New York, UNO
22.10.1962	Oslo, Ministerrat der EFTA
26.-28.11.1962	Paris, Ministerrat der OECD
17.12.1962	Paris, Ministerkonferenz des Europarates
17.-19.2.1963	Genf, Ministerkonferenz der EFTA
23.-24.2.1963	Brüssel, Konferenz der Sozialistischen Internationale
5.5.1963	Basel
6.-7.5.1963	Straßburg, Beratende Versammlung des Europarates
2.-4.7.1963	Rumänien
10.-12.7.1963	Luxemburg
12.-14.7.1963	Genf
31.7.-6.8.1963	Dänemark
19.-22.8.1963	Oslo
23.9.-12.10.1963	New York, UNO-Vollversammlung, Vorträge Kansas City, Kalifornien, Washington
23.10.1963	Genf, Südtirolverhandlungen
2.-4.11.1963	Iran
4.-11.11.1963	Indien
2.-3.12.1963	Bonn, Köln
3.12.1963	Frankfurt, Vortrag
4.12.1963	Bremen
13.-14.12.1963	Paris, Ministerkomitee des Europarates
8.-14.3.1964	Vereinigte Arabische Republik
24.-31.3.1964	Genf, Welthandelskonferenz der UNO
21.-22.5.1964	Dänemark, Staatsbesuch Schärf
24.-26.5.1964	Genf, Südtirolverhandlungen
1.-2.6.1964	Norwegen, Staatsbesuch Schärf

9.-10.6.1964	Edinburgh, EFTA-Ministerkonferenz
15.-16.6.1964	Belgien, Staatsbesuch Klaus
23.-26.6.1964	Bundesrepublik Deutschland, Staatsbesuch Schärf
7.-8.7.1964	Schweiz, Staatsbesuch Klaus
9.-12.7.1964	Edinburgh, EFTA-Ministersitzung
7.-8.9.1964	Genf, Südtirolgespräche
29.10.-1.11.1964	Ungarn
19.-20.11.1964	Genf, EFTA-Ministerrat
16.-18.12.1964	Paris, Südtirolverhandlungen, Ministerrat des Europarates
22.2.1965	Genf, Ministerrat EFTA
25.2.1965	Basel, Referat
18.-20.3.1965	Brüssel, EWG
23.-26.3.1965	Jugoslawien, Staatsbesuch Klaus
25.-27.5.1965	Stockholmer Gemeindeversammlung
28.5.-1.6.1965	Finnland
30.6.-3.7.1965	Frankreich, Staatsbesuch Klaus
9.-13.7.1965	Bulgarien
30.7.-1.8.1965	Stockholm, Sozialistische Internationale
30.9.-4.10.1965	Iran, Staatsbesuch Jonas
5.10.1965	Rom, Südtirolverhandlungen
10.-23.10.1965	New York, UNO
24.10.1965	Paris, Sitzung der Parteiführer der Sozialistischen Internationale
6.12.1965	Rom, Schlußsitzung des Vatikanischen Konzils, Klaus und Kreisky
7.-8.12.1965	Rom, Südtirolverhandlungen
9.-11.12.1965	Paris, Ministerkomitee des Europarates
14.12.1965	Hamburg, Vortrag
8.1.1966	Caux (Schweiz), Vortrag
3.-9.5.1966	Stockholm, Kongreß der Sozialistischen Internationale
18.-19.6.1966	Zürich, Vortrag
1.-3.12.1966	München, Vortrag
12.-14.2.1967	Hessen
10.-12.5.1967	München
1.-4.7.1967	Tunis, Sitzung des Wiener Instituts für Entwicklungsfragen
25.-26.8.1967	Hof, Bayern
8.9.1967	Tegernsee
10.-13.10.1967	Zürich, Bureausitzung der Sozialistischen Internationale
17.-18.10.1967	Bad Wildungen

1.-4.12.1967	Stockholm
8.-11.12.1967	London, Sitzung der Parteiführer der Sozialistischen Internationale
29.-30.1.1968	München, Vortrag
4.-10.3.1968	Bern, Vortrag
3.4.1968	Basel
4.-6.4.1968	Baden-Württemberg
20.-23.9.1968	Berlin
6.-11.12.1968	Lund (Schweden), Vortrag
26.-28.1.1969	Bonn, Vortrag
2.-4.6.1969	Schweden, Vorträge
5.-8.6.1969	Hamburg, Bad Godesberg, Dortmund
16.-19.6.1969	Sozialistische Internationale, Eastbourne, Großbritannien
20.-21.7.1969	Bad Godesberg
10.-14.5.1970	Saarbrücken, SPD-Parteitag
2.-5.7.1970	Schweiz

Namensregister

Kursive Ziffern verweisen auf die Abbildungen

Abbildungsnachweis

Arbetarrörelsens Arkiv och Bibliotek, Stockholm: 46; Associated Press, London: 166; Bildarchiv der Österreichischen Nationalbibliothek: 264; Franz Blaha, Wien: 365; Bundesbildstelle: 43; Johann Gürer, Wien: 236, 373; Fritz Kern, Wien: 343; Kucera und Vinek, Wien: 13, 99, 119; Narbutt-Lieven, Wien: 179; Österreichisches Institut für Zeitgeschichte, Wien: 36, 58, 111, 125 (oben), 267, 311, 313, 362, 371, 390; Barbara Pflaum, Wien: 385, 400; Presse- und Informationsamt der Bundesregierung Bonn: 20; Stiftung Bruno Kreisky Archiv, Wien: 30, 65, 66, 67, 71, 73, 83, 84, 87, 93, 102, 104, 105, 121, 154, 174, 218, 248, 251, 262, 271, 285, 315, 316, 328, 331; Trenkwalder Presse/Bild Klagenfurt: 205, 208; Gerhard Trumler, Wien: 407; Verlag des ÖGB, Wien: 402, 403; Votara: 16, 27, 47, 95, 123, 125 (unten), 151, 156, 169, 186, 188, 191, 193, 199, 201, 203, 233, 235, 243, 303, 314, 323, 324, 341, 349, 368; Hans Zuber, Klagenfurt: 56, 57;

CIP-Titelaufnahme der Deutschen Bibliothek

Kreisky, Bruno: Im Strom der Politik:
Der Memoiren zweiter Teil / Bruno Kreisky.-
Wien: Kremayr & Scheriau
Teil 2 (1988)
ISBN 3-218-00472-1

Lektorat: Thomas Karlauf, Berlin
Wissenschaftliche Betreuung: Dr. Oliver Rathkolb, Wien
Herausgegeben in Verbindung mit der
Ferenczy Verlag AG Zürich

Der Siedler Verlag ist ein gemeinsames Unternehmen der
Verlagsgruppe Bertelsmann und von Wolf Jobst Siedler

Umschlag: Jürgen Stockmeier, Berlin
Satz: Bongé + Partner, Berlin
Lithos: Rembert Faesser, Berlin
Druck und Buchbinder: Wiener Verlag, Himberg
Printed in Austria 1988

ISBN 3-218-00472-1